ドキュメント平成政治史4

安倍「一強」の完成

ドキュメント
平成政治史
4

安倍「一強」の完成

Goto Kenji
後藤謙次

岩波書店

はじめに

後藤謙次

「安倍さんが狙撃されたようです」

二〇二二年七月八日午前一一時半過ぎ、著名な経済人と昼食を取ろうとしていたその時、同席していた経済人の秘書が驚いたように声を挙げた。俄かに事態を呑み込むことができない。頭は混乱するばかりで収拾がつかない。だが、スマートフォンの画面からは共同通信の速報が次々と飛び込んできた。その現実は否定のしようがなかった。間もなく「心肺停止」を伝える記事が流れた。その後、テレビ朝日の旧知の幹部から連絡があった。

「安倍さんの事件で特別番組を放送するので直ぐに局に来てもらいたい」

その時、この幹部ははっきりと、「安倍の死」を口にしていた。

狙撃事件の映像を初めて見たのはテレビ朝日の控室だった。画面には奈良市の近鉄大和西大寺駅前で演説する安倍の映像が繰り返し流された。濃紺のスーツを着て、右手でマイクを持ち、左手のこぶしを振るように演説をする安倍が突然、崩れ落ちた。駆け寄る警察関係者。安倍の喉には白い布が掛けられ必死に蘇生措置が行われた。しかし、午後五時三分、搬送された奈良県橿原市の奈良県立医科大学附属病院で死亡が確認された。安倍は直前までこう語っていた。

「私はまだ六七歳。もう五年は表舞台で活躍したい」

「表舞台」とは何だったのか今となっては確認の術はないが、総理の座への安倍の二度目の復帰だったことは様々な状況が物語っているように思える。しかし、それも空しく散った。安倍は政治家にとって「戦場」でもある参院選の街頭演説で命を奪われた。テロと言ってよかった。妻の昭恵は東京から新幹線を乗り継いで物言わぬ安倍と悲しい対面をした。首相岸田文雄は遊説を切り上げて首相官邸に戻った。記者団の取材に応じた岸田の目には涙が浮かんでいた。戦後になって首相経験者が殺害された事件はなく、岸田はその後、安倍の葬儀を「国葬」とすることを決めた。

事件現場では安倍に銃口を向けた山上徹也が現行犯逮捕された。安倍殺害事件をきっかけに世界平和統一家庭連合(旧統一教会)と政界との関係が浮上した。報道によると、容疑者の山上は母親が統一教会に入信した結果約一億円の献金などで家庭が崩壊、教団への恨みを募らせたという。

憲政史上最長の在任記録を残した安倍政治についてはほとんど検証がされないまま安倍は逝った。筆者も本書執筆途中に安倍の突然の死に遭遇した。しかし、だからこそ逆に安倍政治を検証する意味があるのではないか。筆者の手元には安倍長期政権を目撃しながら日々書き連ねたコラム、論考、評論が多数残っている。それを土台に書き下ろしたのが本書である。また『安倍晋三回顧録』(中央公論新社)をはじめ、多くの文献、著作、論考を参考にさせていただいた。心より感謝申し上げる。

安倍政権の途中で、時代は平成から令和へと代替わりをしたが、平成時代の政治は安倍政権の終焉をもって幕を下ろしたと見ていいだろう。このため四巻、五巻に分けてカバー範囲を安倍の首相退陣までとした。『ドキュメント平成政治史』は昭和最後の日である一九八九年一月七日の昭和天皇の逝去から書き起こした。その代替わりを担った竹下登政権から旧民主党の野田佳彦政権の終わりまでは第一巻から第三巻として刊行済みだ。第四巻(本書)、第五巻をもって「ドキュメント平成政治史」を完結させる。参考文献は第五巻の巻末に列挙させていただく。文中の敬称は省かせていただいた。

平成政治史4

目　次

はじめに

写真提供＝共同通信社

装丁＝間村俊一

序　章　国政選挙連戦連勝

政治家安倍晋三は突然の最期を迎えたが、第二次政権の幕切れも不意に訪れた。二〇二〇年八月二八日午後一時二五分過ぎ、首相官邸で開かれていた政府の新型コロナウイルス感染症対策本部の会議が終わった直後のことだ。首相官邸から自民党本部の幹事長室に電話が入った。声の主は首相秘書官兼補佐官の今井尚哉《たかや》だった。

「総理が午後二時に党本部に向かいます。二階俊博幹事長と林幹雄《もとお》幹事長代理にお会いしたい。ついては総裁室の鍵を開けておいてもらいたい」

首相安倍晋三は自民党本部四階の総裁室で初めて首相退陣の意向を二階と林に伝えた。引き続き緊急招集した自民党役員会で安倍は退陣を正式に表明した。その場にいた二階ら役員全員の目から涙があふれた。安倍は一人ひとり、役員全員と握手をして役員室を後にした。

そして午後五時過ぎ、安倍は退陣の記者会見に臨んだ。

「病気と治療を抱え、体力が万全でない苦痛の中では、大切な政治判断を誤る。首相の地位にあり続けるべきではないと判断した。首相の職を辞することとする」

会見を終えると、安倍はそのまま東京・富ヶ谷の私邸に直行した。この瞬間に憲政史上歴代最長の

「安倍晋三の時代」は事実上幕を下ろした。思えば一三年前と同じように安倍は病気によって自らの政権に幕を引いたのだった。

政治に小休止はない。安倍の無念の思いを無視するかのように、その夜の内に「次の舞台」の幕が静かに上がった。安倍に官房長官として仕えてきた菅義偉を二階が総裁候補に担ぎ、一気に流れを作ったのである。菅は「安倍政治の継承」を掲げて自民党総裁選に圧勝した。安倍は首相の座を退いたとはいえ、党内最大派閥である「清和政策研究会」のオーナーとして大きな影響力を保持し続けた。過去に首相退陣後も政治全体に大きな影響力を与えた政治家は田中角栄と竹下登ぐらいしかいなかった。中曽根康弘や小泉純一郎は長期政権を担いながらも派閥的な基盤が弱く、退陣後の影響力は限定的だった。安倍はなぜ長期政権を実現できたのか、そして派閥的な基盤をなぜ強化できたのか。そのすべては「選挙に強い安倍」に集約されると言っていいだろう。

安倍は自民党が野党だった二〇一二年九月の自民党総裁選で石破茂に決選投票で逆転勝利してから大きな選挙は連戦連勝。国政選挙だけでも衆院選挙は政権交代を実現した二〇一二年一二月を皮切りに二〇一四年一二月、二〇一七年一〇月の三つの選挙で大勝を果たした。参院選も二〇一三年選挙で「衆参ねじれ国会」を解消したのを始め二〇一六年、二〇一九年の三選挙を勝ち抜いた。この間に自民党総裁選も二度巡ってきた。さらに安倍が「政治家としての技術、匠の技を持つ」と評した二階による総裁任期延長の実現も安倍の長期政権を可能にした。

退陣から七カ月を経て、安倍にインタビューした。そこで選挙について「なぜ勝利を重ねることができたのか」を聞いた。安倍の答えは明快だった。

「毎日、選挙のことを考えていましたから」

かつて自民党副総裁だった大野伴睦の名言が残る。

「猿は木から落ちても猿だが、代議士は選挙に落ちたらただの人」

二〇〇七年の参院選で惨敗し、その直後に体調を崩して退陣に追い込まれた安倍は自身の経験からも「選挙に勝つ」ことが最善の政権強化策であることを実感したに違いない。安倍は選挙を軸にすべての政治スケジュールを組み立てたと言ってもよかった。

確かに選挙に強い安倍は選挙によって政治的エネルギーを獲得し続けた。安倍のお陰で国会議員になり、あるいは返り咲いた議員らにとって安倍は大恩人であり、救世主でもあった。「安倍一強」「官邸主導」と呼ばれる統治の形が生まれたのも自然の流れといえた。安倍一強は政界だけにとどまらず中央省庁の幹部人事にも及んだ。二〇一四年に内閣人事局が設置され「幹部職員人事の一元管理」が行われるようになると、霞が関全体がどっぷりとつかっていたエリート官僚主導型の権力構造がガラガラと音を立てて崩れ落ちた。「大蔵（財務）省支配」と呼ばれた財務省を頂点にしたピラミッド型の官僚機構は完全に過去のものになった。

外交も同じだった。安倍の首脳外交を軸にすべてが回った。かつては新聞の外交記事に「外務省首脳」との記述がしばしば登場した。この「首脳」は外相だけでなく外務事務次官を表記する場合にも使用された。その慣行を根底から覆したのが安倍だった。今や「外務省首脳」は完全に死語になった。官邸外交では外相も事務次官も脇役に過ぎなかったからである。当然、首相と他の閣僚との格の違いも明確になった。第二次安倍政権で官房副長官として仕え、文部科学相に登用された安倍側近の萩生田光一（現自民党政調会長）は「安倍内閣の閣議は私語も少なく張り詰めた緊張感があった」と語る。

安倍の登場によってほぼ一年毎に内閣が変わっていた不安定な政治状況は一変することになったが、

逆に安倍一強による歪み、弊害も生まれた。長期政権による傲りと緩みが原因とみられる国有地の払い下げをめぐる森友学園問題などの公私混同、公文書の改竄、虚偽答弁など民主主義の土台を揺さぶる問題が続発した。「忖度《そんたく》」の言葉が定着するほど「熟議」が失われ、すべてが「数の力」で決まった。安倍が総理の座への復活を果たしたのは二〇一二年一二月二六日。五年ぶりに政権に復帰した安倍は経済再生を最優先課題に掲げた。

「デフレ脱却が政権に課せられた使命だ」

大規模な金融緩和と積極的な財政出動、そして規制緩和など成長戦略の三本柱による「アベノミクス」の推進によって株価は急上昇し景気拡大をもたらした。だがその一方で、日本銀行による国債大量購入など出口戦略の見えない金融政策で財政は悪化し、そのツケも大きい。さらに新型コロナウイルスの直撃でアベノミクス効果は吹き飛び、財政基盤の脆さを露呈した。

安倍は外交でも「戦後外交の総決算」を掲げた。しかし、北朝鮮による日本人拉致問題、沖縄県・尖閣諸島や北方領土などの領土問題といった重要外交課題で事態が進展することはなかった。

天皇陛下（現上皇陛下）のお気持ちの表明から始まった「平成」から「令和」への橋渡しも安倍が担った。ただ皇位継承者が先細りする中で女性天皇や皇室行事の担い手である女性宮家の創設問題への取り組みは、安倍の消極的姿勢の反映でほとんど進展はなかった。安倍自身が解決を目指した課題の多くは今も現在進行形のまま。安倍は二〇二二年七月八日、予期せぬ凶弾に斃れこの世を去った。安倍に聞くべきこと、安倍自身が語るべきことも手つかずで散乱している。

憲政史上最長の政権が残した「光」と「影」を追う意味は今も消えることがない。

第一章

チーム安倍始動

（二〇一二年一一月〜二〇一三年二月）

第2次安倍内閣が発足し，初閣議を終え記念写真に納まる
安倍晋三首相（前列中央）と閣僚ら（2012年12月26日）

1　命運を分けた党首討論

「今週一六日に解散」

すべてはこの党首討論から始まった。二〇一二年一一月一四日、午後三時過ぎ。国会議事堂三階にある衆議院第一委員室は与野党議員で埋まった。首相は民主党の野田佳彦。向き合ったのはこの年の九月に自民党の総裁に返り咲いたばかりの安倍晋三だった。そこで野田が口にした一言が、その後の超長期政権となる第二次安倍政権の船出を告げる号砲となった。

「私は今週一六日に解散をしてもいいと思っている」

国会論戦の中で衆院解散の期日を明言した首相はおそらく野田が初めてだったのではないか。民主党内でも幹事長の輿石東《こしいしあずま》は必死に野田に再考を促していた。しかし一本気な性格の野田は聞く耳を持たず、敢えて安倍と相まみえる道を選んだ。ところが安倍自身は野田の解散発言を即座に呑み込めなかったようだ。一呼吸置いてようやく事態を理解した安倍は野田に自身の覚悟を伝えた。

「総理一六日に選挙をする、それ約束ですね。約束ですね。よろしいんですね。よろしいんですね。どちらの政党が美しい海と日本の国土、領海、国民を守ることができるのか。それを決めていただこうではありませんか」

これを超える党首同士の議場対決は今もって一度もない。この党首討論から約一〇年後の二〇二二年一〇月二五日。野田は凶弾に斃れて命を失った安倍の追悼演説を衆議院本会議で行った。

「最も鮮烈な印象を残すのは平成二四年一一月一四日の党首討論でした」

その上で野田はこう付け加えた。

「あなたの少し驚いたような表情。その後の丁々発止。それら一瞬一瞬を決して忘れることができません。それらは、与党と野党第一党の党首同士が互いの持てるすべてを賭けた、火花散らす真剣勝負であったからです」

その党首討論の後は一気に衆院解散に突き進んだ。第四六回衆院選挙は一二月四日に公示され、一六日の投開票日に向けて走り出した。自民党勝利の予兆は解散直後から市場に数字となって表れた。党首討論が行われた一一月一四日には八八六四円七三銭だった日経平均株価は三〇日になると九四四六円〇一銭と終値で約七カ月ぶりの高値を付けた。東京外国為替市場の円相場も党首討論直後から円安に振れ始めた。一四日の一ドル＝七九円から、三〇日には一ドル＝八二円台後半まで進んだ。

安倍が繰り返し日銀に強力な金融緩和を求めたことや、デフレ脱却に向けた決意を重ねて強調したことが大きく影響した。市場は投票日を待たずに安倍に軍配を上げていた。

一二月一七日未明には四八〇の全議席が確定した。自民二九四議席、公明三一議席で計三二五議席となり、再び自公が政権を奪還した。しかも参院で否決された法案を衆院で再可決できる三分の二を確保した。民主党は選挙前の二三〇議席から激減し、旧民主党などが合流した一九九八年の結党以来最低の五七議席に落ち込んだ。北海道、中国、九州各ブロックの小選挙区で民主党は全滅した。ただ参院は八八議席の第一党のままで、衆院が参院より下回る異例の構成となった。

第三極では、公示直前に東京都知事の石原慎太郎が平沼赳夫と共同代表を務めた「太陽の党」と橋下徹の「大阪維新の会」が合流して結成された日本維新の会は五四議席を獲得、野党第二党の勢力に躍り出た。確定投票率は五九・三二％で、前回を九・九六ポイント下回り戦後最低だった。

安倍晋三復活

自民党総裁の安倍晋三が再び首相の印綬を帯びる日が訪れた。二〇一二年一二月二六日、第一八二特別国会が召集された。安倍は国会で登院手続きを済ませた後、自民党本部八階のホールで開かれた両院議員総会に出席した。

「国民の自民党を見る目は厳しい。一つひとつ実績を残し、信頼を勝ち得ていきたい」

そこには約五年前、病を得て失意のうちに官邸を去った安倍とは別人の安倍が帰ってきた。警護官に囲まれて姿を見せた安倍は右手を高く上げて大股で歩きながら左右に顔を振った。

午後一時、衆院本会議の開会を知らせる本鈴がけたたましく鳴り響いた。自民党が政権奪還を果たしたのに伴い、本会議場の光景も一変した。先例に従い、第一会派の自民党が議長席から見て右側を占めた。右側と言っても自民党は単独過半数を遥かに超える二九四議席を有し、議場の半分以上が自民党議員席となった。

一方の野党勢力は民主党の分裂に加え、少数政党の離合集散によりパッチワークのように本会議場の議席の分配もまだら模様になった。ただ、惨敗した民主党がわずか三議席差とは言え日本維新の会を凌いで野党第一党の座を守った意味は小さくはなかった。民主党が野党第一党として国会運営全体に影響力を行使することができるからだった。日本維新の会は結成当時から存在した「太陽の党」出身者と「大阪維新の会」出身者との間の感情的な溝を埋めることができず、分裂含みの国政デビューとなった。

元行政改革担当相の渡辺喜美が率いた「みんなの党」は八議席から一八議席に伸ばした。解散後に民主党を離党し「国民の生活が第一」を率いた小沢一郎は当時の滋賀県知事嘉田由紀子らと「日本未来の党」を結成して選挙に挑んだが九議席に止まった。その結果、小沢グループと嘉田らが対立、結党から一カ月後の一二月二八日には早くも分裂、政党としての幕を下ろした。小沢はその後も率いる政党の名前を次々と変えながら離合集散を繰り返した。「日本未来の党」は「生活の党」、「生活の党と山本太郎となかまたち」、さらに「自由党」へと看板を変えてきたが、二〇一九年四月に玉木雄一郎が代表を務める国民民主党に合流して自由党も解散した。今はその国民民主党も離れて小沢は立憲民主党に所属している。

二〇一二年の選挙結果に戻ると、野党勢力では共産党八、社民党二、鈴木宗男が代表の新党大地は石川知裕が北海道ブロックの比例代表で当選して一議席を獲得した。

巨大与党に対して、足し合わせても一五〇議席でしかない八野党が林立するという状況が生まれた。まさに一回の衆院選挙によって「一強多弱」の土台が築かれたのだった。

さらに安倍の足場を補強したのが出身派閥の町村派(現安倍派)が一五人から倍以上の三八人に勢力を拡大したことだった。参院議員を合わせた総勢は六三人。第一派閥の座を守った。加えて解散から選挙までの時間が極めて短かったにもかかわらず〝時の勢い〟で当選を果たした自民党の新人議員は一一九人に達した。二〇〇五年の郵政選挙と呼ばれた衆院選で誕生した「小泉チルドレン」の八三人を大きく上回った。右も左も分からない新人が大多数とはいえ、「安倍チルドレン」と呼ばれた新人議員の塊は、安倍を確実に支える強固な議員集団となった。

こうした新人議員が多数誕生する一方で、この選挙を機に安倍に対して一家言を有していたベテラン議員が続々と政界を去った。元幹事長の加藤紘一は山形三区で落選。首相経験者の森喜朗、福田康夫は政界を引退、戦争遺児で党内護憲派のリーダー的存在の古賀誠、第一次安倍政権で安倍を幹事長として支えた中川秀直、小泉政権の武部勤らの幹事長経験者も表舞台を去った。

野党でも元首相の羽田孜、鳩山由紀夫、元衆議院副議長の渡部恒三、第一次安倍内閣で幕引き官房長官を務めた与謝野馨も自らの政治家人生に幕を引いた。選挙後に森喜朗、古賀誠、青木幹雄の三人が自民党本部に近い東京・平河町の砂防会館に事務所を構えたのを聞いた安倍は「砂防三老人」と呼んだ。〝うるさ型〟の引退は後に「安倍一強」と呼ばれる時代を形成する重要な要因でもあった。

石破包囲網

安倍に政権を渡すことになった首相野田佳彦は一二月二六日午前九時前に首相官邸に到着した。野田は「おはようございます」と発しただけ。最後の閣議を終えると退任会見も見送った。官房長官の藤村修は落選の憂き目に遭い、記者会見で最後の閣僚懇談会での野田の発言を紹介した。

「一緒に内閣で仕事をし、汗をかいたことを有難く思う」

野田は午後一時前、官邸のエントランスで女性スタッフから花束を贈られ、拍手の中で官邸を去った。首相指名選挙に先だって国会の構成も変わった。新しい衆院議長に自民党の伊吹文明、副議長には民主党の赤松広隆が選出された。

第二次安倍政権を支える党役員人事と新内閣の陣容も固まった。首相経験者でもあった安倍の手際の良さと老獪さが際立った。そこには随所に安倍カラーと同時に自民党内の複雑な人間模様が投影された。とりわけ幹事長の石破茂との関係は安倍が最も腐心するところだった。石破は三カ月前の自民党総裁選では安倍としのぎを削ったライバル関係にあった。むしろ総裁選挙前は安倍の方がダークホースと見られていた。現に地方の党員票では三〇〇票のうち石破は一六五票を獲得、八七票の安倍を大きく引き離した。

しかし、決選投票での議員票で優った安倍が逆転勝利を収め、総裁の座を射止めたのだった。さらに遡れば第一次安倍政権下で実施された二〇〇七年参院選で自民党が惨敗した際に石破は安倍に退陣を要求した過去があった。

「首相は反省すべきは反省すると言ったが、何をどう改めるのかはっきりさせるべきだ」

安倍の〝石破嫌い〟は相当に根が深いものがあった。このため安倍の人事構想に石破の幹事長続投は端から選択肢になかった。総選挙で圧勝後、安倍は側近にこう漏らしている。

「石破さんは防衛大臣にしようと思う。安全保障の問題が焦点になるのでちょうどいいと思う」

これに石破は強く抵抗した。あくまでも幹事長にこだわった。結局、安倍も選挙大勝の功労者の要求を無碍にはできないと判断した。安倍は「石破幹事長」を受け入れたが、逆に気持ちの上では以前に増して石破を遠ざけていく。見かねた石破側近で安倍とも親しかった元金融担当相の山本有二が仲介に動いた。山本は一二月二〇日の夜、安倍、石破の二人を東京・谷中の全生庵《ぜんしょうあん》の座禅に誘った。全生庵は中曽根康弘が首相在任中に足繁く通った幕臣山岡鉄舟ゆかりの名刹で、座禅をきっかけにした和解への模索だった。政権奪還を果たした総裁と幹事長が会うのに仲介者が必要という一点でも両者の溝の深さが浮かび上がった。これが新政権発足前の安倍と石破の最初で最後の顔合わせとなった。その後の二人だけの会談は安倍が正式に首相指名を受けてほぼ一カ月後の一月二〇日の日曜日まで待たねばならなかった。石破はこの会談後、記者団に関係疎遠説を否定したが歯切れは悪かった。

「意思疎通がスムーズであることは必要なので会談を定例化した方がいいかもしれない。電話やメールは頻繁にしている」

しかし、その後も両者の関係が好転することはなかった。それどころか溝はさらに深く広がっていくことになる。それでは安倍が描いた幹事長はだれだったのか。側近にはこう語っていたという。

「自民党三役全員を女性にしようと思うがどうか」

「石破幹事長」を受け入れたため「三役全員女性構想」は幻に終わるが、第二次政権では総務会長野田聖子、政調会長高市早苗という自民党史上初めての二人の女性役員が同時に誕生した。総務会長には小渕優子も有力だったが、回り回って安倍と衆院初当選同期の野田に落ち着いた。政調会長についても、石破は現東京都知事の小池百合子を強く推した。しかし、安倍が難色を示し、小池は広報本部長に回った。

石破と小池は野党自民党の谷垣禎一総裁時代に「小池総務会長―石破政調会長」の組み合わせで谷垣を支えた。その後も石破は「小池とは連絡を取り合う良好な関係」と語っている。二〇一六年七月の東京都知事選に小池が安倍らの反対を押し切って立候補に踏み切った遠因にこの第二次政権発足時の処遇をめぐる小池の不満があったとの見方は説得力を持つ。

この三役人事を通じて安倍の明確な意思が浮かび上がった。「女性重用」だ。国民向けのアピールだが同時に自民党執行部の〝軽量化〟の思惑が潜んだ。長く自民党政権は党側の意向が強く反映された「党高政低型」の権力構造が続いてきた。しかし、このことが政権の不安定化と混乱の原因を生んでいたことも否定できなかった。安倍が狙ったのはこの力関係の逆転。つまりすべての権限を安倍に集中させる「官邸主導」の確立だった。

ただ激変には大きな副作用が伴う。そこで安倍は同時に周到な手を打った。党内指折りの政治のプロである総務会長経験者の二階俊博の総務会長代行への起用はその象徴的な例だった。政調会長の高市にも安倍側近で政策通の元官房長官塩崎恭久を政調会長代理として送り込んで脇を固めた。塩崎にとっては納得しがたい人事だったかもしれないが、安倍は後に塩崎を厚生労働相として処遇した。二階、塩崎の両者とも第一次安倍政権で要職を歴任していたことも大きかった。

しかし、安倍は石破に対してだけは警戒の手を緩めることはなかった。形式的には幹事長より上位のポストに当たる副総裁に安倍と同郷の元外相の高村正彦を再任した。幹事長代行には安倍と極めて親しい元幹事長の細田博之（現衆議院議長）を送り込んだ。安倍の別動隊とも言える長老二人が石破をサンドウィッチ状態にするように配したのだった。さらに総裁特別補佐には自身の側近の萩生田光一を起用した。いわば側近をお目付役に置き、党執行部内に「石破包囲網」を構築したと言ってよかった。伝統的に幹事長を軸に動く仕組みの自民党で「幹事長空洞化」というかつてないシステムが生まれた。それは「反安倍勢力」の封じ込めでもあった。

もっとも石破自身の首を傾げたくなるような言動も目に付いた。例えば、党本部の玄関で来訪客をさばく受付台に設置されていたガラスの囲いの撤去である。

「開かれた自民党にしなければならない」

石破が語った撤去の理由だ。しかし、ガラスの囲いは右翼によって銃弾を撃ち込まれたことを契機に防犯と受付担当者の防寒のために設置されたものだった。今もその弾痕が天井に残る。党内からは「幹事長が自ら指示してやるようなことか」との声が上がった。

それだけではなかった。衆院選で初当選した一一九人に対する「新人教育」ぶりも批判の対象となった。

「お辞儀の角度は、選挙の時よりも当選した後の方を深くしろと言っている。万歳した瞬間から次の選挙だ」

石破はテレビ番組で、新人議員の心得を語った。石破の念頭にあったのは二〇〇五年の郵政選挙で初当選した「小泉チルドレン」や、二〇〇九年に民主党が政権交代を実現した時に初当選した「小沢チルドレン」。国会議員の立場を弁えない振る舞いがメディアに揶揄され、結局は次の選挙で軒並み落選した事実があったからだった。

石破の生真面目な性格の反映でもあったのだろう。初登院した新人議員には地元でのあいさつ回りや街頭演説の行動表を幹事長室に提出するよう指示した。

「未提出者は党本部に張り出す。どこを回ったか団体側に問い合わせる」

石破らしい指示ではあったが、党内の視線は冷ややかだった。自民党は伝統的に派閥が新人議員の教育を担ってきており無派閥の石破の派閥否定にも映ったからだ。党内では弱小勢力に甘んじている石破の勢力拡大の動きと見る向きもあった。安倍の石破に対する目は益々厳しさを増した。

官邸主導

安倍は初めての所信表明演説(二〇一三年一月二八日)で、あえて第一次政権の挫折に触れた。安倍が言及した「過去の反省と挫折」が何かについては語っていないが、「お友だち内閣」と揶揄された閣僚人事がその一つであることは疑う余地はなかった。安倍自身が「地獄を見た」と語った約五年間の雌伏の時代を経て考え抜いた末の陣容で第二の船出を飾った。

内閣総理大臣　安倍晋三
副総理・財務大臣　麻生太郎
総務大臣　新藤義孝
法務大臣　谷垣禎一
外務大臣　岸田文雄
文部科学大臣　下村博文
厚生労働大臣　田村憲久
農林水産大臣　林芳正（参院）
経済産業大臣　茂木敏充
国土交通大臣　太田昭宏（公明党）
環境大臣　石原伸晃
防衛大臣　小野寺五典
内閣官房長官　菅義偉
復興大臣　根本匠
国家公安委員長・拉致問題担当相　古屋圭司
沖縄北方・海洋政策・領土問題担当相　山本一太（参院）
女性活力・子育て支援担当相　森雅子（参院）
経済再生・経済財政政策担当相　甘利明
行政改革・規制改革担当相　稲田朋美

ベテラン、政策通を揃えた重厚な布陣を敷いたことが分かる。総裁経験者の谷垣禎一に加え、三カ月前の総裁選を争った石原伸晃、林芳正（現外相）を起用した。首相経験者の麻生太郎を副総理兼財務相に据えたことも安倍の覚悟を窺わせた。経済再生担当相甘利明は石原派を離れて安倍支持に回った総裁選勝利の功労者だった。

外相に就任した岸田は当初、衆院議院運営委員長の方向とされたが、選挙前の一〇月に宏池会（岸田派）の会長になったことが大きかった。前会長の古賀誠が衆院選を機に政界引退を決めたからだ。ただそれだけでなく安倍には衆院当選同期で気心の知れた岸田の安心感が決め手となった。この外相就任がやがて岸田をトップリーダーへの道に押し上げていくことになる。

そしてこの組閣で何よりも大きな意味を持ったのは菅義偉を官房長官に起用したことだろう。菅は第一次内閣でも総務相を務めただけでなく、二〇一二年の自民党総裁選を前に出馬を躊躇する安倍の背中を押した張本人でもある。菅は苦学して国会議員秘書から横浜市議会議員を経て衆院議員へと駒を進めた叩き上げの苦労人。生まれながらに政治家への道を約束された安倍にはないものを持っていた。安倍と菅は幾多の首相と官房長官とも違う稀有なコンビとして長期政権への道を切り開いていく。この安倍と菅に麻生と甘利を加えた「カルテット」が内閣の支柱を形成した。

さらにこの閣僚名簿を見ても分かるように国土交通相に公明党の元代表太田昭宏が入閣して、自公連立も再スタートを切った。太田は安倍が第一次政権を担ったのとほぼ同時期に公明党代表に就任しており、人間関係から言えば安倍に最も近い公明党幹部と言えた。太田の存在も自公連立の承継、安定に大きく寄与した。

そして第一次政権の流れを受け継ぎながら格段に強化されたのが官邸の陣容だった。官房副長官については、衆参両院の議員から一人ずつ起用する政務担当に、安倍が信頼を寄せる加藤勝信と世耕弘成が選ばれた。加藤はその後も一億総活躍担当相、自民党総務会長、厚生労働相の要職に起用される。世耕も長く副長官を務めた後、参院議員では珍しい経済産業相を経て自民党の参院幹事長として安倍を支えた。

また、「官僚のトップ」と言われる事務担当の官房副長官に就いた警察庁出身で元内閣危機管理監の杉田和博は就任時点で既に七一歳。その後、一度も交代することなく菅義偉内閣でも副長官の職に就いた。過去には石原信雄（二〇二三年没）や古川貞二郎（二〇二二年没）ら複数の内閣での長期在任者もいたが、一内閣の連続在任日数では杉田が抜きん出た存在となった。

そして長期政権に向けて多大の貢献をしたのが六人の首相秘書官だった。政務担当には、第一次内閣当時に首相秘書官だった経済産業省出身の資源エネルギー庁次長・今井尚哉が就任した。他の五人の事務秘書官には財務省から主税局審議官中江元哉（後の財務省関税局長）、外務省から駐英公使の鈴木浩（後の外務審議官）、経産省から経済産業政策局審議官柳瀬唯夫（後の経済産業審議官）、防衛省から地方協力局次長島田和久（後の防衛事務次官）、警察庁から警備局警備課長大石吉彦（後の警視総監）が起用された。

このうち中江、鈴木は、小泉純一郎内閣の安倍官房長官時代の秘書官。柳瀬は麻生太郎の首相秘書官経験者。中でも今井は安倍が厚い信頼を寄せ、安倍自身が「全て任せている」と語っていた。今井は政策だけにとどまらず永田町の力学、政治家心理をも理解した政治家を凌ぐ安倍側近として、また、影響力を持つ実力秘書官として存在感を増していくことになる。二〇一九年九月の内閣改造を機に今井は首相補佐官をも兼務することになった。

同じく第一次内閣で警察庁から首相秘書官に起用された北村滋は民主党の野田内閣で内閣情報官に就任し、そのまま第二次安倍内閣でも引き続き情報官に留まった。さらに二〇一九年九月からは政府の安全保障を統括する国家安全保障局長に抜擢された。第一次内閣で内閣広報官を務めた経済産業省出身の長谷川榮一も再び内閣広報官として官邸に呼び戻された。

やがて今井らは官僚出身とはいっても従来の官僚の枠には収まり切らない存在感を発揮した。中央省庁の官僚群全体を統括、指揮するほどの権限を握り、「官邸官僚」と呼ばれた。しかし、首相の一存で任用が決まる官邸官僚が国民の審判を仰ぐことなく政策決定で実権を握るという弊害を生むことになる。

安倍が今井らを参集させたのは、第一に〝即戦力〟が必要だったからだろう。突然の解散総選挙による政権交代は安倍自身にとっても想定外のことだったに違いない。そこで気心が知れ、官邸の仕事に関しては一定の知識と経験を持つかつての部下たちは、安倍が目指した「ロケットスタート」には欠かせない存在と言えた。ほどなくこうした安倍を支える正副官房長官や首相補佐官、秘書官らは総称して「チーム安倍」と呼ばれ、「官邸主導型政治」の代名詞となった。その時に備えて満を持していた「三河以来の家臣団」が陸続と官邸に集結した印象だった。

多用した内閣官房参与

第二次政権の人事のこだわりは元秘書官の再結集だけではない。秘書官人事はいわば「守り」の側面が強いのに対して安倍および官房長官の菅が着目したのが内閣官房参与の活用だった。こちらは

「攻め」の布陣でもあった。

官房参与は首相を補佐する非常勤の国家公務員で、専門分野に応じて首相にアドバイスや情報を提供する「ブレーン的存在」だ。一九八七年に「内閣総理大臣決定」に基づく設置規則で創設された。当初は「二人以内」とされたが、その後人数制限はなくなった。しかも官房参与には明確な職務に関する定義がない。安倍や菅の意向次第で政治家や官庁ではカバーしきれない分野に臨機応変に対応できる「隠された戦力」だった。ただ国会答弁の義務を負わないため、結果責任が曖昧になる懸念が付きまとった。

過去には民主党の首相菅直人が二〇一一年三月一一日の東日本大震災を契機に官房参与を次々に任命したことがある。最終的に三・一一以前の任命を含めると官房参与は一五人に達した。とりわけ三・一一直後には有識者五人を立て続けに任命した。五人の専門分野は放射線、原子炉工学、危機管理、情報通信など多岐にわたった。このうち三人が菅直人の母校、東京工業大学出身者で「身内偏重」との批判が出た。菅直人が官房参与を増強した背景には東京電力福島第一原子力発電所事故をめぐる経済産業省や東京電力への不信があったとされた。

安倍も第二次内閣の発足と同時に七人の官房参与の起用を発表した。顔ぶれも多彩だった。人選を通して安倍が目指す政治、政策目標が浮かび上がった。米エール大学名誉教授の浜田宏一と静岡県立大学教授の本田悦朗の二人は金融緩和による経済成長を目指す「リフレ派」の代表格で、第二次政権の金看板となる「アベノミクス」を支えた象徴的な存在と言えた。

異色の参与としては小泉純一郎内閣で首席秘書官を務めた飯島勲がいた。飯島は特命担当とされた。具体的な担務はなく飯島の経験に基づく文書に残せない進言が期待された。

飯島は二〇〇二年九月一七日の小泉による電撃的な北朝鮮訪問に同行した数少ない関係者。飯島の持つ北朝鮮側とのパイプも、安倍が最優先課題と位置付けた拉致問題の解決に向けた貴重な戦力だった。後に飯島は独自ルートを使って北朝鮮訪問を実現している。飯島は菅義偉、岸田文雄内閣でも引き続き官房参与に就任した。こうした顔ぶれとは違い安倍内閣の官房参与には手堅い二人の事務次官経験者も起用された。政権に安定感を与えるという点では重要な意味を持った。元財務事務次官の丹呉泰健《やすたけ》と元外務事務次官の谷内《やち》正太郎である。自民党側から政権を支え続けた事務総長の元宿仁《もとじゅくひとし》は二人の官房参与を「ボート競技のコックスだ」と解説した。コックスはボートの最後尾に乗り、オールを漕ぐ選手と向き合いながらペースや進路を整える役割を担う。どんなに優秀な漕ぎ手を揃えてもコックスがいなければボートの推進力は落ち、方向を誤ってしまう。二人の事務次官経験者を政権発足当初から官邸に招聘した背景には「政治主導」にこだわるあまり、霞が関全体を敵に回して挫折した民主党政権の教訓があった。副総理兼財務相に就任した麻生太郎の口癖がある。

「官僚は遠ざけるものではなく使うものだ」

竹下登から村山富市まで七人の首相に仕え、名官房副長官と言われた石原信雄も「官僚を信用して使った内閣はうまくいっている」と語っていた。丹呉は飯島と同じく小泉純一郎に首相秘書官として五年五カ月にわたって仕えてきた。この期間に安倍は官房副長官、官房長官を歴任しており、同じ屋根の下で働いた経験があった。その後、財務省に戻って主計局長、事務次官を歴任した。

新政権は麻生をはじめ、経済再生相甘利、自民党政調会長の高市早苗ら積極財政論者がズラリと顔を揃えた。しかし、行き過ぎればブレーキのない自動車になりかねない。ブレーキとアクセルの兼ね合いをどこで取るのか。丹呉に安倍が求めたのはその的確なアドバイスとともに財務省のマンパワーと言ってよかった。ただし、今井を軸にした経済産業省出身者が主導権を握る「経産省内閣」の色合いを濃くする中で、内政面での財務省の影響力低下が徐々に進行していくことになる。

外交も外務省から「官邸外交」へと主役の交代が一層鮮明になった。その象徴が谷内だった。谷内は日本外交全体をコントロールする司令塔と言ってよかった。第一次安倍政権で、首相就任直後の電撃訪中のシナリオを描いたのは当時の外務事務次官の谷内だった。谷内の続投は創設される国家安全保障局の初代局長含みでもあった。

他に国土強靱《きょうじん》化政策を担う官房参与には京都大学大学院教授の藤井聡、「国民生活の安心安全」を担当する官房参与には元名古屋高検検事長の宗像紀夫を任命した。宗像は元東京地検特捜部長であり、捜査のプロが官邸入りしたことでも話題を呼んだ。こうして安倍は吉田茂以来の返り咲きを果たした首相経験者という稀な経験から計算し尽した人事を展開したのだった。

2　前例なきメディア戦略

安倍晋三の首相返り咲きとその後の政権運営を振り返ると、安倍がことのほか重視したのがメディア戦略だったことが浮かび上がる。早々に安倍のメディア戦略の一端が新年の首相動静記事から見えてきた。

二〇一三年一月七日の仕事始めの夜に会食したのが読売新聞グループ本社会長（現代表取締役主筆）の渡辺恒雄だった。場所は読売新聞本社に近い東京・丸の内のパレスホテル東京。官房長官の菅義偉も同席している。渡辺は過去にも政治の流動化や重要政策決定をめぐってその関与がしばしば話題になった。福田康夫政権下で首相の福田と民主党代表の小沢一郎（いずれも当時）との大連立構想の仕掛け人だったことは今も語り草だ。安倍は渡辺との関係についてこう語っていた。

「父（晋太郎）も親しくしていたので厳父みたいな存在だ。比類なき現場経験を持った方でカント哲学に始まり高い教養を持ち、傾聴に値することが多い」

その渡辺は第二次政権を担った安倍の政策決定に際しても陰に陽にその存在が見え隠れした。後に安倍が財務省の強い反対を押し切って実施を決めた、消費税をめぐる軽減税率の導入は渡辺の存在抜きにはあり得なかった。

翌日の八日も産経新聞会長の清原武彦、社長熊坂隆光と会食している。読売、産経両紙は安倍の悲願である憲法改正を積極的に唱え、〝安倍応援団〟と言ってもいいほど安倍の政策遂行、政権運営に理解を示し続けた。この両紙は安倍が二〇二〇年九月に退陣した直後に安倍の単独インタビュー記事を掲載して、安倍との親和性を証明してみせた。

安倍自身が父晋太郎の外相秘書官として政治と関わりを持って以来、安倍にとってメディアはいつも身近な存在だった。外相秘書官になった当時、晋太郎はポスト中曽根康弘の最右翼にいた実力政治家。自ずとマスコミ各社はエース級の政治部記者を晋太郎の担当記者として送り込んだ。まだ二〇代だった安倍よりかなり年長の記者が多く、安倍は「晋《しん》ちゃん」の愛称で呼ばれていた。晋太郎は一九八七年の自民党総裁選で竹下登、宮澤喜一と自民党総裁の座を争ったが、中曽根裁定の結果、竹下の後塵を拝することになった。総裁選の最終盤では「後継は安倍晋太郎」の誤報が出るほどの熾烈な戦いだった。

晋太郎は竹下政権で自民党幹事長に就任したが、病魔が襲い「安倍晋太郎政権」は幻に終わった。

安倍は無念の父を目の当たりにし、多くの晋太郎の担当記者も安倍と同じ思いを共有した。その後、安倍は晋太郎が成しえなかった首相の座を手にしたもののわずか一年で政権の幕を引いた。このことが安倍シンパのメディア関係者の安倍に対する思いを一層強固なものにしたと言ってよかった。

中でも失意の安倍に声を掛けて再起を促したのが毎日新聞出身の政治評論家三宅久之だった。父晋太郎と毎日新聞政治部で苦楽を共にした同僚。三宅の歯に衣着せぬ舌鋒鋭い評論はご意見番としてお茶の間にも広く浸透していた。その三宅がレギュラー出演していたのが大阪のテレビ局、読売テレビの人気トーク番組『たかじんのそこまで言って委員会』だった。三宅は安倍にその番組への出演を強く勧めた。

「たかじん」とは「浪速の視聴率男」と呼ばれた歌手でタレントの家鋪《やしき》隆仁（故人）。たかじんの番組への出演で安倍は復活の足掛かりを摑んだと言っていいかもしれない。それほどこの番組の影響力は大きかった。この番組には安倍の盟友でもあった俳優の津川雅彦もレギュラー出演していた。

大阪での存在感の確立はその後、大阪維新の会を牽引した元大阪府知事橋下徹との関係を築くことにも繋がった。その出発点が大阪のトーク番組だった。このことを安倍自身が強く感じていたのだろう。首相に返り咲いた安倍は早々に『たかじんのそこまで言って委員会』への出演を決めたのだった。

一三年一月一一日午後、安倍は空路大阪入りした。安倍はまず日本維新の会代表代行（同月、共同代表に就任）で大阪市長の橋下徹、大阪府知事松井一郎との会談を行った。安倍と橋下、松井との距離の近さは誰の目にも明らかだった。その後、ノーベル賞受賞者の野依良治、山中伸弥らと懇談した。夏の参院選を睨んだ安倍の選挙戦略の一環でもあった。しかし安倍にとって大阪入りの主目的はあくまでも『たかじんのそこまで言って委員会』への出演だった。

安倍の復活を心から待ち望んでいた三宅は衆院解散直前の一一月一五日に他界し、安倍の再起を見ることはなかった。たかじんも病床に伏し、番組出演は叶わなかった。だからこそ安倍にとって番組に出る意味があった。途中退席したとはいえ、約四〇分間にわたる番組収録に応じた。バラエティ番組の中でも過激な言葉が飛び交うことで有名な番組への現職首相の出演はメディア界に大きなショックを与えた。現職首相のバラエティ番組への出演は異例中の異例。従来の首相と内閣記者会との慣行から言えばあり得ないことだった。

「三宅さんがいたから今の自分がある。そんな三宅さんに対する恩返しの思いが強かった」

安倍側近の解説である。これに止まらず安倍は外遊先のタイのバンコクでBSフジの報道番組『プライムニュース』のインタビューに応じている。

過去に多くのことを学び経験し首相に返り咲いた安倍のメディア戦略の基本は徹底した「攻め」だった。既存メディアと首相官邸との間で続けられてきた慣行を壊し、独自の関係を構築していく。しかもメディア側との協議の上の変更ではなく、安倍主導の一方的通告という形がとられたのである。

小泉時代に首相官邸の建て替えに伴って導入された官邸でのブラ下がりインタビューも安倍主導となった。安倍が必要と考えた際にその都度行われる。しかも安倍はしばしば自らの発言が終わると、記者団からの質問を無視するかのように背を向けてインタビューを打ち切った。

もちろんメディア側が沈黙していたわけではない。首相就任インタビューについても「慣行順守」を安倍に申し入れてはいたが、安倍は素っ気なく返事をしている。

「自分で決めます」

筆者は安倍に直接、「公平にやるべきだ」と伝えたことがあるが、安倍は「申し入れに来た社が、逆にわが社を先にやってほしいと言い出した」と話していた。ことの真偽は不明だったが、安倍が確信を持ってメディア戦略を練り上げてきたことは明白だった。これに対して前例踏襲が当然と思い込んでいたメディア側が太刀打ちできるはずはなかった。

首相交代が行われた際の首相と内閣記者会との力関係は「経験豊かな政治記者と新人首相」という構図が通り相場だった。ところが、首相経験者の安倍の再登板で立場は逆転した。大手メディアの人事慣行では政権交代と同時に内閣記者会に配属する記者を大幅に入れ替える。つまり「新首相に強い記者」「新首相に近い記者」が官邸担当として送り込まれる。安倍のケースで言えば、第一次内閣の安倍の首相番記者や出身派閥の担当記者がこれに相当した。「安倍に強い記者」は往々にして安倍との親和性が高かった。

五月一五日は安倍の父、晋太郎の命日にあたる。毎年この日、晋太郎を担当した記者の呼び掛けで「安倍晋太郎を偲ぶ会」が東京・内幸町の日本プレスセンターで開かれるのが慣例化していた。安倍が返り咲きを果たして最初の一三年の偲ぶ会は飛び切りの大盛況だった。かつてのＯＢ記者が凱旋したかのようにメーンテーブルを占拠した。安倍の母、すなわち晋太郎夫人の洋子、妻昭恵も出席した会はメディアをも包含した「安倍ファミリー」の祝勝会の様相を呈した。

安倍はこうしたメディア側の行動様式を知悉していたのだろう。内閣記者会が一丸となって政権に向き合うという従来の構図は脆くも崩れていく。しかも安倍の周囲を固めた側近たちもメディア対応の手練れが顔を揃えた。官房副長官の世耕弘成は元ＮＴＴの広報部報道担当課長。説明能力の高さは誰もが認めた存在。前述の通り内閣広報官は第一次内閣と同じ経済産業省出身の長谷川榮一。長谷川は広報官と同時に首相補佐官にも就任した。単なる広報だけでなく政策立案にも関与する立場を得た。

安倍が首相に返り咲いてから安倍の記者会見を全て仕切ったのも長谷川だった。安倍内閣での記者会見は見事にルーティン化された。予定調和が支配する記者会見は安倍にとっては痛くも痒くもない〝通過儀礼〟に変質していく。メディア側のこの初手の対応ミスが安倍優位の状況を生みその後七年八カ月に及ぶことになる。安倍による巧みなメディアの分断と、「そんなことをするはずがない」というメディア側の楽観的な思い込みが決定的な力関係の差を生んだと言ってもよかった。「権力の監視」というメディアの役割は大きく毀損されることになった。

安倍は所信表明演説(二〇一三年一月二八日)で六年前の首相退陣に触れ、対話重視の低姿勢を強調したが、その言葉とは裏腹の政権運営、メディア戦略を駆使したのだった。安倍の自信の背景には高い内閣支持率があったことは間違いなかった。一カ月前の就任時よりさらに上がった。共同通信は六二%から六六%、日本経済新聞は六二%から六六%、産経新聞は五五%から六四%など——。安倍が繰り返した「ロケットスタート」はひとまず数字の上では成功と言えた。

3　地球儀を俯瞰する外交が始動

安倍晋三は第二次政権の発足からわずか一週間足らずで二〇一三年の新年を迎えている。一月一日付の年頭所感に続き、四日の年頭記者会見で安倍は目指す政治目標について基本的考えを表明した。そこで貫かれたのは民主党政権の全否定と言ってもいい対抗心だった。これは小泉純一郎が「自民党をぶっ壊す」と叫び、それまで自民党を支配してきた自民党竹下派の流れを断ち切り、国民的な支持を得た手法に通じるところがあった。

「空疎な百の言葉よりも、意味ある一つの結果を大切にしていきたい。政策実現のスピード感と実行力を何よりも重視していく」

地球儀を俯瞰する外交

中でも安倍は外交の立て直しに強い意欲を示した。衆院選挙戦中から安倍は繰り返し「外交敗北」と民主党政権を激しく攻撃してきた。確かに民主党政権下では沖縄県の尖閣諸島周辺で起きた海上保安庁の巡視船と中国漁船の衝突事件、韓国大統領李明博《イミョンバク》の竹島上陸、ロシア首相メドベージェフ（いずれも当時）の北方領土訪問など日本が直面する領土問題が一斉に火を噴いたのも事実だった。しかし、安倍が政権を担ったからと言って一気に問題が解決するはずもなかった。

二〇〇六年一〇月、初めて首相に就任した安倍は中国、韓国を電撃的に連続訪問した。狙いは前小泉政権下で最悪の状態に陥った日中、日韓の関係改善にあった。その成功体験もあったに違いない。再起を果たした安倍の「仕事始め」も外交だった。

安倍は元日の午前中、夫人の昭恵を伴って皇居に向かい恒例の新年祝賀の儀に出席した後、どこにも寄らずに東京・富ヶ谷の私邸に戻った。その安倍を最初に訪ねたのが自民党の日韓議員連盟幹事長の額賀福志郎だった。額賀は四日に韓国を訪問して次期大統領の朴槿恵《パククネ》と会談することになっていたからだ。朴も日本の衆院選と重なるように実施された二〇一二年一二月の大統領選で当選したばかり。朴は元大統領朴正熙《パクチョンヒ》の長女で安倍も面識があった。大統領李明博の竹島上陸を契機に悪化の一途を辿っていた日韓関係の改善にとって朴の登場は大きなチャンスと言えた。安倍は額賀に親書とともに自らの思いを伝えた。

「両国とも新しい政権がスタートするので、いい船出にしたい。韓国は民主主義などの価値観を共有する国だ。しっかり私の思いを伝えてほしい」

中途半端に終わった第一次政権でやり残したことを取り戻すかのように安倍外交を始動させた。

「地球儀を俯瞰する視点で、戦略的なトップ外交を展開していく」

これは安倍が語った外交の基本姿勢だった。例えば、第一次政権の安倍訪中では「戦略的互恵関係」で中国側と合意した。日中関係の発展が両国の利益に合致するとの認識に立って、政治と経済両面で協力し、二国間や地域、世界規模の課題解決に取り組む関係のことを意味した。この基本方針を策定し、地ならしをしたのが当時の外務事務次官谷内正太郎だった。新政権の安倍外交も谷内がグランドデザインを描いた。谷内は自著の中で策定の経緯を明らかにしている。

「これはもともと、中国側から『ウィン(勝つ)・ウィンの関係』、つまり、いろんな問題について、日中両国とも双方が利益を得るという趣旨の言葉にしたいという提案があったものだ。しかし、これに該当する日本語がなく、いろいろ考えた結果、『戦略的互恵関係』とした」(『外交の戦略と志』産経新聞出版)

そして安倍は谷内を補佐する内閣官房副長官補に外務省国際法局長の兼原信克を起用した。兼原は外務省きっての理論家で、かつては上皇陛下の天皇時代にフランス語の通訳を務めたこともあるオールラウンド・プレーヤー。兼原は谷内次官時代に総合外交政策局の総務課長として外相だった麻生太郎が掲げた「自由と繁栄の弧」を練り挙げた実働部隊長だった。安倍はその兼原を局長に就任してわずか三カ月余で次官級の官房副長官補に大抜擢した。この結果、安倍外交の中枢に再び「安倍―谷内―兼原」のラインが復活することになった。

ただし、二度目の政権を担った安倍が優先させたのは中国、韓国との近隣外交よりも日米同盟の再強化だった。それは谷内の進言とも重なった。安倍が野にある間に中国は飛躍的に国力を高め、日本を取り巻く大国間のパワーバランスは劇的な変化を遂げていた。ところが中国の台頭の中で沖縄の米軍普天間飛行場(宜野湾市)の移設問題の混迷など日米同盟の信頼関係に翳りが生じていた。このため安倍は首相復帰後最初の訪問先を米国に定めた。一二年一一月の米大統領選で再選を果たしたオバマの就任式が一月二〇日に予定されていた。その直後の日米首脳会談の設定を目指したのだった。

「同盟の強い絆が復活したことを内外に示す首脳会談にしたい」

安倍の外交政策の基本は日米の同盟強化を図りながら沖縄・尖閣諸島をめぐって強硬姿勢を崩さない中国と向き合うことにあった。常態化した中国による領海、領空侵犯に対応する有効な手立ては、日米安保条約による抑止力に頼る以外に選択肢は見つからないからだ。

そこで外務省が打ち出したのは異例の外務事務次官河相周夫《ちかお》(現上皇侍従長)の訪米である。安倍訪米の調整のために官僚トップの事務次官がワシントン入りすることによって日本側の本気度を米側に伝え、また米側の対日姿勢を直接安倍に持ち帰る狙いがあった。しかし、安倍が描いた就任式直後の訪米の日程は固まらなかった。河相は米国務副長官バーンズとの会談で「二月訪米」で再調整することになった。

通常国会が一月末に召集されることも訪米を急いだ大きな理由であった。しかし、米側からは色よい返事はなく、「安倍訪米」の活字だけが新聞に躍る結果になった。

もともと日本政府内にも「オバマ政権の閣僚交代などが重なっており、米側に余程のメリットがなければ日程調整は難しい」(外務省幹部)との見方があった。オバマ政権の顔として首脳級の存在感を示した国務長官のヒラリー・クリントンが退任し、後任は上院議員ジョン・ケリーが就任した。

安倍自身は「オバマは極めて合理的、ビジネスライクの思考をする大統領」と漏らし、外務省幹部もオバマの性格から早期訪米の難しさを指摘していた。

「オバマは会うためだけに会うという発想がない大統領だ。これだけの成果がありますという説得材料の提示を求められる。そのためには覚悟と準備が必要だ」

「お願い」だけでは済まない。ワシントンへのいわゆる「土産」が必要だった。

官房長官菅義偉デビュー

安倍が首相に復帰してから最初の本格的な論戦の舞台となる第一八三通常国会の召集は二〇一三年一月二八日に決まった。安倍はその召集日を待たずに首脳外交を開始した。安倍の外国訪問は「まず何よりも米国」との意向だったが、前述の通り米側との調整が付かなかった。そこで国会召集までの時間を活用するため初めての外遊先として東南アジア諸国連合(ASEAN)加盟国のうちベトナム、タイ、インドネシアの三カ国を歴訪することを決めた。祖父岸信介の首相就任後の初外遊が東南アジアだったことも念頭にあったのかもしれない。日程は一六日から一九日までの四日間。安倍は出発に先立って羽田空港内で歴訪の抱負を語った。

「安倍内閣の戦略的外交の皮切りにしたい」

その狙いは南シナ海の南沙(英語名スプラトリー)諸島をめぐって領土膨張政策を続ける中国を牽制することと、「成長センター」としてのASEAN重視の姿勢を示すことにあった。

ところが、最初の訪問先のベトナムにいた安倍のもとに思わぬ一報がもたらされた。北アフリカのアルジェリア南東部イナメナスでプラント建設大手、日揮（本社横浜市）の日本人駐在員らが拘束されるという事件が発生したのだった。国際テロ組織アルカイダ系のイスラム武装勢力は一六日夜（日本時間一七日未明）、米国人七人を含む外国人計四一人を人質に取ったとの声明を出した。武装勢力は人質の安全と引き換えに、隣国マリの内戦に介入したフランス軍の作戦停止を要求した。アルカイダ系勢力と厳しく対決してきた欧米全体を巻き込む事件となった。日揮の日本人現地駐在員一七人が安否不明のまま事態は急展開した。

政府は一六日夜、日本人拉致情報を受け官邸対策室を設置、関係省庁による局長会議で対処方針を確認した。官房長官菅義偉が緊急記者会見を開いた。

「人質事件との情報があり確認を急いでいる。人質事件の性格上、現時点で内容は差し控えたい」

アルジェリアの砂漠地帯では、国際テロ組織アルカイダに忠誠を誓う「イスラム・マグレブ諸国のアルカイダ組織」などの武装勢力が身代金目的などで欧米人らを頻繁に誘拐していた。

一方、ベトナム訪問中の安倍は菅に対して①人命第一の対処②情報収集の強化③関係各国との緊密な連携を指示した。しかし、できることには自ずと限界があった。安倍の訪問計画も変更を余儀なくされた。安倍は予定を前倒しして一八日中に帰国の途に就いた。

安倍が最初にASEAN訪問を決めた背景には政権としての明確な意図があった。名指しこそしなかったものの中国を強く牽制することだった。副総理兼財務相麻生太郎のミャンマー訪問に始まり、外相岸田文雄のフィリピン、ブルネイ、シンガポール訪問、そして一連のASEAN訪問を締め括る安倍の歴訪を見れば明白だった。そのことを強くアピールするには安倍の初外遊を国内の新聞、テレビが大きく報じることが前提だった。

しかし、その狙い、思惑を人質事件が完全に吹き飛ばした。安倍歴訪のニュースは片隅に追いやられ、安倍の発言も事件をめぐるコメントが中心になった。本来なら安倍がど真ん中に座って陣頭指揮を執る局面だが、留守を預かる官房長官菅義偉を通じて指示を出すほかはなかった。結局、準備していた「安倍ドクトリン」の演説は、現地が大雨だったこともあって中止され、記者会見でエッセンスだけを公表した。

その一方で、安倍の留守を預かる菅は不眠不休で対応に当たることになった。

「一人ぐらいアルジェリア周辺に政務三役が出張しているはずだ。すぐに探せ」

菅の予想は的中した。外務政務官の城内《きうち》実が東欧のクロアチアにいたからだ。菅は城内にアルジェリアの首都アルジェに向かうよう命じた。城内は外交官出身で安倍の側近議員の一人。うってつけの人材と言えた。城内は二〇〇五年の郵政選挙では、財務官僚だった片山さつきを選挙区で刺客に立てられ落選した苦い経験を持つ。城内はアルジェリア軍の作戦終了と同時に事件が起きたイナメナスに入った。そこで城内は二一日夜(日本時間)、安倍に悲報を伝えた。安倍は沈痛な表情で対策本部に姿を見せた。

「城内外務政務官より、現地イナメナス所在の病院に安置されているご遺体と対面した結果、安否確認中の日揮の社員のうち七人であるとの報告を受けた」

事件発生から五日目。政府が発表した初めての具体的な情報と言ってよかった。それまでは政府よりも日揮の会見情報が先行した。在アルジェリア大使館の情報は皆無に近かった。

「情報はいろいろ入っているが、確認のしようがない。ルートすらない」(政府高官)

かつて日本でも人気が高かった自動車レースのパリ・ダカールラリーもサハラ砂漠の治安悪化のた

め二〇〇九年から南米に、さらに二〇二〇年からはサウジアラビアに舞台を移している。アルジェリアの隣国マリの内戦にフランス軍が介入してからは、一層危険性は高まっていた。海外での日本人の安全確保、危機管理の不備が浮き彫りになった。

イナメナスのガス田は日本の資源外交とは直接関係しないプラント工事だったため政府の関心が薄かったことも事実だった。そのため「企業戦士」たちの安全確保は自己責任に委ねられていたと言ってよかった。事件で犠牲となった一〇人の遺体は生存者七人とともに政府専用機で帰国した。しかし、自衛隊に陸上輸送の権限はなく、アルジェリア政府に要請せざるを得ず、その後の自衛隊法の改正に繋がった。

安倍はアルジェリアの首相セラルに人質を危険にさらす武力行使の自重を求めたが、悲劇を回避することはできなかった。安倍が衆院選挙中から民主党政権の外交運営を「外交敗北」と手厳しく批判してきただけに、訪米延期に端を発した微妙な歯車の食い違いは安倍外交の前途に暗い影を投げかけた。ただし、安倍の外国訪問中に起きたテロ事件をほぼ一人で仕切った菅が一躍存在感を増し、実力政治家への道を歩みだす大きなきっかけになった。

アルジェリア事件の直撃を受けた新政権は内部のほころびも目に付いた。政府与党の幹部クラスの不用意な発言が続いたことだ。人質事件の対応で中心的な役割を担っていた麻生太郎が二一日に開かれた政府の社会保障制度改革国民会議で信じられないような暴言を吐いた。

「政府の金でやってもらっていると思うと寝覚めが悪い。さっさと死ねるようにしてもらわないとかなわない」

高齢者などの終末期の高額医療費をめぐっての発言だった。麻生は慌てて発言を撤回した。もともと麻生の〝失言癖〟が懸念されていたが、早くも現実のものとなった。麻生だけではない。経済再生担当相の甘利明が為替相場の水準に関して「三桁(一ドル＝一〇〇円)を過ぎて行くと輸入価格の上昇が国民生活にのしかかってくる」と述べ、過度の円安進行に否定的な見方を示した。一時的に円高が進み、株価も下落した。政権幹部が為替レートに触れるのはご法度というのが常識だ。その後、円ドル相場は持ち直したとはいえ、自らの発言が及ぼす影響の大きさに対する自覚の足らなさを露呈した。

「国を開く」――TPP

環太平洋連携協定(TPP)交渉は前野田佳彦政権で決着できずに先送りされた日米間に浮上した緊急課題だった。「Trans-Pacific Partnership Agreement」の頭文字を取ったTPPはその名の通り太平洋をぐるりと取り囲む国々が関税の撤廃を含め、サービス、貿易、投資、金融など二一分野にわたる自由貿易協定の締結を目指した多国間交渉だった。

産声を上げたのは二〇〇六年五月。アジア太平洋経済協力会議(APEC)の参加国でもあるシンガポール、ブルネイ、ニュージーランド、チリの四カ国によって始まった。参加四カ国は経済規模も小さく、注目度は低く、日本政府もさしたる関心を示すことはなかった。それが二〇一〇年三月、状況は一変する。米国、オーストラリア、ペルー、ベトナムの四カ国が交渉参加を表明したからだ。これを受けて八カ国による交渉が始まり、さらに一〇月にはマレーシアも交渉参加を表明し、一気に九カ国による交渉がスタートした。明らかに日本は出遅れた。日本にとって唯一の同盟国であり、経済的にも相互依存関係にある米国の交渉参加表明は衝撃だった。

しかし、交渉参加のハードルは極めて高かった。TPPは、重要な国内産業を輸入品から保護する目的で高い関税を設けている分野についても関税の全廃を原則としていたからだ。例えば、日本政府が関税撤廃の例外としてきたコメ、小麦、牛肉などの生産者は事業継続の危機に直面することになる。ここからTPPをめぐって国論を二分する議論が始まった。民主党の首相菅直人は二〇一〇年一一月、横浜で開かれたAPECで参加意欲を表明した。

「日本は今再び大きく国を開く決断をした」

この菅の意欲に経済界は交渉参加を強く求めて歓迎した。背景には自動車や電機で競合する韓国が米国や欧州連合（EU）と自由貿易協定（FTA）を締結したことへの焦りもあった。しかし、農業団体は「日本農業は壊滅する」と激しく反発した。

しかもTPPへの交渉参加は、参加を表明すれば直ちに認められるものではなく、参加各国の承認が必要だった。横浜APECに合わせて開かれたTPP交渉参加国による会合にも菅はオブザーバー参加に止まった。外相前原誠司は参加を強く促した。

「TPPの扉は閉まりかけている。先送りは許されない状況だ」

しかし、菅直人が目指した「日本農業の活性化と『国を開く』ことの両立」は容易ではなかった。政府が交渉参加を急いだ背景には米国からの強い要請があった。結局、菅は民主党内をまとめきれず、次の首相の野田佳彦に参加の決断は先送りされた。野田も外交面での最優先課題にTPPを位置付け、関係閣僚会議を設置して精力的に議論を重ねた。そして二〇一一年一一月一二日（日本時間一三日）、野田はハワイのホノルルで開かれたAPEC首脳会合に際してセットされた米大統領オバマとの日米首脳会談でTPP交渉への参加方針を伝えた。

だが、野田も党内を二分する対立に直面し、立ち往生する。小沢一郎との党内の主導権争いも絡んでＴＰＰをめぐる意見集約は困難を極めた。野田の参加表明後、党内の対立、軋みはやがて離党者が出るまでに激化した。社民党党首の福島瑞穂は民主党からの離党者続出について野田の政権運営を批判した。

「野田首相は遠心分離機だ。消費税、原発など重要テーマごとに人が出ていく」

野田のご意見番だった元財務相藤井裕久(二〇二二年没)は「ＴＰＰはあきらめて消費税一本に絞った方がいい」と野田に助言したが、野田はこれを聞き入れず、衆院解散の決断と軌を一にするようにＴＰＰ交渉への参加方針を民主党のマニフェスト(政権公約)に盛り込む考えを表明した。

野党自民党の総裁だった安倍晋三も交渉参加に前向きの考えを示した。

「われわれは日米の同盟関係にふさわしい交渉の仕方ができる。同盟の絆をしっかりと取り戻す中で交渉を突破していく力がある」

しかし、自民党の大票田でもある農業団体を敵に回しては選挙を勝ち抜くのは難しい。全国農業協同組合中央会(ＪＡ全中)の会長万歳《ばんざい》章は安倍に釘を刺すのを忘れなかった。

「ＴＰＰ反対が支援の絶対条件だ。安倍総裁を筆頭に、一丸となって反対を貫いてもらいたい」

ただＪＡは二〇〇九年の政権交代後、それまでの自民一党支持を見直し、「全方位外交」に方針転換していた。二〇一〇年参院選では自民党比例代表候補の推薦を見送った。民主党が二〇〇九年の衆院選で打ち出した「個別所得補償制度」が農家の強い支持を受けたことが決定的だった。ところが、菅直人がＴＰＰ交渉参加について検討を表明すると、「日本農業が壊滅する」と猛烈な反対運動を展開したのだった。札幌市、秋田市など全国九都市で開催された政府主催の「ＴＰＰをともに考える地域シンポジウム」の会場には農協関係者が詰めかけ反対論を次々に表明した。

ＴＰＰ交渉参加問題は結果としてＪＡと民主党の間に溝を生み、自民党との関係修復へのきっかけを与えることになった。しかし、単純にＪＡと自民党の関係が戻ったわけではなかった。後に安倍政権がＴＰＰ交渉への参加と共に農協改革に手を付けるという、ＪＡ側にとっては思いもよらぬ副産物をもたらすことになる。

自民党は公約に盛り込んだもののＴＰＰの扱いは〝控え目〟で、表現も慎重だった。

「『聖域なき関税撤廃』を前提にする限り、ＴＰＰ交渉参加に反対します」

たったこれだけだった。手を付けるには政治的リスクの大きさを計算できなかったからだ。日米同盟への配慮から政権発足直後に官房長官に就任した菅義偉のもとに外務省幹部が駆け込んだ。

「ＴＰＰにすぐ参加していただきたい」

菅は外務省幹部への怒りを込めて一蹴した。

「馬鹿を言っているんじゃない」

ただ安倍は信頼を寄せた甘利明をＴＰＰ交渉担当相に起用して早々に交渉参加を前提に布石を打っていた。甘利は日米同盟関係をマネージメントしながら二〇一三年七月の参院選を視野に入れて国内調整に着手した。

「通商交渉の八割は国内政治」

内閣官房副長官補に起用された兼原信克は常々こう語っていた。二月五日、官房長官の菅はようやく二月二一日から二四日までの安倍の訪米日程を発表した。安倍とオバマによる最初の日米首脳会談が二月二二日にワシントンで行われることが決まると、ＴＰＰ参加をめぐる党内調整も急ピッチで進められた。

二〇〇九年一一月、来日したオバマが東京・サントリーホールでの演説で「米国は太平洋国家」と述べ、アジア重視の姿勢を示してから三年余。TPPへの参加の意欲を示しながらも菅直人、野田佳彦の二人の首相が参加を決断できずに退陣に追い込まれた。安倍には大きな負荷がのし掛かった。しかも党内議論が本格化したのは二月に入ってから。舞台は党の外交・経済連携調査会。会長の衛藤征士郎は会合の難航ぶりを語った。

「反対の人が相当いる。確信をもって参加するべきという意見はなかなか出てこない」

調査会が開かれる前に反対派の議員連盟「TPP参加の即時撤回を求める会」が党所属国会議員の半数を超える約二〇〇人を集めて発足した。会長は鹿児島選出の衆議院議員・森山裕（現自民党選対委員長）。森山は安倍を強く牽制した。

「TPP参加を首相が決断したら夏の参院選は戦えなくなる。そのことは首相自身がよくお分かりだと思う」

さらに調査会は安倍が出発する直前になって「TPPに関して守り抜くべき国益」として六項目の対象分野を決めた。①農林水産品における関税②自動車等の安全基準、環境基準、数値目標等③国民皆保険、公的薬価制度④食の安全安心の基準⑤ISD条項⑥政府調達・金融サービス業――。このうち「ISD条項」とは、外国の政府が制度や法律を変えたことが原因で工場の建設計画が中止に追い込まれた場合などに、企業が損害賠償を求めて外国政府を訴えられるようにする規定のことをいう。

交渉参加推進派は「満額回答以外はすべて駄目と言っているのと同じで、交渉参加は不可能」と語るほどだった。ただ安倍は何とか固く閉ざされた扉をこじ開ける覚悟を固めつつあった。二月八日の衆院予算委員会でも参加意欲の片鱗を窺わせた。

「日本の参加について米政府の関心が高いのは事実だ。聖域なき関税撤廃を前提としているかどうか、私自身が確認する必要がある」

オバマの最大関心事であるＴＰＰに関しては交渉参加に前向きな何らかの意思表示をせざるを得なかった。いずれかのタイミングで方針転換しなければならないことは目に見えていた。既に自民党政調会長の高市早苗が一月六日放送のフジテレビの番組で明快に語っていた。

「交渉に参加し守るべき国益は守る。条件が合わなければ脱退する選択肢もゼロでない。内閣が決めることだ」

これに対して、総務会長の野田聖子は慎重な考えを示した。

「選挙で約束したことはしっかり守らなければいけない。有権者が理解できるよう丁寧な説明が大前提だ」

野田の発言を待つまでもなく半年後の七月には参院選が予定されており、高いハードルであることは明白だった。高市が参加容認とも受け取れる発言をしたことに党内から激しい反発が巻き起こった。

「とても怖くてＴＰＰには触れることすらできない」

これが党内の大勢だった。高市発言は安倍の訪米を睨んだ地ならしの一環と言えたが、機が熟するにはまだ時間が必要だった。

「アイ・アム・バック」

二〇一三年二月二一日（日本時間二三日未明）、安倍はオバマとの日米首脳会談に臨むためワシントン入りした。

「アイ・アム・バック（私は戻ってきた）」

安倍は二二日、米ワシントンのシンクタンク戦略国際問題研究所（CSIS）で行った講演で自らの復活を宣言した。安倍自身は日本の首相として再びワシントンの地を訪れるとは思ってもいなかったに違いない。安倍の言葉に万感の思いがこもった。ホワイトハウスの大統領執務室でのオバマとの初めての出会いでは安倍は緊張した表情を崩さなかった。二人は革張りの椅子に座って並び、共に足を組みながら、日米記者団の写真取材に応じた。オバマは想定通り実務的な態度に終始した。それでも会談後安倍は成果を強調した。

「この三年間著しく損なわれていた日米同盟は完全に復活した」

そして首脳会談後に発表された共同声明でTPPをめぐる事態は大きく動き出した。

「TPP交渉参加に際し、一方的にすべての関税撤廃をあらかじめ約束することを求められることではないことを確認する」

やや回りくどい表現ながら日本側が求めた関税撤廃の「例外」を認めた内容だった。この日米首脳会談を契機に国民の意識にも変化が見られた。共同通信が実施した世論調査で、TPPの交渉参加賛成は前回から一〇ポイント増の六三・〇％。内閣支持率は七二・八％に上昇した。安倍は自信を深めたに違いなかった。安倍はその後も七年八カ月にわたる長期政権を維持する中で内閣支持率については極めて敏感だった。その理由について安倍自身はこう語っていた。

「支持率が高ければ政策を進めるための推進力になる。また、支持率が高ければ党内からの抵抗が少なくなる」

官房長官の菅は二月二四日のNHK番組で「首相は衆院選公約を守れるかを一番気にしていたが、

そこがなくなった」と語った。

さらに安倍は二月二八日に行った政権復帰後初めての施政方針演説で交渉参加への意思を明確にしたのだった。

「今後、政府の責任において、交渉参加について判断します」

その日の夜、ＢＳフジの番組に出演した「ＴＰＰ参加の即時撤回を求める会」の会長森山裕は、交渉入りの判断に関して「首相が判断を任せてほしいと言っていることに異論があるわけではない」と語った。事実上参加容認に向けて大きく舵を切った。

森山の出身地である鹿児島県は北海道とともにＴＰＰの焦点となった重要農産品五品目（コメ、麦、牛・豚肉、乳製品、てんさい・サトウキビ）の全てを生産する。森山は党内有数の農政通で、しかも調整能力は群を抜いていた。やがて森山は国内の意見集約の先頭に立ち、二〇一五年一〇月の内閣改造で農水相に就任した。交渉参加国の各都市で開かれた交渉会場には必ず森山の姿があった。ＴＰＰの交渉終結後も自民党の通商交渉全体のまとめ役となる。その調整力を買われ二〇一七年から国対委員長に就任、菅義偉政権発足の立役者の一人となった。森山のひと言は安倍にとって心強いエールに聞こえた。

安倍の訪米が順調に推移した背景には短期間での首相交代が続いた日本政界で、久しぶりに首相経験者が登場したことに対する米側の強い期待感があった。

「今がラストチャンス」

安倍は結論を急いだ。三月一五日午後六時、安倍の記者会見がセットされた。

「本日、ＴＰＰ協定に向けた交渉に参加する決断をしました。その旨、交渉参加国に通知いたします」

政権交代から約三カ月。日米首脳会談から約二〇日で民主党が決断できなかった交渉参加をあっさり表明した。安倍は何度も「国益」の言葉を口にした。

「国益に叶う最善の道を追求する」

「国益となるだけでなく、（ＴＰＰは）世界に繁栄をもたらす」

安倍は身振り手振りを交えて意義を強調した。

「今がラストチャンスだ。いったん参加すれば日本は重要なプレーヤーとしてルール作りをリードできる」

この日の会見に合わせて政府はＴＰＰ参加に伴う国内への影響試算を正式に発表した。それによると、関税を撤廃した場合、コメなどの農林水産物三三品目の国内生産額計約七兆一〇〇〇億円のうち、四割に当たる三兆円が失われると試算した。影響を最も受けるコメの減額は一兆一〇〇〇億円。コメに次いで減少額が大きいとされたのが豚肉（四六〇〇億円）、牛肉（三六〇〇億円）、牛乳製品（二九〇〇億円）の順だった。ただ、消費や工業品の輸出が増えるため、一〇年後の実質国内総生産（ＧＤＰ）を三兆三〇〇〇億円（〇・六六％）押し上げる効果があるとした。

この影響試算が示すように大きなダメージを受けるＪＡ全中会長の万歳章は緊急記者会見を開き、怒りをぶちまけた。

「全てのものの関税をなくすのがＴＰＰの原則。特定品目を除外できるならＴＰＰではなくなる」

農業関係者だけでなく官邸と目と鼻の先の国会周辺には民主党、社民党、国民新党などの国会議員に加え、市民団体も合流した「TPPを考える国民会議」（代表世話人、東京大学名誉教授宇沢弘文）のメンバーが、「交渉参加断固反対」などのプラカードを掲げて抗議の座り込みを行った。やがてこの市民団体を中心にした安倍政権に対する抗議活動は常態化していく。その出発点がTPPの交渉参加反対にあった。

また、この日の記者会見は後の安倍が大きな政策決定をした際に行う記者会見のヒナ型になった。基本的に安倍の会見は午後六時に始まり、冒頭、二〇～二五分間はプロンプター（原稿映写機）を使って安倍が一方的に喋り続ける。その後質疑応答に入るが、内閣記者会の幹事社二社が質問した後、二、三人の記者を指名して終わるパターンが定着していく。会見の模様はNHKが生中継するが、午後七時からの全国ニュースの前には放送は打ち切られた。会見全体の仕切りは安倍側近の内閣広報官の長谷川榮一。安倍のメディア戦略の実践の場でもあった。

TPP参加決断について安倍自身は後にこう語っている。

「当時の党内は賛否半々で、雰囲気としてはむしろ反対の方が強かったかもしれない。ただ、私はやらないといけないと考えていた」

ただし安倍の思いだけで事が進むはずはなかった。それを可能にしたのは衆院選の自民党圧勝に伴う政権交代実現のエネルギーがまだ残っており、内閣支持率の高さが政権の求心力をさらに高める効果をもたらしていたからだろう。

さらに無視できなかったのは国際社会での日本の影響力の低下があったことだ。中国の台頭はもとより隣国である韓国の躍進も著しいものがあった。サムスン電子、LG電子、ポスコ（鉄鋼）など世界的企業の飛躍は韓国の国際社会での存在感の拡大をもたらした。

二〇〇八年のリーマン・ショック後、米大統領ジョージ・ブッシュの呼び掛けで始まったG20(二〇カ国・地域)首脳会合のアジアで最初の開催地はソウル(二〇一〇年)だった。日本で開かれたのは二〇一九年の大阪で、アジアではトルコのアンタルヤ(二〇一五年)、中国の杭州(二〇一六年)の方が先だった。

TPP交渉参加を安倍が決断した時点の国連の事務総長は韓国の元外交通商相の潘基文《パンギムン》。国連安全保障理事会の議長国も韓国だった。対米関係でも日本に先んじて米韓FTA(自由貿易協定)を締結していた。九七年には通貨危機に見舞われ、どん底まで落ち込んだ韓国経済は見事に蘇っていた。これに対し、デフレ経済で苦しむ日本には中国や韓国が参加をしていないTPPは千載一遇のチャンスに見えた。

そしてTPPにはもう一つの隠された戦略があった。経済交渉の名を借りた安全保障としての側面だった。TPPほど安全保障が前面に出てきた多国間の通商交渉は前例がなかった。安倍も参加表明の記者会見で力説した。

「共通の経済秩序の下に、こうした国々と相互依存関係を深めていくことはわが国の安全保障にとってもまたアジア太平洋地域の安全のためにも大きく寄与することは間違いない」

安倍にとって政権復帰早々にTPP交渉参加のカードを切った意味は大きかった。政権運営から見ても、また対米関係の視点からも政治的な負荷を大きく減らすことに直結したからだった。

近隣外交波高し

中国、韓国との近隣外交は保守層の支持を背景に強硬路線を貫いてきた安倍にとっては頭の痛い難題だった。安倍が再登板を果たすまでの五年余の間に中国の台頭は想像を超えるスピードで現実のものとなった。安倍が二〇〇六年に電撃訪問した中国とは明らかに客観状況は大きく違った。リーダーも胡錦濤から習近平に交代。沖縄・尖閣諸島周辺の日本の領海への中国の海洋監視船の侵入は恒常化しつつあった。安倍は防衛省に監視強化を命じたが、それ以上の手がないのが実情だった。

日韓関係も同様だった。自民党の総合公約集の最後に「二月二二日を竹島の日」として政府主催で祝う式典を開催すると明記しているが、この年の開催は見送りを決めた。三日後の二月二五日に韓国の大統領就任式が予定されていたからだ。就任式を機に安倍は新大統領朴槿恵との日韓首脳会談を行う意向を固めていた。

前首相野田佳彦が中国国家主席胡錦濤との日中首脳会談の直後に沖縄・尖閣諸島の国有化を決定し、中国の反日運動を激化させた苦い経緯もあった。ただ、親日的に見えた朴槿恵も甘くはなかった。大統領選挙後に行った記者会見で、日韓関係改善に意欲を示しつつも慰安婦問題などでは強い姿勢を崩さなかった。

「正しい歴史認識を土台に、北東アジアの和解、協力と平和が拡大するよう努力する」

安倍は野党時代に慰安婦問題をめぐる一九九三年の官房長官河野洋平によるいわゆる「河野談話」の見直しに言及していたが、これにどう対応するのかも高いハードルだった。靖国神社参拝も近隣外交の推進の上で極めて難しい問題を孕んでいた。安倍の復活の背景には保守派を中心にした「安倍応援団」の底堅い支持があった。このため安倍自身も折に触れて靖国参拝に言及した。

「（第一次の）首相在任中に参拝できなかったのは痛恨の極みだ」

歴史問題と領土問題は安倍外交にとって古くて新しい解決困難な課題だったが、初の日米首脳会談の設定をめぐって日米間の調整が行われていた中で新たな事態が発生した。二月五日午後、防衛相の小野寺五典が緊急記者会見するという情報が駆け巡った。

「尖閣諸島周辺海域で中国艦船が海上自衛隊の護衛艦に火器管制レーダーを照射したらしい」

火器管制レーダーの照射はミサイル発射のために照準を合わせることを意味した。「威嚇」や「挑発行為」の領域を超えて、「攻撃一歩手前」の状態を指す。政府高官は「いわば刀の束に手を掛けたのと同じ」と語った。「米軍なら間違いなく反撃に出ていただろう」(同)という際どい状況だった。

小野寺の会見が始まったのは情報が飛び交い始めてから約一時間半後だった。小野寺は中国を厳しく批判した。

「極めて特異な事例だ。一歩間違うと大変に危険な状況に発展する」

同時に小野寺はこの会見の中で照射を受けたのは一月三〇日午前一〇時頃であるとの事実を発表した。場所は東シナ海の公海上。照射を受けたのは護衛艦「ゆうだち」。中国艦船との距離は約三キロ。海上自衛隊の幹部経験者によるとレーダー照射を受けると警報音が鳴る。「その音は人間にとって最も気に障る音」という。

しかし、外務省は防衛省に対する強い不信感を抱く。情報の伝達がなかったからだ。野球でいうなら選手がベンチ内で八つ当たりしてスパイクで壁を蹴り上げる光景と重なった。その不満、怒りには理由があった。

この日の午前中、外務審議官の斎木昭隆(後の事務次官)が駐日中国大使程永華を外務省に呼んで強く抗議していた。中国公船が一四時間を超えて日本の領海に侵入したからだ。この時点で外務省に照射の事実が告げられていれば、外務省の対応も相当違っていたはずだった。

外務省以上に防衛省に対して不信感を募らせたのが海上保安庁かもしれない。二〇一二年九月の尖閣諸島の国有化後は、尖閣は海上保安庁の管理下にある。いわば「島の管理人」だ。しかも日常的に尖閣周辺の海上警備の任務を負い、神経をすり減らす激職に当たる。その海保にも中国のレーダー照射について事前通告がなかった。

最初に情報をキャッチしたのは海保を所管する国土交通相太田昭宏だった。太田の携帯電話にメディアから問い合わせがあり、太田の指示で防衛省にようやく事実確認したのである。防衛省はレーダー照射をキャッチした装置は海路で横須賀まで搬送され、その上での綿密な解析を行ったために時間がかかったと説明した。安倍も二月七日の衆院予算委員会で、一月三〇日に発生した中国艦船による海上自衛隊護衛艦へのレーダー照射について、自らへの報告が遅れたことを認めた。

不測の軍事衝突を招きかねない緊迫した事態だったにもかかわらず、安倍や防衛相小野寺への報告遅れが明らかになったことは、自衛隊に対する文民統制（シビリアンコントロール）の観点からも問題を残すことになった。

ただ、安倍は「極めて遺憾な出来事だが、対話の窓口は閉ざさないことが大切だ」として日中対話継続の重要性を指摘した。中国側に対しても呼び掛けた。

「一点が悪化すると全てが止まる姿勢は間違っている。戦略的互恵関係の原点に立ち戻っていただきたい」

日本政府の不意の発表で虚を衝かれた中国政府は中国外務省の副報道局長華春瑩が二月七日の記者会見で強く反論した。

「日本が危機をあおり、緊張をつくりだし、中国のイメージを貶めようとしている」

ところが米国が異例の対応に出てきた。米国防長官パネッタが中国の照射について厳しい口調で非難したのだった。

「中国は他国を脅したり、他国の領土を求めてはならない」

日本政府は公表によって日米同盟の連携を誇示した。ただ同時にリスクも負った。北朝鮮に最も影響力があるのは中国。安倍が「対話の窓口は閉ざさない」と語ったのも拉致問題の解決には中国の影響力を無視することはできなかったからだ。その北朝鮮が再び動いた。二月一二日午後〇時一四分、韓国の通信社聯合ニュースが第一報を伝えた。

「北朝鮮が核実験」――。

安倍は衆院予算委員会の合間をぬって首相官邸で財界首脳と会談していた。経団連会長米倉弘昌、日商会頭岡村正、経済同友会代表幹事長谷川閑史ら。「アベノミクス」推進の一環として民間企業の給与引き上げを要請するためだった。安倍はそれを切り上げて政府の安全保障会議を招集した。さらに午後の予算委員会出席を終えると、直ちに駐日米国大使ルースと官邸で会談、日米の共同対処を確認した。第二次安倍政権は発足早々に近隣外交での荒波に遭遇した。

霧に霞む北方領土

一方、日米首脳会談の前日の二〇一三年二月二一日、モスクワでは元首相森喜朗がロシア大統領プーチンと会談していた。安倍のロシア訪問に向けた地ならしと位置付けられた。この会談でプーチンが重要発言を行った。

「日ロ間に平和条約がないのは異常な事態だ」

戦後六八年を経て、平和条約締結に関してロシア側からのこれほど明確な問題提起は極めて異例だった。領土問題をめぐって森が首相時代にプーチンとの間で確認した二〇〇一年三月の「イルクーツク声明」の重要性を改めて確認した。声明は平和条約締結後の歯舞群島、色丹島引き渡しを定めた一九五六年の日ソ共同宣言の有効性を再確認したものだった。プーチンは一二年三月に自らが言及した領土問題の「引き分け」による決着についても説明した。

「勝ち負けのない解決だ。双方が受け入れ可能な解決策のことだ」

森は「領土問題の最終解決には日ロ両国首脳の決断が必要だ」との見解を伝え、安倍の親書を手渡した。日本の首相の公式訪ロは二〇〇三年以来途絶え、一〇年一一月には当時の大統領メドベージェフが国後島を訪問するなど領土交渉は停滞したまま動かなかった。一二年五月にプーチンが大統領に復帰し、日ロともに久しぶりに復帰したトップリーダー同士による交渉再開の機運が浮上した。

ただ北方領土では日ロ双方の主張の隔たりは大きく、依然として解決の糸口を見つけ出すのは容易ではなかった。それでもプーチンが森に対して柔軟な対応を見せた背景にはエネルギー問題を軸にした国際的な潮流の激変があった。ロシアは「北のサウジアラビア」と言われる地位にあった。当時のロシアの石油生産量は世界第二位。天然ガスは生産量、埋蔵量とも世界第一位のエネルギー大国。その天然資源の輸出がロシア経済を支え、国家を支えてきた。それが米国のシェールガス革命による輸出価格の急落に直面したのだった。資源大国の座に胡坐をかいていたロシアの足元が揺れ出していた。このため日本政府内にはプーチンの柔軟姿勢に懐疑的な見方が根強く存在した。

「輸出先として、また開発のための資金調達先として日本との関係強化の思惑がある」（外務省幹部）

ただ、森の訪ロが領土交渉再開に向けての大きなきっかけになったことは間違いなかった。森は訪ロ前から密かに自信を持っていた。プーチンとの会談は実に一六回目。プーチンが二〇〇〇年に大統領に就任した際に、最初に出席した主要国首脳会議（G8）が沖縄サミットで、議長が当時の首相だった森である。

森の父茂喜は長く石川県根上町《ねあがり》（現能美市）の町長を務めた。根上町は元メジャーリーガーの松井秀喜の出身地でもある。茂喜は旧ソ連時代に日ソ友好に尽力し、死後は分骨されてロシア・イルクーツク郊外の墓地に妻とともに眠る。二〇〇一年の森・プーチンによる日ロ首相会談がこの地で行われたのはプーチンの配慮だった。

「日ロ交流を進展させるのが私の生涯の仕事だ。父と母が眠るイルクーツク州の墓地に眠る覚悟だ」

森はこの訪ロにある〝小道具〟を持参した。安倍の父で元外相安倍晋太郎と、ソ連の元大統領ゴルバチョフとの会談の模様を伝える一枚の写真だった。晋太郎は病軀をおして日ソ交渉に意欲を燃やした。その写真を見せながら森はプーチンに話し掛けた。

「今の日本の首相は、この人のせがれだ」

いかにも森らしい細やかな気配りだった。第二次森内閣で安倍を官房副長官に抜擢、「権力への階段」に導いた政治家でもあった。

森はこの後も日ロ交渉をめぐってはたびたび安倍のサポーターとして登場することになる。さらに森は二〇二〇年の東京五輪招致の実現に尽力して、五輪組織委員会会長に就任、安倍外交を側面から支え続けることになる。

宿命の拉致問題

北方領土問題が戦後に残された重大な外交課題である一方、首相安倍晋三にとってひと際重みをもった外交課題は北朝鮮による拉致問題だった。安倍は自著『美しい国』(文春新書)でこう記述している。

「北朝鮮による拉致問題とわたしが出会ったのは、一九八八年の秋である。有本恵子さんのご両親が、わたしの父、安倍晋太郎の事務所を訪ねてこられたのが発端だった。当時、わたしは父の秘書をつとめていた」

つまり安倍は拉致問題と三〇年以上も深く関わっていたことになる。以来、安倍の手には絶えず拉致問題があった。偶然の巡り合わせで二〇〇二年九月一七日、安倍は歴史的な会談に同席することになった。この日、首相小泉純一郎は北朝鮮総書記の金正日《キムジョンイル》と会談するため平壌に向かった。小泉にただ一人同行した政治家が官房副長官の安倍だった。平壌入りした日本メディアの記者、カメラマンら総勢一二〇人。一九七二年の日中国交正常化交渉の時の八〇人を大きく上回った。同行記者団も首相専用機に同乗するのが慣例だったが、この時は首相番記者以外の全員がチャーター機で前日に現地入りするという異例の取材態勢が組まれた。

小泉が小雨の降る羽田空港を飛び立ったのは午前六時四五分すぎ。飛行時間は二時間四五分。到着地の平壌国際空港は東京とは打って変わって抜けるような青空が広がっていた。空港では北朝鮮最高人民会議常任委員長・金永南《キムヨンナム》が出迎えた。安倍が後に韓国の平昌《ピョンチャン》で開かれた冬季五輪のレセプションに出席した際、その会場で突然歩み寄って話しかけた相手が金永南だった。北朝鮮では総書記金正日に次ぐナンバー2の地位にあった。筆者も二〇〇六年一〇月、平壌の万寿台《マンスデ》議事堂でインタビューしたことがあるが、自信に満ちた応答ぶりは今も鮮明に記憶する。

その歴史的な小泉・金正日会談に先だって行われた双方の外交官同士による準備協議から緊張した

神経戦が展開された。ここで北朝鮮側が突然、Ａ４サイズ二枚のペーパーを日本側に提示した。そこにはこう書かれていた。

「五人生存、八人死亡」

日本人拉致被害者の消息を伝える衝撃的な情報が記されていたのだった。拉致被害者の安否情報はハングルで書かれていて、氏名の他に生年月日、「死亡者」については「死亡年月日」が記載されていた。この「死亡者リスト」には横田めぐみの名前もあった。同行した安倍は後にこのリストを見せられた時の心境について「心が震えた」と語っていた。

会談はその後休憩に入った。テレビの音量を最大限に上げた控室で日本側は小泉を中心に北朝鮮側の盗聴を防ぐためどう対応するかの協議を行った。核心は拉致問題について最高指導者の金正日に責任を認めさせ、謝罪させることにあった。その上で小泉が決断した。

「金正日が拉致を認めない場合は席を立って帰国する」

この休憩時間を利用した協議中に平壌ではもうひとつのドラマが進行していた。日本側の外交官が市内の高層アパートに向かった。その一室に横田めぐみの娘という少女が待っていた。少女は「キム・ウンギョン」と名乗り、めぐみの形見というバトミントンのラケットと、めぐみが二〇歳の時に撮影したというカラー写真を手にしていた。めぐみの面影を残す利発な少女の存在は日本社会を大きく揺さぶった。

その一方で小泉・金正日会談と並行して小泉に随行した外務省職員が生存者として日本側が把握していた四人と面会していた。この職員が現地準備本部長を務めた元外務省北東アジア課長の梅本和義（後の駐イタリア大使）。梅本は身体的な特徴などから本人と確認した。ただ梅本の「どうやって連れて来られたのか」との問いには全員が言葉を濁したという。この時点で後に被害者として判明した曽我ひとみの存在は日本政府にも情報がなかった。こうした面談が続く中で午後の首脳会談が再開された。金正日も覚悟を決めていたと思われた。

「(拉致について)この場で遺憾なことであったことを率直にお詫びしたい。二度と許すことはない」

初めて北朝鮮の最高指導者が拉致を認め、謝罪をしたのだった。これを受けて両首脳は「拉致・核・ミサイル」を包括的に解決することを謳った日朝平壌宣言に署名した。安倍は首相官邸の官房長官の福田康夫に電話で首脳会談の結果を連絡した。福田は被害者家族への通知というつらい役回りを担うことになった。

この会談から約一カ月後の一〇月一五日。曽我を加えた生存が確認された拉致被害者五人の帰国が実現した。ただし、大きな問題が生じた。日朝間の合意で五人は再び平壌に戻るとされていたことだ。いわば「一時帰国」だったのである。これに「待った」を掛けたのが平壌に同行した官房副長官の安倍だった。

ここで政府内の意見対立が起きた。小泉訪朝のお膳立てをしてきたのが当時の外務審議官田中均。田中は橋本内閣当時の外務省北米局審議官時代に沖縄の米軍普天間飛行場返還のシナリオを描いた外交官でもあった。田中は小泉訪朝の実現まで約一年間にわたって極秘に北朝鮮の「ミスターX」と交渉を重ねていた。小泉訪朝実現の最大の立役者であった。当時、安倍は田中が進めた北朝鮮側との極秘交渉に関しては蚊帳の外に置かれていた。

田中の唯一と言ってよかった相談相手が小泉内閣の官房長官福田康夫だった。福田も田中の進言に従って拉致被害者を北朝鮮に戻すことに一定の理解を示していた。しかし安倍が強く反対した。

「五人を平壌に戻せば改めて家族を含めた多人数の帰国交渉をしなければならなくなる」

拉致被害者の家族たちは安倍寄りの姿勢を示し、ついには家族会として異例の見解まで発表した。

「私たちが強い不信感を持っている田中審議官を日朝交渉の担当から外していただきたい」

小泉は「田中（均）さんを含めて政府は一体です」と田中を使い続けた。

そのこともあったのかもしれない。安倍が政権に返り咲いて半年ほど経った二〇一三年六月一二日、田中が毎日新聞のインタビューで安倍内閣の閣僚の靖国神社参拝に関して懸念を示したことに安倍が激しく反応した。外交評論家になっていた田中をフェイスブックで厳しく批判したのだった。

「（田中の）判断が通っていたら五人の被害者や子供たちはいまだに北朝鮮に閉じ込められていた事でしょう。外交官として決定的判断ミスと言えるでしょう。（中略）彼に外交を語る資格はありません」

民間人となった田中を現職の首相が名指しで批判するという異常な事態だった。安倍の感情的な発言が、だれのチェックもなしに不特定多数の外部に発信されることは決して好ましいことではなかった。とりわけ外交に絡む問題での発信は国益を損ねかねない危うさが潜んでいた。

安倍の田中批判には民主党幹事長の細野豪志がフェイスブックを通じて〝参戦〟した。

「最高権力者からの反撃を考えると、批判的なことを言いにくい雰囲気ができる。表現の自由を確保するため広い度量を持ってほしい」

自民党青年局長の小泉進次郎までが安倍に苦言を呈した。

「首相が何をやっても批判されるのは宿命だ。結果を出すことに専念した方がいい」

それにしても安倍の怒りは尋常ではなかった。安倍は六月一二日のフェイスブックで、田中が北朝鮮との交渉記録の一部を残していなかったと批判していた。これに対して田中は二四日の都内での講演で強く反論した。

「一人で行って記録を付けないで北朝鮮と交渉することはあり得ない」

「記録が作られていないことは断じてない」

ただ言えるのは田中の構想力と行動力がなければ、小泉訪朝が実現しなかったのは紛れもない事実だったことだ。逆に田中の外交官としての功績を否定した安倍の拉致問題解決に向けての実行力が問われる場面だったが、破竹の上昇気流に乗っていた安倍に対する批判は限定的なものに止まった。

小泉訪朝によって五人の拉致被害者の帰国が実現できたが、同時に大きな課題が残った。平壌に残した家族の引き取りだった。交渉は難航を重ね、家族が日本でともに暮らせるようになるには二年後の二〇〇四年まで待たねばならなかった。小泉が再び訪朝して平壌にいた家族七人の帰国、入国を実現した。入国というのは、拉致被害者の曽我ひとみの夫ジェンキンスは元米兵で二人の娘が平壌で生まれたからだった。日本政府は帰国した五人以外に横田めぐみをはじめ一二人を拉致被害者として認定しているが、消息を含めてなお安否不明の状態が続いている。

安倍は拉致問題への取り組みを通じて将来の首相候補のひとりとして注目を集めることになった。官房副長官から自民党の幹事長に抜擢され、さらに官房長官を経て首相の座にたどり着くことになるが、一貫して北朝鮮に対しては強硬路線を貫いた。菅義偉と意気投合したのも対北朝鮮をめぐって認識を共有し、制裁強化についても考えを同じくしたからだった。それが安倍・菅関係の原点とも言え、拉致問題の解決が第二次安倍内閣の最優先課題とされたのは必然だった。

安倍は首相に返り咲いて三日目の二〇一二年一二月二八日、早速、首相官邸で拉致被害者家族会の代表飯塚繁雄（二〇二一年没）、横田夫妻らメンバーと懇談した。

「もう一度首相の職に就いたのも、拉致問題を解決しなければならないとの使命感によるものだ。オールジャパンで、言葉だけでなく、実際に結果を出していく」

だが、北朝鮮を取り巻く情勢は内外ともに激変していた。

安倍が首相に返り咲く一年前の二〇一一年一二月一九日、北京の北朝鮮大使館で掲揚されていた北朝鮮国旗が半旗になった。金正日の死去だった。朝鮮中央通信が公式に金正日の死を報じた。

「一七日午前八時半、現地指導に向かう列車の途中、急性心筋梗塞で死去した」

金正日は六九歳だった。朝鮮中央テレビは一九日正午からの特別放送で訃告を読み上げた。

「今日わが革命の陣頭にはわが党と軍隊と人民の卓越した領導者（指導者）である金正恩《キムジョンウン》同志が立っている」

国際社会が注視していた権力の継承者が三男の正恩であることを強く示唆した。拉致問題は一向に進展しないまま金正日の時代は幕を下ろした。むしろ北朝鮮は核、ミサイルの開発を加速させた。その結果、国際的な安全保障問題をめぐる利害が絡み合い、拉致問題にも日朝の二国間だけでは調整できない要素が加わった。

二〇〇三年に発足した「六カ国協議」もその一つだった。朝鮮半島の非核化を目的とするための多国間協議で、議長国中国のほか、北朝鮮、日本、米国、韓国、ロシアで構成する。〇五年に北朝鮮の核放棄を盛り込んだ共同声明を出すところまで漕ぎつけたが、〇八年に非核化の検証方法を巡り協議が事実上決裂した。朝鮮労働党委員長となった金正恩もこの路線の継承を表明したが、強硬路線をさらに先鋭化させた。

これに対して北朝鮮の暴発を抑え込んで来た米国の歴代大統領の対北朝鮮政策には一貫性に欠けるところがあった。ブッシュは自身の任期切れが迫った二〇〇八年、北朝鮮の「テロ支援国家」の指定解除に踏み切った。日本の対北朝鮮外交の基本は「対話と圧力」。米国の「テロ支援国家」の指定は日本にとって北朝鮮を対話の場に引き込む重要な〝装置〟でもあった。日本政府は指定の継続を強く要請したが米側が受け入れることはなかった。ブッシュは指定解除に当たって当時の首相麻生太郎に電話でこう釈明した。

「拉致問題については強い気持ちを抱いている。また、日本国民が強い懸念と不安を持っていることを理解している。被害者家族への深い同情と、この問題を解決するための誠実な気持ちを伝えたい」

ブッシュからオバマに大統領が交代すると、オバマは「核なき世界」を訴え、北朝鮮の核問題を対話で解決する方針を取った。しかし、北朝鮮は核実験やミサイル発射を繰り返し実施し続けた。これに対してオバマ政権は北朝鮮が行動を起こさない限り交渉に応じないとする「戦略的忍耐」という外交方針に転じたが、逆に北朝鮮を増長させる状況を招来させた。安倍はこの「戦略的忍耐」について自身の『回顧録』で厳しい見方を示している。

「戦略的忍耐なんて、考えられた言葉のようだけれど、実際は先送りですよ。関心がなかった」

飯島訪朝

日朝関係は停滞が続いていたが、それでも何度か進展の機会があった。首相野田佳彦が衆院解散に踏み切る前日の二〇一二年一一月一五日、ようやく日本と北朝鮮の外務省局長級の協議がモンゴル・

ウランバートルで開かれた。局長級による本格協議は二〇〇八年八月以来。日本側は外務省アジア大洋州局長の杉山晋輔、北朝鮮側は朝日国交正常化交渉担当大使の宋日昊《ソンイルホ》が出席した。一一月一五日は横田めぐみが北朝鮮工作員に拉致された日に当たった。北朝鮮が頑なに拒んできた拉致問題を局長級協議の議題に載せることを了解したシグナルと受け取られた。協議に出席した宋日昊は協議終了後、「真摯で建設的な雰囲気だった」と総括し、拉致問題に関しても従来の「解決済み」との表現は使わずに、「日朝間の立場に差がある」と述べるなど柔軟な姿勢を見せていた。

なぜ北朝鮮が協議に応じたのか。当時の日朝間には朝鮮総連ビルの競売問題が燻っていた。在日本朝鮮人総連合会（朝鮮総連）中央本部が使用していたのが東京都千代田区の総連ビル。朝鮮総連は日本と国交のない北朝鮮と在日朝鮮人をつなぐ「大使館」の役割を担っている。破綻した在日朝鮮人系信用組合から総連への不良債権を引き継いだ整理回収機構（ＲＣＣ）が二〇一二年、総連ビルの競売申し立てを行ったことから問題が表面化した。東京地裁は同年七月、競売開始を決定、土地と建物を差し押さえた。このため朝鮮総連は引き続き本部ビルが使用できるように日本政府に水面下で要請を行った。これを受けて野田側近の民主党関係者が密かに平壌入りして、宋日昊と善後策を協議した。その協議を通じて両国の課長級協議、そして局長級協議につながって行った。しかし、野田政権が崩壊し、このルートでの北朝鮮とのパイプは再び閉ざされることになる。

ところが半年後に思わぬところから動きが出た。首相小泉純一郎の首席秘書官だった飯島勲が二〇一三年五月一四日、電撃的に平壌を訪問したのだった。北京から平壌国際空港に降り立った個性的な飯島の姿がテレビ画面に映し出され、驚きが走った。飯島は安倍が政権に返り咲くと官房長官の菅から内閣官房参与への就任を要請された。飯島は二度の小泉訪朝に同行し、平壌に一定の〝土地勘〟があり、朝鮮総連とのパイプがあった。安倍や菅は飯島の経験を活用することを考慮していたようだ。

この飯島訪朝は北朝鮮側の要請だった。ここでも総連ビル問題が深く関わっていた。飯島は「対話の道をもう少し探るべき」との立場で、かねてから「総連ビルの再使用ができなければ拉致問題の解決は相当難しくなる」と話していた。

いわば拉致問題解決をめぐる日朝交渉の象徴的な人物でもあった飯島が安倍の下で内閣官房参与の職にあった。北朝鮮からみれば「北朝鮮包囲網」が強化される中で対外的に「孤立回避」をアピールできる絶好のカードでもあった。飯島の到着が直ちに北朝鮮から国際映像として流れたことでも北朝鮮側の意図が窺えた。

飯島が訪朝した時期はちょうど米国の北朝鮮担当代表のデービスによる韓国、中国、日本の三カ国歴訪の時期と重なった。外務省幹部はこんな見方を示した。

「日本が米・中・韓の三カ国と外交的にギクシャクしているタイミングで飯島氏を招くことは日米韓を攪乱する意図があるかもしれない」

飯島訪朝は同時にリスクも伴った。米韓両国に事前の通告をしておらず、〝頭越し外交〟と受け取られかねなかったからだ。

飯島は一四日から一七日の滞在中に北朝鮮ナンバー2の金永南、北朝鮮の外交を取り仕切る朝鮮労働党国際部長金永日《キムヨンイル》らと会談するなど破格の厚遇を受けた。一連の会談で、飯島は拉致被害者全員の帰国や実行犯の引き渡し、さらに拉致の可能性が否定できない「特定失踪者」の帰国を求めたことも分かった。飯島訪朝について拉致問題担当相の古屋圭司はこう論評した。

「北朝鮮の幹部に、拉致被害者を帰さなければ一円の支援もすることはあり得ないとはっきり伝えた。大きな意義があった」

飯島訪朝に先立って安倍も独自のパイプによる北朝鮮との対話再開に向けての模索を始めていた。その初手が三月の安倍のモンゴル訪問だった。その目的に関し、政府高官は「九九％は対北朝鮮対策だった」と語った。

モンゴルは北朝鮮と国交があり、首都のウランバートルには北朝鮮大使館が置かれている。大相撲でのモンゴル出身力士の活躍をあげるまでもなく、親日的なモンゴルから北朝鮮の内部事情を探る意味は大きかった。安倍は飯島訪朝後、外務省の幹部人事で対北朝鮮シフトを鮮明にした。外務次官への斎木昭隆の起用だった。アジア大洋州局参事官だった斎木は、小泉の第一次訪朝後に拉致被害者五人が帰国する際、チャーター機で平壌入りした。被害者家族会の信頼が厚いことでも知られた。北朝鮮の核問題をめぐる六カ国協議の日本首席代表を務め、日朝実務者協議も担当した。アジア大洋州局長を務めるなど対北朝鮮政策に長年関与してきた。安倍は北朝鮮を知り抜いた斎木の経験と決断力に懸けたのである。

しかし、民主党外交を強く否定した安倍は前首相の野田佳彦が手がけたルートを無視した。結果として、発足時の勢いを対北朝鮮外交に反映させることはできなかった。

第二章
改憲への小手調べ
（二〇一三年一月〜二〇一三年七月）

国民栄誉賞授与式後の始球式に長嶋茂雄，松井秀喜と現れた安倍首相（2013年5月5日）

1　安倍と財務省が火花

内政の地ならし＝アベノミクス

七年八カ月に及んだ第二次安倍晋三政権を象徴するキーワードの一つが「アベノミクス」であることは疑いないだろう。かつて米国のレーガン政権下の経済政策が「レーガノミクス」と呼ばれた。一九八〇年代に米国が財政と貿易のいわゆる「双子の赤字」による経済的苦境から再生することを目指して掲げた、ロナルド・レーガン大統領の経済政策の総称だ。それに準えたのが「アベノミクス」だった。首相の名前「アベ」と「エコノミクス（経済学）」を組み合わせた造語だが、語感の良さに加え長くデフレ経済に打ちひしがれた日本社会にとり、実態以上の明るい響きを伴い、瞬く間に定着した。

安倍は二〇一二年の自民党総裁選に出馬した時から経済再生を公約の筆頭に掲げた。目指すは「一日も早いデフレ脱却と成長力底上げ」にあった。その上で安倍は日銀と政府の関係に言及した。「政府と日銀がデフレ脱却の政策目標を共有し、思い切った金融緩和が必要だ」（九月一八日、総裁選候補者討論会）

安倍が経済政策の土台、骨格を形成したのは安倍が第一次政権を失った後の「雌伏の五年間」にあった。安倍の周囲で「知恵袋」となっていたメンバーの大半は経済成長を重視する「上げ潮派」が占めた。中でも中心的役割を果たしたのが米エール大学の名誉教授浜田宏一、大蔵（財務）官僚出身で静岡県立大学教授の本田悦朗（後にスイス大使）らだった。

本田は外交専門誌『外交』（二〇一三年三月号）掲載のインタビュー（「アベノミクスの核心」）の中で二〇

一一年七月に安倍と会った際、安倍が強い危機感を訴えていたことを明かしている。

「何とかしてデフレを脱却しないと、日本経済は大変なことになる」

これに対して本田はこう安倍に進言したという。

「レジームチェンジ、つまり金融政策の枠組みを変えることによって、緩やかなインフレ予想を国民に持ってもらうことが重要だということです」

そのうえで、デフレに順応するのではなく、「デフレと闘う積極的な金融政策、積極的な日銀を演出する」と指摘し、「それまで日銀がやっていたような小出しの金融政策ではだめです」と安倍に助言している。二％のインフレ率を達成するまで無制限に国債を買っていくことをアピールすべきということも語っている。

安倍は早くも二〇一二年一〇月一一日の記者会見で日銀総裁の白川方明《まさあき》について交代を求めている。

「わが党が政権を取っていればの話だが、（後任は）政府と強調してデフレ脱却のための大胆な金融緩和を行っていただける方がいい」

このため安倍が首相に就任した段階で白川の退任は既定路線になっていた。ただし安倍の急進的とも言える経済政策の転換には批判も強かった。連合（日本労働組合総連合会）会長の古賀伸明は「極端な人はお金を刷ればデフレから脱却できると言うがそうではない」と語った。自民党とは友好関係にあった経団連会長の米倉弘昌（住友化学会長、二〇一八年没）はアベノミクスに批判の矛先を向けた。

「金融緩和だけで需要を喚起できるはずがない」

「世界各国で禁じ手となっている政策をやるのは無謀に過ぎる」

米倉に対する安倍の腹立ちは傍目にもはっきりと伝わった。

「(米倉は)勉強していない。間違った認識は正していく必要がある」

まだ安倍が首相に就任する前とはいえ、安倍と米倉との対立は決定的になった。自民党が一二月一六日の衆院選で圧勝した直後に開かれた安倍と経団連幹部との意見交換の場にも米倉の姿はなかった。欠席の理由は「体調不良」とされたが、安倍と米倉の確執があったことは明白だった。

安倍が復活させた経済財政政策の司令塔である経済財政諮問会議の民間人議員四人の中に米倉の名前はなかった。翌二〇一三年経団連会長が米倉から東レ会長の榊原定征(東レ会長、現日本野球機構コミッショナー)に交代すると、榊原が二〇一四年から経済財政諮問会議の民間人議員に加わった。またこの間に楽天社長の三木谷浩史が経団連を脱退、新たにＩＴ企業を中心にして組織する「新経済連盟」を発足させている。安倍の再登板とアベノミクスは政権と経済界との関係にも大きな影響を及ぼした。

安倍の勢いはだれにも止められなかった。最大の要因は安倍が具体的な政策に着手する前に日本経済が長く苦しんできた「円高・株安基調」の市況が劇的に好転したからだ。二〇一二年一一月一四日、当時の首相野田佳彦と野党自民党総裁安倍晋三による党首討論での野田の「一六日に解散してもいい」との発言を境に市場は活況を呈することになった。

金融政策依存によるデフレ脱却の姿勢の危うさを指摘する声もあったが、現実の株価、円安進行の前に大多数は沈黙した。もはや日銀総裁人事についても安倍に異を唱える余地はほぼなくなっていた。こうした中で安倍が先手を打つ。二〇一三年一月一三日に出演したＮＨＫの番組『日曜討論』で新総裁の条件に言及した。

「大胆な金融政策を実行できる人」

さらに安倍は一月一五日に次期総裁人事について有識者らに意見を聞く会議を開くことを明らかに

した。「密室批判」を避けるとともに議論の公開を通じて新日銀総裁に対する理解を広げ、正統性を担保する狙いがあった。安倍はこの「有識者会議方式」をその後も消費税率アップなど大きな政策の方針決定に際して多用し、安倍政治を補強する有力なシステムとなっていく。

安倍は多くの面で中曽根康弘に影響を受けていたが、この有識者会議方式も「私的諮問会議」を次々に発足させ、長期政権を実現した中曽根と同じ手法であった。ただし、そのことは政権にとって都合のいい人選で事を進める手前勝手な〝装置〟となる。その後の「国会の空洞化」「国会軽視」という「負の遺産」を生み出していくことになった。

日銀総裁人事をめぐっても有識者会合に先立って官房長官の菅義偉が新総裁像について安倍の意向最優先の考えを示した。

「どういう出身だから良い、悪いということではなく総理自身が経済再生に一番必要だと思われる人を決めていく」

安倍は既に衆院選直後に二％の物価目標導入を表明、場合によっては日銀法の改正にまで踏み込む考えを表明しており、新日銀総裁の人選は安倍の頭の中ではとっくに固まっていた。一月一五日の会合に出席した有識者は七人。いずれも金融緩和に慎重な白川ら日銀の政策を批判してきた。浜田、本田に加え、東京大学大学院教授伊藤元重、元日銀審議委員中原信之、慶応義塾大学教授竹森俊平、みずほ総合研究所チーフエコノミスト高田創、学習院大学教授岩田規久男が顔を揃えた。安倍も出席して自らアベノミクスの意味を改めて語った。

「デフレから脱却するために大胆な金融緩和、機動的な財政政策、民需を喚起する成長戦略の『三本の矢』でやっていただきたい。特に金融緩和が大切だ」

日銀総裁の交代が早々と動き始めたのに加えて決め方も異例の展開を見せた。従来の新総裁の人選に当たっては日銀、財務省（旧大蔵省）が中心になって水面下で調整を進め、最終的に政府が国会に同意を求めてきた。さらに候補者に関しても財務省と日銀出身者が交互に務める「たすき掛け人事」が定着していた。

この慣行に従えば日銀出身の白川の後任は財務省からの起用が順当だったが、問題は財務省出身者の中の人選の難しさにあった。財務省がこだわったのが元財務事務次官の武藤敏郎。武藤は五年前にも総裁に内定しながら国会の同意が得られず涙を飲んでいた。しかし、安倍や菅には財務省主導人事を受け入れれば、財務省を頂点にした官僚支配が続くことになるとの判断があった。

既に安倍と財務省は政権発足前に日本郵政の社長人事をめぐって火花を散らしていた。日本郵政は衆院選で自民党の政権復帰が決まった三日後の一二月一九日、突然、社長交代を発表した。元大蔵事務次官だった社長の斎藤次郎が退任し、同じ財務省出身の副社長坂篤郎を昇格させた。斎藤は小沢一郎と近いとされ、二〇〇九年の民主党政権誕生直後に社長に就任していた。このため坂の昇格は新政権発足前のドサクサ紛れの人事との批判が巻き起こった。自民党幹事長の石破茂も「政権移行時に重要人事を行うのは断じて許されない」と強く批判した。これに対して野田内閣の郵政民営化担当相の下地幹朗は日本郵政の社長人事を擁護した。

「この三年間、経営は順調で、天下りかどうかは問題ではない。社長を決めるのは取締役会であり違法性もない」

しかし、安倍も菅も一歩も引かなかった。とりわけ総務相経験者の菅は厳しかった。日本郵政の交代人事を「非常識」と断じ、「事前に相談もなく、看過すべきでない」として坂を事実上更迭した。

一三年六月の株主総会を前に次期社長は元東芝社長の西室泰三に決まった。日本郵政の「駆け込み戦略」が裏目に出ただけでなく「財務省支配」の一角が崩れたのだった。安倍の財務相に対する悪感情は想像を超えるものがあった。『回顧録』ではその感情が随所にほとばしった。

「予算編成を担う財務省の力は強力です。彼らは、自分たちの意向に従わない政権を平気で倒しに来ますから」

日銀総裁人事も財務省が推した主流の武藤ではなく、安倍には意中の人物がいた。財務省出身ではあったが、アジア銀行総裁を務めた黒田東彦《はるひこ》だった。安倍は後にこう語っている。

「黒田さんはアジア銀行総裁の時から度胸のある人で私の言っている金融政策を評価する発言をしていた」

こうして日銀総裁は白川の「白」から黒田の「黒」に交代した。白川から黒田への交代劇は単なる日銀総裁人事に止まらずその後の安倍長期政権の土台を形成するという点では極めて大きな意味を持った。人事権の掌握による権力行使が如何にすさまじい威力を発揮するかを如実に示す人事だったからだ。とりわけ菅は信賞必罰に徹し、一切の妥協を排する姿勢を貫く。一面で安倍官邸VS.財務省の様相となった日銀総裁人事はその後の「安倍一強」と呼ばれた政権運営の出発点となった。

大胆な金融政策を推進する一方で安倍は経済財政諮問会議をデフレ脱却の司令塔と位置付けた。その上で、諮問会議の実務を担う「日本経済再生本部」を新設した。再生本部は成長戦略を実現するための企画、立案、総合調整を担うことになった。本部長には安倍が就き、甘利明が担当相に起用された。再生本部が内閣に設置されたことで安倍の意向、方針がストレートに反映される仕組みが整備された。

諮問会議が金融政策や財政などマクロ政策を議論するのに対して再生本部は民間企業の活性化などミクロ政策を担当した。本部の下には産業競争力会議が設置され、新たな成長分野の創出や産業空洞化を防ぐ対策、国際競争力の強化などの検討に入った。

そして安倍が手を付けたのが、〝本丸〟とも言える日本銀行との調整だった。一二月一六日の衆院選で自民党が圧勝して政権交代が確定すると、日銀は一二月二〇日の金融政策決定会合で一〇兆円の追加金融緩和に踏み切り、物価目標を翌年一月に導入することを事実上決めた。日銀総裁の白川方明は大胆な金融緩和に否定的な考えを示しており、早くも安倍に屈した印象を与えた。

安倍は一八日に自民党本部で白川と会談、政策協定(アコード)を政府と日銀との間で結ぶことを要請した。その中身は「消費者物価で前年比二%の物価目標」だった。この時点で白川は「聞き置いた」とされていたが、事実はかなり違っていたことが判明した。一〇年後の二〇二三年一月三一日、日銀は二〇一二年七~一二月の金融政策決定会合の議事録を公表した。それによると、白川は物価上昇目標に関して疑問を呈していたことが明らかにされている。

「(日銀の大量国債購入で)財政規律が失われると物価の安定に逆効果だ。政府自身にも振り返ってくる非常に重たい話だと、国民にも政府にも認識されることが大事だ」(二〇一二年一二月二〇日の議事録)

白川は二%の物価目標導入後、一三年四月の任期満了を待たず三月に辞職した。安倍の信念と選挙で大きな支持を得た勢いには勝てなかった。しかし、それから一〇年、賃金上昇を伴う物価上昇はいまだ実現できていない。

日銀に限らず霞が関の中央省庁との力関係も激変した。安倍は白川以外にも各省庁の事務次官らと相次いで面会した。この引き継ぎに当たって大きかったのは野田内閣の幕引き役の官房長官藤村修が公正無私を貫いたことだった。野田内閣は「円滑な政権移行」に全面協力した。そのこともあって各省幹部は大っぴらに新政権への移行準備に入ることができた。自民党本部四階の総裁室前には各省庁の幹部らが列をなした。一番乗りは安倍とも馴染みの外務事務次官の河相周夫と外務審議官の斎木昭隆だった。一二月二六日の首相指名選挙を待たずに実質的な引き継ぎが始まっていた。

「女性の活躍」の推進

金融政策の転換と並行して安倍は成長戦略の策定も急いだ。一三年一月二五日、成長戦略として一〇項目の検討を指示した。

一、規制改革の推進
一、総合科学技術会議の機能強化などイノベーション（技術革新）・IT政策の立て直し
一、「聖域なき関税撤廃」回避を前提とした経済連携の推進
一、「二〇三〇年代の原発稼働ゼロ」を掲げた民主党政権のエネルギー戦略の見直し
一、温室効果ガス排出量の二五％削減目標の見直し
一、産業の新陳代謝の円滑化
一、若者・女性の活躍推進
一、輸出拡大など攻めの農業政策の構築
一、資源確保・インフラ輸出戦略の推進
一、クールジャパンの推進

中でも安倍が重視したのが「女性の活躍」だった。四月一九日に安倍は日本記者クラブで行った成長戦略スピーチの中でも「女性は成長戦略の中核」と指摘し、二〇二〇年までに指導的地位に女性が占める割合を三〇％とするという目標を掲げた。いずれにせよ、安倍が好んで使った「ロケットスタート」の根本は何よりも経済の立て直しにあった。菅もしばしば「経済、経済、経済」と語っていた。

安倍は二月五日の経済財政諮問会議で経済界に異例の呼び掛けを行った。

「業績が改善している企業には賃金の引き上げを通じて所得の増加に繋がるよう協力をお願いしていく」

これ以降、労働組合顔負けで毎年春闘の季節を迎えると経済界に賃上げを強く求める安倍の姿があった。安倍は自らの首相返り咲きがなぜ実現したかについて「三年に及ぶ民主党政権の混乱」に加え、「経済の低迷」があったと語った。

「行き過ぎた円高によって製造業が海外に生産拠点を移し、企業の倒産が増えた。正社員の有効求人倍率は〇・五倍だった。若い人たちがどんなに頑張ってもなかなか就職できない事態となっていた」

その上で安倍は政権奪還に止まらず、「安定政権」の樹立を目指すことに邁進した。

「安定政権をつくるにおいて何をすべきかを五年間ずっと考えていた」

その五年間で第一次政権の失敗の反省に辿り着く。

「とにかく詰め込んで一気に取り組んだことで政権の体力を失い、年金問題で足を掬われて一年で政権を去ることになった」

そこで国民的な要請、民意は何を求めているかを受け止めながら戦略的優先順位を決めていった結果が「アベノミクス」に結び付いたと語っている。

政権発足から約三カ月が経った、一三年三月三〇日午後五時現在の円相場は一ドル九四円。一二年度の最終売買となった三月二九日の東京株式市場の日経平均株価は一万二三九七円九一銭で取引を終えた。年度末としては五年ぶりの高水準となった。内閣支持率も七一・一％。「株価連動内閣」といわれつつも安倍は足場を固めた。

安全保障政策への執着

安倍晋三が首相に再び就任した際、目指すべき政策目標が大きく分けて二つあった。一つは安倍の思いや意思とは関係なく誰が首相になっても解決、あるいは決着、決断しなければならない問題、課題があった。外交面では環太平洋連携協定（ＴＰＰ）交渉への参加、内政面では二〇一四年四月から、五％から八％への税率引き上げが法律で決まっている消費税の扱いなどいわゆる「日付もの」の課題だった。

その一方で第一次政権が短命に終わったため、未完のままやり残した政策目標があった。とりわけ集団的自衛権の憲法解釈変更や国の安全保障体制の整備には強い意欲を持っていた。その中でも安倍がいち早く着手したのが外交・安全保障政策の司令塔となる日本版「国家安全保障会議（ＮＳＣ）」の創設だった。第一次政権で創設のための法案を提出したものの退陣で廃案になっていた。

ＮＳＣは首相、官房長官、外相、防衛相の四者会合を常設し、官邸主導で外交・安全保障政策を推進する狙いがあった。当時の「政と官」の関係から言えば、外務、防衛両省とも消極的な姿勢に終始していた。自らの権限を官邸に侵食されるという〝縄ばり意識〟が根強く存在したからだ。これを打ち破ったのが安倍の強い意思だった。

従来は九閣僚（首相、官房長官、外務、防衛、財務、経済産業、国土交通、総務、国家公安委員長）による「安全保障会議」があったが、各省間の縦割りに加え、九閣僚が一同に会する必要があり機動力を欠いた。結果的に意思決定に時間がかかるなど形骸化が指摘されていた。これに対してNSCは外交と防衛が重なり合う安全保障の領域で常に首相が統括できるようにするのが目的で、米国や英国のNSCをモデルとして安倍がその創設に強い意欲を持っていた。

安倍は二〇一三年二月、早々にNSC構想の具体化に向けて動き出した。「国家安全保障会議の創設に関する有識者会議」を設置したのだった。安倍が自ら議長を務めたことでも安倍の意気込みが伝わってきた。安倍は二月一五日の初会合で設置の意義を強調した。

「わが国にふさわしい国家安全保障会議のあるべき姿について集中的に議論し、率直な意見をいただきたい」

有識者会議のメンバーとして元外務事務次官谷内正太郎ら一〇人が決まった。谷内以外のメンバーは次の通りだった（肩書はいずれも当時）。

独立総合研究所社長　青山繁晴▽元警察庁長官　漆間巌▽前統合幕僚長　折木良一▽PHP総研主席研究員　金子将史▽京大名誉教授　中西輝政▽平和・安全保障研究所理事長　西原正▽元防衛事務次官　増田好平▽立命館大客員教授　宮家邦彦▽千葉商科大政策情報学部長　宮崎緑
経済再生を最優先に置き、NSC設置は参院選後に先送りする考えもあったが、アルジェリアの日本企業の人質事件や中国海軍艦船による海上自衛隊の護衛艦「ゆうだち」に対するレーダー照射が発生、日本の情報収集、分析力が問われる事態が相次ぎ、議論が前倒しされた。さらにこの中で、情報漏洩を防ぐため罰則規定を盛り込む「特定秘密保護法」の制定に向けての議論も始まった。

まずＮＳＣ設置法案が六月七日に閣議決定され、国会に提出された。これまでにない特徴は国家安全保障担当の補佐官と内閣官房に数十人規模の「国家安全保障局」が置かれたことだ。ともすると外交と防衛が分断されてきた日本の危機管理を統合して機能させるためには政権の本丸である内閣官房に事務局を置く必要があった。このことは首相直結型政治の具体化でもあった。

二〇一四年一月七日に発足したＮＳＣの事務局となる「国家安全保障局（ＮＳＳ）」の初代局長には既定方針通り元外務事務次官で内閣官房参与の谷内正太郎が就任した。国家安全保障担当補佐官には参院議員で首相補佐官の磯崎陽輔が起用された。設置後最初の安倍の指示に安倍が目指したＮＳＳの役割、在り様がにじみ出た。

「自衛官諸君は官邸で制服を脱がなくても良い」

ＮＳＣの任務は、法案策定に関わった元内閣官房副長官補の兼原信克によると、「ＤＩＭＥ」に集約される。「D」は外交＝Diplomacy、「I」は情報＝Intelligence、「M」は軍事＝Military、「E」は経済＝Economy を意味した。このうち「E」に関しては、二〇二〇年四月一日に遅まきながらＮＳＣに「経済班」が新部署として発足した。経済と外交・安全保障が絡む問題の司令塔で世界的に感染が拡大した新型コロナウイルスの世界経済や安保に与える影響を分析する役割も担うことになった。後の岸田文雄内閣で経済安全保障担当相が誕生した。

ＮＳＣのメンバーには法律で決められた四閣僚に加え、首相経験者で外交、経済に明るい副総理兼財務相の麻生太郎が加わることになった。

2 安保法制懇の再開

憲法学者不在の憲法論議

安全保障をめぐってはNSC設置と並んで、集団的自衛権の行使に関する憲法解釈変更を検討する「安全保障の法的基盤の再構築に関する懇談会」(安保法制懇)も二月八日に再始動した。この再始動を急いだ背景には、安倍の訪米が決まっていたことがあった。『回顧録』で安倍は、この訪米で米大統領オバマに「同盟を強化するため、集団的自衛権の行使に関する憲法解釈を変更する方針だ」と述べたことを明かしている。再始動というのは第一次政権でも設置されたものの、安倍の退陣とともに議論が宙ぶらりんで終わっていたからだ。そのため第一次政権の際のメンバー一三人全員が再任された。途中で二〇一三年九月の会合から慶應義塾大学教授の細谷雄一が加わった。座長には第一次政権時と同じく元駐米大使の柳井俊二が起用された。メンバー一四人は次の通りだった(肩書はいずれも当時)。

柳井俊二(座長)▽国際大学長　北岡伸一(座長代理)▽政策研究大学院大教授　岩間陽子▽元駐タイ大使　岡崎久彦▽JR東海会長　葛西敬之▽大阪大大学院教授　坂元一哉▽防衛大学校名誉教授　佐瀬昌盛▽元防衛事務次官　佐藤謙▽国際協力機構理事長　田中明彦▽京大大学院教授　中西寛▽駒沢大名誉教授　西修▽元統合幕僚会議議長　西元徹也▽慶大教授　細谷雄一▽上智大教授　村瀬信也

第一次政権の安保法制懇は〇八年六月に最終報告書をまとめており、その中で「公海上での自衛隊による米艦船防護」と「米国を狙った弾道ミサイル迎撃」に関して集団的自衛権の行使容認が必要だと提言している。柳井は議論開始を前に共同通信のインタビューに応じ、解釈変更の意義を強調した。「集団的自衛権は国益を守るために政策的に行使すればよく、世界中の紛争に口を出すということではない。内閣法制局は、日本の安全保障に害であっても自分らの見解にこだわっている。自民党以外に、民主党にも容認派は多い。突破するには政治の力が必要だ」

その上で柳井は「情勢はどんどん動いている。だらだらと長くやるわけにはいかない」と語った。この中で憲法学者は西修だけ。西は憲法改正に積極的な学者として知られた存在で他の学者の多くは国際政治の専門家が名を連ねた。メンバーを見れば一目瞭然。法制懇の再開と同時に結論は見えていたと言ってよかった。

歴代政権も首相の意向を政策に反映させるために私的な審議会・懇談会を設けて、国民を説得するための有力な手段としてきた。しかし、その弊害もしばしば指摘された。とりわけ、安保法制懇は平和憲法の中核でもある憲法九条の解釈にかかわることを議論、検討する場としてふさわしいかどうかの疑問符がついた。当時から憲法で「国権の最高機関」と位置づけられる国会が有権解釈を示すべきとの意見が根強く存在した。

ただ再開された安保法制懇は初会合が開かれた後、第二回会合は開かれないまま空白期間が生じた。官房長官の菅義偉は四月三〇日の記者会見で開催は秋以降になるとの見通しを示した。政権に復帰した直後で政権基盤が固まったとは言えず、夏の参院選を控えて、集団的自衛権の行使容認に慎重な公明党への配慮もあったものと見られた。

ところでこのメンバーの中に安倍にとって余人をもって代えがたい存在がいた。指南役で精神的な支えでもあった外交官出身の岡崎久彦だった。安倍の父晋太郎が外相当時に岡崎は外務省の情報調査局長。安倍は外相秘書官として岡崎から集団的自衛権の行使による日米同盟強化の意義について多くを学んだと語っている。岡崎の祖父は戦前の加藤高明内閣の農相岡崎邦輔。邦輔の従兄弟が元紀州藩士で明治時代に外相として名を残す陸奥宗光だった。岡崎自身も秀才の誉れ高く卒業証書は小学校のものしか持っていないというエピソードが残る。小学校以外全て飛び級で外交官試験も東京大学在学中に合格したからだ。飄々とした語り口でズバッと本質に切り込む岡崎は安倍を支え続けた。安倍の首相執務室には額に入った岡崎の筆による漢詩が壁に架かっていた。その一節に「父子三代憂国情」の下りがある。父子三代とは岸信介、安倍晋太郎、安倍晋三を指すのは言うまでもない。この漢詩は二〇二〇年九月の首相退陣後、衆議院第一議員会館の安倍事務所に移され、いつも安倍の傍らにあった。岡崎は邦輔と同じ和歌山県出身の二階俊博とも長い親交があり、安倍と二階をつなぐ人物交差点の役割も果たしていた。

沖縄の心

政権に返り咲いた安倍が取り組まなければならない重要課題の一つに沖縄県宜野湾市にある普天間飛行場の移設問題があった。首相橋本龍太郎と米大統領ビル・クリントンの間で返還合意したのが一九九六年。紆余曲折を経て二〇〇六年に沖縄県名護市辺野古沿岸部を埋め立てて移設することが決まった。当時は小泉純一郎内閣で安倍は官房長官の職にあった。安倍が決定の経緯を知らないはずはなかった。しかし、安倍の第一次内閣を含めて六内閣が移設の実現に取り組んできたが一ミリも動かず、安倍が再び解決に向けて難題を背負うことになった。沖縄県民の強い反対運動に加え、埋め立て予定地の軟弱地盤が発見され、今も移設工事完成の目途すら立たずにいる。歴代の政権はいずれも沖縄の負担軽減を唱え、「世界で最も危険な飛行場」と言われる普天間を一刻も早く移さなければならないことでは一致はしていたが、政府と沖縄県民の溝は埋まらずなお迷走が続く。さらに中国の海洋進出の動きの最前線に立つのも沖縄。安倍も政権復帰と同時に沖縄が抱える様々な問題の解決に向け難しい舵取りを迫られた。

外交は優れて内政である。普天間問題も二〇〇九年九月に首相になった鳩山由紀夫が衆院選挙前とはいえ、普天間飛行場の移設先に関して「最低でも県外」と発言したことが事態をこじらせた。沖縄県民の期待値を高めたからだ。

安倍は民主党政権について「外交敗北」と断じていただけに普天間問題で結果を出すことに強いこだわりを持っていた。安倍はオバマとの初めての日米首脳会談でも「決める政治」を強調した。安倍の外交ブレーンでもあった谷内正太郎はこう語っている。

「(オバマには)抽象的な言葉を使わずに『自分はこうしてきた。これからこうする』という具体的な話をした」

普天間移設が一向に動かないのは政府と地元沖縄との感情的な溝にある。この溝を埋めた上で信頼関係を構築できるかどうかが問題解決の全てと言ってよかった。安倍内閣でこれを担ったのが、菅だった。橋本内閣で日米合意に尽力した官房長官の梶山静六を師と仰いでいた。

安倍は第二次政権の発足から二週間も経っていない一三年一月八日、首相官邸で沖縄県知事の仲井《なかい》真《ま》弘多《ひろかず》と早々に会談した。安倍が仲井真との会談を急いだ背景には検討中だった訪米に向けた準備の側面と、仲井真が権限を持つ辺野古沿岸部の埋め立て申請への地ならしの両面があった。

　これに対し仲井真には沖縄振興への政府の支援を要請する目的があった。仲井真は単刀直入に切り出した。

「首相に直訴しようと参上した。沖縄県民の総意だ。手を付けていただくと県民は大喜びします」

仲井真は那覇空港の第二滑走路建設や三〇〇〇億円規模の沖縄振興予算確保などを要請した。これに対し安倍は普天間問題とは絡めずに柔軟対応を約束した。

「在日米軍基地が多く、負担が集中し、県民に負担を掛けている。沖縄の発展は日本全体の問題。沖縄への投資は未来への投資だ」

　安倍の本音には沖縄振興への後押しを梃子に普天間移設推進に繋げようという思惑があったことは否定できなかった。この安倍・仲井真会談を契機に沖縄をめぐる動きが俄かに動き出した。まず米政府は、かねてから検討していた米軍嘉手納基地への新型輸送機オスプレイの配備方針を日本政府に伝達した。また防衛省の防衛政策局長西正典（後に防衛事務次官）と米国防次官補のリッパート（アジア・太平洋安全保障問題担当）による自衛隊と米軍の在り方を定めた日米防衛協力指針（ガイドライン）の再改定に向けての会談がワシントンで行われた。普天間飛行場の移設問題は、さらに大きな東アジア情勢全体の安全保障という文脈の中に取り込まれていく。以来、普天間移設問題に関しては政府対沖縄県の対立的な関係と米政府の日本側への負担要求との間で「解」を求めるという板挟み状態が一層厳しさを増した。

　二〇一三年一月一一日には沖縄北方担当相の山本一太（現群馬県知事）、さらに一六日には防衛相小野寺五典が相次いで沖縄入りした。ただ知事の仲井真弘多が急性胆嚢炎で入院中のため副知事の上原良幸らとの意見交換に止まったが、安倍新政権の熱意を伝える目的は達した。

一方、菅は一七日午後、米国務次官補のカート・キャンベルと首相官邸で会談、普天間問題やTPP交渉への日本の参加問題で意見交換した。この会談は菅にとってスポークスマン、首相の女房役といった従来の官房長官の枠に止まらない外交、安全保障にも関与する存在になる第一歩となった。菅は就任直後に受けた共同通信のインタビューで、「目指す官房長官像」を問われてこう答えている。

「亡くなった梶山静六元官房長官に政治の指導を受けた。ああいう長官になれればいいなと思っている」

「ああいう長官」という表現の中に普天間問題への取り組みがあった。しかし、普天間をめぐる問題は一筋縄ではいかなかった。尖閣諸島をめぐる中国との緊張関係の増幅、北朝鮮情勢など、沖縄に大きな負担を押し付けている現状を変えるには真逆のベクトルが働いた。後に普天間移設問題でキーマンとなる那覇市長で沖縄県市長会会長の翁長雄志は、訪沖した山本一太にオスプレイの県内配備に強く釘を刺した。

「沖縄県全体が反対しても押し付けてくる。誠実さ、正義のないやり方で大変おかしい」

翁長は自民党の政治家として那覇市議、沖縄県議を経て二〇〇〇年から那覇市長を務めていた。当初は普天間飛行場の辺野古移設を推進する側にいた。それが徐々に政府の方針に異を唱え、厳しく糾弾する側に回った。その翁長が知事として政府と全面対決することになるのは翌二〇一四年の知事選に勝利してからだった。

当時の知事、仲井真が上京して沖縄振興で政府の協力を求めたことに、安倍、菅ら政府側は「脈あり」と判断した。訪米を控えた安倍は二月二日、就任後初めて沖縄に向かい、那覇市で仲井真と二度目の会談を行った。会談後、安倍は訪米前に検討していた辺野古湾沿岸部の埋め立て申請を見送ることを明らかにした。安倍は沖縄訪問の理由についてもこう語った。

「まずは(民主党政権の)三年間に失われた国と沖縄県との信頼関係を再構築することから始めたい。その思いで来た」

安倍は普天間飛行場を一望のもとに見下ろせる宜野湾市の嘉数高台にも立った。普天間飛行場の周辺には民家が密集する。かつて米国防長官ラムズフェルドはその危険な立地に驚きを隠さなかった。嘉数高台は沖縄戦の激戦地の一つ。ここで戦った部隊には京都出身者が多かったことから一九六四年に「京都の塔」が建てられた。そこには当時の京都府知事蜷川虎三ら府内の首長の連名による追悼文が刻まれており、その中には園部町(現南丹市)の町長だった野中広務の名前もある。野中は小渕恵三内閣の官房長官として二〇〇〇年の沖縄サミットの決定に深く関与し、生涯にわたって沖縄に心を寄せた政治家の一人だった。

しかし、その野中は小泉によって遠ざけられ、沖縄問題の解決でも主役にはなれなかった。普天間問題が再び動き出すかどうかの鍵を仲井真が握った。仲井真との初めての会談でも安倍は同じフレーズを繰り返した。

「普天間の固定化はあってはならない。米国との合意の中で進めていきたい。沖縄の基地負担軽減に力を尽くしていく」

安倍は米大統領オバマとの日米首脳会談でも埋め立て問題に触れることはなかった。安倍はソフト路線を前面に打ち出した。安倍の柔軟とも受け取れる対応の背景には仲井真の姿勢に変化の兆しが見られたことがあった。二月二一日午後、仲井真は首相官邸に菅を訪ねて会談している。この会談で仲井真は埋め立て申請の取り扱いについて前向きな考えを示したのだった。

「法に則って出てきたものを頭からノーとかイエスとか言う話ではない」

この仲井真発言に関して菅は記者会見で「ありがたいと正直に思う」と述べている。菅の政治手法、スタイルは、人知れず水面下で関係者と会談を重ね、落としどころを探る。仲井真との間でもそのことを窺わせた。仲井真発言を受けた政府の動きは早かった。二月二六日には防衛省が普天間飛行場の移設予定先の名護市辺野古地域の漁業権を持つ名護漁業組合に、沿岸部の埋め立てへの同意を求める文書を提出した。埋め立て申請手続きの一環だった。

一方、政府は普天間飛行場に配備されたオスプレイ一二機の訓練を日本本土で開始することを公表した。「沖縄の負担を軽減する」という姿勢をアピールする狙いがあると見られた。

そして政府は三月二二日、一気に埋め立て承認の申請書を県に提出した。しかし、矢継ぎ早の政府の動きは沖縄県民との間の溝を広げることはあっても埋めることはなかった。

三月二二日の申請書提出は菅が中心になって練り上げた〝奇襲作戦〟だった。「事前に申請が明らかになれば、反対派の妨害活動に遭うのが確実」(防衛省幹部)との判断があった。安倍も取り扱いを菅に任せていた。当時の報道によると、防衛省から電話連絡があったのは「申請書提出の五分前」。突然ダンボールが名護市内にある県の北部土木事務所に運び込まれたという。

申請書提出から間もない四月三日、すかさず菅は官房長官に就任後初めて沖縄入りした。菅は改めて仲井真に普天間飛行場の名護移設の推進について協力を要請。仲井真は日米の政府間で合意している普天間以外の五施設・区域の返還計画の公表を求めた。この五施設は米中枢同時テロなどを受けた米国の軍事態勢見直しの一環で、日米が二〇〇六年五月に在日米軍再編のロードマップ（行程表）で合意していた。そこには抑止力維持と地元負担軽減を原則に二〇一四年までに沖縄県宜野湾市の普天間飛行場の名護市沖への移設、在沖縄米海兵隊約八〇〇〇人のグアム移転などが盛り込まれていた。さらに普天間飛行場を含む那覇軍港など嘉手納基地以南の五つの米軍施設の全面返還が明記されていた。菅はこの会談を経て五施設については官房長官在任中に一つひとつ結果を出していくことになる。

菅は仲井真だけでなく沖縄タイムス、琉球新報など沖縄のメディアを訪ね、幹部とも会談した。両紙は沖縄県民に広く購読されその影響力は本土の新聞の比ではない。沖縄タイムスでは専務の諸見里道浩が菅を迎えた。菅はここで厳しい〝洗礼〟を受ける。面会場所のテーブル上には過去の米軍機墜落事故を撮影した写真パネルが置かれていたからだ。諸見里が「これ以上の基地負担は難しい」と切り出すと、菅は「辺野古は考えられる最良の選択だ」と反論した。埋め立て申請についても菅は「法律に基づいた申請」との考えを強調した。菅のフットワークの軽さはいつもながらのものであったが、結論について菅はその後も妥協することなくあらゆる手段、方法を駆使して突き進んだ。しかし、どんなに手段が法律や手続きに従ったものであっても県民との溝を埋めることはできず、二〇二三年に至っても政府と沖縄県の間で訴訟が進行中だ。

主権回復の日

政府は仲井真と会談した直後に県民感情を逆なでする挙に出た。一九五二年にサンフランシスコ講和条約が発効した日である四月二八日を「主権回復の日」として政府主催の式典を開くことを閣議決定したのだった。しかし、沖縄では、この日は七二年の本土復帰まで米軍統治下に置かれることを決定付けた「屈辱の日」と呼ばれる。この日から米軍による占領という新たな苦難が始まったからだ。安倍は三月一二日の「主権回復の日」の閣議決定に際して、「沖縄の苦難の歴史を忘れてはならない」と語ったが、沖縄への配慮を欠いていたことは否定できなかった。

二〇一三年の式典は国会近くの憲政記念館で開催された。正式には「主権回復・国際社会復帰を記念する式典」と称された。安倍は戦後復興の歴史を振り返りつつ、「本日を大切な節目とし、未来へ向かって希望と決意を新たにする日にしたい」と語った。式典には天皇・皇后両陛下が出席されたが、お言葉を述べることはなかった。沖縄県知事仲井真弘多は欠席、副知事の高良倉吉が代理出席した。ところが式典が終了、天皇・皇后両陛下が退席されるタイミングに突然、予期せぬ声が会場に響いた。

「天皇陛下万歳」

思わず安倍や衆院議長大島理森《ただもり》らも揃って両手を上げて唱和するハプニングが起きた。天皇陛下は壇上で一瞬立ち止まられた。両陛下の出席をめぐっては「天皇の政治利用」との批判も出ただけに「万歳」は複雑な波紋を広げ、後味の悪さを残した。記者会見で「万歳」について問われた菅は深入りを避け当たり障りのない感想を語った。

「政府の式典には予定がなく、全く予想していなかった。自然発生的に発せられたものなので政府として論評すべきでない」

ただ公明党代表の山口那津男は政府に苦言を呈した。

「憲法に国民主権がはっきりと規定される中で日本の独立が認められた。その意義を十分に踏まえた行動だったかが問われる」

政府主導の式典と同時刻に普天間飛行場のある宜野湾市では主催者発表で一万人の抗議集会が開か

れた。参加者の中からは政府に対して辛辣な言葉が飛び交った。
「主権があるなら県民のために米国にものを言ってくれ」
「屈辱の日を知らない若い世代も増えたが、政府が寝た子を起こした」

3　劇的に変わる「政と官」

官邸主導人事

安倍政権が七年八カ月にわたって求心力を維持することができた背景には、まず在任中に実施された五回の国政選挙で負けなしだったこと。それに加えて三〇万人を超える巨大な官僚組織の人事権を手中に収めてそれを駆使したことだろう。

人事権の行使には二つの面があった。一つは各省庁の幹部人事を官邸で直接決めたこと、もう一つは官邸を支える内閣官房に人材も権限も集中させたことだった。首相官邸で安倍や官房長官を補佐する官僚はやがて「官邸官僚」と呼ばれるほど、大きな権限を有する存在になった。しかし、時として、「官邸官僚」が公僕の立場を離れて首相の安倍や官房長官の菅の意向を偏重するという弊害を増幅することになった。

確かに日本の官僚機構は省庁間の〝縄張り〟意識が強く、「省あって国なし」などと言われ「縦割り行政」は限界に達していた。このため二〇〇一年の中央省庁再編成で一府二二省庁から一府一二省庁制に移行した。しかし、その後も旧省庁間の壁や、新しくできた省庁同士の目詰まりは解消できずにいた。それ故何度も幹部人事を通じて中央省庁をコントロールする動きが試みられた。幹部人事をめぐる省内の軋轢はともすると政界を巻き込むことすらあった。

米国では大統領が代わるとワシントンの官僚が一新される。それでも大きな混乱はない。長い歴史の積み重ねと制度上の仕組みが整っているためスムーズな交代が可能となっている。

安倍政権も政権を支える官僚人事に官邸が深く関与できる仕組み作りに着手した。自民党の行政改革本部は二〇一三年五月、早くも中央省庁の幹部人事を官邸主導で一元管理するための「内閣人事局」を設置する方針を決めている。

この時点の官僚人事は局長級以上、約二五〇人が官邸の「幹部人事検討会議」で最終的に決まることになっていた。だが、実態は年功序列的な予定調和の人事が罷り通っていた。新制度では各閣僚が作成した人事評価を基に、官房長官が審査の上、「幹部候補名簿」を作成、首相、官房長官が加わって協議する「任免協議」で最終決定する仕組みだ。対象は局長よりワンランク下とされる審議官級以上の約六〇〇人に拡大された。

もともと新制度創設の大義名分は人物本位、能力本位の人材登用にあったが、官邸が絶大な権限を握るとなれば、人間社会の常として別の作用が働く。官僚を恣意的な人事でコントロールする余地が生まれるからだ。このため当初から「官邸独裁」の懸念が指摘された。とりわけ名簿作成権限を持つ官房長官が格段に影響力を増すのは目に見えていた。菅が長く官房長官の職にあり、安倍の後継者となったのも、官僚の幹部人事権を掌握したことと密接に絡んでいたと見て間違いない。

「政と官」の力関係は圧倒的に「政」である官邸優位の状況が形成された。その結果、官の側が命令されてもいない業務を官邸側の心情、狙いを推し量って先回りする「忖度」が常態化し、二〇一七年の流行語大賞にも選ばれたほどだった。

内閣人事局が発足するのは二〇一四年度からだったが、それを待たずに二〇一三年夏の中央省庁人事で早くも「安倍カラー」の官邸主導人事が行われた。その象徴が、厚生労働省の事務次官人事だった。旧労働省出身で社会・援護局長の村木厚子が事務次官に起用された。厚労次官は旧厚生省と旧労働省の出身者が交互に就任する「たすき掛け人事」が慣例となってきた。当時の事務次官金子順一は旧労働省出身だったため、旧厚生省出身で実質的にナンバー2の厚労審議官大谷泰夫の昇格が順当とみられていた。厚労省内には衝撃が走り、自民党厚労族の一部は強く反発した。他省の事務次官経験者も驚きを隠さなかった。

「村木さんは来年と聞いていたので驚きだ。総理の意向でしょう」

なぜ、あえて安倍は村木の次官昇任に強いこだわりを見せたのか。安倍がアベノミクスの成長戦略で最初に掲げたのが「女性の人材活用」だったことは前にも触れた。経済界にも女性役員の登用拡大で協力を求めていた安倍が率先垂範した形だった。さらに村木は厚労省を舞台にした郵便料金不正事件で逮捕、起訴されるという過酷な体験をしている。後に無罪を勝ち取り復職を果たし、まさに安倍の専売特許とも言える「再チャレンジ」の見本のような官僚人生を歩んだ。官房長官の菅は村木の登用についてこう漏らした。

「村木さんは若手官僚の人望も厚い。それも大きなポイントだ」

ただ、当時は内閣人事局の機能強化が後々に政治全体に絶大な影響を及ぼすとは考えていなかった節がある。一三年七月の参院選で自民党が発表した公約では「行政改革」のカテゴリーの中でひっそりと記述されていたに過ぎなかった。

「幹部人事を一元的に行う『内閣人事局』の設置、幹部職への若手等の抜擢、能力・実績主義の徹底」

そして一三年一〇月一五日召集の臨時国会の所信表明演説で安倍が内閣人事局の設置に触れ、具体的な法制化が進むことになった。その後の展開を少し先回りすると、一一月五日の閣議で内閣人事局の設置が盛り込まれた公務員制度改革関連法案が決定された。ただ、安倍が目指した成立には至らず、次期通常国会で成立となった。日本維新の会共同代表の大阪市長橋下徹が内閣人事局に関し「あいまいで不明確、複雑怪奇だ」と厳しく批判したからだ。

内閣人事局発足

ようやく内閣人事局が発足したのは一四年五月三〇日。府省庁の事務次官や局長ら約六〇〇人の幹部人事を一元管理し、公務員の採用試験や研修の企画、機構の新設・改廃や定員管理など人事行政事務も一括して実施することになった。安倍は東京・永田町の合同庁舎で看板を掛け、職員に訓示した。

「縦割りは完全に払拭される。有能な人材を適材適所に配置するのが内閣人事局の仕事だ」

初代の内閣人事局長は官房副長官の加藤勝信が兼務の形で就任した。ただし実質的な権限は官房長官の菅が握った。菅は各省庁の慣例にとらわれない官邸主導の事務次官はじめ幹部人事を次々に断行した。菅は自著『政治家の覚悟』(文春新書)で「政と官」についてこう記述している。

「官僚と十分な意思疎通をはかり、やる気を引き出し、組織の力を最大化して、国民の声を実現していくことが求められるのです」

確かに内閣人事局の創設で「政と官」の関係は劇的に変わった。しかしそれは決して好転ではなかった。官僚側の「官邸のご意向」を極度に気にするあまりの「過剰な忖度」がはびこる土壌を急速に醸成したのだった。後に表面化する安倍にまつわるスキャンダルをめぐって公文書の改竄や国会での官僚の虚偽答弁が行われた。政権幹部の都合に合わせるようにころころと変わる官僚の答弁は日常茶飯事になった印象すら与えた。安倍や菅の覚えがめでたくなければ省庁のトップになりにくい状況が生まれたことは否定できなかった。

4　安倍の背番号は「96」

首相執務室は官邸最上階にある。大きなガラス窓からは国会議事堂がすぐそこに見える。この窓際に飾り棚がある。首相安倍晋三はこの棚に三つの思い入れの品を置いていた。一つは国会見学者を相手にした売店で売られていた第二次安倍内閣の閣僚全員の似顔絵が描かれた絵皿。そしてその横には日本が誇るH2Aロケットの一メートルを超える大きな模型。さらにその横には写真立てが置かれていた。収まっていたのは白黒のポートレート。安倍の祖父岸信介が訪米した際に当時の米大統領アイゼンハワーと共にワシントンで撮影されたプライベート写真だった。

この一枚のポートレートほど安倍の思いを凝縮したものはなかった。岸は首相在任中に日米安全保障条約の改定を実現したものの、やり残した課題も多々あった。中でも憲法改正については終生強い熱意を持ちながらも未完に終わった。安倍はその岸の遺志を実現することが使命と感じているようなところがあった。二〇一三年の年末に自民党が制作した卓上カレンダーは「The Classic」と題され、最初の一枚は岸・アイゼンハワーの別のプライベート写真だった。それだけ安倍が岸に馳せる思いは強かったようだ。

第一次政権を担った際の安倍はそんな思いを一気に吐き出した。自著のタイトルでもある「美しい国」を最初の所信表明演説（二〇〇六年九月二九日）で何度も口にした。自らの内閣についても「美しい国創り内閣」と呼んだ。その上で、憲法解釈に絡む安全保障問題についても大きく踏み込んだ。

「いかなる場合が憲法で禁止されている集団的自衛権の行使に当たるのか、個別具体的な例に即して研究する」

次いで二〇〇六年一〇月三一日付の英紙フィナンシャルタイムズとのインタビューでは憲法改正について大きく踏み込んだ。

「自民党総裁としての自分の任期は三年で、二期（六年）までしか務められない。任期中に憲法改正を目指したい」

しかし、参院選惨敗もあって第一次政権は一年の短命政権に終わり、憲法改正の目標達成の道は途絶えたかに見えた。それだけに復活した安倍が憲法改正に向けてどう取り組むのかは、第二次政権発足時の大きな注目点だった。返り咲いた安倍の最初の所信表明演説は二〇一三年一月二八日に行われた。この時は「美しい国」などの安倍カラーは封印された。

手始めは九六条改正

ところが、翌日の参院本会議での代表質問で安倍は一気に憲法改正に踏み込んだ。元外相中曽根弘文の質問に対する答弁だった。中曽根の父で元首相の康弘は「憲法改正の歌」を作り、「首相公選制」を提唱した改憲論の先駆者。弘文は単刀直入に質問を発した。

「今こそ、憲法改正の議論をさらに前に進めるべきと考える。総理の憲法改正への決意を聞きたい」

安倍も真正面から打ち返した。

「憲法の改正については、党派ごとに異なる意見があるため、まずは多くの党派が主張している第九六条の改正に取り組んでまいります」

憲法第九六条は、改正の手続きを規定する。ただし、改正を実現するためのハードルは極めて高く設定されている。まず国会が改正を発議するに当たっては「各議院の総議員の三分の二以上の賛成」が必要で、その上で「国民の承認」を得なければならない。そして最後に「天皇の公布」の三段階の手続きを定めている。幾重にも条件が設定されているのは「憲法の安定性」を担保するためだ。憲法が他の法律同様に「過半数」で改正できるようになれば、政権を担当する勢力による恣意的な改憲の道を開く可能性が生まれる。発議権の緩和は単なる「手続き」の問題ではない。「憲法は人々の権利や自由を確保するために国家権力を縛る」という立憲主義を形骸化させる、根本的な理念の転換に繋がる問題を孕んでいる。

同時に政治・社会状況は時と共に変化する。そこで憲法改正の議論が出てくる。九六条改正論については、自民党は「日本国憲法改正草案Q&A（増補版）」の中でこう記述する。

「戦後の改正回数は、アメリカが六回（中略）、ドイツに至っては五九回も憲法改正を行っています」

実は米独両国ともに改憲については高いハードルを設定している。米国は「上下両院の三分の二以上」の賛成による発議で「全州の四分の三の承認」、ドイツのボン基本法も国民投票はないものの連邦議会、連邦参議院の「三分の二の同意」という要件が必要だ。それでも憲法改正が行われた背景には幅広い国民的合意があったと見るべきだろう。

さらに日本国憲法をめぐっては、その成立の経緯から生じる改憲論が存在する。一つは戦後の占領下に於いて成立したことで、日本国憲法は「押しつけ憲法」として無効と解する説。岸が唱え自民党の党是である自主憲法制定の根拠にもなっている。また、主権が誰に存するのかという基本原理が根本的に違うにもかかわらず、手続き上は明治憲法の改正として成立したという矛盾を抱えている。安倍の改憲は自主憲法の制定と、時代の変化に伴う改正の必要性という二つの面からのアプローチと言えた。

もちろん安倍が口火を切った九六条の改正も九六条に拘束される。しかも九六条を実際に機能させるための法整備すら進んでいなかった。ようやく第一次政権で安倍が旗を振って二〇〇七年五月に国民投票法が成立した。同法の付則に盛り込まれた成人年齢などの「一八歳以上」への引き下げは議論が進まず、実現できたのは二〇一八年六月だった。手続法制定の遅れは改憲にブレーキを掛けるのと同じ効果を生むため、改憲に反対する勢力が法整備を進めない大きな要因になった。その後自民・公明・維新により改正案が二〇一八年六月に共同提出され、八国会にわたって継続審議になっていたが二一年六月にようやく成立した。

それでも安倍があえて九六条改正に踏み込んだのは一二年衆院選で自民、公明が大勝したことに加え、憲法改正を掲げた日本維新の会が躍進、改憲の機運が高まったとの判断があった。いずれにしても歴代の首相は、国務大臣に課せられた憲法の尊重と擁護を義務付けた第九九条の存在と政治状況から、改憲への明確な言及は避けてきており、安倍の九六条改正への意欲は極めて異例だった。

長嶋茂雄・松井秀喜の国民栄誉賞と憲法改正

群馬県に『上毛新聞』という県紙がある。『クライマーズ・ハイ』などで知られる作家の横山秀夫を輩出した新聞社としても知られる。その『上毛新聞』の二〇一三年四月一日付朝刊に特ダネ記事が載った。

「長嶋、松井氏に国民栄誉賞」

長嶋は言うまでもなくプロ野球読売巨人軍の終身名誉監督の長嶋茂雄、そして松井はニューヨーク・ヤンキースなど米大リーグで活躍した松井秀喜である。上毛新聞はニュースソースについては今も「群馬県関係者」と語るだけで詳細を明かしていないが、立派なスクープ記事だった。早速、首相官邸で開かれた官房長官会見でも取り上げられた。ところが官房長官の菅義偉は午前中の会見ではその事実を否定しながら、午後の会見では一転して認めるという奇妙な対応を示した。想定外の報道だったからだろう。

「誰もが認める国民的スターとして、社会に夢と希望を与えた両氏への授与検討を指示した」

ところが記者会見では「なぜ」の質問が噴出した。

「野村克也氏ら長嶋氏以上に成績を残している選手もたくさんいる」

「米大リーグで活躍した野茂英雄氏は対象にならないのか」

「一度に同じ球団出身者に与えるなど選考基準が分かりにくい」

ちなみにこの年の二月には、死去した大相撲の元横綱大鵬(納谷幸喜)が受賞しており、第二次安倍政権になって早くも二例目だった。その後は女子レスリングの伊調馨(二〇一六年九月)。将棋棋士羽生善治と囲碁棋士井山裕太は二〇一八年一月に同時に、さらに男子フィギュアスケートの羽生結弦が同年六月に受賞した。それぞれに授賞理由があり、その実績については誰も異論を挟むことができないだろう。ただ、長嶋、松井のダブル受賞に関しては「なぜこの時期に」との疑問が付きまとった。

授与を誰にするかを含めてすべて裁量権は首相が握る。そこに「政治的判断」が入り込む余地が生まれる。

長嶋、松井への授与式は五月五日の「こどもの日」に巨人の本拠地である東京ドームで行われた。そこで安倍は驚くようなパフォーマンスを展開した。授与式に際して安倍が着用したユニホームの背番号が「96」だったのだ。安倍は始球式の後「ユニホームは私が九六代首相だから」と答えていたが、「96」が憲法改正の手続きについて規定している憲法第九六条を意味したことは明らかだった。四月二三日の参院予算委員会でははっきりと語っていた。

「夏の参院選でも堂々と改正を掲げて戦うべきだ。まずは九六条改正にチャレンジしたい」

安倍は東京ドームに集まった約二万人の長嶋、松井ファンに呼び掛けた。

「文句なしの国民栄誉賞、皆さんもそう思いませんか」

参院選をゴールにして逆算すれば安倍にとって絶妙のタイミングだった。選挙までに間が空き過ぎても近すぎても効果が薄れるからだ。この授与式の模様は日本テレビが特別番組として生中継した。題して『長嶋茂雄&松井秀喜W国民栄誉賞！　独占生中継スペシャル』。視聴率は一一・九％に達し、日本テレビは五月二七日の定例会見で「巨人ファンのみならず多くの方々にご覧いただくことができ、良い放送ができたと思う」との見解を示した。

しかし、メディアとしての役割、立場に関しては議論を呼んだ。日本テレビ、東京ドーム、そして巨人軍は読売新聞グループの傘下に属するからだ。読売グループの総帥である渡辺恒雄は福田康夫内閣で「大連立構想」を仕掛けるなど政治に深く関与してきた。渡辺の意見には安倍も日頃から耳を傾けてきていた。その渡辺と安倍との関係が最初に具体的な形で見えてきたのが長嶋、松井のダブル受賞だった。当然、与党内からも批判の声が出た。とりわけ公明党は敏感に反応した。

「政治的な意図と受け取られかねないことをするのはいかがなものか」（公明党幹部）

安倍はこうした公明党を意識したのか配慮を忘れなかった。

「憲法改正だから十分な議論が必要だ。友党の公明党とも丁寧に議論していきたい」

現にこれ以降安倍は改憲に関しては目に見えてトーンダウンする。明らかに参院選を意識した〝選挙戦略〟とも言えた。自民党の参院選公約でも安倍の姿勢がさらに抑制された慎重な書きぶりだった。前年二〇一二年の野党時代に決定した自民党改憲草案に盛り込まれた「国防軍の設置」「緊急事態条項の新設」などには触れたものの、改憲そのものについては「改憲原案の国会提出を目指す」としただけで期限の明示を避けていた。公明党代表の山口那津男が「改憲論義は熟していない」と発言したことへの配慮と見られていた。いわば「迂回作戦」といえ、安倍はここから先の国政選挙でもこの 「迂回作戦」を繰り返した。「争点隠し」ともいえ、選挙の正統性を問う声はなお存在する。

安倍の姿勢がさらにはっきりと表れたのが参院選公示日前日の七月三日に行われた日本記者クラブ主催の党首討論会だった。

「憲法はこれから国民的に広く深く議論していく必要がある。自民党は改憲草案を出しているが、次期国会で直ちに発議するとは考えていない」

もっとも、安倍が慎重だった背景には具体的に憲法改正を推進する体制ができていなかったことも大きい。従来の自民党の改憲論議は保守色が強い安倍とは一線を画した改憲慎重派がブレーキを掛けることも多かった。例えば、自民党の改憲草案の第一条で「天皇」の地位に関して「日本国の元首」とした原案に元首相の福田康夫が強く反対した経緯もあった。憲法改正を論議するのは衆参に設置されている憲法審査会。二〇〇七年に、それまでの憲法調査会の廃止に伴い後継組織として設置された。衆院調査会は会長を務めた元外相の中山太郎（二〇二三年没）の名前を冠して「中山調査会」とも「中山学校」とも呼ばれた。中山は憲法改正については旧民主党をはじめ野党側との熟議に強くこだわった。ただ調査会はあくまでも調査機関に過ぎなかった。これに代わって改憲原案の作成や審査に当たるのが審査会で実質的な審議を始めることになった。この転換は二〇〇七年の第一次安倍政権の時だったが、安倍の退陣に続き自民党の野党転落で「開店休業」の状況にあった。

自民党には国会の審査会を円滑に進めるための自民党憲法改正推進本部がサンフランシスコ講和条約発効から六〇年目を目前にした二〇一二年四月に発足した。本部長は衆院の審査会長とともに長老の保利耕輔が務め、二〇一四年一二月の衆院選を機に保利が引退して元経済企画庁長官の船田元に交代した。その後本部長は下村博文《はくぶん》、細田博之らに猫の目のように代わり、岸田政権になって「推進本部」は「実現本部」に名称を変え、本部長には安倍側近だった古屋圭司が就任した。

安倍は改憲に意欲を燃やしつつも、改正に向けた手順を具体的に進めるようになったのは二〇一四年以降と言ってよかった。

参院選は「親の仇」

安倍が二〇〇七年の参院選惨敗で一度政権の座を失ったことは周知の通りだ。安倍は衆院選で大勝した翌日、二〇一二年一二月一七日の記者会見で早くもこう語っている。

「衆院選と参院選を勝って初めて安定的に政策を遂行できる。参院選の勝利が与えられた使命だ」

この日、自民党本部一階のエレベーターホールの壁に早くもカウントダウンの張り紙が登場した。

「参院選投票日まであと二二三日」

自民党は衆院選では圧勝したものの、参院では自公の与党勢力は少数与党に甘んじていた。鬼門とも言えた日銀総裁人事は「ねじれ国会」の高いハードルを何とか越えたものの、一三年度予算案の審議は難航した。年末に政権交代があり審議入りそのものが遅く、一三年度予算案の審議の前に補正予算が成立し、そして本予算の年度内成立が絶望的なため暫定予算の審議を待たなければならなかった。

結局、本予算案の実質的審議が始まったのは二〇一三年三月七日。衆院通過は四月一六日までずれ込んだ。このため参院での審議開始は四月二二日、成立は五月一五日だった。予算成立が五月にずれ込んだのは住宅金融専門会社（住専）の処理問題で国会審議が長期間空転した九六年度予算以来、一七年ぶりだった。それでも予算の場合は条約と並んで憲法の衆院優越規定により衆院さえ通過していれば成立は担保されているが、他の法案は参院で否決されると衆院で三分の二以上の賛成による再議決が必要になる。さらに国会同意人事の場合は衆参両院の承認が必要のため、参院選勝利は安定的な政権運営には必須の条件だった。

安倍はこの目的のためには何でもやったと言ってよかった。長嶋、松井への国民栄誉賞のダブル授賞もその流れの中にあった。それだけではない。与党側からの野党の現職議員の〝一本釣り〟も厭わなかった。自民党がその〝標的〟としたのが民主党公認で参院選に立候補する予定の平野達男だった。平野は岩手県選挙区で、二〇〇一年参院選で初当選、既に参院二期目。二〇一一年七月、菅直人第二次改造内閣で東日本大震災復興対策担当相に就任した。前任の松本龍が不適切な発言で辞任したのを受けたものだった。平野は野田佳彦内閣でも引き続き復興相で再任された。元農水官僚で、岩手県出身の小沢一郎が率いた自由党から政界入りし、その後も小沢と政治行動を共にしてきた。しかし、大震災を契機に小沢との間に溝が生じていた。小沢が震災後に地元入りを避けたからだった。そこに着目したのが野党時代の自民党選挙対策局長を務めたことがある二階俊博だった。

二階は一九九三年六月、小沢と共に自民党を離党、新生党結党に参画、三八年間続いた自民党単独政権を終焉に導いた立役者の一人。その後も新進党から自由党の結党へと小沢の右腕として支え続けた。しかし、小沢が首相小渕恵三と樹立した自自連立政権からの離脱方針に異を唱え、扇千景（後の参院議長、二〇二三年没）、小池百合子らと保守党を結成。さらにその後、自民党に復党を果たしていた。このため小沢に対する反発は殺気すら感じる程激しいものがあった。

二階の平野に対するアプローチには参院のねじれ解消という大戦略に加え、小沢の影響力を減殺したいという動機も否定できなかった。岩手は「小沢王国」と呼ばれ、県知事は小沢側近の達増《たっそ》拓也。二階は小沢の牙城とも言える岩手の攻略に執念を燃やした。

「平野達男は次の知事候補。だから今から大切にしておく必要がある」

平野は三月一四日に開かれた民主党県連大会にも出席しており、民主党公認の立候補が確定していた。その平野が四月二日になって民主党に離党届を提出したのだった。二階に加え、幹事長の石破茂も平野と極秘に会談した。

参院選の勝敗を左右するのは当選者が一人の一人区。ねじれ解消が悲願の自民党にとって平野が少なくとも民主党から離れることだけでも大きな意味があった。この年の選挙から福島県と岐阜県の改選議席が二から一になり、一人区は全国で三一選挙区になった。「四増四減」の格差是正の結果で、逆に神奈川県と大阪府が三から四に増えた。

都議選も自民大勝

参院選挙は七月四日公示、七月二一日投開票の日程が固まった。自民、公明の両党で過半数を回復できるかどうかが最大の焦点。ただし、参院選の前に国政に直結する東京都議会議員選挙という難関が待ち受けた。過去にも都議選の結果は直近の国政選挙の先行指標の意味を持ってきた。二〇〇九年七月一二日投開票の都議選では当時の首相麻生太郎に対して自民党の候補から「応援に来てほしくない」との声が出る程追い込まれた。

麻生は解散権行使のタイミングを逃し、衆院議員の任期満了が約二カ月後に迫る中での都議選となった。野党民主党は「東京から政権交代」を掲げた。結果は民主党が選挙前の三四議席を大きく上回る五四議席(定数一二七)を獲得して都議会第一党となった。これに対して自民党は過去最低の一九六五年に並ぶ三八議席。公明党は五回連続で全員当選の二三議席を獲得したが、与党を構成した自公で過半数を割った。選挙後、自民党東京都連会長の石原伸晃は惨敗の責任を取って辞表を提出した。

そして約一カ月半後の衆院選で民主党が大勝を果たし、政権交代が現実のものとなった。それから約四年を経て、再び参院選とワンセットになった都議選が巡ってきた。最大の焦点は、衆院選同様に自公が都議会で過半数を回復できるかにあった。果たして安倍の不安は杞憂に終わった。安倍政権に対する追い風は予想をはるかに超えた。六月二三日投開票の結果、自民党が候補者全員当選の五九議席を勝ち取ったのだった。

民主党は衆院選敗北の責任を取って代表を辞任した野田佳彦に代わって元経済産業相の海江田万里が代表に就任していた。幹事長の細野豪志との執行部体制で都議選に臨んだ。しかし、改選前の四三議席からほぼ三分の一の一五議席に激減した。日本維新の会も三四人の候補者を立てながら当選したのは二人だけ。自民党選対委員長の河村建夫は「参院選に向けた大きなステップだ」と語った。

東京都の有権者は一〇〇〇万人を超え、全国の総有権者数の約一割に当たる。このためほぼすべての政党が候補者を立てる。いわば都議選は参院選本番直前の〝模擬選挙〟の性格を帯びていた。しかも参院選公示までに残された時間が少ないため候補者の入れ替えなど大幅な戦略、戦術の変更は難しい。余程のハプニングがなければ自公優位の流れは変わらないとみられていた。それでも自民党幹事長の石破茂は「おごりと慢心」を戒める内容のメールを参院選の自民党公認候補全員に送った。六月二六日の代議士会で石破は念を押した。

「いささかも気の緩みやおごりがあってはならない。安定した政権をつくるために尽力をお願いする」

野党側は都議選の敗戦処理をめぐって迷走したまま。参院選への対応は足踏み状態が続いた。民主党は海江田の代表続投しか選択肢はなく、日本維新の会も大阪市長の橋下徹と前東京都知事の石原慎太郎による共同代表制に軋みが生じた。橋下は都議選の結果次第では代表辞任の可能性を示唆していたが、交代するには時間がなかった。

「都議選では理解を得られなかったが、参院選でもう一度信を問いたい」

橋下は六月二四日、大阪市役所で記者団の質問に答えてこう語った。しかし、七月四日に迫った参院選の公示までに流れを変えるにはあまりに無理があった。二〇一二年一二月一六日の衆院選大勝はなお安倍に追い風を送り続けた。

論戦回避の参院選

予想通りワンサイドゲームを予感させた参院選は盛り上がりを欠いた。全国集計の比例代表選挙の候補者も過去には茶の間でもおなじみの著名人が各党の比例名簿に名を連ねたが、自民党では東京地検特捜部の元検事だった弁護士の若狭勝ぐらいしか知名度の高い候補者は見当たらず、自民以外も同様でパンチ力不足は否めなかった。

ただし、この参院選の結果が日本の政治、社会全体に与える影響という点では格段に重い意味を持っていた。焦点が「衆参ねじれ国会」の解消ができるかどうかにあったからだ。「総理一年の使い捨て」と揶揄された不安定な政治状況に終止符を打てるかどうかの分かれ道に立っていた。

さらにこの参院選には別の見どころがあった。安倍が解散権を行使しなければ、その後三年間は国政選挙がなく、安倍政権の是非が問われるのは二年後、二〇一五年九月の自民党総裁選まで待たねばならなかったからだ。いわゆる「黄金の三年」である。つまり自民党が勝利すれば安倍長期政権への道が開ける選挙でもあった。このためか自民党が発表した公約は重要政策をめぐって及び腰が目立った。参院選直後に交渉参加が認められる環太平洋連携協定(TPP)についても歯切れが悪かった。

「交渉で守るべきものは守り、攻めるべきは攻めることにより、国益にかなう最善の道を追求します」

公約と同時に発表した政策集に、コメなど重要五品目などの「聖域」が守れない場合は「脱退も辞さない」と書き込んだ。後になって公約違反を問われることを避けたいとの思惑が透けて見えた。

二〇一二年の民主、自民、公明の三党で合意した「社会保障と税の一体改革」に基づく消費税増税についても明記せず、論争回避の戦略が滲んだ。安倍の究極の政治目標でもある憲法改正も同じだった。自民党の選対幹部はこう語っていた。

「憲法改正は陳列棚の目立たない場所に置いている」

とにかく安倍がアベノミクス一本の安全運転に徹したのが自民党の選挙戦略と言えた。七月三日の日本記者クラブ主催の九党党首討論でも安倍は繰り返した。

「参院選に勝ってねじれ国会を解消し、政治の安定を手に入れる」

「デフレ脱却の最初で最後のチャンスを逃したくない」

安倍は前年の衆院選を勝ち抜き、さらに二度目の首相就任で余裕すら感じさせる対応だった。逆に民主党代表の海江田は、前年まで政権を担っていたことが足かせになった。消費税、原発などで明確に反論できずに終わった。

安倍は直前まで野党側を揺さぶり続けた。参院選に合わせて衆院選を実施する衆参同日選の可能性について明言を避ける「あいまい戦略」を取っていたからだ。高い内閣支持率を背景に、選挙準備の進まない野党を動揺させ、国会運営の主導権を維持する狙いとみられたが、野党側を疑心暗鬼にさせるには十分だった。五月一五日、安倍は視察先の仙台市内で記者団から衆参同日選の可能性を問われると思わせぶりに答えている。

「適時適切に判断していきたい」

連立政権のパートナーである公明党幹部は「二〇〇パーセントない。都議選もあり、身動きできない」と指摘したが、官房長官の菅は「解散権は首相の専権事項だ」と述べて含みを残した。衆院の「一票の格差」をめぐって前年一二月の衆院選を違憲、無効とする高裁判決が相次いだことから自民党は衆院小選挙区定数に関して「〇増五減」の区割り改定見直しを盛り込んだ公選法改正案を通常国会に提出した直後に解散するという説で、一定の説得力を持つことになった。

たしかに自民党が提出した改正法は六月二四日の衆院本会議で、自民、公明両党などの三分の二以上の賛成多数で再可決、成立した。これにより福井、山梨、徳島、高知、佐賀の五県の定数を三から二に削減。格差二倍以上の選挙区は解消された。しかし、衆院定数削減をめぐっては自民、公明、民主三党が消費税増税に伴う「身を切る改革」の一環として二〇一三年の通常国会中に大幅な定数削減を含む抜本改革の結論を得ることで合意しており、目指した定数削減の目標とは大きくかけ離れ、腑に落ちない結果となった。

ただし安倍自身は解散権の行使に関してはフリーハンドを握ることになり、参院選後の求心力をさらに強化させることになった。

多党化した野党勢力

この「幻の衆参同日選挙説」もあって野党側は益々戦意を失っていった。参院選を控えた論戦はあまりに低調。加えて盛り上がりを欠いた参院選の背景には野党側の多党化も大きく影を落とした。一度、ここで整理してみると、野党として参院選に臨んだのは民主党、日本維新の会、みんなの党、生活の党、共産党、社民党、みどりの風の七党。これに諸派が加わった。テレビ番組の党首討論を例に挙げるならば、番組冒頭で各党首が二分ずつ所見を述べればそれだけで約二〇分間を費やした。その後司会者がテーマを絞った質問をしても議論が深まるはずはなかった。しかも安倍側の意向で九党首が揃い踏みする番組出演は選挙戦全体を通じて各局一回限りの制約が生まれた。結果として対立軸が見えないまま本番を迎えることになった。

第二次安倍晋三政権発足後、最初の大型国政選挙である第二三回参院選は七月四日に公示された。改選数は一二一（選挙区七三、比例代表四八）。選挙区で二七一人、比例代表一六二人の計四三三人が立候補した。ねじれ国会が解消できる自公の勝敗ラインは計六三議席。東日本大震災の被災地復興を掲げた安倍は第一声の地に福島市を選んだ。これは政権を取り戻した二〇一二年の衆院選と同じだった。その後も二〇一六年の参院選で熊本地震に襲われた熊本市で第一声を上げたほかは国政選挙の第一声は全て福島県だった。安倍は「福島の復興なくして、日本の再生はない」とお決まりのフレーズで声を張り上げた。

東京電力福島第一原発事故からこの時点で二年以上を経過していたが、原発の廃炉作業は遅々として進まず、むしろ安倍は停止中の原発の再稼働や原発輸出に意欲を示していた。しかし、選挙戦では原発をめぐる話題は封印して触れることはなかった。

インターネットを使った選挙運動が解禁されたのはこの参院選からだった。ネット動画サイト「ニコニコ動画」は午前九時過ぎから安倍や海江田ら各党首の第一声を中継した。このほかツイッター、ブログ、フェイスブックの活用などこれまでにない選挙運動が始まった。この点でも安倍はネット上で若者を中心にした手堅い支持層を抱えており、優位な選挙戦を展開した。

最終盤に入ると安倍の発言には大勝を前提にしたものが目立った。

「民主党が三年かけてできなかったことを半年でやり遂げた。成長戦略を前に進める」

もはや投票日を待たずして自民党の大勝利の流れがはっきりと見えてきた。とりわけ勝敗の行方に直結する一人区の強さは野党側を圧した。一人区で民主党が自民党と互角の戦いを演じた県はほぼ無くなっていた。

自民全勝を阻む沖縄

それでも唯一の例外があった。沖縄県だ。沖縄の一議席が「自民全勝」の前に立ちはだかった。沖縄の一議席は数字だけの差ではない重みがあった。自民党は参院選の公約で、懸案の普天間飛行場の移設問題で「県内移設」を明確に打ち出した。沖縄の県民感情より、日米同盟、安全保障を優先するという思いがにじみ出た。沖縄をめぐっては、オスプレイの配備問題や尖閣諸島海域での中国との緊張関係など日本外交が抱えた重要課題が山積していた。

安倍も泊りがけで沖縄入りし、石垣島、宮古島にも足を延ばした。しかし、知名度の高い沖縄社会大衆党の糸数慶子には及ばなかった。その後も沖縄県で自民党は国政選挙に勝てず、「民意」の前に政権側の苦闘が続くことなる。「沖縄の一議席」はそれほど大きな意味をもった。それでも選挙戦全体の優位は動かなかった。自民党は全部で三一県あった一人区で「二九勝二敗」という数字が見えてきた。

副総理兼財務相の麻生太郎が引き締めに入った。

「失言だけは気をつけろ。最も危ないと言われている俺が言っているのだから間違いない」

選挙運動最終日の七月二〇日、安倍は宮城県仙台市から遊説を開始した。その後、山形県村山市、寒河江市、山形市を経て午後四時過ぎに、山形新幹線のつばさ142号で帰京。JR蒲田駅西口、JR中野駅北口、東京・浅草の雷門前で街頭演説をこなし、安倍が「最後のお願い」の地に選んだのはJR秋葉原駅前。選挙カーの周囲は日の丸を振って声援を送る「安倍応援団」が埋め尽くした。安倍があふれる聴衆を前に、選挙カーの上で、まず口にしたのは過去の苦い経験だった。

「まさに（衆参）ねじれを作った大きな責任が私にある」

その上で安倍は選挙期間中に封印してきた憲法改正について触れた。

「誇りある国をつくるためにも憲法を変えていこう。みなさん、私たちはやります」

安倍は確かな手応えを感じていたのだろう。最後の最後になって本音を明かしたのだった。選挙期間中はアベノミクス一本に絞って安全運転に徹し、いざ勝利間違いなしとなるや憲法改正を持ち出した。この手法は、その後の国政選挙を介しながら巧みに重要政策課題を進めるという安倍の〝常套手段〟として定着していく。

ねじれ解消

投開票日の七月二一日、午前中に面会したのは外務事務次官の斎木昭隆。二五日からのマレーシア、シンガポール、フィリピンの東南アジア諸国連合（ASEAN）加盟の三カ国の歴訪に備えての準備だった。とりわけマレーシアはTPPの交渉参加国会合が開催されていた重要な訪問国だった。

昼過ぎには六本木のホテル「グランドハイアット東京」内の日本料理店「旬房」で麻生と昼食を共にした。その後も同ホテル内のスポーツジムで汗を流すなどリラックスした時間を過ごした後、午後七時四〇分ごろに自民党本部に入った。午後八時の投票締め切りと同時に各テレビ局が一斉に出口調査を基に自民党勝利を報じた。党幹部の拍手で迎えられた安倍が当選確実の赤いバラを一つずつ付けるたびに、開票センターには「よしっ」という声が響いた。真っ赤に染まったボードを眺めながら、安倍は満面の笑みを浮かべた。

自民党が獲得したのは現行制度で過去最多となる六五議席。非改選の五〇議席と合わせて一一五議席で参院第一党へ復帰した。公明党が得たのは一一議席（非改選は九議席）。与党で参院過半数の一二二議席を超える一三五議席となり、衆参両院の「ねじれ国会」は解消された。与党は参院の国会運営を主導できる安定多数（一二九議席）も実現した。

民主党は結党以来最低の一七議席で惨敗した。一人区で全敗。選挙区一〇議席、比例七議席だった。共産党は現行制度で過去最多の八議席。日本維新の会、みんなの党もそれぞれ八議席だった。社民党は比例の一議席にとどまり、結党以来の最低議席を記録した。

自民党の勝因は有権者の多くが「政治の安定」を求めたことにあった。政権奪還を実現した二〇一二年一二月の衆院選に続き、今度は参院選で大勝した。首相安倍晋三はすべての開票事務が終わった七月二二日午後、自民党本部での記者会見に臨んだ。

「今回の参院選で自民党がいただいた議席は私の二〇年間の政治家人生の中で最も多い。私たちは間違いなく新しい党に生まれ変わった」

安倍は高揚感に浸っていた。六年前の雪辱を果たしただけでなく長期政権に向けて大きな足掛かりを摑んだのだった。しかし、安倍が最優先課題と位置付けた憲法改正については極めて控えめな意欲表明に止まった。

「腰を落ち着けてじっくりと進めていきたい」

第一次政権を担った当時の安倍は「戦後レジームからの脱却」という自らの政治目標にこだわるあまり、結果として政権を失うという挫折を経験した。その反省もあっただろうし、安倍が仕えた元首相小泉純一郎の成功例に学んだ部分もあったようだ。小泉にとって郵政民営化が究極の政策目標であったことは公知の事実だったが、現実の政治目標に持ち出したのは首相になって五年目の二〇〇五年だった。それまでの間、小泉は郵政民営化など小泉の路線に否定的だった自民党の橋本派などの「抵抗勢力」（小泉）との主導権争いを先行させた。橋本派を政権中枢から遠ざけ、政権運営の主導権を握ることに意を用いた。その上で郵政解散で大勝を果たし、郵政民営化を実現させた。安倍が第二次政権を手にした際に「六年は政権を続けたい」と漏らした。小泉の成功例に倣い、まずは政権の基盤を強化させ、その政策を実現する「急がば回れ」の戦略を描いていることを窺わせた。

「国会より選挙の方が楽」

筆者は記者会見を終えたばかりの安倍と首相官邸近くの蕎麦屋で記者仲間とともに懇談した。珍しく安倍が「生ビールにしましょう」と口火を切った。その上で安倍はこう言い放った。

「国会より選挙の方が楽なんです」

安倍は饒舌に選挙戦を振り返った。確かに多党化した野党勢力の凋落は安倍の足元をさらに固めたことは間違いなかった。ただ、連立のパートナーである公明党と自民党内の安倍の政策に否定的な議員の存在は侮れなかった。

当面の課題でもＴＰＰへの参加については、いわゆる農水族議員の抵抗は始まっていた。安倍が執念を燃やす憲法改正はもとより集団的自衛権行使を容認する憲法解釈の変更をめぐっては公明党が立ちはだかった。公明党代表の山口那津男は早速安倍を牽制した。

「憲法解釈を変えて集団的自衛権の行使をできるようにすると政府が勝手に決めてしまうのは、国民や国際社会の信頼を損なう恐れがある」（七月二一日、関西テレビ番組）

弁護士でもある山口は憲法解釈に厳格な姿勢を崩さなかった。公明党は野党時代も自民党との連携を重視する方針を貫いてきた。いわば「連立野党」とも言えるほど自民党と平仄を合わせてきた。山口が、太田昭宏に代わって代表に就任したのは二〇〇九年九月の政権交代後のことだ。自民党総裁も同時期に麻生太郎から谷垣禎一にバトンタッチした。谷垣も弁護士出身でリベラルな政治姿勢は山口と通じるところが多々あった。民主党の首相野田佳彦がまとめた「社会保障と税の一体改革」の三党合意に署名したのも山口と谷垣だった。

当時の安倍は首相経験者とはいえ一人の自民党衆院議員。山口は安倍との間で個人的交流はなかった。むしろ安倍と公明党とのパイプ役は二〇〇六年九月の第一次安倍政権発足と同時に神崎武法の後を引き継いで代表に就任した太田昭宏だった。太田は第二次政権で国土交通相を三期にわたって担っており、閣僚を辞めた後も安倍との親密な関係は不変だった。逆に安倍と山口の微妙な関係は七年八カ月の長期政権を安倍が維持している間も変わることがなかった。

このため安倍が主導権を握り「安倍一強」と言われる状況が生まれても自公関係は決して一枚岩ではなかった。どこかで絶えず水漏れが起きていた。公明党の存在意義は推進力というよりはブレーキ役にあった。

一方の野党側は参院選を経て混乱がさらに増幅された。まず野党第一党の民主党は幹事長の細野豪志が辞任する意向を表明した。

「誰も責任を取らないことはあり得ない。解党的出直しが必要だ」

細野の辞任理由は結党以来最低の一七議席にとどまったこともさることながら、代表海江田万里のお膝元である東京選挙区で議席を失ったことにあった。ちなみにこの時、東京選挙区で無所属候補として初当選したのが俳優の山本太郎(現れいわ新選組代表)だった。一年前まで政権を担っていた民主党は無残なほど崩壊した。

ただし参院選に大勝した安倍にとっても不安要因が目の前に現れた。共同通信が二二、二三の両日に実施した世論調査だった。内閣支持率が選挙前の六八・〇％から一一・八ポイントも急落して五六・二％になったことだ。参院選の結果についても「よかった」は三九・八％、「よくなかった」が一七・八％、「どちらとも言えない」は四二・〇％に達した。国民有権者がこぞって安倍を支持したというより野党側の混乱、自滅によるオウンゴールの色合いが濃い結果と言えた。参院選の投票率も五二・六一％で過去三番目の低さだった。投票総数約五三二三万票のうち自民党約一八四六万票、公明党約七五七万票、与党は計二六〇三万票。野党側の総計は約二七二〇万票で、得票数で言えば自民党は三四・七％に過ぎなかった。

総裁再選戦略が始動

参院選を終えた段階で衆院議員の残り任期は約三年半。参院選まで三年、そして総裁選まで約二年。つまり最短でやって来る政権維持に直結する選挙は総裁選だった。総裁選はまだ二年先とは言え、安倍が参院選終了後から総裁選をめぐる再選戦略を描き、実際に手を打ち始めていたとしても不思議はなかった。

そこで浮かんだ〝仮想敵〟は言うまでもなく二〇一二年総裁選の地方党員票で安倍を大きく引き離した自民党幹事長の石破茂だった。参院選で大勝した幹事長を代える理由は乏しく、一三年九月末の党役員の任期切れに当たっても石破を続投させた。それに従って役員全員も再任された。副総裁高村正彦、総務会長野田聖子、政調会長高市早苗、選対委員長河村建夫、国対委員長鴨下一郎、組織運動本部長竹下亘、広報本部長小池百合子。安倍は九月一七日の自民党総務会で人事に関しての総裁一任を取り付けた。ただ、石破に近い鴨下の続投については安倍周辺に不満が燻った。結局、鴨下は一〇月一五日の臨時国会召集直前になって健康上の理由で突然辞任。後任の国対委員長には菅に近い元総務相の佐藤勉が就任した。

再び内閣支持率が上昇に転じた安倍はますます強気になった。内閣改造及び党役員人事は一年先に見送ることを早々に宣言し、副大臣、政務官人事だけを実施する考えを示した。ただし、菅は一八日の記者会見で自民党内に向けて強烈なメッセージを発した。

「派閥からの推薦は一切受け付けていない。適材適所で考えた」

自民党内から表立った不満は出なかったが、政権基盤が完全に固まったわけではなかった。党内の七つの派閥は順次恒例の研修会を開き、存在を誇示した。中でも当時三六人の少数派閥ながら異彩を放った派閥があった。元経済産業相の二階俊博が率いる二階派(志帥会)だ。九月に入って三回も研修会を開いた。このうちの一回は沖縄で開催、十数人の国会議員を引き連れ、県知事の仲井真弘多と会談するなど、とにかく精力的だった。

二階は第二次安倍政権の発足とともに野田聖子を支える総務会長代行の職にあった。政治家の経験から見れば明らかに逆転人事と言えた。表向きは「与えられた仕事をやる」と語ったが、二階が納得しているはずはなかった。二階は一九八三年のロッキード事件をめぐるいわゆる田中判決選挙で初当選。その後、小沢一郎と行動をともにして自民党を離れた時代もあったが、復党すると小泉純一郎政権で衆院郵政民営化特別委員長、小泉が政治生命を懸けた郵政選挙では総務局長として〝刺客〟候補の擁立で辣腕を振るった。小泉、麻生両内閣で経済産業相、福田康夫政権では自民党総務会長、第一次安倍政権では国対委員長を務めている。安倍が退陣表明して慶應義塾大学病院に入院した際には、旧知の元野球監督王貞治のバットを贈って安倍を励ましている。

二〇一三年の時点で二階は衆院連続当選一〇回を数え、政府、国会、党の全てで要職を経験。中国、韓国、東南アジア諸国、中東の王族中枢とも太いパイプを持つ。さらに新たなアイディアを政策に結び付ける能力は図抜けたものがある。東日本大震災で露呈したインフラの劣化による被害拡大の反省からの国土強靱化構想もその一つ。二階のプライドからすれば、総務会長代行は納得のできるポストであるはずはなかった。ただ、二階という政治家は冷遇されても不平・不満を口にして拗ねることはない。むしろ結果を出して「どうだ」とばかりに見返すことに執念を燃やす。安倍からすると政治家としても大先輩の二階とどう向き合うかが政権運営の大きなポイントでもあった。最終的に安倍は二階を幹事長に起用し、二階は自民党の党則を変えて総裁三選を実現する道を開く大功労者となるが、安倍政権が終わるまでつかず離れずの微妙な関係が続いた。

その関係は安倍が一三年の参院選で大勝しても変わらず安倍になびくような態度は微塵も感じさせなかった。むしろ二階は厳しく論評した。

「あれだけスピーチの練習をしていくのであれば、中国や韓国に対してもスピーチを練習したらどうか。オリンピック招致のために努力した情熱の半分でもいいからいろいろ努力すべきだ」（九月一一日の名古屋講演）

ちなみに安倍の英語のスピーチは日経ＢＰの元ロンドン特派員から飛びぬけた英語力を買われて外務副報道官を務めた谷口智彦の手によるものだった。谷口のスピーチ案は時に「ポエム」と呼ばれ外務省の評判は悪かったが、安倍はえらく気に入り、実際に声を出すリハーサルも谷口が行っていた。

五輪招致演説も、「Ｂｕｙ ｍｙ Ａｂｅｎｏｍｉｃｓ（アベノミクスは買いです）」「Ｗｉｎ－Ｗｉｎの関係」も谷口のオリジナルとされている。

この二階発言に菅が反応した。一二日の記者会見だった。

「中韓両国へは客観的、大局的観点に立って対応している。（二階の指摘は）全く当たらない」

ここで人知れず動いた人物の存在があった。普段は一部の自民党関係者を除いて全く視界にすら入らない。知る人ぞ知る。しかし、この人物がいなければ自民党の復活も安倍の長期政権もなかったと言っても過言ではない。自民党事務総長の元宿仁だ。自民党幹事長だった田中角栄に仕え、自民党の全てを知り尽くした元宿の判断の基準は「自民党のためになるかどうか」――。その一点にあった。元宿は安倍に二階の起用について折に触れて進言していた。

安倍も迷ったに違いないが、臨時国会の召集を目前にして二階を衆院予算委員長に充てる方針を決めた。強いて理由があるとすれば、首相の予算委員会への出席時間の削減に二階の人脈、手腕を使うという思惑だった。外交に意欲的に取り組む安倍は国会審議に拘束される時間を極力減らしたかった。

しかし、野党側の抵抗は激しかった。一〇月一三日放送のＮＨＫの番組で民主党国対委員長の松原仁は声を荒げた。

「審議充実が大事だ。（負担軽減だけの）食い逃げは許さない」

それでも、二階は目的に向かって黙々と布石を打った。翌一四年一月二四日に召集された通常国会で結果を出した。二階の職人的な采配が際立った。一三年度補正予算に続き、一般会計の歳出総額が九五兆九〇〇〇億円の一四年度予算案は二月二八日の衆院本会議を通過、年度内成立が確定した。この間に安倍はインド訪問（一月二五～二七日）、ロシアのソチで開かれた冬季五輪開会式出席（二月七～八日）など外国訪問を実行したが、二階の采配で野党と国会日程でもめることはなかった。

この衆院予算委員長の際に二階を理事として補佐したのが林幹雄だった。その後も林は二階とは互いになくてはならない信頼関係を築き、円満な人柄と調整能力の高さによって安倍長期政権の中で特異な存在感を示していくことになる。林は二階が出席する重要会談のほとんどに同席した。いつしか「二階の通訳」と呼ばれるようになった。

ここまで存在感のある実力者になるには二階の人知れず重ねた努力があったことは言うまでもない。二階は自民党に復党後、二階グループを率いていたが、二〇〇九年の衆院選挙で二階を除く全員が落選した。二階は参院議員の二人を伴って志帥会（当時の伊吹派）に合流。その後、安倍政権の発足とともに会長だった伊吹文明が衆院議長に就任し、二階が会長に収まった。二階は持ち前の行動力と発想力で勢力を拡大、安倍は二階を意識せざるを得なくなる。両者の〝神経戦〟が始まった。その出発点が二階の衆院予算委員長就任だった。

第三章 安倍一強体制の確立

（二〇一三年七月〜二〇一四年二月）

靖国神社への参拝（2013年12月26日）

1　参院選大勝で「ねじれ国会」解消

衆参ねじれ国会を二〇一三年の参院選で解消することを実現した安倍は内政、外交共にアクセルを一気に踏み始めた。しかし、その踏み方は従来の自民党政権とは明確に様相を異にした。全ての政策課題について「官邸主導」「安倍主導」を徹底したのである。そのためには時に応じて人事権を駆使し、場合によっては自民党の伝統的手法であった政務調査会の議論を経ての積み上げ方式とは次元の違うシステムをつくるなど、「政高党低」型の権力維持システムを随時、随所で多用した。

安倍は二〇一三年の参院選投開票日の翌日から精力的に行動を開始した。まず七月二三日、マレーシア東部のコタキナバルで開かれていた米国など先行参加の一一カ国によるTPP交渉会合に向かった。ただし正式参加ではなく本格参加は次のブルネイの首都バンダルスリブガワンでの八月二三日からの会合まで待たねばならなかった。TPPの大きな特徴は全体会合に加えて個別に二国間協議が行われたことだった。交渉の核心でもあった日米交渉は八月七日から三日間の日程で東京都内で始まった。自動車の安全基準や保険、知的財産などの非関税障壁をめぐる問題が主要議題となった。

ここから長いマラソン交渉が始まった。対外的な交渉、駆け引きに加え、国内調整が成否の鍵を握った。そこで政府自民党の陣容を確認してみると、安倍の周到な準備の跡が窺えた。TPP交渉の担当閣僚はアベノミクスを牽引する経済再生担当相の甘利明。最難関の農業関係者との折衝は農水相の林芳正。政策通で農水族とは関係の薄かったことが起用の理由でもあった。

さらに実務を担う対策本部を大幅に増強した。各国と直接主張をぶつけ合う首席交渉官には外務審議官（経済担当）の鶴岡浩二。日米通商問題を担当する北米二課長、条約や国際法を統括する国際法局長の経験者、理詰めで強気の外交官として知られた存在だった。そして関係団体や与党内の調整のために「国内調整総括官」が置かれ、財務省出身の佐々木豊成が就任した。佐々木は理財局長を務め、民主党政権で内閣官房副長官補（内政担当）を経験しており、長く安倍政権の中枢で経験を重ねた。TPPに関わった政治家はこぞって佐々木の調整力がなければTPPは成就しなかったと絶賛した。

そして一三年九月の自民党役員人事でTPPシフトが敷かれた。その目玉が通商産業省（現経済産業省）出身の斎藤健（現法相）の農林部会長起用だった。指名したのは政調会長の高市早苗。政務調査会に属する各部会長人事の際に提出された「希望ポスト」の欄に斎藤が「困難な仕事」と書き込んでいたのに目を付けたからだった。二〇〇九年の衆院選で自民党の新人が四人しか当選しなかったうちの一人が斎藤だった。小泉進次郎はその時に当選した同期生。斎藤の抜擢は通商交渉に精通していることに加え、農業関係のしがらみがなかったことがあった。まさに「逆転の発想」だった。斎藤はTPP交渉の党内調整に加え、農協改革にも取り組んだ。斎藤は結局二期にわたって農林部会長を務め農協改革に実績を残した後、第三次安倍第三次改造内閣で農水相に就任した。

日本が正式に参加したブルネイの会合では「（二〇一三年内の）交渉開始」がうたわれたが、各国の利害がぶつかり合い交渉は蛇行を始めた。また、思わぬ障壁にもぶち当たった。TPP交渉参加国に課せられた秘密保持の義務だった。協定が発効して以降、四年間は交渉の過程や記録文書を外部に公表しないルールがあった。日本政府も「政府の要望内容も含めて、詳しい内容は明かせない」の一点張り。反対派の自民党衆院議員で「TPP交渉における国益を守り抜く会」（「TPP参加の即時撤回を求める会」が二〇一三年三月に改称）会長森山裕は不満を漏らした。

「交渉を見守っている我々も手探りだ。国民への説明責任を果たせていない。できるだけ情報を公開してもらいたい」

とても年内妥結は見通せなかった。そもそも妥結まで到達できるのかという根本の疑問に対する答えは不透明のまま交渉が始まった。

人事先行の憲法解釈変更

参院選に大勝した安倍は想定外の人事に手を付けた。内閣法制局長官人事だった。新たな安全保障政策の構築に向けて議論の場である安保法制懇を設けたのに続く動きが顕在化した。内閣法制局は政府提出の法案に関して憲法や他の法律、政令、省令と矛盾や重複がないかなど整合性を審査する役割を担う。国会では長官が答弁に立ち、憲法の解釈を説明してきた経緯から「憲法解釈の番人」とも呼ばれてきた。新内閣が発足する際は閣僚名簿の発表と同時に法制局長官の氏名が読み上げられるほどの重要ポストだ。

参院選の余韻が残る八月二日、安倍は法制局長官山本庸幸を退任させ、後任の長官に駐フランス大使の小松一郎を充てる方針を固めた。内閣法制局長官は内閣法制次長が昇格するのが慣例で、極めて異例の人事だった。小松は安倍が第一次政権で設置した安保法制懇の実務に外務省の国際法局長として関わっていた。安倍の安保政策を深く理解するいわば〝身内〟とも言えた外交官だった。

第二次安倍政権の安保法制懇が九月中旬から報告書をまとめる議論に入るタイミングだった。安保法制懇では内閣法制局が繰り返した集団的自衛権に関する「権利はあるが行使はできない」との憲法解釈の変更の是非が最大の焦点だった。小松の法制局長官起用はそのゴールに向けて「解釈変更」を促すためであるのは明白だった。

現に政府は八月一三日の持ち回り閣議で早々に憲法解釈の見直しを示唆する答弁書を決定した。「有識者懇談会での議論を踏まえてあらためて検討したい」

小松自身も自著の『実践国際法』（信山社）の中で明解に記述していた。

「刑法でいえば『他者のための正当防衛』に当たるものが『集団的自衛権』であり、自衛権の法理自体は、法制度としては、常識的なものというべきである」

もっとも集団的自衛権をめぐる議論も既に実態の方が大きく変わっていた。その契機は日米同盟強化を謳った二〇〇五年の日米合意だった。そこでは「未来のための変更と再編」とされた。日米安全保障協力の対象が「極東」から「世界」に拡大され、理念も「国連重視」から「日米共通の戦略」に変更されている。解釈の変更は実質的に日米同盟の在り方を変えるのではなく、〝お墨付き〟を与えるに過ぎない面もあった。

国家安全保障会議（NSC）創設後も九閣僚からなる安全保障会議はNSCの一部となって存続した。主な任務としては自衛隊の出動承認と防衛予算の承認があり、シビリアンコントロール（文民統制）の役割を果たす。

安倍が目指した安全保障政策の転換では既に防衛関係予算の増額を決定しており、NSCの設置を含め、一連の「安倍カラー」は日米同盟の強化を軸にした自衛隊の活動領域の拡大という方向性を持つことが浮かび上がってきた。

「靖国」の影

安倍が首相に復帰して初めての八月一五日の「終戦の日」がめぐってきた。しかし、政権復帰から半年以上が経っていたが、中国、韓国とは対面での首脳会談は一度も行われていなかった。韓国は李明博から朴槿恵に大統領が交代したにもかかわらず安倍と朴との日韓首脳会談は二月の朴の大統領就任直後に電話会談があっただけ。慰安婦問題と竹島の領有権問題が背景にあった。

中国に関しては前首相野田佳彦が尖閣諸島の国有化に踏み切って以来、中国側が強く反発したまま。最高指導者の習近平も二〇一二年一一月に中国共産党の総書記に就任したばかりで安倍との会談は一度も設定されずにいた。

そうした中で保守層の強い支持を背に再登板した安倍がこだわる靖国神社への参拝問題がクローズアップされた。靖国神社への参拝実現は支持層との太い絆を行動で裏付けることでもあった。

安倍が靖国参拝に関していつも引き合いに出したのは米国のアーリントン国立墓地への献花だった。安倍は訪米の際に何度もアーリントンを訪ねていた。

「国のために戦った兵士、英霊のご冥福を祈り、恒久平和を祈念するという行為はどこの国の指導者でも当然のことのように行っていることで、靖国だからと言って非難されるべきではない」

一方で極東国際軍事裁判(東京裁判)で死刑判決を受けたA級戦犯が合祀されている靖国神社への参拝には、中韓両国は背信行為として強い反発を見せる。安倍が政権を引き継いだ前首相の小泉純一郎は二〇〇一年の就任から毎年靖国神社を参拝してきた。とりわけ退陣直前の二〇〇六年は八月一五日に靖国神社を参拝、中国を強く刺激した。その年の九月、小泉に代わって首相になった安倍が関係改善のため真っ先に訪れたのが中国だった。この訪中に当たって双方で一致したのが「戦略的互恵関係」。歴史認識など双方の立場が違う問題での対立よりも友好関係を優先する考えで、当時の外務事務次官の谷内正太郎と中国外務次官の戴秉国《タイヘイコク》との間で練り上げられた。

谷内は第二次政権でも安倍の外交ブレーンとして安倍外交を支えた。戦略的互恵関係は首相福田康夫と胡錦濤が発表した〇八年の日中共同声明にも明記された。

中国共産党一党支配のもとで発展拡大した中国の大きな矛盾を包み込む大きな風呂敷が戦略的互恵関係と言ってもよかった。

この〇八年の共同声明は①国交正常化の際の日中共同声明（一九七二年）②日中平和友好条約（七八年）③友好協力パートナーシップを謳った日中共同宣言（九八年）と並んで日中間の基本四文書の一つとされる。第一次政権の安倍は日中外交を立て直した功労者でもあったが、首相に復帰後は支持層などの声を背景に中国とは距離を置く姿勢に転じた。

このため二〇一三年五月には慣例に従ってソウルで開かれるはずだった日中韓三国の首脳会合はその前段となる外相会談すら開けずにいた。むしろ安倍は中国に対して〝牽制球〟を投げ続けた。政権復帰後、最初の訪問国はベトナム。ベトナムは中国と南シナ海の南沙諸島の領有権をめぐって緊張関係にあった。三月のモンゴル訪問に続き、四月に入ると、ロシアを訪問した。安倍は中国と国境を接する国を順に訪れたのだった。政府高官は「いわば遠交近攻」と表現したが、意図的な「中国包囲網」の形成と言ってよかった。

これに対して中国が日本側に仕掛けたのは「招待外交」だった。安倍が中国と距離を置く一方で続々と政治家、経済界の実力者が訪中した。日中はともに経済では依存し合う関係にある。日本の対中国投資額はピーク時で一兆円に相当し、この額は米国、ドイツ、韓国の三カ国の合計に達した。中国には約一万社の日本企業が進出し、一〇〇〇万人の雇用を支えた。

こうした中で事実上の政治家の訪中第一号は元首相、福田康夫だった。福田はアジア版ダボス会議である海南島の博鰲《ボアオ》で開かれる「博鰲アジアフォーラム」の理事長を習近平とともに務めていた。経済成長と国家の体制維持は中国の国家運営にとって車の両輪。四月七日、フォーラムの場で福田は習と会ったが、政治的なやり取りはなかった。

さらに元経済産業相で親中派の実力者である二階俊博が博鰲入りした。二階は一九八九年六月の天安門事件で中国が国際社会で孤立した際、世界に先駆けて訪中した自民党の議員団の一員だった。以来中国は二階に対しては特別な厚遇を続ける。二階は「突然、フォーラム関係者から招待があった」と語った。このフォーラム関係者が中国の習体制で外相に就任した駐日大使経験者の王毅だった。今は中国外交担当トップの共産党政治局員のポストにある。王の大使在任期間は小泉政権と重なり、日中関係は急降下していた時代だった。王が大使在任中の二〇〇五年四月、自民党の外交調査会での講演が物議を醸したことがあった。

「一九八五年に中曽根康弘首相が靖国神社を公式参拝して後、日本の顔であり、日本の国際的なイメージや立場を示す首相、外相、官房長官の三人については(靖国参拝に)行かないという君子(紳士)協定があった」

これを小泉が強く否定し、日中関係はさらに険悪になった。その最中でも二階と王は連絡を欠かさず、二〇〇四年の一一月には二階の地元、和歌山県高野町で開かれた自民党二階グループの研修会で王が講演したこともあった。二階はその後も安倍長期政権の中で自身が持つパイプを駆使して独自の議員外交で存在感を示した。二〇二三年四月、二階は日中友好議員連盟会長に就任した。会長就任に際しては習からお祝いのメッセージが届いた。

安倍は尖閣をめぐって「一切の妥協はしない」と語り、厳しい姿勢を貫いた。ところが安倍は同時に繰り返し中国首脳に向けてメッセージを送っている。

「対話のドアはいつも開いている」

結局、日中双方ともパスを回すだけでなかなかシュートを打たない時間が流れた。安倍は二〇一二年九月の自民党総裁選で総裁に復帰すると、一〇月九日の自民党全国幹事長会議で靖国神社参拝に触れた。

「先の首相在任中に参拝できなかったのは痛恨の極みだ。このことから汲み取って欲しい」

首相に返り咲いた際の参拝に含みを残したのだった。ほどなく安倍は一〇月一七日夕、靖国神社の秋季例大祭に合わせて参拝を実行した。安倍は、参拝の理由についてこう語った。

「国のために命を捧げた英霊に対し党総裁として尊崇の念を表するためです」

モーニング姿の安倍は「自民党総裁安倍晋三」と記帳、「二礼二拍手一礼」の神道形式で参拝した。これに対し中国国営の通信社「新華社」は安倍の参拝を速報。中国外務省も談話を発表した。

「日本は歴史問題でこれまでの厳粛な態度を守り、責任を持って処理すべきだ」

中国政府はまだ安倍が野党の党首だったとは言え、やがて首相になることを見据えていた可能性があった。それだけに安倍が首相に復帰して最初に迎える八月一五日が近付くと、政界にはある種の緊張した空気が漂った。参院選が終わった直後に、早くも菅の官房長官会見で安倍の靖国参拝の可能性について質問が飛んだことでも関心の高さが伝わってきた。

「参拝するか、しないかについての答えは差し控えるのが安倍内閣の基本的な姿勢だ」

菅は従来の見解を淡々と語った。これに対して麻生太郎が靖国問題に火を点けた。七月二九日に都内で行った講演で靖国参拝を支持したのだった。

「（靖国神社には）静かに参拝すればいい。何も戦争に負けた日（八月一五日）だけに行くことはない」

さらに麻生はこの講演で憲法改正にも触れ、ナチス政権を引き合いに出した改憲論を口にした。

「『静かにやろう』ということで、ワイマール憲法はいつの間にかナチス憲法に変わっていた。あの手口を学んだらどうか」

中韓の反発は一気に高まりを見せた。新華社は「麻生氏の失言は日本の権力者の化けの皮をはがした」と激しい内容の評論記事を配信した。その一方で、靖国をめぐる日本と中韓両国との緊張状態に強い懸念を示していたのが米国だった。米政府は、日韓の不協和音が「日米韓協力の緊密化を妨げている」（米議会調査報告書）との認識を持っていた。麻生は八月一日になって発言を撤回した。

「ナチス政権を例示として挙げたことは撤回したい。私の真意と異なり誤解を招いたことは遺憾である」

安倍はこうした空気を念頭に中韓両国に対して「首脳同士、外相同士、胸襟を開いて話し合えばいい」と講演で述べて対話を呼びかけた。さらに安倍周辺は「静かにお参りできる環境にない」と語り、安倍自身の靖国参拝については早々に見送りの方向が固まったことを示唆していた。ただ広島の原爆忌に際して行われた記者会見では閣僚の参拝について自らの考えを示した。

「私が閣僚に対して行けとか行かないとか求めることはない。そうすべきでない」

この年の八月一五日の靖国神社は蟬時雨の中で喧噪に包まれた。神社周辺に集まった右翼団体関係者が警察官と小競り合いを演じ、さらに韓国の最大野党民主党の李鐘杰《イジョンゴル》ら国会議員が神社近くの路上で、日本語で書かれた横断幕を掲げた。

「日韓の平和を望みます」

「安倍政権の軍国主義に反対」

菅は強い不快感を示した。

「韓国政府に対して行動を自制するよう要請してきた。そのような行動を取ったことは極めて遺憾だ」

安倍は参拝せず、代わって側近の自民党の総裁特別補佐の萩生田光一が参拝して玉串料を奉納した。安倍は萩生田に「本日、参拝できないことをお詫びして欲しい」との伝言を託した。また、この日、総務相新藤義孝、行政改革担当相稲田朋美、国家公安委員長古屋圭司の三閣僚が参拝。なお、文部科学相下村博文、復興相根本匠は一五日を待たずに参拝を終えていたことを明らかにした。この他、超党派の「みんなで靖国神社に参拝する国会議員の会」（会長、尾辻秀久）のメンバー一〇二人も参拝した。この中には自民党政調会長高市早苗、民主党参院幹事長羽田雄一郎、日本維新の会代表代行平沼赳夫らがいた。近年の参加人数が約五〇人だったのに比べると、ほぼ倍になった。

中国の新華社は批判のトーンを上げた。

「日本の右傾化は、軍国主義の復活に対する近隣諸国の不安を掻き立てている。日本と近隣諸国の相互信頼をさらに傷つける」

この年の八月一五日は靖国参拝とともにもう一つの焦点があった。神社とは目と鼻の先にある日本武道館で開かれた政府主催の全国戦没者追悼式だ。天皇陛下のお言葉と安倍が式辞で何を語るかに注目が集まった。参列者には四〇〇〇人以上の戦没者遺族が含まれた。

歴代首相の式辞では一九九四年の村山富市以降の歴代首相は式辞で必ずアジア諸国への加害と反省に触れてきた。とりわけ戦後五〇年の節目に当たって村山が残した戦後五〇年談話（いわゆる村山談話）は日本政府の公式見解として定着していた。

「植民地支配と侵略によって（中略）アジア諸国の人々に対して多大の損害と苦痛を与えた」

「痛切な反省の意を表し、心からお詫びの気持ちを表明する」

これに対し安倍は一三年四月の参院予算委員会で村山談話について距離を置く考えを示した。

「安倍内閣として、そのまま継承しているというわけではない」

慰安婦問題で日本政府の責任を認めた九三年の河野官房長官談話についても否定的な見解を示してきた。追悼式の式辞でも安倍は「歴史に謙虚に向き合い、学ぶべき教訓を深く刻む」とは述べたが、加害と反省への言及はなかった。歴代首相の式辞では「アジア諸国の人々に多大の損害と苦痛を与えた」などとして反省を表明していたのとは明らかに落差があった。これに関して村山は共同通信の取材で安倍を批判した。

「犠牲になった人の御霊に応えるため戦争の過ちを繰り返さない、平和のために尽くすという文言を入れるべきだ」

一方の安倍は、この日に備えて入念な準備をしていた。安倍の考えは「英霊に対する慰霊と感謝」に徹することであり、基本は遺族へのメッセージだった。また、中韓両国が「歴史カード」をかざして日本に圧力を掛けるという外交面で定着した構図を打破する狙いもあった。安倍はこの時点で二〇一五年の戦後七〇年に当たって談話を発表する意向を固めており、式辞で触れた「心豊かに暮らせる世を実現する」などの表現は「七〇年談話」のベースとなるとの見方が広がった。

中韓両国はさらに強い反発を示した。中国外務次官の劉振民《リュウシンミン》は閣僚の靖国神社参拝をめぐって駐中国大使の木寺昌人を呼び強く抗議した。木寺は「日本は平和国家としての歩みを堅持している」と反論したが、中韓との近隣外交の入口は依然として閉ざされたままだった。

姿を見せた「岩盤支持層」

この頃からしばしば新聞、テレビ、ネットの中で安倍を支持する勢力に関して「保守層」あるいは「岩盤支持層」という表現が登場するようになった。ただ、保守層と言っても簡単に一括りすることは難しい。一般的には伝統的な価値に重きを置くことに利益、目的を求める人たちを指す。例えば夫婦別姓に反対の態度を示し、天皇制では女性天皇や女系天皇は認めず、同性愛や同性カップルに対する公的支援には否定的だ。後に安倍に近い自民党衆院議員、杉田水脈《みお》の月刊誌『新潮45』への寄稿が物議を醸したことがあった。

「(LGBTの)彼ら彼女らは子供を作らない、つまり『生産性』がないのです。そこに税金を投入することが果たしていいのかどうか」

靖国神社への参拝も伝統的価値観の具体的な実践と見ていい。確かに安倍の周囲には保守系の人脈が広がっていた。首相動静記事からも安倍がそうした人たちと親交を重ねていることが分かった。政府の役職に就くケースも多かった。菅は「信頼する人を起用するのは当然」と語っていたが、公平性や中立性の観点からしばしば批判の対象となった。首相補佐官に就任した衛藤晟一は保守系の超党派議員連盟「創生日本」の幹事長。財界ではＪＲ東海会長だった葛西敬之(二〇二二年没)、富士フイルムホールディングス会長(当時)古森重隆らと面会や会食を重ねた。文化人も多かった。小説家の百田尚樹は自民党総裁選で首相を支援した。ジャーナリストの櫻井よしことも長年の親交があった。

ただ安倍を支持する保守層にはこうした人脈には収まらない支持層が存在した。安倍自身も「(安倍を支持する)中核が日本会議とか言われているが、そうではない」と語っていた。安倍によると、安倍を支持する「保守層」は第一次安倍政権が終わってから形成されたという。

「失意の中にある時に、ものすごくたくさんの手紙をもらった。七割ぐらいが二〇歳前後の若い人だった。半分ぐらいが女性。私の退陣を惜しみ、ぜひ再び立ち上がってもらいたいという声で溢れていた」

そしてこの安倍を支持する人たちがネット上で発信を続け、「岩盤支持層」となったと安倍は解説した。安倍の政治行動において、その支持層に応えることも極めて重要な政治的動機になっていた。むしろ目に見えない、安倍が意図しなかった「安倍応援団」が自然発生的に形成されたというのが安倍の見方だった。

「私のビジョンや主義主張が共感を得ているということだと思う」

安倍にとって靖国神社参拝は彼らとの「エールの交換」とも言えた。終戦記念日の靖国参拝を見送っても、安倍の靖国参拝の可能性が消えたわけではなかった。節目の日が近付くたびに靖国は政治テーマとして浮上した。一〇月一七日から始まる「秋季例大祭」に次の焦点が当たった。

消費税率引き上げをめぐる攻防

参院選が終わるまで封印されていた消費増税問題は〝舞台装置先行〟によって動き出した。消費税は昭和から平成に時代が変わった直後の一九八九年四月一日、税率三%でスタートした。しかし、消費税を導入した首相竹下登は導入から二カ月後に退陣。さらにその年七月に行われた参院選では社会党の土井たか子が牽引したマドンナブームもあって自民党は参院で過半数を失った。時の首相宇野宗佑は自民党惨敗の責任を取って表舞台を去った。

消費税はもともと税率五％で始まる予定で準備が進められたが、政治判断で三％になった経緯がある。国民の反発を緩和するため、「小さく生んで大きく育てる」という道を選択した。その際に大型減税を先行させたため、削った二％分の税収をどう埋め合わせするのかという問題を抱えていた。その解消には二つの方途があった。一つは単純に税率を引き上げること。そしてもう一つは新しい税制に切り替えることだった。

九三年の衆院選挙による政権交代の結果、誕生した首相細川護熙が初めて増税問題に挑戦した。九四年二月、細川首相は突如として記者会見を行い、「国民福祉税構想」を発表した。消費税に代わる税率七％の新税導入を試みたのだった。

しかし、七党一会派の寄合所帯の細川政権はこれをきっかけに内部崩壊が始まった。政権は求心力を失い二カ月後に崩壊した。そしてこの年の六月、「水と油」と言われた自民党と社会党が手を組む。首相には社会党委員長の村山富市が就任した。村山政権には自社両党に加え、新党さきがけが参画、「自社さ政権」と呼ばれた。社会党は一貫して消費税に反対してきた。八九年の参院選で大勝した後に召集された臨時国会には消費税廃止法案を提出したほど強硬だった。ところが自社両党が手を組んだことも驚きだったが、それ以上の想定外のことが起きた。社会党委員長の首相村山富市によって消費税率を五％にする税制改正が実現したことだった（九四年一一月、税制改革関連法成立）。

これにより社会党は分裂、衰退の過程に入った。その後、党名を社会民主党（社民党）に変更したものの党勢の挽回はできなかった。東京・千代田区の「三宅坂」は長く社会党の代名詞でもあった。三宅坂に近い千代田区永田町に党本部を置いていたからだったが、その党本部ビルも売却され、二度の転居を経て今は国会から遠く離れた東京・中央区のビルに党本部を置く。戦後の自社二大政党による「五五年体制」の一翼を担った社会党は消費税増税と共に凋落の坂道を転げ落ちたのだった。

初めての消費増税を実現した村山が率いた社会党は九五年七月の参院選では過去最低の一六議席に終わった。さきがけは三議席。自民党も選挙区と比例代表を合わせ四六議席と振るわず、自社さ三党は有権者に「ノー」を突き付けられた。総裁の河野洋平は参院選後に予定された自民党総裁選への立候補断念に追い込まれた。河野に代わって総裁に就任したのが通商産業相だった橋本龍太郎。村山も翌年一月早々に退陣、橋本が後継首相となった。

消費税率の引き上げは橋本に委ねられた。実施は九七年四月一日。この間に橋本は衆院解散に踏み切った。小沢一郎が主導した新進党と消費税率の引き上げを争点として対決した九六年一〇月の総選挙の結果、自民党は過半数に届かなかったものの第一党の座を守り、消費税は予定通り五%に引き上げられた。

この税率引き上げと軌を一にするように政府は膨らみ続ける国債発行に歯止めを掛けるため二〇〇三年までに赤字国債の発行をゼロにすることを決定した。ちなみに当時の国債発行残高は二四〇兆円。今や一〇〇〇兆円を超える巨額なものとなっていて比べようもないが、橋本政権は真剣に財政健全化に取り組んだ。

しかし、緊縮財政と消費税率の引き上げが重なれば景気の足を引っ張るのは当然の結果だった。さらに消費税率アップ前の駆け込み需要の反動による消費の落ち込みは想像を超えた。九七年四～六月期の国内総生産(GDP)は年率マイナス一二・九%。年換算で一一・一%減、約二三年ぶりの大幅なマイナスとなった。さらに金融危機が追いかけるように日本社会を襲った。「日本発の世界恐慌」が真顔で語られ、橋本も九八年の参院選で大敗、退陣に追い込まれた。消費税が導入されてわずか九年余で竹下、宇野、細川、村山、橋本の五内閣が消費税に絡んで崩壊した。橋本を引き継いだ小渕恵三以降、森喜朗、小泉純一郎、福田康夫、麻生太郎の五人の自民党出身の首相が登場したが、だれ一人として消費税と真正面から向き合うことはなかった。中でも小泉は明言した。

「自分の内閣では消費税を上げない」

約一〇年間の時を経て消費税問題が再び浮上するのは民主党政権になってからだった。二〇〇九年の衆院選で政権交代が実現して首相鳩山由紀夫は財務相に旧大蔵省出身の藤井裕久を起用した。藤井は財政の健全化に情熱を燃やし、藤井の下で財務副大臣として仕えたのが後に首相になる野田佳彦だった。藤井は翌年の一月に体調不良を理由に辞職する。後任の財務相が菅直人。菅は鳩山の退陣を受けて首相に就任すると、消費税率の引き上げに言及した。一方の野党に転落した自民党の総裁は財務相経験者の谷垣禎一。与野党ともに財政再建の必要性を痛感していた政治家がトップに座った。さらに菅内閣の内閣改造でサプライズ人事が行われた。自民党を離党した与謝野馨を経済財政担当相で起用した。与謝野は政界きっての政策通として知られ、財政再建についても、自民党の議員当時に「財政構造改革会議」を発足させ党内議論を先導する役割を担った。そこで与野党が取り組んだのが「社会保障と税の一体改革」。少子高齢化時代に突入したなかで年金、介護、医療などの社会保障政策とその財源を確保するための消費税率の引き上げを同時に行うものだった。

二〇一一年三月一一日、東日本大震災が起き、政治も復旧、復興に追われることになるが、与謝野はその状況下でも一体改革の議論、検討を続けた。菅は大震災の対応に有効な手を打てずに退陣、野田佳彦が政権を担うことになった。野田は菅内閣で財務相を務めており、野田内閣でも一体改革の議論は引き継がれ、具体化が進んだ。

二〇一二年に入ると、野田・谷垣の両党首が極秘会談を重ねるなど、公明党代表の山口那津男を加えた三党協議が本格化した。

途中で消費増税に反対する小沢一郎と野田が対立、小沢が民主党を離党する事態に発展して、民主党は分裂する。それでも一体改革関連法案は何とか衆院を通過した。しかし、最後の関門が立ちはだかった。衆参ねじれ国会だった。この状況を打開するため八月八日、国会内で野田、谷垣、山口の三党党首会談が開かれ、ようやく合意が成立した。

「消費税率は二〇一四年四月に八%、一五年一〇月に一〇%と二段階で引き上げる。増収分はすべて社会保障に還元される」

ただし、谷垣はこれを無条件で受け入れたわけではなかった。野田に法案成立と引き換えに衆院解散を求めたのだった。その野田の返答が後に政治を激変させることになる。

「法案が成立した暁には近いうちに衆院解散・総選挙で国民に信を問う」

合意を受け入れた一体改革関連法案は八月一〇日の参院本会議で可決成立した。ところが、谷垣は九月に行われた自民党総裁選で推薦人二〇人を集めることができずに総裁の座を去った。野田が総裁選を待たずに直ちに衆院解散に踏み切っていれば、「谷垣首相」の可能性もあったが、この総裁選で安倍晋三が勝利して首相に返り咲く切符を手にしたのだった。

安倍は一体改革の議論にほとんど関与しておらず、デフレ脱却を掲げる安倍にとっては法律通りとはいえ、すんなりと引き上げに踏み切るには強い抵抗感があった。

増税回避の初手

参院選を勝利で飾った安倍は投票日翌日の二〇一三年七月二二日の記者会見で消費税率の八％への引き上げについて判断を先送りする考えを示した。

「デフレ脱却と財政再建の両方の観点から秋にしっかりと判断する」

その上で八月八日の経済財政諮問会議で約六〇人の有識者で構成する「集中点検会合」の設置を明らかにした。消費税増税が景気に与える影響などについて意見聴取を行うのが目的だった。アベノミクスの理論的支柱だった米エール大学名誉教授の浜田宏一、静岡県立大学教授の本田悦朗らも有識者会議に名を連ねた。浜田らは「税率の一％ずつの引き上げ」を主張しており、安倍は完全実施ではなく、何らかの手を加えるとの見方が急速に広まった。

ところが、そのタイミングで国際通貨基金（ＩＭＦ）が日本経済に関する年次報告書を発表した。報告書は消費税増税を財政再建に向けた「重要な第一歩」と位置付け、日本だけが財政再建に手を抜くことは許されない状況が生まれたのだった。一二日に内閣府が発表した二〇一三年四～六月期の国内総生産（ＧＤＰ）の速報値は実質で前期比〇・六％増、年率換算で二・六％増を記録。政府内にも消費税増税の完全実施に向かうとの観測が強まった。それでも官房長官の菅義偉は「首相はあくまでもニュートラル」と語った。集中点検会合は八月二六日から三一日までの六日間、計七回にわたって開かれた。

ここで第二次安倍政権の政策決定の流れの基本型が出来上がっていく。民間人を加えて有識者による議論の場を設置することによって「民意尊重」の姿勢をアピールすることだった。同時に、有識者会議は広い意味での安倍人脈の囲い込みの狙いがあった。ただし、そのシステムの多用は国会軽視、自民党内の〝議論飛ばし〟にも繋がった。自民党幹事長の石破茂が政府に注文を付けた。

「与党として議論する場は必要だ。意見を聴くのは有識者だけとはならない」

だが、官邸側は石破の意見を一顧だにしなかった。一気に官邸主導で検討が進んだ。有識者のメンバーは次の通りだった(肩書はいずれも当時)。

【第一回(八月二六日)総論】日本経済研究センター理事長岩田一政、東大大学院法学政治学研究科教授加藤淳子、連合会長古賀伸明、東大大学院博士課程古市憲寿、東大公共政策大学院客員教授増田寛也、主婦連合会会長山根香織、経団連会長米倉弘昌

【第二回(二七日)経済・金融(一)】東大大学院経済学研究科教授伊藤隆敏、日本証券業協会会長稲野和利、三菱UFJリサーチ&コンサルティング主任研究員片岡剛士、大和総研チーフエコノミスト熊谷亮丸、国際大・筑波大名誉教授宍戸駿太郎、クレディ・スイス証券チーフエコノミスト白川浩道、三菱総合研究所チーフエコノミスト武田洋子、BNPパリバ証券投資調査本部長中空麻奈、米エール大名誉教授浜田宏一

【第三回(二八日)国民生活・社会保障(一)】一橋大国際・公共政策大学院教授井伊雅子、UAゼンセン副書記長石黒生子、NPO法人「育て上げ」ネット理事長工藤啓、ワーク・ライフバランス社長小室淑恵、自治医科大学長永井良三、中央大法学部教授宮本太郎、全国消費生活相談員協会理事長吉川万里子

【第四回（二八日）産業】全国商工会連合会会長石沢義文、不動産協会会長岩沙弘道、日本商工会議所会頭岡村正、経済同友会副代表幹事岡本圀衛、小松ばね工業社長小松万希子、日本チェーンストア協会会長清水信次、全国中小企業団体中央会会長鶴田欣也、日本自動車工業会会長豊田章男、住宅生産団体連合会会長樋口武男
【第五回（二九日）地方・地域経済】群馬県建設業協会会長青柳剛、長野県岩村田本町商店街振興組合理事長阿部眞一、全国漁業協同組合連合会代表理事会長岸宏、日本民営鉄道協会会長坂井信也、福島県相馬市長立谷秀清、全国地方銀行協会会長谷正明、おんせん県観光誘致協議会会長西田陽一、全国農業協同組合中央会会長万歳章、佐賀県知事古川康
【第六回（三〇日）国民生活・社会保障（二）】日本消費生活アドバイザー・コンサルタント協会副会長青山理恵子、NPO法人杜の伝言板ゆるる代表理事大久保朝江、国民健康保険中央会会長岡崎誠也、NPO法人子育てひろば全国連絡協議会理事長奥山千鶴子、日本新聞協会会長白石興二郎、慶応義塾長清家篤、「民間事業者の質を高める」全国介護事業者協議会理事長馬袋秀男、横浜市長林文子、精神医療サバイバー広田和子
【第七回（三一日）経済・金融（二）】東大大学院経済学研究科教授植田和男、JPモルガン証券チーフエコノミスト菅野雅明、全国銀行協会会長国部毅、みずほ総合研究所常務執行役員チーフエコノミスト高田創、慶大経済学部教授土居丈朗、第一生命経済研究所主席エコノミスト永浜利広、アール・ビー・エス証券東京支店チーフエコノミスト西岡純子、静岡県立大国際関係学部教授本田悦朗、東大大学院経済学研究科教授吉川洋

点検会合は想定通りの展開を見せた。完全実施論、段階的引き上げ論、そして見送り論という三通りの意見が表明された。結局は安倍の判断に委ねられることになった。判断の基本は消費税増税が回復傾向にある景気にもたらす影響をどの程度と見るかにあった。橋本内閣で三％から五％への増税実施によって一九九七年一〜三月の実質成長率三・〇％が、引き上げ直後の四〜六月期ではマイナス三・七％に急落した事実が大きく影を落としていた。

点検会合で消極論の急先鋒だった本田悦朗は「病み上がりの病人に一〇〇メートルを全力疾走しろと言えば死にます」と持論を展開した。これに対して、自民党税制調査会長の野田毅は増税を見送った場合の金利の急上昇に強い懸念を表明した。

「世界にも類例のない膨大な借金を抱える現況で(国債の)金利に跳ね返るのを最も恐れる」

副総理兼財務相の麻生太郎も経済指標の上向きを背景に予定通りの実施を主張。一方で、財務省出身で日銀総裁に就任した黒田東彦は「デフレ脱却と消費税増税は両立する」との考えを示した。

個別の意見を単純に分類すれば、「予定通りの実施」が多数を占めていることは明白だったが、敢えて方向性を出さずに安倍にフリーハンドを残すことになった。財務省はようやくたどり着いた一体改革の変更に繋がることへの懸念から、「官邸ポピュリズム」と強く反発した。みんなの党代表の渡辺喜美は点検会合の設置そのものを批判した。

「賛成派の御用学者からお墨付きをもらうのは役所の常套手段だ。増税やむなしの決定をすれば官僚主導そのものになる。首相は思い切った決断をしてほしい」

安倍自身は点検会合が始まる直前の八月二四日、中東、アフリカ四カ国歴訪のため日本を離れていた。訪問先のクウェートのホテルで同行記者団と懇談した。ここで安倍は消費税増税の考えを問われたが、言質を与えることはなかった。

「集中点検会合の結果を受け、様々な指標を踏まえて秋に判断したい」

ただ安倍は二〇一四年四月から法律通り八％に引き上げる場合には法人税減税を行うよう検討する考えを明らかにした。まだ点検会合は進行中だったが、安倍の頭の中では既に結論が出ていたことを窺わせた。また、この間に共同通信が行った世論調査では「予定通り実施すべき」との回答が二一・五％に止まり、消費増税に対する国民感情の厳しさを改めて浮かび上がらせた。

一方、日本自動車工業会の会長として会合に出席したトヨタ自動車社長の豊田章男は「自動車取得税と重量税の確実な廃止」を要望した。東日本大震災の被災地代表の立場で出席した福島県相馬市長の立谷秀清は地方振興、長野県佐久市の岩村田本町商店街振興組合理事長の阿部真一は小売業への影響を最小限にするため、二段階ではなく二〇一五年一〇月に一気に一〇％へ引き上げることを提案した。日本新聞協会会長で読売新聞社長の白石興二郎は税率引き上げの際に新聞や書籍に軽減税率を導入することを強く提唱した。この軽減税率導入は後に大きな政治的なテーマとして浮上する。

こうして点検会合は六日間という短い時間に六〇人から意見聴取を重ねた。六〇人中四四人が増税を容認した。ところが会合を担当した経済再生担当相の甘利明は評価に踏み込むことを回避する。会合終結後の記者会見でも慎重姿勢を貫いた。

「予定通りやれと言う人が事実として多かったということに今日はとどめておきたい」

安倍は中東、アフリカ歴訪を終えて二九日に帰国したが、人間ドックなどに時間を使い、一度も点検会合に姿を見せることはなく、自民党内の意見を聞くこともなく終わった。これほど大掛かりな〝舞台装置〟を設置した理由として消費税という国民の最大関心事を利用しながら「官邸主導」の政策決定方式の定着、徹底を図るという隠れた意図があることを窺わせた。菅もそのことを裏付ける発言を九月二日の記者会見で行っている。

「デフレ脱却、経済再生、財政再建という難しい判断を内閣の責任で行う」

これに対して一体改革の〝生みの親〟である野田佳彦は強く批判した。

「三党合意で法律を作ったのに、そもそも論から始めてはいけない」

しかし、安倍には確信に近いものがあった。

「増税で景気を悪化させれば内閣は短命に終わる」

それは一九八九年の消費税導入後にどんな形であれ増税論に与した政権が瞬く間に崩壊の道をたどった事実が証明していた。だが、法律によって決められた実施時期や引き上げ税率を変更するのは容易ではない。野党時代に一体改革法をまとめた当事者でもあった公明党代表の山口那津男を無視することもできない。安倍を支える政権ナンバー2の麻生太郎は財政再建の旗を振る財務相。これに対して安倍を支える側近中の側近である経済産業省出身の今井尚哉は全く違う立ち位置を取った。安倍が今井を首相秘書官に起用したのも財務省を中心にした霞が関の官僚機構に楔を打ち込む狙いもあったと見られている。今井はメディア対策にもたけ、何よりも政治家の領域でもある政権運営、人事にも非凡な才を発揮した。一面で消費税率引き上げ問題は財務省と経産省による霞が関をめぐる覇権争いの様相を呈した。

2　一強を補強した東京五輪招致

消費税率の引き上げをめぐる検討が続く中で、安倍が強い関心を寄せていたテーマがあった。二〇二〇年の東京五輪の招致だった。一九六四年の東京五輪を小学生時代に経験した安倍は「五輪の効用」を身をもって知っていた。そこで安倍は九月七日にアルゼンチンのブエノスアイレスで開かれる国際オリンピック委員会（IOC）の総会への出席を模索する。六四年の東京五輪後、冬季五輪に関しては札幌（七二年）、長野（九八年）の二都市が招致に成功しているが、夏季五輪は敗退の連続。東京都知事が石原慎太郎の時代にも二〇一六年の五輪開催に立候補していたが、二〇〇九年一〇月、デンマークのコペンハーゲンで開かれたIOC総会で開催地はブラジルのリオデジャネイロに決定していた。

それでも日本オリンピック委員会（JOC）や招致の中心となった元首相森喜朗はあきらめなかった。都知事は石原から猪瀬直樹に代わっていたが、再挑戦のスタートラインに立った。東京落選についてIOCは評価報告書で「世論の支持率が低い」ことを指摘した。このことも安倍を招致運動に駆り立てたようだ。安倍は就任後の外国訪問に際しても五輪招致戦略を組み込むことを指示した。八月末のクウェート訪問はアジア競技大会を主催するアジアオリンピック評議会（OCA）の本部が置かれ、アジアのスポーツ界全体に大きな影響力を持つクウェートへの協力要請の狙いがあった。

ただし、ブエノスアイレスに行くには外交日程上の問題があった。ロシアのサンクトペテルブルクで九月五日から六日まで、二〇カ国・地域（G20）首脳会合が予定されており、IOC総会に出席するにはロシア滞在を切り上げる必要があったからだ。だが、安倍は「行かずに負けたら後悔する」と漏らしていた。たまたま二〇一四年の冬季五輪はロシアのソチで開かれることが決定しており、ロシア大統領プーチンの了解が得やすい環境にあったこともプラス材料だった。外務省は八月二三日、安倍と外相の岸田文雄のブエノスアイレス訪問を発表した。同じ日に東京都庁で開かれた招致成功に向けた出陣式で安倍は声を張り上げた。

「みんなが使命を果たし、九月七日に『二〇二〇年、東京』というアナウンスを響かせようではありませんか」

不安材料でもあった国民世論の動向も共同通信の世論調査で「招致賛成」が七八・〇％に達した。既に国会決議、閣議了解、さらに政府の財政保証など支援態勢も万全だった。それでも、懸念も存在した。とりわけ三・一一東日本大震災の際に起きた東京電力福島第一原発をめぐる処理水漏れの問題は国際的な関心事だった。安倍は訪問先のカタールのドーハでの記者会見で「日本政府が責任を持って対応し、国内外に発信する」と述べたが、「フクシマはどうだ」との疑問は残ったまま。地元の漁業関係者などの不安解消にはならなかった。むしろ、「東京五輪招致に向けた急場しのぎ」との批判が高まった。

ブエノスアイレスで行われた九月四日の東京五輪招致委員会の記者会見では六つの質疑応答のうち四問が処理水がらみだった。日本側は「放射線量はロンドン、パリなどと同じレベル。東京は福島から二五〇キロ離れている」と答えるなど防戦に追われた。

安倍は五日、サンクトペテルブルクでプーチンや米大統領オバマらと精力的に首脳会談をこなした後、深夜（日本時間六日未明）に機上の人となった。そして六日午後（同七日午前）、ブエノスアイレスのＩＯＣ総会の会場に入った。招致を争っていたのはトルコのイスタンブールとスペインのマドリード。官房長官の菅は安倍に最後の「票読み」を連絡した。

「決選投票になっても最終的に一〇票差で逃げ切れると思います」

菅はかなり早い段階から「一回目の投票で一位になるのは確実だが、過半数は難しい」と予想、決選投票でどう勝ち抜けるかの戦略を描いていた。予想通り一回目の投票では決まらず、決選投票に持ち込まれた。結果は東京六〇票に対してイスタンブールは三六票。圧勝だった。

ブエノスアイレス入りした安倍は「選挙モードで営業スマイルを徹底した」（政府高官）という。総会が開かれた「ヒルトン・ブエノスアイレス」にはロビー活動用の部屋を確保し、IOC委員を〝個別撃破〟した。安倍が最初に挨拶したのはIOC会長のジャック・ロゲ。オープニング前のカクテルパーティでは冬季五輪の銀メダリストで元IOC副会長の猪谷《いがや》千春が安倍の先導役を務めた。安倍が直接会ったIOC委員は四〇人を超えた。

G20を途中で切り上げてIOC総会に駆け付けたことに外務省は「外交上非礼になり、好ましくない」と官邸サイドに自制を求めたが、安倍はそれを押し切って総会に出席した。そして安倍は自らプレゼンテーションに立った。だが、そのプレゼンテーションでは後々まで五輪招致に消えない傷跡を残すことになる。

「フクシマについてお案じの向きには、私から保証いたします。状況は統制されています。東京にはいかなる悪影響にしろ、これまで及ぼしたことはなく、今後とも及ぼすことはありません」

これは官邸が発表したスピーチ内容だが、実際は「アンダー・コントロール」と述べている。スピーチ後の質疑で安倍発言の根拠が問われた。これに対しても安倍は明快に言い切った。

「処理水の影響は福島第一原発の港湾内〇・三平方キロメートルの範囲内で完全にブロックされている。日本の食品や水の安全基準は世界で最も厳しい」

日本のトップリーダーによる事実上の国際公約となった。しかし、処理水問題は安倍が七年八カ月の長期政権にピリオドを打った二〇二〇年九月になっても決着できずにいた。安倍に代わった菅が処理水の海洋放出を決めたのは二〇二一年四月になってから。五輪そのものも二〇二〇年から一年延期された。しかし、地元の漁業関係者が強く反対して本稿執筆時点でなお放出には至っていない。

一体改革の趣旨変更

五輪招致実現は安倍にとってさらに強い追い風になった。内閣支持率は再び上昇に転じた。安倍は二〇一二年の自民党総裁選で勝利を収めて以来、衆院選(政権交代実現)、参院選(衆参ねじれ解消)、そしてIOC総会と主な選挙全てを勝ち四連勝。安倍の「選挙不敗神話」が生まれ、政権基盤は益々揺るぎないものになった。

東京都への五輪招致による経済波及効果は約三兆円と試算された。東京証券取引所の九月九日の日経平均株価は前週末日に比べ三四四円高と大幅上昇した。

消費税増税の政治判断の時期が近付いていた。消費税増税をめぐる環境も大きく変わってきた。安倍は一貫して判断について明言を避け、「経済情勢を見極め、秋に判断する」と語っていたが、担当閣僚の甘利明は都内で行った講演で「五輪招致実現は極めて明るいニュースだ」としたうえでついに時期を明言した。

「安倍首相は一〇月一日に判断する」

九月九日に内閣府が発表した四〜六月期の国内総生産(GDP)改定値は年率換算で三・八%増。速報値の二・六%から上方修正された。安倍も九月一〇日の閣僚懇談会で初めて「引き上げ」の言葉を使った。

「消費税率を引き上げる場合には十分な対策が必要だ」

その上で安倍は九月末までに経済対策を取りまとめるよう指示した。増税を前提にした景気の腰折れ対策であることは明白だった。ただ菅だけは増税慎重派の浜田宏一、本田悦朗の安倍ブレーンの名前に言及して「二人の意見は首相の判断に大きな影響がある」と述べ、引き上げ実施論の加速にブレーキを掛けた。もともと菅は財務省主導によるシナリオに強く反発しており、多分に財務省を牽制する狙いがあったと見られた。菅には政権交代以来の原理原則があった。

「前の政権が決めたことをそのまま引き継ぐなら政権交代の意味はない」

その日がやってきた。二〇一三年一〇月一日。

「最後の最後まで考え抜いた」

こう語った安倍は二〇一四年四月一日から法律通り五%から八%に引き上げることを表明した。しかし、安倍は一体改革をそのまま実施することはなかった。趣旨を大きく変更させたのだった。一体改革は文字通り社会保障改革と消費増税を一体で実現するはずだったが、安倍はデフレ脱却と景気回復を優先させ、消費増税対策を名分にした「アベノミクス」の強化策を打ち出した。前年の三党合意で合意された社会保障制度の安定と財政再建の理念は大きく後退することになった。

同時にまとめられた経済対策は二〇一三年度補正予算編成など六兆円規模。法人税に上乗せになっていた「復興特別法人税」を一年前倒しして一三年度末に廃止、投資減税の拡充や公共事業の実施が盛り込まれた。

さらに安倍は一体改革の根幹に関わる制度設計の変更を口にした。税率八%に続き、二〇一五年一〇月からの実施について留保条件を付けたのだった。

「一五年一〇月に一〇%に引き上げる際には改めて経済状況などを総合的に勘案し、判断時期を含めて適切に判断したい」

もはやこの時点で税率一〇％が予定通り実施されると見るのは政官界では少数派と言ってよかった。一体改革の三党合意に野党の自民党総裁として署名した法相谷垣禎一は安倍を強く牽制した。

「八％への引き上げの決断はよかったが、これで事足りるわけではない。一〇％を見据えてレールを敷いていくことが重要だ」

首相として一体改革を推進した野田はワシントンで講演するため日本を離れていたが、八％への引き上げは「一定の前進」としつつ大型の経済対策については「ばらまきという気がしてならない」と述べただけだった。国政選挙二連敗のショックから立ち直れない野党側の低迷を象徴した。

むしろ消費税率の引き上げをめぐっては安倍官邸に対して財務省が立ちはだかる構図が鮮明になっていた。安倍も「財務省は税率至上主義」と周辺に漏らしていたし、菅はもっと明快だった。

「財務省のシナリオ通りというわけにはいかない。官僚の文書にはどこかに彼らの思惑が込められている」

財務省でそれこそ体を張って抵抗したのが官房長として一体改革を推進した香川俊介だった。財務省はあくまでも法律通りの実施を求め、財政健全化に向けた努力を要請した。その後香川は主計局長に昇進した後も病を押して菅の下に日参した。さらに一四年七月の事務次官就任後も信念を変えることなく消費税増税の必要性を訴え続けたが、次官退任直後の一五年八月、食道がんにより他界した。まだ五八歳だった。

この八％をめぐる攻防の際は香川と入省同期の木下康司が事務次官として官邸と〝戦った〟。副総理兼財務相の麻生太郎は財務省の代弁というよりは自民党麻生派会長としての立場を優先させて八％

に賛成した。無論、その裏には麻生の閣内不一致を避けるという安倍に対する配慮が強く働いたことは言うまでもない。

この官邸VS.財務省の構図の中で政治家以上に大きな存在感を示した民間人がいた。読売新聞の渡辺恒雄だ。八％への引き上げをめぐっても読売新聞は八月三一日付の朝刊社説で論陣を張った。

『来春の八％』は見送るべきだ」

社説は「一五年一〇月に五％から一〇％へ引き上げることが現実的な選択と言えよう」と主張した。前日の三〇日には、読売新聞グループ本社代表取締役社長で日本新聞協会会長の白石興二郎が緊急点検会合に出席して引き上げ時の軽減税率の導入を提唱しており、財務省に動揺が走った。事務次官の木下は渡辺を訪ね、引き上げの重要性を説いた。これに対して渡辺がどう答えたかは不明だが、安倍はブエノスアイレスから帰国して経済対策の取りまとめを指示した九月一〇日夜、東京・丸の内のパレスホテル東京にある日本料理店「和田倉」で渡辺と会食した。それから一日置いた一二日付読売新聞朝刊一面トップにスクープ記事が載った。

「消費税来年四月八％――首相、意向固める」

安倍が正式に表明する約二〇日前のことであった。安倍・渡辺会談と記事との関係を証明することはできないが、安倍と渡辺の関係をみれば大きなインパクトがあったのは否定できなかった。この後も消費税問題、そして安倍が執念を燃やす憲法改正に絡んで渡辺がしばしば登場することになる。

いずれにせよ参院選後から宙ぶらりんの状態が続いていた八％問題は決着に向かった。それまで政権の〝寿命〟を縮める災厄の元と見られていた消費税問題のある種の〝常識〟をくつがえし、安倍は逆に自らの政権運営を補強するために消費税問題を利用するという前例のない対応を取った。むしろ消費税問題を政権に推進力を与える有力な手段と捉えたのである。

総裁就任満一年の自信

二〇一三年九月、筆者はブエノスアイレスで東京五輪招致を勝ち取って帰国した安倍晋三にテレビ番組の収録でインタビューする機会があった。安倍に招致成功について聞いた。

「私は決選投票に強いんです」

この発言の背景には自身の成功体験があった。一年前の自民党総裁選でも決選投票で石破茂を制していたからだ。

各メディアの世論調査でも内閣支持率は再び上昇に転じ、安倍には向かうところ敵なしの状況と言ってよかった。この余勢を駆って首相は党内に根強く存在した人事待望論を力でねじ伏せた。幹事長の石破をはじめ主要な党執行部は全員留任。内閣改造も行わず、翌年夏の通常国会終了まで現体制を維持することが確定した。

「来年度の予算編成に関わる閣僚が通常国会まで責任を負うのは当然だ」

安倍は人事見送りの理由についてこう語ったが、真の狙いは「長期政権」を見据えて布石を打つことにあった。かつて五年五カ月の長期政権を担った小泉純一郎は「一内閣一閣僚」を公言、最初の内閣改造は政権発足から一年五カ月後だった。その小泉政権で安倍は幹事長、官房長官など要職を歴任して首相の座を手にした。小泉は発足後の一年五カ月間で当時の自民党最大派閥だった橋本派の力を削ぎ、政権の足元を固め、長期政権の道を開いた。安倍と小泉では個性も政治信条も違うが、人事に関しては安倍にとって小泉が手本だったに違いない。

後に安倍は総裁選への出馬の経緯についてこう語っている。

「経済の低迷の中で政権を奪還せよ、そして安定政権をつくれという党内の声に押されて総裁に復帰をした」

その自民党総裁選で勝利を収めてちょうど一年が経った二〇一三年九月、安倍は積年の思いを吐き出すかのように矢継ぎ早に新たな政策づくりに向けて指示を連発した。

まず安倍が手を付けたのが外交・防衛政策の手直し。それが「国家安全保障戦略」の策定だった。それまでの日本になかった外交と安保・防衛の一元的な政策策定を目指すもので谷内正太郎らがその必要性を指摘していた。

安倍は九月二日午前、東京・市ヶ谷の防衛省に自衛隊幹部を集めて訓示した。

「国益を長期的視点から見定め、国の安全を確保していくために国家安全保障戦略を策定する」

同日午後には有識者懇談会の初会合を開いた。懇談会の座長は国際大学学長の北岡伸一。北岡は安倍が一足先にスタートさせた「安全保障の法的基盤の再構築に関する懇談会」（安保法制懇）の座長代理でもあった。他に安倍の外交・安保のブレーンの谷内、元駐英大使の海老原紳らが名を連ねた。冒頭挨拶に立った安倍は国際協調に基づく積極的平和主義の立場からの議論を求めた。

「国家安全保障戦略と防衛大綱を合わせて議論してもらうことで、より総合的な国家安全保障政策への転換につなげることができる」

北岡は初会合後の記者会見で議論の具体的方向性についてこう語った。

「戦略は年内に発足する日本版『国家安全保障会議（ＮＳＣ）』の基本方針になる。二〇年、三〇年先を見越した戦略を想定している」

もともと国家安全保障戦略は米国の安全保障政策の策定システムを範とした。防衛力整備に関しても従来のやり方を大きく変更することになった。ただこうした考え方は安倍政権が嚆矢ではない。先鞭をつけたのは民主党政権下の防衛相北澤俊美だった。例えば、従来の防衛力整備に関する基本概念として基盤的防衛力構想があった。日本が周辺地域の不安定要因にならないよう、独立国として必要最小限の防衛力を保有するという考え方だ。これに対して北澤は機動性・即応性を重視した動的防衛力の構築を目指し、二〇一〇年の菅直人内閣による防衛大綱の改定で導入した。

安倍は五年に一度策定される予定だった大綱も一三年末の予算編成に合わせて前倒しして改定する方針を打ち出した。佐藤栄作内閣以来の武器輸出三原則に関しても野田内閣が大幅に緩和していたが、安倍はこれに代わる新原則を定める方針を示したのだった。安倍の民主党政権に対する忌避感は想像以上のものがあった。

国家安全保障戦略の策定を打ち出した安倍は、首相に返り咲いてからは初めての国連総会に出席した。九月二六日午後(日本時間二七日未明)、ニューヨークの国連本部での演説でも、国連憲章に基づく集団安全保障措置への積極的な参加に意欲を示した。国連平和維持活動(ＰＫＯ)に加え、安全保障の分野での国際貢献をアピールすることで、集団的自衛権の行使容認に向けた憲法解釈変更に弾みを付ける狙いがあるとみられた。

また、安倍が強調したのは女性重視の政策展開だった。国連演説に加えて話題になったのはニューヨークの証券取引所での演説だ。著名な女性ブロガー発言を引用して安倍はこう語った。

「もし、リーマンブラザーズがリーマンブラザーズ・アンド・シスターズだったら、今も存続していたのではないか」

五年前のリーマン・ショックを念頭に女性の能力の高さを指摘した。後日、これに共感した前の米国務長官ヒラリー・クリントンが感謝と激励の手紙を安倍に送るという副産物を生んだ。この証券取引所の演説ではもう一つ話題になったフレーズがあった。

「世界経済回復のためには三語で十分。バイ・マイ・アベノミクス（アベノミクスは「買い」だ）」

そしてそれに関連して企業向けの投資減税を実施すると明言した。消費税増税をめぐる法人税制の在り方が論議されている最中の発言に懸念が生まれた。安倍がブエノスアイレスのＩＯＣ総会でも東京電力福島第一原発の処理水漏れに関し「状況はコントロールされている」と言い切ったことと重なった。刺激的な表現は、インパクトはあっても安倍の信用問題にも直結しかねない危うさを感じさせた。安倍の自信からくる断言、断定型の発言や国会答弁は後に安倍の大きな重荷になっていく。

米国滞在中に安倍はフランス大統領のオランド、イラン大統領のロウハニと会談した。とりわけロウハニとの会談は積極的平和主義の実践と位置付けられ、米国と対立を続けるイランとのパイプは安倍外交を補強する重要な一部を構成した。

「特定秘密国会」

一連の外国訪問を終えると、参院選後初めての本格論戦となる第一八五臨時国会が召集された。一〇月一五日の国会召集日に行われた所信表明演説で安倍はデフレ脱却に向けた成長戦略の実行へ決意を示し、財政再建と社会保障制度改革を同時に成し遂げる考えを表明した。名付けて「成長戦略実行国会」。ところが、政府が提出した特定秘密保護法案をめぐって議論が沸騰し、日ごとに「特定秘密国会」の様相を濃くした。国会は〝生き物〟と言われる。ひとたび「スイッチ」が入ると、与野党の思惑を超えて国会自体が命を宿したように動き出す。特定秘密保護法の策定は参院選では全く触れられておらず、民主主義の手続き上の原則からみても姑息な印象はぬぐえなかった。国会が荒れ模様になったのもこの手法に対する反発が底流にあった。

この法律は漏洩すると国の安全保障に著しく支障を与える情報を、閣僚ら行政機関の長が「特定秘密」に指定する内容だ。具体的には①防衛②外交③スパイ行為など特定有害活動防止④テロ活動防止――に関する事項を特定秘密とし、公務員らが漏らした場合に最高一〇年の懲役を科し、漏洩を教唆した場合も五年以下の懲役とした。

しかし、時の政権にとって都合の悪い情報が恣意的に隠される恐れや、国民の「知る権利」や取材・報道の自由が侵害される危険性をめぐって多くの問題点が浮上した。取材・報道活動については「公益を図る目的を有し、法令違反や著しく不当な方法でない限り、正当な業務」と規定し、国民の知る権利への配慮もうたった。ただし「著しく不当な方法」の内容は不明確。日本新聞協会や日本弁護士連合会などが批判の声を上げた。

一一月一九日付の産経新聞が報じた世論調査によると、特定秘密保護法案の取り扱いについて「慎重に審議すべき」と回答した人が八二・五％に上った。与党の公明党幹部ですら強く反発した。

「そもそも特定秘密保護法案には立法事実がない」

立法事実とは法律や条例の必要性や正当性を意味する。たしかに法案審議の時点で過去一五年間に立件された公務員による主な情報漏洩事件はイージス艦をめぐる海上自衛隊幹部の情報漏洩など全部で五件に過ぎなかった。しかも、いずれも現行法で処罰され、不都合なことはなかった。

それならば、なぜ新たな法制化を急いだのか。防衛省幹部は「国際的なインテリジェンス・コミュニティへの参加」をその理由に挙げた。つまり軍事、防衛、外交、治安上の情報を関係国と共有するには秘密保持のための法制度が整備されていないと、提供を受けることができないというわけだった。

政府は外交・安全保障政策の司令塔となる国家安全保障会議（日本版NSC）とセットで、諸外国と情報共有するのに法整備が必要だと訴えた。しかし、法案はあまりに問題点が多く、加えて法案の答弁責任者の内閣府特命担当相森雅子の〝迷走答弁〟が法案の信頼性に対する懸念を増幅させた。

例えば、秘密漏洩が起きた場合の報道機関への家宅捜索の可能性について森は「報道機関にガサ（家宅捜索）が入ることはない」と明言した。ところが法相谷垣禎一は「具体的な事例に即して判断すべきもので、一概に言うことは難しい」とあっさりと森の答弁を否定した。

担当大臣の答弁の迷走はいかに準備不足のまま法案が国会に提出されたのかを浮かび上がらせた。国会で議論すればするほど法案に対する懸念や疑問が増幅される悪循環に陥った。

ところが政府・自民党は「まず成立ありき」の方針を崩すことはなかった。制度にとって最も重要な原理原則を置き去りにしたまま、なりふり構わず野党との修正協議に邁進した。真っ先に急接近したのがみんなの党だった。代表の渡辺喜美は第一次安倍内閣で規制改革担当相として初入閣しており、安倍とは「お友達」でもあった。安倍は一一月一四日夜、官房長官の菅義偉を交えて東京・赤坂の中国料理店「Ｗａｋｉｙａ―笑美茶樓」で渡辺と懇談した。この場で安倍が直接渡辺に法案成立への協力を要請。渡辺も「国の安全保障に関わる問題は与党も野党もない」と応じ、修正合意に至った。

野党委員長解任

政権交代以来、安倍は与党の補完勢力として日本維新の会との関係を重視してきたが、この法案の修正協議を契機にみんなの党が与党化する可能性が出て来た。当時、みんなの党の党首である渡辺喜美と元通産官僚の江田憲司（現立憲民主党衆院議員）ら反渡辺グループとの確執が激化しており、渡辺は求心力を失いつつあっただけに官邸からの修正呼び掛けは〝渡りに船〟だったに違いない。

安倍にとっても「与党単独強行採決」の批判を回避できる選択肢でもあった。自民党はその一方で日本維新の会とも修正協議を行った。「特定秘密国会」によって「安倍一強体制」がさらに進んだ。しかし、〝個別取り引き〟は国会の審議を通じて法案の修正を行うという議会制民主主義の原則を踏み外すことになる。この修正協議が安倍政権によって加速した国会の形骸化の始まりと言えた。

この修正により独立した監視機関設置の検討が付則に盛り込まれたが、法案自体は罰則強化など政府案の骨格部分は維持した。国民の「知る権利」が脅かされる懸念は今もって消えていない。

確かに特定秘密保護法は「報道又は取材の自由に十分に配慮しなければならない」と明記し、森雅子は「通常行われている報道、取材行為は処罰対象にならない」と答弁していたが、説得力を欠いた。

そんな中で幹事長石破茂のブログが物議を醸した。

「今も議員会館の外では『特定機密保護法絶対阻止！』を叫ぶ大音量が鳴り響いています。（中略）単なる絶叫戦術はテロ行為とその本質においてあまり変わらないように思われます」

石破は特定秘密保護法に反対する大音量のデモを「テロ行為」に準えたのだった。これに対して野党七党の幹事長・書記局長らは強く抗議し、法案の慎重審議を求める共同声明を発表した。

しかし、自民党は問答無用とばかりに手を緩めることなく成立に向けて突き進んだ。会期末が迫った一二月五日未明のことだ。参院本会議で内閣委員会と経済産業委員会の水岡俊一、大久保勉の両委員長の解任決議案を与党の賛成多数で可決したのだった。両委員長はいずれも野党民主党の参院議員で与党が野党の委員長ポストを奪うという極めて異例の事態となった。後任に自民党の山東昭子と北川イッセイをそれぞれ選出した。

与党が野党の委員長を解任したのは衆参両院で初めて。自民党は二人の解任決議案提出の理由について、国家戦略特区法案や独禁法改正案の審議、採決を拒否したと主張した。あまりに強引な国会運営だったが、自民党内から自制を求める声がほとんど出なかった。ただ一人、自民党の元行革担当相村上誠一郎が特定秘密保護法案の衆院本会議の採決前に議場を退席しただけだった。村上は退席の理由を腹痛としたが、同時に「重要な問題はきちんと精査しないといけない」とも指摘した。「安倍一強」の前に「沈黙する自民」が出現した。

野党の委員長解任に先立って国会から官邸に戻った安倍に記者団から質問が飛んだ。

「法案は国民の理解が得られると思うか」

安倍は歩きながら「ご苦労さま」と一言発しただけだった。国会は二日間の会期延長が決まった。参院には担当相森雅子に対する問責決議案、衆院には内閣不信任決議案が民主党によって提出されたがいずれも与党側に否決され、いよいよ法案採決の場面に移った。日付が変わる直前の一二月六日午後一一時二〇分すぎに自民、公明両党の賛成多数により特定秘密保護法は成立した。賛成一三〇票、反対八二票だった。自民党で反対票が一票だけあった。参院選の結果による「衆参ねじれ国会」の解消を実感させた。成立はロイター通信を始め韓国の聯合ニュース、中国の新華社英語版などが相次いで速報、国際的関心の高さを浮き彫りにした。また、この間に東京・日比谷野外音楽堂で、市民ら約九〇〇〇人が廃案を訴える大規模集会が開かれた。

法案審議を振り返ると、特別委員会での審議時間は衆院で約四六時間、参院では約二二時間で計約六八時間にとどまった。平成の時代になって審議時間が最も長かったのは野田内閣当時に成立した消費税増税を柱とした社会保障と税の一体改革関連法。衆院一二九時間、参院八六時間の計二一五時間にわたって審議された。小泉純一郎内閣で成立した郵政民営化関連法の審議は衆参合わせて二一四時間だった。

とりわけ特定秘密保護法案で問題視されたのは参院審議の短さだった。一般的に参院の審議時間は衆院の「七割」と言われるが、この時は半分にすぎなかった。野党の慎重審議要求にもかかわらず、与党は特別委員会で質疑を打ち切り、採決を強行した。

制定された特定秘密保護法をめぐっては成立から約一〇年後の二〇二三年一月、海上自衛隊の一等海佐が特定秘密保護法で定められた「特定秘密」をOBの元海将に漏らしたとして懲戒免職になった。米国から提供を受けた情報が含まれていたとされた。

みんなの党分裂

特定秘密保護法の法案審議はその過程で野党側の地殻変動を誘発した。みんなの党の分裂劇だった。まず内閣不信任案の採決をめぐって党内の混乱が表面化した。特定秘密保護法案の修正に応じたみんなの党が不信任案には賛成に回ったのだった。「特定秘密保護法案以外の政策の不一致」がその理由だったが非常に分かりにくい対応が党内の無秩序ぶりをあぶり出した。

一一月二六日の衆院本会議での特定秘密保護法案の採決ではみんなの党は賛成の方針で臨んだが、江田憲司は退席し、井出庸生、林宙紀は反対した。一二月六日夜の参院本会議での採決も混乱が続いた。みんなの党は退席の方針を決めたが川田龍平、寺田典城、真山勇一の三人は、この退席方針に従わず反対票を投じた。みんなの党の分裂状態が拡大した。江田は退席の理由についてこう語った。

「安全保障や国民の『知る権利』、基本的人権にかかわる重要法案の強行採決は断じて容認できない。苦渋の決断だが、退席がベストだと判断した」

江田をはじめ衆参両院の一四人は九日午後、離党届を提出し、一二月一八日に「結いの党」を結成した。この結果二〇〇九年八月に渡辺喜美と江田を中心に旗揚げし、最大三六議席の勢力になったみんなの党は四年余で分裂した。江田は結いの党の結成に当たって記者会見した。

「政界再編、野党再編を目指す。一強多弱の中、自民党の暴走に歯止めをかけられない。政治理念と基本政策の一致を前提に野党勢力を結集し、自民党に代わり得る政権担当能力を持った一大勢力を結成しなければならない」

江田の念頭には日本維新の会との連携があったが、維新の共同代表石原慎太郎と代表代行の平沼赳夫が、「結いの党」の結成と重なるように首相官邸で安倍と昼食を共にした。会食後、平沼は記者団に新党との連携を問われ「全く考えていない」と言い切った。この分裂劇の背景には渡辺の党運営に対する党内の不満と渡辺と江田の確執があり、「多弱からの脱出」へのハードルは逆に高くなった。渡辺は離党届を出した比例代表選出一三人について会派離脱を認めない方針を明らかにした。政党助成金の配分問題も絡んだ次元の低いゴタゴタの印象を与えた。会派離脱問題が最終決着したのは翌年の二月一四日だった。結いの党に参加した衆参両院議員は次の通りだった。

【衆院】九人

江田憲司、柿沢未途、林宙紀、青柳陽一郎、椎名毅、井出庸生、小池政就、井坂信彦、畠中光成

【参院】六人
川田龍平、小野次郎、柴田巧、寺田典城、藤巻幸夫、真山勇一

3 靖国神社参拝が呼び込んだ日米の溝

カレンダーを、消費税率の引き上げに一つの結論が出た二〇一三年一〇月の時点に戻す。「靖国」の問題が再びクローズアップされ、避けて通れない外交問題に発展したからだ。靖国神社で行われる様々な祭礼の中でも毎年一〇月に行われる秋季例大祭は一段高い意味を持つとされる。その秋季例大祭を前に想定外の動きが表面化した。日米安全保障協議委員会（2プラス2）に出席するために来日した米国務長官のジム・ケリーと国防長官のチャック・ヘーゲルが一〇月三日午前、千鳥ヶ淵戦没者墓苑を訪れ、揃って献花したのだった。

墓苑は第二次大戦中に亡くなった身元不明の日本軍人・民間人の遺骨を納めている国の施設。安倍はことあるごとに靖国神社を米国のアーリントン国立墓地に準えていたが、米国の二閣僚は靖国神社には足を運ばなかった。「アーリントンに近いのは靖国神社ではなく戦没者墓苑」という米政府の意思の表れとも受け取られた。「首相の靖国参拝イコール中韓の反発」というステレオタイプの図式にはない新たな要素が加わった。安倍の歴史認識に対する米オバマ政権の牽制と言えた。

それでも安倍は秋季例大祭に合わせた参拝に含みを残した。

「外交問題化している中、行く、行かないということを申し上げるのは控える」（一〇月一一日、BSフジ番組）

官房長官の菅も「私人の立場で、それぞれ個々人の判断というのが安倍政権の基本的な考えだ」と従来の考えを繰り返した。しかし、ケリー、ヘーゲルの動きは大きかった。秋季例大祭を前に安倍の参拝見送りが固まった。安倍は大祭が始まる一〇月一七日に合わせて「内閣総理大臣　安倍晋三」名で「真榊《まさかき》」と呼ばれる供物を私費で奉納した。ただ菅は参拝見送りに関して「大局的な判断」とし、「(安倍の)参拝への気持ちは全く変わっていないだろう」と語り、将来的には任期中の参拝はあり得るとの見方を示した。一七日朝、安倍は官邸で記者団に「参拝を見送るのか」と問われると、「おはよう」とだけ答え、質問を振り切った。

しかし、安倍が会長を務める保守系の議員連盟「創生日本」の役員会では異論が出された。

「靖国神社に参拝しない会長の下で集まる意味があるのか」

この日の創生日本の総会では新たに約五〇人の新人議員が加わり、衆参国会議員は一九〇人になったとされ、派閥とは違う一大議員集団を形成した。一方、公明党代表の山口那津男は参拝見送りを評価した。

「賢明な選択だ。慎重な姿勢は外交上の摩擦が減る方向に行く。(中韓両国との)関係改善に進むよう首相の配慮を生かすべきだ」

結局、四日間の例大祭を通して閣僚では総務相の新藤義孝と国家公安委員長の古屋圭司、外務副大臣で安倍の実弟の岸信夫が参拝した。超党派の議員でつくる「みんなで靖国神社に参拝する国会議員の会」は大祭初日に一五七人が集団参拝した。

ところが大きな波乱がなく終わったかに見えた安倍の靖国参拝問題に再び安倍自身が火を点けた。例大祭中の一九日、視察に訪れた福島県相馬市で安倍は記者団の質問に答える形でこう語った。

「第一次政権で参拝できなかったことを痛恨の極みと言った気持ちは今も変わらない」

さらにこの安倍発言を側近の総裁特別補佐萩生田光一が補強した。

「首相は繰り返し、靖国への思いは変わらないと発言している。一年間という時間軸の中で必ず参拝すると思う」

萩生田発言の反響は大きかった。安倍が繰り返した中韓両国に対しての「対話の窓はいつでもオープンだ」との呼び掛けも説得力を欠いた。

前首相野田佳彦が衆院解散をして満一年を経ても中国、韓国両国との首脳会談は一度も開かれず暗礁に乗り上げたまま。逆に安倍は日米同盟の強化と対東南アジア諸国連合（ASEAN）外交の強化に力を入れた。中韓との間の壁はますます高くなるばかりだった。

中国は一一月二三日、東シナ海に防空識別圏を設定し、日本を牽制した。中国国内では少数民族の独立運動や貧富の格差拡大などに対する国民の不満が増大しており、尖閣諸島問題など「日本の脅威」を強調することで習近平政権への忠誠を求める狙いもあったとされた。当日の新華社電は設定した防空識別圏で初めての巡視飛行を実施したことを伝えた。日本政府は「識別圏が尖閣諸島付近の日本領空を含んでおり、全く受け入れられない」と厳重抗議した。安倍は首相公邸に内閣危機管理監の米村敏朗らを呼び対応を協議した。米政府もケリー、ヘーゲルがそれぞれ「強い懸念」を示す声明を発表した。ヘーゲルはこの声明の中で、尖閣諸島に関して米国の日本防衛義務を定めた日米安全保障条約第五条の適用対象であるとの立場を改めて言明した。

安倍は一一月二五日午後の参院決算委員会で従来の考えを強調した。

「力を背景にした現状変更の試みには、我が国の領海、領空を断固として守り抜く決意で対応する」

これはケリー、ヘーゲルの戦没者墓苑への参拝に見られるように米国の懸念を増幅させた。

こうした中で米副大統領のジョー・バイデン（現大統領）が日中韓三カ国歴訪に向けて一二月一日に、ワシントンを出発した。

注目の安倍とバイデンの会談は三日午後、首相官邸で行われた。会談で安倍は中国の防空識別圏設定を念頭に日米同盟の強化を訴えた。

「アジア太平洋地域の安全保障環境が厳しさを増す中で、副大統領をお迎えできた。大変時宜にかなっている」

ただ米政府は防空識別圏の設定に伴い、中国政府が要請した民間航空機の飛行計画の提出を容認しており、これを拒否する日本との温度差は隠しようがなかった。バイデンは識別圏設定に「深く懸念している」としながらも、同時に日中関係の改善を強く求めた。むしろバイデンは大詰めを迎えていたTPP交渉に関して難航中の農業分野と自動車の関税問題で日本側の譲歩を求める考えを強調した。

ちなみに安倍・バイデン会談には一一月一九日に着任したばかりの駐日米大使のキャロライン・ケネディの姿があった。米大統領ジョン・F・ケネディの長女であるキャロラインは民主党のシンボル的存在でオバマ政権の日本重視の象徴と見られていた。キャロラインはその後、二〇一七年に離任するまで日米関係の要所要所で存在感を発揮した。官房長官の菅とは月に一度は昼食を取りながら意見交換するなど親交を深めた。後に菅が首相になって最初の訪米でワシントンの迎賓館ブレアハウスにキャロラインを招き朝食を共にしたことがある。

日本訪問を終えたバイデンは北京に向かい、中国国家主席習近平との会談に臨んだ。習は「米中両国は人類の発展と進歩に共同の責任がある」と述べ、「新たな大国関係」の構築について強い意欲を表明した。これに対しバイデンも信頼醸成の必要性を強調した。バイデンも防衛識別圏の設定について「懸念」を表明したものの、それほど強くはなく「弱腰」の印象は拭えなかった。一二月五日付の米紙ウォールストリート・ジャーナルはオバマ政権内には「中国の防空識別圏は受け入れられない、という人が誰もいない」と社説で批判した。その後バイデンは二〇二一年、大統領に就任すると、「唯一の競争相手」と中国を位置付け、厳しく向き合う姿勢を鮮明にした。ただ当時、副大統領だったバイデンの頭の中には日中の関係改善の方が中国の識別圏の撤回より上位にあった。

参拝決行

バイデンが東アジア歴訪を終え、さらに二〇一四年度予算編成が大きな山場を越えると再び安倍の靖国神社参拝問題が燻り始めた。背景には萩生田が言及した「一年間という時間軸」があった。安倍が再登板を果たした一二月二六日に近付くと一層緊張感が高まった。二二日にフジテレビの番組に出演した側近の官房副長官世耕弘成は「(安倍が参拝するかどうかは)全く分からない。首相が判断することだ」と述べ、含みを残したことも安倍参拝の予兆を感じさせた。

これにストップを促したのが他ならぬ官房長官の菅義偉だった。菅は外務省を通じて米国内の動きを詳細に把握していた。米政府、米議会、知日派米国人、いずれのアドバイスも「参拝すべきでない」。しかも菅は官房長官就任以来、沖縄普天間飛行場の名護市辺野古地区への移設に関し、沖縄県知事仲井真弘多と何度となく膝詰談判を行い、ようやく辺野古沿岸部の埋め立て承認についてゴーサインを取り付けたばかり。まさしく心血を注ぎ、寸暇を惜しんで得た承認だった。その承認は内々に一二月二七日と決まっていた。菅は安倍に進言した。

「仲井真知事の決断の後に参拝されたらどうでしょうか」

だが、安倍は政権発足から満一年に当たる二六日しか意味はないとの姿勢を崩さなかった。菅はこのことについて問われると、「総理の信念ですから」と答えるのみで多くを語らなかった。

安倍の参拝意欲を察知した新党改革代表で安倍の親しい友人でもあった荒井広幸は二三日午後、東京・富ヶ谷の私邸に安倍を訪ね、直談判に及んだ。

「どうしても行かれるのですか。日中関係は取り返しのつかないことになります」

「いや、国民との約束がある。参拝しないわけにはいかない」

荒井は青年時代に、日本遺族会事務局長を経て参院議員となり最後は参院議長となった徳永正利の秘書を務めた経験があった。荒井は靖国問題を知り尽くした政治家の一人と言ってよかった。

安倍の参拝を止めるのは難しいと判断した荒井は安倍に進言した。靖国神社本殿の南側に建つ「鎮霊社」への参拝だった。鎮霊社は一九六五年に、当時の宮司が建てた戦争で命を失った外国人を含む全ての人々を慰霊するための施設として知られる。国際的な批判を和らげるために荒井がひねり出した知恵だった。

一二月二六日が巡ってきた。定例閣議が終わるのとほぼ同時刻の午前一〇時半過ぎ、首相官邸が安倍の靖国神社参拝を発表した。

それから約一時間後の午前一一時半過ぎ、安倍を乗せた首相専用車が東京・九段北の靖国神社に滑り込んだ。安倍が、首相に就任して満一年。黒のモーニング姿の安倍は昇殿し、首相就任後初めて参拝した。「内閣総理大臣　安倍晋三」名で白菊を献花した。現職首相としては二〇〇六年に当時の小泉純一郎首相が参拝して以来七年ぶり。賛否両論が渦巻く中でのまさに「決行」と言えた。安倍は荒井のアドバイス通り「鎮霊社」にも参拝した。しかし、メディアが大きく取り上げることはなかった。安倍は参拝後、待ち構えた記者団のインタビューに応じた。

「日本のために尊い命を犠牲にした英霊に尊崇の念を表するために手を合わせた」

二六日に参拝した理由については安倍政権一年の歩みを報告するためと語った。その上で「不戦の誓い」を強調、「中国、韓国の人の気持ちを傷つける考えは毛頭ない」との考えを示した。

安倍の靖国神社参拝は、国内はもとより海外メディアも速報した。米国のAP通信は「中国と韓国を激高させるのは間違いない」と伝えた。その速報通り、中国の駐日大使程永華、韓国大使の李丙琪《イビョンギ》が相次いで外務省に外務次官斎木昭隆を訪ね厳重に抗議した。程は「(参拝に)憤慨している。強く抗議したい」と強い口調で迫った。これに対して斎木は「首相の談話と発言を正確に理解し、政治・外交問題にさせないよう冷静に対応してほしい」と理解を求めた。それでも程は収まらなかったのだろう。記者団に改めて思いを語った。

「日中関係に新たに大きな障害をもたらした。これによる影響は日本側で責任を負わなければならない」

この日、北京では元少子化担当相の小渕優子が中国の副首相劉延東と会談することが予定されていたが突然、キャンセルされた。小渕は「中国国民の感情が決して穏やかではないことに一定の理解はしていかないといけない」と述べ、会談中止は安倍の靖国神社参拝をめぐる中国国内の厳しい空気の反映との見方を示した。

韓国の聯合ニュースは日韓関係に「とてつもない悪影響が出る」と伝えた。

中国、韓国の新政権発足後に一度も開かれていない首脳会談開催の見通しは完全に消えた。中韓両国の反発は日本政府にとっては織り込み済みだった。その上で首相談話を発表する準備をしていた。ところが、想定外の反発に遭遇した。在日米大使館が発表した声明だった。

「日本の指導者が近隣諸国との緊張を悪化させるような行動を取ったことに失望している」

この反応に日本政府は強い衝撃を受ける。原文は「disappointed」。「失望」としか訳しようがないが、安倍に近い政府高官は「disappointed は失望ではなく、〝驚いた〟に近いのではないか」と苦しい解釈をした。それだけ戸惑いが大きいことを物語った。

ただし、日本政府に米側の事前情報がなかったわけではない。外務省は安倍の参拝を想定して米政府、米議会、さらに知日派の有識者の意見を聴いていた。その結果は官房長官菅義偉を通じて安倍の耳に入っていた。いずれの答えも「好ましくない」というものだった。在米勤務の長い外務省ＯＢは「今度ばかりはアメリカは本当に怒っている」と証言した。米側の反発は事前に発したシグナルを安倍が意に介さなかったことにあったと見られた。

一つは上述した一〇月初旬に来日した国務長官ジム・ケリーと国防長官チャック・ヘーゲルが靖国神社に近い千鳥ヶ淵戦没者墓苑に足を運び、献花していること。さらにこれに加えて米副大統領バイデンが一二月初旬に日中韓の三カ国を歴訪した際、安倍との会談で東アジアの安定について釘を刺した意味も大きかった。駐日大使のケネディは参拝直後の外相岸田文雄の電話での説明に対し、「本国に伝える」とそっけなく答えただけだった。菅は「私人の立場で参拝した。政府として立ち入ることはない」とした上で、日米関係について「従来積み重ねた信頼関係がある。これからしっかり説明していけば全く問題ない」と述べ、いつも通り強気の姿勢を崩すことはなかった。

しかし、日中関係はさらなる長く暗いトンネルに入り込んだ。外務省幹部は「打つ手は限られており、妙案はない。時間をかけて修復するしかない」と頭を抱えた。

かつて小泉純一郎が首相当時五年連続で、靖国を参拝、日中関係が極めて悪化したことがあるが、小泉時代とは日米中三国間の力関係に著しい落差があった。日米関係は小泉・ブッシュの強い絆があり、中国は経済力で日本に及ばなかった。ところが中国はＧＤＰの規模は米国に次いで世界第二の経済大国に躍進、米大統領オバマと安倍の関係もしっくり行っているとは言えなかった。むしろオバマは中国との関係を重視する印象だった。米政府は新しい中国大使に民主党上院議員のマックス・ボーカスを起用した。ボーカスは通商政策に強い影響力を持つ民主党の実力者で米国の中国重視の姿勢を浮かび上がらせた。

安倍の靖国神社参拝は国内にも波紋を広げた。強い不快感を示したのは公明党代表の山口那津男だった。安倍は「自分の決断として参拝する」と事前に山口に連絡している。これに対して山口は「賛同できない」と自制を求めたことを自ら明かした。山口の気持ちは収まらなかった。

「かねて賢明な対応を求めてきたにもかかわらず、参拝したのは残念だ」

この後も安倍と山口は考えや手法の双方に微妙な違和感を抱えながら自公連立政権の運営を続けることになる。自民党幹事長の石破茂も安倍から事前に参拝を知らされた一人だった。石破は安倍に理解を示すコメントを発した。

「国のために殉じた方々に尊崇の念を表すとの首相の真意を分かっていただければ、外交問題への発展を避けることは可能だ。中国、韓国にも首相の思いを理解していただき、冷静な対応を期待したい」

閣僚からは「心の自由の問題だ。先達に敬意を表すのは自然なことだ」（総務相新藤義孝）などと理解を示す発言が相次いだ。野党側は民主党や共産党、生活の党、社民党が「自重すべきだった」などと反発した一方、日本維新の会、みんなの党、結いの党、新党改革は「首相の判断だ」などと理解を示し、賛否が割れた。

安倍がこれほどの反発を巻き起こし、外交的には全く得るものがない靖国神社参拝にこだわり、踏み切った背景には安倍個人の思想と安倍を強く支持する保守層への配慮があったことは間違いないだろう。安倍は第一次政権を担った当時から祖父の岸信介をA級戦犯として裁いた極東国際軍事裁判（東京裁判）の正当性に疑問を呈していた

「平和に対する罪と人道に対する罪で裁かれたが、（いずれも）その段階でつくられた概念だ。罪刑法定主義上、犯罪人だということ自体おかしい」

さらに第二次政権樹立後も二〇一三年三月の衆院予算員会ではより踏み込んだ答弁をしている。

「東京裁判は連合国側が勝者の判断によって断罪した」

こうした安倍の歴史観の反映が靖国神社参拝と言っていいだろう。そして安倍自身が「国民との約束」と語った安倍の支持層への〝約束手形〟の決済の意味もあった。当時の安倍の心境からすればこれ以上の先送りは安倍を支える保守層の離反を招きかねないとの危機感があっても不思議はなかった。

確かにこの年は七月に参院選が予定され幅広く自民党が支持を得る狙いから、四月の靖国神社の春季例大祭に合わせた参拝を見送った。参院選後の終戦記念日や秋季例大祭でも、中韓両国との首脳交流再開をにらんで参拝を控えていた。年一回の参拝実行にこだわっていた安倍にとってもはや自制は困難な状況にあったのだろう。ここで見送れば翌年の春季例大祭まで参拝のタイミングがなくなる可能性が高かった。

仮に見送ったとしても、参拝に反対してきた中韓両国との早期の関係改善は現状では難しいとの判断も働いたとみられた。

ただ、安倍が自身の思いを叶えたとしても靖国参拝の代償は大きかった。中韓との関係改善は全く目途が立たなくなり、想定外の米国の厳しい反応も誤算だった。それでも安倍は年が改まった二〇一四年一月八日夜のBSフジの番組で米側の「失望」について強気の姿勢を見せた。

「たとえ批判されることがあったとしても（首相として）当然の役割、責任を果たしていく。説明していけば誤解は解ける」

四月にはオバマの来日が予定されており、安倍外交は大きな試練に直面した。

「恒久平和への誓い」と題された参拝直後に発表された首相談話がある。

本日、靖国神社に参拝し、国のために戦い、尊い命を犠牲にされた御英霊に対して、哀悼の誠を捧げるとともに、尊崇の念を表し、御霊安らかなれとご冥福をお祈りしました。また、戦争で亡くなられ、靖国神社に合祀されない国内、及び諸外国の人々を慰霊する鎮霊社にも、参拝いたしました。（中略）

靖国神社への参拝については、残念ながら、政治問題、外交問題化している現実があります。

靖国参拝については、戦犯を崇拝するものだと批判する人がいますが、私が安倍政権の発足した今日この日に参拝したのは、御英霊に、政権一年の歩みと、二度と再び戦争の惨禍に人々が苦しむことの無い時代を創るとの決意を、お伝えするためです。

中国、韓国の人々の気持ちを傷つけるつもりは、全くありません。靖国神社に参拝した歴代の首相がそうであった様に、人格を尊重し、自由と民主主義を守り、中国、韓国に対して敬意を持って友好関係を築いていきたいと願っています。

国民の皆さんの御理解を賜りますよう、お願い申し上げます。

辺野古埋め立て承認

第二次政権発足から満一年の二〇一三年一二月末は、安倍の靖国神社参拝とともに、その後の政治の流れに大きな影響を及ぼすもう一つの動きが進行していた。米軍普天間飛行場の名護市辺野古沿岸部への移設問題だ。安倍と沖縄県知事仲井真弘多との協議が重要な局面を迎えていた。移設問題の最大のネックとなっていた辺野古沿岸部の埋め立て承認を得るため安倍が一気に攻勢をかけたのだった。政府が三月二二日に申請した公有水面埋立法に基づく埋め立て承認の権限を握っていたのが仲井真。安倍はその仲井真との直接交渉による決着を目指したのだった。

それまでの沖縄との折衝は外務省と防衛省の担当者が行ってきたが、安倍は「特命チーム」を編成して、極秘に仲井真との協議を進めた。特命チームのトップは官房長官の菅義偉。菅は仲井真を納得させるため①基地負担軽減策②沖縄振興予算の増額を柱に据えた。一二月一七日にその一端が表に出てきた。首相官邸で開かれた沖縄政策協議会に安倍と仲井真が顔を揃えた。安倍は合意に自信を持っていたのだろう。協議会の冒頭のやり取りを記者団に公開したのだった。

仲井真は普天間飛行場の五年以内の運用停止のほか日米地位協定の改定を求めた。さらに沖縄振興予算の増額を要請した。これに対して安倍は「最大限の努力をしたい」と答えている。既にこの時点で政府は二〇一四年度予算編成で内閣府の沖縄振興費に約三四〇〇億円を計上する満額回答を用意していた。これを受けて仲井真は協議会後に政府の埋め立て申請の可否判断について大きく踏み込んだ。

「ぎりぎり年内に間に合うかもしれない。何とか年内で結論が出ないかと思っている」

仲井真が承認に向けて舵を切ったことは明らかだったが、協議会後の仲井真の動きは不可解なものだった。仲井真は腰から足にかけて痛みやしびれがあるとして東京都内の病院に入院したのである。沖縄県の知事公室長は一二月二四日に退院の見通しと発表した。ところが、この間に病院に自民党の元防衛庁長官額賀福志郎が姿を見せるなど、水面下で調整が進められていたことを窺わせた。現に仲井真は一九日には外出許可を得て病院を抜け出し、官邸で安倍と面会した。表向きの理由は沖縄科学技術大学院大学（恩納村）の整備拡充の要請とされたが、途中で同席者が退席して安倍と二人だけになった時間帯があり、埋め立て承認を巡る最後の調整と見られた。

しかし、この間に仲井真は記者会見を開くことはなく、県民への詳しい説明をしないまま一二月二五日の安倍・仲井真によるトップ会談がセットされた。午後一時半過ぎから始まった会談には菅と沖縄県副知事の川上好久が同席した。仲井真は最終的な結論は留保したが、事実上受け入れの意向を示した。

「驚くべき立派な内容を提示していただいた。首相の気持ちを胸に受け止め、承認、不承認を一二月二七日ごろに決める」

そして一日置いた二七日、仲井真は名護市辺野古沿岸部の埋め立てを承認した。直ちに知事の公印が押された承認書が埋め立て事業者の沖縄防衛局に送達された。しかし、仲井真は二〇一〇年の沖縄知事選でこう公約して当選していた。

「県外に既にある滑走路の飛行場に移した方が辺野古に基地を造るより早い」

つまり「県外移設」を約束した仲井真が事実上辺野古への移設を容認したのだった。公約違反の批判は免れなかったが、仲井真は記者会見で責任論を一蹴した。

「『どう責任を取るか』と質問される理由は一つもない」

その一方で受け入れた理由について仲井真は「一国の総理が政府としてしっかり取り組むということは最高の担保だと考えている」と述べ、安倍への信頼感を強調した。これに対して安倍も「仲井真知事の大英断に感謝申し上げたい。知事との約束を果たしていくために全力を尽くしていく」と語った。

政府が埋め立て承認の受け入れに際して沖縄県側に示した負担軽減策は普天間飛行場の五年以内の運用停止に加え、牧港補給地区（沖縄県浦添市）の七年以内の全面返還、沖縄に配備された輸送機オスプレイの訓練の半分程度を県外で実施するなどの約束だった。また、振興予算については二〇二一年度まで毎年度三〇〇〇億円台を確保するという「異例の措置」（政府高官）が取られた。しかし、移設は地元の反対で遅々として進まず、二〇一六年八月、菅は米軍基地返還が遅れた場合、予算を減額する可能性に言及した。現に菅が首相になって編成した二〇二二年度以降の振興予算は三〇〇〇億円を下回っている。

安倍が二〇一三年中の埋め立ての承認を得ることを急いだ背景には翌一四年一月一九日に普天間飛行場の移設先である名護市の市長選が予定されていたことがあった。さらに一四年一一月は知事選が控えており、その結果が出る前に埋め立て問題に区切りを付ける狙いがあったものとみられた。しかし、説明責任を果たさないままの強引な決着は問題を一層こじらせ、普天間飛行場の移設問題は益々迷走することになった。

沖縄問題に情熱を傾けた元官房長官の野中広務は後にこう語っている。

「(二〇一三年の)一二月に、東京でいったい何があったのか、仲井真さんは突然、『辺野古を容認します』と言ってハンコを押した。僕のように、沖縄の基地問題のこれまでの長い経緯を少しでも知っている者としても、なぜ県民に説明もなく変節したのか、情けなく強い憤りを感じています」(『私の「戦後70年談話」』岩波書店)

4　スキャンダルに沈んだ東京都知事

二〇一三年は振り返れば第二次安倍政権の土台を築いた年と言えた。

衆参ねじれ国会が解消され、安倍は強引に特定秘密保護法の成立を実現した。自民党内にも安倍の座を脅かす存在は視界から消えつつあった。野党総崩れの中で「一強多弱体制」という言葉も生まれた。しかし安倍がアリの這い出る隙もないほど強固な城を築いているように見えながら不思議と長期政権の気配は感じられなかった。臨時国会の特定秘密保護法案の審議を通じて浮かび上がった意外な脆さがそのことを裏付けた。結果として世論の動向を読み違え「高位安定」にあった内閣支持率は一〇ポイントも下落した。

知事の座奪った五〇〇〇万円

一方で思わぬところから火の手が上がった。東京都知事の猪瀬直樹が「政治とカネ」をめぐってまさしく火だるまになったことだ。現職閣僚の一人が思わずため息を漏らした。

「三〇年以上も昔の永田町の風景を見ているような感じですね」

東京都知事猪瀬直樹の現金五〇〇〇万円の授受が発覚したのだ。二〇一三年一一月二二日付の朝刊で朝日新聞がスクープ記事を掲載した。

「徳洲会、猪瀬氏側に五〇〇〇万円」

問題が報じられると、猪瀬は記者会見などで経緯を説明した。それによると、前都知事石原慎太郎から後継指名を受けた猪瀬は、一年前の二〇一二年一一月六日、医療法人「徳洲会」グループの総帥、徳田虎雄が入院する神奈川県鎌倉市内の病院を訪ねた。徳田に都知事選立候補の挨拶をするためだった。その後、猪瀬は徳田の息子で衆議院議員の徳田毅と衆議員第一議員会館の徳田事務所で面会した。そこで徳田から五〇〇〇万円を受け取ったが、この年の九月に秘書を介して返却したというものだった。しかし、五〇〇〇万円もの大金の授受についての猪瀬の説明は二転三転した。最初は「選挙の素人だったので、この先何が起こるか分からなかった」と話していたが、後に「通常の借り入れ」と変わる。その後も「記憶がはっきりしない」を繰り返した。

「無利息・無担保」「現金の手渡し」「議員会館」「選挙直前」――。どれをとっても条件が整い過ぎていた。政界で選挙前に「挨拶に行く」と言えば「票と金を依頼する」ことを意味すると受け取られても仕方がない。やはり五〇〇〇万円は都知事選挙と密接に絡むと見ざるを得なかった。

もともと猪瀬をめぐる五〇〇〇万円は徳洲会グループの選挙違反事件の捜査の過程で浮上したものだった。市民団体が猪瀬と徳田虎雄、徳田毅に対する告発状を東京地検特捜部に送付した。容疑は公職選挙法違反(虚偽記載など)だった。その徳田毅陣営の選挙違反をめぐって強制捜査が行われた直後に返却というのではあまりに説得力がなさすぎた。猪瀬は一一月二二日の記者会見ではこうも語っていた。

「いかなる政治団体や利益団体とも特別な関係を持つことはない」

猪瀬はこの会見で幕引きをしたかったに違いない。だが、あまりに不自然な説明により、かえって五〇〇〇万円の受け渡しの生々しさが浮き彫りになってしまった。猪瀬自身もまずいと思ったのだろう。二六日午前、東京都庁で二度目の記者会見を開く。そこで受領の際に書いたとする「借用証」を公開し、改めて「個人の借り入れ」を強調した。ただ、せっかくの「借用証」も説得力を欠いた。約四五〇〇〇万もの大金の借り入れをしながら無利息・無担保では世間に通用するはずがなかった。約四三四万票という日本の選挙史上最高の票を獲得した裏側で、巨額のカネが動いた事実は重かった。

猪瀬は五〇〇〇万円の受け渡しについては認めてはいても、「なぜ徳田虎雄に挨拶に行ったのか」というそもそもの理由については詳しく語っていなかった。石原慎太郎と徳田虎雄との緊密な関係は公知の事実だったが、猪瀬と徳田を結びつけたのは何かについては分からないまま東京都議会が真相解明に乗り出した。猪瀬が石原に請われて副知事に就任したのが二〇〇七年六月。小泉純一郎が首相時代に実現した道路公団民営化で中心的な役割を果たした猪瀬は副知事としても東京都の水道技術の輸出や財政再建団体に指定された北海道夕張市に都の職員を支援のために派遣するなど従来にない発想で行政に関わった。この時に夕張市に派遣された職員が後に夕張市長を経て北海道知事になった鈴木直道だ。猪瀬が石原の思いを引き継いで東京五輪招致を実現させた功労者であることも疑う余地はなかった。

ただ猪瀬の手法は都議会自民党のベテラン議員の目には苦々しいパフォーマンスに映っていた。その確執は抜き差しならないところまで来ていた。そこに表面化した五〇〇〇万円問題。都議会自民党はこの問題の追及のための調査特別委員会（百条委員会）の設置の検討に入った。百条委員会は地方自治法一〇〇条に基づくもので国会の国政調査権に当たる。自治体に不正や疑惑が発覚した場合に設置されるケースが多い。東京都議会でも二〇〇五年に百条委が設置され、石原知事の側近だった副知事が結果として辞職に追い込まれたことがあった。地方自治法では、百条委で虚偽の陳述をした時は三カ月以上五年以下の禁錮に処すと定めている。

猪瀬が追及の矢面に立ったのは一二月一六日の都議会総務委員会の集中審議。現金を保管していた貸金庫の利用記録が焦点となった。猪瀬は「妻が、妻が」を連発、受け取った現金を入れたというかばんを委員会の場に持参して説明した。ところが五〇〇〇万円の模型を押し込んだものの口が閉まらないというハプニングもあった。ますます疑念は拭えなくなった。

都議会の議会運営委員会は一八日、地方自治法に基づく百条委員会の設置を決めた。これを受けて猪瀬は一九日午後、都庁で記者会見し、都知事辞職を正式に表明した。

「これ以上都政を停滞させるわけにはいかない。局面打開には職を辞するしかほかに道はない」

前任の石原と違い、強力なブレーンや政界とのパイプがなく世論の支持が最大にして唯一の武器だったが、それを失い、辞職しか選択肢はなくなっていた。猪瀬は辞職に際してこう語った。

「借りるべきではなかった。政治についてよく知らないアマチュアだった」

東京地検特捜部は翌年の三月二八日、猪瀬が受け取った選挙資金五〇〇〇万円を収支報告書に記入しなかったとして、公選法違反（虚偽記入）の罪で猪瀬を略式起訴した。東京簡裁は罰金五〇万円の略式命令を出し、即日納付された。特捜部は猪瀬が起訴内容を認め反省しているほか、実際には選挙に使われず、返済の意思があったことなどから裁判を求めない略式起訴にとどめた。一度は政治の表舞台から姿を消した猪瀬は都知事辞任から九年近くの時を経て、二〇二二年の参院選で日本維新の会から立候補して当選を果たし、政治家として復活した。

脱原発で吠える小泉純一郎

猪瀬のスキャンダルによって安倍政権も大きな波を被ることになった。まず猪瀬の後釜を誰にするかの問題に直面した。そして後任知事候補をめぐって思いも寄らない〝役者〟が飛び込んできたのだった。元首相の小泉純一郎だった。二〇〇九年の衆院選挙を機に政界を引退して満四年。いつか沈黙を破る時が来るとは思われていたが、想定外の形で表舞台に登場した。

「脱原発・原発ゼロ」

自民党幹部は頭を抱えた。原発再稼動と原発輸出に意欲を見せる首相安倍晋三の方針とは真っ向から対立したからだった。

小泉の「原発ゼロ」が注目されるようになったのは二〇一三年八月二六日付の毎日新聞だった。専門編集委員の山田孝男による政治コラム「風知草」。ここで山田が小泉とのやり取りを紹介した。

「今すぐゼロは暴論という声が優勢ですが」

「逆だよ、逆。今ゼロという方針を打ち出さないと将来ゼロにするのは難しいんだよ。野党はみんな原発ゼロに賛成だ。総理が決断すりゃできる。あとは知恵者が知恵を出す」

髪は真っ白になったが、独身を貫くライフスタイル。政治家の制服のようになっている濃紺のスーツはほとんど着ない。明るい色調の服。そして国民世論とキャッチボールをするような世論の注目を集める手法は現役当時と全く変わらなかった。

なぜ小泉が「原発ゼロ」を声高に言い出したのか。直接のきっかけはこの年の夏に小泉がフィンランドで建設されている核廃棄物最終処分場「オンカロ」を見学したことだった。「トイレのないマンション」にたとえられる原発が抱える危うさを直感したという。

かつて元首相中曽根康弘が小泉を「瞬間タッチ断言型」と評したが、「原発ゼロ」発言もまさしくこの延長にあった。しばしば「ワンフレーズポリティクス」「劇場型政治」と批判を浴びることにもなったが、いつも小泉発言は明快だった。

安倍は小泉を「政治の師匠」と語っていた。まさしく安倍にとっては「足を向けて寝られない大恩人」(安倍側近)だった。しかし、安倍にとって原発再稼動はアベノミクスの成否を分ける生命線。度重なる小泉発言に反論した。

「今の段階で原発ゼロを約束することは無責任だ」(一〇月二九日放送のテレビ朝日番組)

これに対して小泉が反論した。

「強い指導者が現れて住民の反対を無視して一〇万年使う処分場ができるのか。作れると考えている方が楽観的で無責任だ」

元首相と現職首相の「大物師弟対決」はエスカレートするばかりだった。発信力、説得力、分かり易さの点で、客観的にみても安倍の方が分が悪いように見えた。

小泉は一一月一二日午後、政界引退以来、初めて日本記者クラブで講演を行った。テーマは「日本の歩むべき道」。小泉は持論を展開した。広い会見場は取材記者とカメラマンであふれた。小泉は初めて安倍の名前を挙げて決断を迫ったのだった。

「首相が決断すればできる。判断力、洞察力の問題だ。舵を切ってもらいたい」

「本音を探れば自民党議員の賛否は半々ぐらいだ。安倍首相が原発をゼロにすると毅然と言えば（自民党は）反対できない」

改めて原発ゼロを明言し、原発再稼働に関しても「安全なものを再稼働させると言っているが、そんなに多く再稼働できない」と述べて安倍の原発政策に厳しい注文を付けた。

安倍は長期安定政権を目指して党内の反対勢力の動向に目を凝らしていたが、思わぬ人物からの〝攻撃〟にさらされた。ただ小泉は安倍が直面する中国、韓国との外交については安倍を強く支持した。安倍がこだわる靖国神社参拝についても「どの国でも首相が戦没者に哀悼の意を表するのは当たり前だ。それを批判するのは中韓両国だけだ」と述べて中韓両国を非難した。尖閣諸島問題に関しても安倍の方針を支持した。

「日本の考えは変える必要がない。時が来れば、中国は大人げない対応だと恥ずかしい思いをする」

殿の参戦

やはり「政治は生き物」だった。東京都知事猪瀬直樹の辞職に伴う都知事選の候補者選びをめぐって驚きの名前が現れたからだ。元首相の細川護熙。小泉が候補者に担ぎ出したのだった。背景には小泉の度重なる提言を一顧だにしない安倍に対する強い不満があった。小泉の盟友、元自民党副総裁山崎拓は小泉が立ち上がった理由について「（安倍に）頭に来たんやろ」と語っていた。「喧嘩師」と言われる小泉ならではの動きだった。

一方の細川は一九九二年、熊本県知事の職を離れ、たった一人で日本新党を旗揚げし、参院選で小池百合子らと議席を得ると、翌年の衆院選挙でも躍進して一気に首相の座に駆け上がった。細川の原点とも言える日本新党結成に際して細川はこう語っていた。

「日本の最大の危機は、政治が内外の激変に対応する意志と能力を失ったことにある」

それから二二年を経た二〇一四年一月一四日。細川は東京都知事選に名乗りをあげた。選挙日程は一月二三日告示、二月九日投開票。細川は「脱原発」を旗印に掲げていたが、出馬決断の核心は現在進行形の政治状況に対する「物言い」と見た方が正確だった。安倍が突出し、野党どころか自民党内からも安倍に物が言えない「安倍一強」という新たな閉塞感が生まれていたからだ。政界を引退した細川は作陶など芸術分野で非凡な才を発揮、東京の百貨店などで個展を開いていた。都知事選の話が持ち上がった時、細川は「襖絵師」を名乗り、奈良・薬師寺の慈恩殿の障壁画の筆を執っていた。

襖絵は約一〇〇畳の広間を囲むように六六面、一一三枚からなり、全長は一五七・七二メートルに達し、二〇一九年に六年掛りで完成させている。

それはさておき小泉と細川を結び付けたきっかけは一〇月に脱原発をめぐって意見交換を行ったことだった。小泉が細川に出馬を強く要請した。細川内閣で首相特別補佐を務めた田中秀征、小泉政権で国対委員長を務めた中川秀直が両者の間を往来、一気に調整が進んだ。ともに群れず、徒党を組まない「一匹狼」だったが、「戦上手」でもあった。

一方、寝耳に水の都知事選に既成政党の候補者選びは混迷を続けた。この約一年間に衆参両院の国政選挙を戦っており、対象者の絞り込みは難航を極めた。政府のお膝元でもある首都東京の舵取りを担う都知事を誰にするかは政権運営にとって極めて重要な意味を持った。東京五輪の招致が実現したこともあって安倍が強いこだわりを見せた。至上命題は負け戦の回避だった。自民党でまず浮上したのは参院議員の丸川珠代、さらに女性初の中央省庁事務次官になった厚生労働事務次官の村木厚子らの名前が上がったが、候補者不在の状況を打ち破るだけのパワーはなく、当初は民主党内にあった元厚生労働相の舛添要一の擁立論が自民党内にも燻り始めた。しかし、舛添擁立には極めて高いハードルがあった。一時は次期首相候補の有力者として名前を挙げられながら二〇一〇年四月、自民党を離党、参院議員の荒井広幸らと「新党改革」を結成して代表に就任した。このため自民党は舛添を除名処分した経緯があった。しかし、背に腹は代えられない。この高いハードルを越えて自民党は最終的に舛添にまとまっていく。それを後押ししたのは「勝てる候補」を何よりも優先したことだ。自民党は猪瀬の辞職後、立候補有資格者を選んでは世論調査を繰り返し実施した。有権者数が約一一〇〇万人の東京都の選挙で知名度の高さは決定的だった。何回調査しても舛添のトップは揺るがなかった。

舛添については小泉の息子の進次郎が強く反対した。

「党を除名された方を支持することも、支援を受けることもよく分からない。応援する大義はない」

進次郎に対して官房長官の菅が記者会見で「できれば応援してほしい」と求める一幕もあった。

ようやく舛添が立候補することを正式表明したのは二〇一四年一月一四日。東京都庁で記者会見し、五輪成功と防災対策の強化、社会保障の充実を公約として挙げた。細川が訴えた脱原発に関しては「原発か反原発かで知事を選ぶことに違和感がある」と語った。能弁で政策に明るく知名度も高かった舛添は告示前から頭一つ抜け出していた。それでも党内にはなお舛添に対する抵抗感も根強く存在していた。安倍は舛添の後を継いで新党改革の代表に就任した荒井広幸に確認している。

「舛添さんは本当に大丈夫か」

しかし、その後も自民党が繰り返し実施した都知事選に関する世論調査では常に舛添が「図抜けた第一位」(自民党選対幹部)であることは動かなかった。結局は「出したい人より勝てる人」。安倍が引き寄せた二〇二〇年の東京五輪のホスト役である都知事を他党に渡すわけにはいかないという消去法で舛添に落ち着いた。表向きは舛添が自民党や安倍に「詫び」を入れた形になっていたが、実態は自民党が「立候補してもらった」のだった。

公明党との調整も難航した。安倍と公明党代表の山口那津男が官邸で会談したのは告示の一週間前の一月一六日になってからだった。細川も舛添会見に合わせて一四日に小泉と一緒に出馬会見を開いた。会見が行われた東京・虎ノ門のホテルオークラの玄関前には一〇〇人を超える報道陣が集まった。メディアを味方につけて天下取りを実現したことも二人の共通項だった。小泉は細川と揃ってインタビューに応じた。

「日本のさまざまな問題、特に原発の問題は国の存亡に関わるという危機感を持った」

こう細川が出馬の決意を語ると小泉が、いつもの小泉節で細川の全面支援を公言した。

「都知事選は、原発ゼロで日本は発展できるというグループと、原発なくして発展できないというグループとの争いだ」

小泉はいつも中途半端な結論は出さない。「やるか、やらないか」「イエスかノーか」――。小泉の行動原理は極めて単純で鋭角的だ。郵政選挙の第二幕を自らの手で開けた。

「小泉さんが表に出てくると厄介だわね」

小泉の性格、政治手法を知り尽くしていた参院自民党の実力者だった青木幹雄はその突破力を危惧した。年末に舌癌の手術を受けたばかりの経済再生担当相の甘利明は「殿、ご乱心だ」と細川を牽制した。細川の選挙事務所には「桶狭間」の書が掲げられた。しかし細川・小泉による原発一本を争点とした選挙戦はそれほど単純ではなかった。自民党が実施した直近の世論調査では、細川と同じく脱原発を訴えた前日弁連会長の宇都宮健児（共産、社民推薦）と細川の支持率は拮抗し、舛添が抜け出ているという結果だった。

二三日の告示日に細川も舛添も届出を済ませた。いずれも無所属で前日弁連会長の宇都宮健児、元航空幕僚長の田母神俊雄、発明家のドクター・中松も立候補した。各党は独自候補の擁立を見送り、自民、公明両党は舛添を支援、民主、結いの党、生活の党の三党は細川を支援した。石原、猪瀬と二代続けて都知事が任期途中で辞職し、二〇一一年四月、一二年一二月に続き、三年間で三回目の選挙となった。小泉は久々に街頭に立った。午前一一時過ぎの都庁前。細川の隣で身ぶり手ぶりを交えてトレードマークのライオンヘアを振り乱して熱弁を振るった。

「今回ほど国政を動かすことができる都知事選はめったにない」

舛添はＪＲ新宿駅西口で第一声を挙げた。原発問題に全く触れずに「災害に打ち勝つ安心安全なまちづくり。史上最高の五輪で世界の皆さんをおもてなしする」と都民に訴えた。選挙戦は舛添優勢のうちに運動最終日の二月八日を迎えた。夜半から雪が降り続き、都心でも氷点下に冷え込んだ。細川はＪＲ新宿駅前で最後の遊説を締めくくった。聴衆から「細川、細川」と大声で連呼されると、細川は二人三脚で戦ってきた小泉の手を取って掲げてみせた。

結果は舛添が二一一万二九七九票の大量得票で当選した。次点は宇都宮健児で細川は三位に沈んだ。田母神が四位だった。細川は淡々と敗戦を総括した。

「出馬への逡巡があり、準備期間が短かった。脱原発が争点としてなかなか取り上げられなかった」

小泉は姿を見せず「原発ゼロの国造りを目指し努力する」とのコメントを出し、細川が読み上げた。

当時細川は七六歳、小泉は七二歳。ともに首相経験者の高齢者二人の戦いは終わった。細川の選挙敗北の翌日、小泉は横須賀の自宅前で記者団の質問に答えた。

「残念な結果だけどね、これから、原発ゼロ、国造り、大切だから、これからも続けていきますよ」

小泉の脱原発に懸ける思いは変わらず、安倍に厳しい注文を付ける長老として安倍には煙たい存在となっていく。新東京都知事になった舛添は二月一二日の初登庁で都庁職員に向けてこう挨拶した。

「東京を世界一の都市にするという公約の実現に向けて全身全霊をささげて努力したい」

しかし、立候補の経緯からも舛添の前途には大きな課題が山積していた。この時点で荒井がこんなことを語っている。

「舛添さんは自分の考えを貫く政治家だ。いずれ自民党や政権との関係が難しくなるかもしれない」

とりわけ都議会自民党との適切な距離をどう取るかというハードルは相当に高かった。もともと自民党都連幹部は舛添擁立に消極的だった。

「舛添さんは猪瀬さんとタイプが似ている。スタンドプレイが心配だ」（都連幹部）

猪瀬が徳洲会問題で都議会に追い詰められた背景にも議会との折り合いの悪さがあった。一方の自民党も、当面の都知事選をトレードしてきた舛添で何とかしのいだのが実情だった。「敗戦処理」ならぬ「戦勝処理」が残った。

名護市長選大敗

東京都知事猪瀬直樹の辞職が象徴したように二〇一三年の年末も、ざわついた空気に包まれていたという点では一年前の政権交代時とさしたる違いはなかった。その空気が生まれた背景に首相安倍晋三の政権運営、政策推進があったことは否定できなかった。特定秘密保護法を「数の力」で強引に成立させ、国家安全保障戦略、新しい防衛大綱の策定などを一二月になってバタバタと決めた。「安倍一強体制」が一気に形となって見えてきたのがこの年末だった。

それでも安倍はさらなる安定政権の確立に向けて着々と布石を打ち続けた。一二月二三日夜、安倍は日本維新の会共同代表の大阪市長橋下徹、幹事長の大阪府知事松井一郎と東京・永田町のザ・キャピトルホテル東急のレストラン「ＯＲＩＧＡＭＩ」で食事を共にしながら三時間にわたって懇談した。官房長官の菅義偉、自民党幹事長の石破茂、維新側は国会議員団幹事長の松野頼久が同席した。

この時は自民党と日本維新の会という政党間協議の形が取られていたが、一五年の年末からは安倍、菅と橋下、松井の四者会談が設定されるようになり、恒例行事となっていく。安倍には自公連立を補強する形を取りながら、憲法改正に消極的な公明を牽制する思惑があり、橋下らは「大阪都構想」の実現に向け、政府のお墨付きを得る狙いがあった。

首相に復帰してから二度目の新年を迎えた安倍晋三は年頭から「安倍カラー」を前面に押し出した。二〇一四年一月七日午前一〇時過ぎ、東京・永田町の党本部九階で開かれた自民党の仕事始めは異例の形で始まった。結党以来、初めて「君が代」の斉唱が行われたのだった。この仕事始めの進行役が安倍の側近で総裁特別補佐の萩生田光一だ。当時の萩生田は当選まだ三回、ほとんど無名に近い若手議員だったが、安倍の信頼は厚く、めきめきと存在感を増していた。

その萩生田が一月一七日、自民党本部で開かれた青年局のメンバーの会合で講演を行った。そこで萩生田は安倍の靖国神社参拝について「失望した」とのコメントを出した米オバマ政権に対して注文をつけたのだった。

「アメリカは共和党政権の時代にこんな揚げ足を取ったことはない。（民主党の）オバマ大統領だから言っている」

講演はマスコミをシャットアウトして行われたが、たちどころに外部に漏れ、各紙が伝える事態になった。年明けには米国防長官のヘーゲルが靖国参拝問題をめぐって防衛相小野寺五典との電話会談でこう忠告した。

「靖国参拝は国内問題かもしれないが、日米韓の三国関係だけはきちんとしてもらいたい」

確かに中韓両国はさらに態度を硬化させ、安倍との首脳会談は一度も行わないまま一年が経過した。そこにオバマとの間に微妙な風が吹き始めた。安倍にとっては想定外の状況だった。

政権にとってさらに痛手だったのが沖縄県の名護市長選だった。一月一二日に告示され、投開票日は一九日。新人の前県議末松文信（自民推薦）と、再選を目指す現職の稲嶺進（共産、生活、社民、沖縄社大推薦）の一騎打ちになった。自民党の選対幹部は名護市長選を前にこう語っていた。

「負けるにしてもある程度格好のつく形にしなければならない」

沖縄の米軍普天間飛行場の移設先に予定される名護市辺野古沿岸部の埋め立てについては年末の二七日に沖縄県知事仲井真弘多が政府の埋め立て申請を承認することを決断したばかり。現職の稲嶺が勝てば、埋め立てをめぐって知事が承認する一方で、地元住民は「ノー」というねじれ状態が生まれることになるからだった。

結果は受け入れ反対派のシンボル的存在で現職の稲嶺が約四二〇〇票差で勝利した。稲嶺は当選すると、こう宣言した。

「市長の権限を駆使して工事を止める」

普天間の移設問題が再び迷路に入り込んだ。九六年、当時の首相橋本龍太郎と米大統領ビル・クリントンの間で普天間の返還で合意してから一八年。防衛相小野寺五典をはじめ政府首脳は、この事実上の「普天間固定化」は日米同盟の根幹を揺るがすとの強い危機感を抱いた。防衛省は選挙からわずか二日後の二一日、法令を盾に一気に工事着工に向けて動く。埋め立て工事の調査、設計の業者を募集するための広告を開始したのだった。沖縄県の地元紙の記者は憤慨した。

「これだけの票差がついているのだから、市長がいくら協力しないと言っても形だけでもいいから話し合いを呼び掛けるべきではないか。沖縄県全体に反対の火の手が上がったら逆効果ではないか」

もちろん稲嶺に対する批判も根強く存在した。勝ったと言っても、受け入れ容認をした投票も約一万五七〇〇票あった。名護市は沖縄県で唯一沖縄本島を横断し、東西が海に面するが市の中心部は西側にある。二〇〇〇年の沖縄サミットが開かれた部瀬名は西側にある。自民党幹部によると、辺野古のある東岸部は受け入れ賛成派が多く、工事強行論の根拠のひとつになっていた。だが、事はそれほど単純ではない。普天間の移設先に名護が決まって以来、名護市民は日米同盟、沖縄と日本政府、さらに多くの選挙によって翻弄され続けてきた歴史があるからだ。

もともと普天間の返還を米側が認めたのは一九九五年の米兵による少女暴行事件をきっかけに、沖縄全島に反基地運動が燃え盛り、米大統領のクリントンがラジオで異例の謝罪放送をするほどの米側の強い危機意識が背景にあったからだ。そして九七年一月、移転先が名護に決まった。ただ、当時の代替施設案は今の沿岸部の埋め立てではなく、「海上へリポート」案。これに対し地元で反対運動が起こり、同年一二月二一日に米軍基地建設をめぐって住民投票が行われた。結果は反対票約一万六六〇〇票、賛成約一万四三〇〇票、その差わずか二三〇〇票。住民の意思は僅差とはいえ「受け入れノー」だった。ところが、この直後に事態は急展開する。当時の名護市長比嘉鉄也が首相官邸に首相橋本龍太郎を訪ねてこう切り出した。

「ヘリ基地は受け入れ、私の政治生命を終わらせてもらう」

市長の辞職と引き換えに基地受け入れを表明したのだった。橋本は大粒の涙を流し比嘉に頭を垂れた。しかし、この会場へリポート案も二〇〇四年のボーリング調査を契機に反対運動が激化、やむなく現行の沿岸部埋め立て案が策定された。小泉純一郎が首相だった二〇〇五年のことだ。それから既に九年が経過していた。政府の焦りもそこにあった。早ければ二〇一四年三月頃にボーリング調査を始め、二〇一五年春には実際の埋め立て工事を開始する計画が描かれていた。しかし地元の名護市長選で敗退した。乱暴な手法は後々に大きな禍根を残すことになる。

それでも日本政府がことを急いだ背景には二つの関門が待ち受けていたからだ。一つは四月に予定される米大統領オバマの来日。この日米首脳会談までに現地沖縄の県民感情とどこまで折り合いが付けられるのか。そして最大の難関として一一月に予定される任期満了に伴う沖縄県知事選があった。名護市長選ですら四年前からこの日が来るのが分かっていながら、候補者選考に手間取り、候補者調整ができたのは前年の一二月二五日だった。

名護市長選の敗因について自民党のベテラン選対幹部は、候補者の一本化の遅れ、参院選での党本部と沖縄連県の公約の相違、さらに公明党が自主投票を決めたことなど多くのポイントを指摘しながら、そうした個々の理由は大した問題ではないと分析した。

「最大の敗因は、鳩山由紀夫元首相の『最低でも県外』の発言で沖縄の県民意識が全く変わってしまったことだ。これを超えられるものは見つからない」

現にあれほど自民党が圧勝した前年の参院選では沖縄は自公候補が敗退した。一人区での敗北は岩手県と二県だけ。名護市長選に先立って政府は二〇一四年度予算で沖縄振興予算に三四〇〇億円を配分。加えて安倍は二一年度まで毎年三〇〇〇億円以上を確保すると明言した。

沖縄が日本の安全保障にとって要石であることは論を俟たないが、政府の強引な手法が益々事態を複雑化させた。小渕恵三内閣の官房長官を務め沖縄問題の全てに深く関わった野中広務はこの市長選でも自民候補の応援のため現地入りした。その野中が憤慨し、そして警告を発した。

「敗因は沖縄の心を金で買おうとしたことにある。血が通った政治が必要なんや」

強気の政権運営

年末から次々と「安倍カラー」を押し出しながらの強気の政権運営は逆に失点を重ねる事態が続いた。その中の一つにＮＨＫの会長人事があった。一月に退任が決まっていたＪＲ東海出身の松本正之の後任会長に三井物産出身の日本ユニシス特別顧問の籾井勝人が選任された。ＮＨＫは公共放送という特殊な使命を担うため、業務を運営する責任者である会長と、会長の任命・罷免や経営方針、予算などを議決する権限を持つ最高意思決定機関である経営委員会の二重構造になっている。経営委員会は受信料を支払う視聴者の民意を公共放送に反映させるとともに、番組への政治的な介入などに対しては防波堤の役割を果たすことが期待されている。経営委員の定員は一二人。衆参両院の同意を得て首相が任命する。会長の選任は経営委員のうち九人以上の賛成が必要となる。

安倍が政権に返り咲いた際の経営委員長は全日空出身の浜田健一郎。二〇一三年六月に任期切れが訪れたが、その時点では衆参ねじれ国会の状態で安倍が意図する経営委員長の選任は困難との判断があった。結局、経営委員長は浜田の続投が決まったが、一一月の経営委員の入れ替えで政府は安倍の考えに近い委員の人事案を国会に提示した。

自民党総裁選で安倍を応援した作家の百田尚樹、保守系の論客として知られた埼玉大名誉教授の長谷川三千子、安倍の家庭教師を務めたことがあった日本たばこ産業（ＪＴ）顧問の本田勝彦らが新しい経営委員に加わった。本来、中立で独立していることが前提のＮＨＫの性格が政治性を帯びることへの懸念が膨らんだ。ところが官房長官の菅義偉は記者会見でこうした見方を一蹴した。

「（首相）自らが信頼し、評価する方にお願いするのは当然だ」

このため松本の会長続投は困難となり、松本は三年の任期切れで退任を決断した。その結果、会長に就任したのが報道や放送とは無縁の籾井だった。籾井は安倍の財界応援団「さくら会」の重鎮で富士フイルムホールディングス会長古森重隆と親交があった。古森は第一次安倍政権時代のＮＨＫの経営委員長。公共放送と政治との距離があらためて問われることになった。その矢先に、公共放送のトップとしての資質が疑問視される事態が表面化した。一月二五日に行われた籾井の就任の記者会見でのことだった。

「（慰安婦は）戦争をしているどこの国にもあった」

籾井発言はそれだけに止まらなかった。ＮＨＫの国際放送に触れる中で持論を展開した。

「尖閣や竹島という領土問題は、明確に日本の立場を主張するのは当然のことだ。政府が右と言っているものを、われわれが左と言うわけにはいかない」

また特定秘密保護法についても「一応（法案が）通ったので、もう言ってもしょうがないんじゃないか。あまりカッカする必要はない」とも語った。籾井は後に出席した衆院予算委員会で「私的なコメント」と述べて発言を撤回したが、市民団体からは辞職を求める声明がＮＨＫに届いた。ＮＨＫは二八日になって、同日午前九時までに視聴者から電話や電子メールで三〇〇〇件余りの意見が寄せられたことを明らかにした。ＮＨＫによると、籾井発言に対して批判的な意見が約六〇％で、肯定的な意見は約二〇％。残りの約二〇％は「会見したのはいつか」などの問い合わせだったという。この後も籾井が会長就任初日に一〇人のＮＨＫの理事全員に辞表を書くよう求めたことが発覚した。

「それぐらいの覚悟でやってほしいという気持ちだった。辞表をむやみやたらと使って、脅すようなことは一切しない」

予想通り籾井は国会で厳しい質問攻めに遭った。その都度籾井の後ろの席にはＮＨＫの幹部がピタリと寄り添い、質問の度に演芸の「二人羽織」のようにメモを差し入れる光景が繰り返された。

その後籾井は三年後の二〇一七年一月、任期満了で退任した。最後の定例会見では「ＮＨＫ会長ならではの経験もでき、とてもハッピーだった」と述べた。籾井に付きまとった政府との関係についても「ＮＨＫが政府の言いなりで動くことはなかったし、今後もない」と強調した。しかし、籾井の数々の言動がＮＨＫの政治的中立性に少なからず疑問を生じさせたことは紛れもない事実だった。

ＮＨＫの会長人事に加え他の領域でも安倍は自らの意に沿う人事を着実に実行した。菅は一月一四日の記者会見で、特定秘密保護法に関して「特定秘密」の指定・解除の統一基準を首相に助言する「情報保全諮問会議」を発足させると発表した。メンバーは七人で座長には読売新聞グループ本社会長の渡辺恒雄が就任した。招致が決まった東京五輪の組織委員会会長人事も土壇場で安倍が元首相森喜朗を指名した。

集団的自衛権の行使容認に動く

東京都知事選の選挙期間中に第一八六通常国会が二〇一四年一月二四日召集され、安倍は衆参両院本会議で施政方針演説を行った。この中で安倍は国会演説では初めて集団的自衛権の行使容認に向けた憲法解釈変更に意欲を示した。

「集団的自衛権や集団安全保障などについては、『安全保障の法的基盤の再構築に関する懇談会』の報告を踏まえ、対応を検討してまいります」

自衛隊の海外展開を念頭に、世界の平和と安定に貢献するとうたう「積極的平和主義」の意義も強調した。いよいよ安倍が宿願成就に向けて歩み始めたと受け止められた。多くのメディアは「安倍カラーの封印解除」と解説した。その矢先に安倍が集団的自衛権の行使容認に向けて起用した内閣法制局長官小松一郎が体調不良で入院した。二四日の閣議も欠席。法制局長官の閣議欠席は異例のことだった。安倍が目指す集団的自衛権行使容認に向けた憲法解釈変更をめぐり、小松は欠かせない存在だっただけに安倍のシナリオが微妙に狂い始めたように見えた。小松は入院し、内閣法制次長の横畠裕介(後の法制局長官)が代理で答弁に立つことになった。

国会の論戦も徐々に集団的自衛権の解釈改憲をめぐってヒートアップした。二月一二日の衆院予算委員会では質問に立った民主党の大串博志は公明党の国土交通相太田昭宏と横畠に質問を集中させた。目の前で論戦から外された形になった安倍は何度も答弁を要求した。委員会の進行役である予算委員長は二階俊博。老獪な二階は見えない振りをして安倍を指名しなかったからだ。近隣外交に心血を注いできた二階の安倍に対する牽制とも言えた。ようやく二階が指名すると、安倍は苛立ちを爆発させるかのように大きく踏み込んだ。

「(政府の)最高責任者は法制局長官ではない、私だ。政府の答弁に対しても私が責任を持っている。

その上で、選挙で審判を受ける」

大串が太田への質問にこだわったのには、公明党代表の山口那津男は一貫して解釈改憲に消極的な考えを崩していなかったため、与党内の不協和音を表面化させる狙いがあった。

ここで太田は大きく踏み込んだ。

「総理が考えていることに同意している。違和感はない」

この発言の波紋は大きかった。公明党が安倍の考えを追認したものと受け取られたからだった。その夜、安倍は東京・銀座の寿司店「鮨よしたけ」で公明党の衆院議員富田茂之、経済産業副大臣赤羽一嘉、旧知の新党改革代表荒井広幸と会食した。安倍と弁護士でもある富田の会談は自公の距離感を測るうえで極めて重要な意味を持った。富田は寿司を口にしながら安倍の真意を探った。

「公明党としては時間を掛けて慎重にやってもらいたい。まず個別的自衛権で対応できるグレーゾーンを一つひとつ解決していくべきだと思います」

安倍はここで老獪さを如何なく発揮する。まず太田の答弁について「秀逸でした」と評価した。その上で「何でもかんでもやろうとは思っていない」と語るだけで、集団的自衛権の行使容認の時期について富田に一切の言質を与えなかった。

一強多弱と言われた政治状況の中で唯一のストッパー役と見られた公明党と安倍との神経戦は徐々に激しさを増した。集団的自衛権の行使容認は安倍の執念と言ってよかった。二月二〇日の衆院予算委員会ではさらに発言をエスカレートさせた。

「閣議決定して案が決まったら国会で議論を頂く」

この時点は与党内での議論がほとんど進んでいない段階だった。安倍は「独走」によって自ら議論の突破口を開こうとしたかのようだった。

しかし、安倍自身が大きな矛盾を抱えていた。集団的自衛権の基礎となるべき日米関係に深い亀裂が入り、日米同盟そのものが揺らぎ始めていたからだ。安倍自身の靖国神社参拝で「失望声明」を発した米政府。これに対し側近でもある首相補佐官の衛藤晟一が米政府を公然と非難した。

「失望したのはわれわれの方だ。米国は中国にものが言えなくなったのか」

衛藤が動画サイトユーチューブに投稿した国政報告での発言だった。

衛藤はもともと自民党時代の亀井静香の側近として知られた存在だった。郵政民営化法案に反対して郵政選挙では落選を経験して参議院議員として復帰を果たしていた。思想・信条で安倍とは極めて近く、第二次安倍政権発足と同時に首相補佐官として復権した。安倍に靖国神社参拝を強く勧め、事前に安倍の靖国参拝についての米政府の感触を探るため二〇一三年一一月に渡米していた。

ところが、安倍の靖国参拝をめぐって米政府の「失望声明」が出ると「そもそも衛藤の訪米こそが米政府の反発を招いた元凶だ」(安倍周辺)という見方が生まれた。安倍は官房長官の菅を通じて衛藤に発言の取り消しを命じ、衛藤もこれに応じたが、それ以上に安倍が衛藤の責任を問うことはなかった。総裁特別補佐の萩生田光一がオバマ大統領に批判的な講演をして物議を醸したばかり。安倍周辺では政治家だけではなく内閣官房参与の本田悦朗が米紙ウォールストリート・ジャーナルとのインタビューで靖国参拝を賞賛した。NHK会長の籾井勝人らの「立場を弁えない発言」(石破茂)によってこれまで見えなかった安倍政権の断面が透けて見えた。一九五五年の結党以来、自民党を貫く外交の基軸は日米同盟であり、すべてに米国を優先させる「親米保守」が本流だった。この流れに逆らうことはタブーへの挑戦とされ、党内主流ではあり得ない路線だった。

「反米保守」的な勢力の台頭に安倍側近ですら強い懸念を示した。

「韓国と仲良くやって欲しい。中国と事を起こさないでほしい。これが、米国が日本に求めていることではないか」

外務省を筆頭に財務省、防衛省、経産省など米国と日常的に接触を続ける中央省庁にも危惧の声が広がった。安倍と安倍周辺の傍若無人とも言える発言をきっかけに沈黙を守ってきた党内の安倍批判勢力の蠢きが始まった。自民党総務会で衆議院議員村上誠一郎や船田元らが安倍に注文を付けた。村上らの発言は「単なる不満分子の動き」として官邸サイドは黙殺してきたが、安倍の出身母体である町村派会長の町村信孝が苦言を呈したことによって潮目が変わり始めた。

「党全体がたるんでいる。百害あって一利なしだ」

町村に先立って額賀派会長の額賀福志郎も「いずれ政権も支持率は必ず下がる。下がった時に、仲良くしましょうでは困る」と安倍に注文を付けた。日韓議員連盟会長でもある額賀は安倍に靖国神社参拝を思いとどまるよう直談判した経緯もあった。

そもそも安倍はこの通常国会を「好循環実現国会」と自ら名付けていた。アベノミクスの推進が主要テーマになるはずだったが、党内の軋みが見え始めていた。衆院予算委員長の二階も予算の早期成立に向けて国会日程を早々に決める一方で、集中審議を頻繁に設定した。結果として安倍の衆院予算委員会出席は一〇回を超え、安倍は長時間にわたって国会に拘束されることになった。

安倍が国会で憲法論議に熱を上げている間に株価は乱高下し、景気回復に今一つ底力が感じられなかった。環太平洋連携協定(TPP)交渉をめぐる日米の衝突があり、また、安倍が最優先の課題と高く掲げた東日本大震災の被災地復興も目に見えるような進捗はなく、東京電力福島第一原発の処理水の海洋放出計画、廃炉作業も遅々として進まなかった。安倍に近い政府関係者も不安を隠さなかった。「総理はなぜ経済に集中しないのか。国民の支持が離れないのはアベノミクスに対する期待感がまだ残っているからだ。解釈改憲はゆっくりやればいい。自ずと結果が付いてくる」

外交総崩れ

「戦後レジームからの脱却」を掲げ、集団的自衛権の行使容認への取り組みなど「安倍カラー」の実現に向けて意欲を示した安倍だったが、外交面では成果を挙げられないまま足踏みが続いた。こうした中で持ち上がったのが、二〇一四年二月にロシア南部のソチで開催予定の冬季五輪の開会式への出席問題だった。安倍はロシア大統領プーチンから招待を受けていた。東京五輪の招致ではプーチンに支援を要請していたことに加え、懸案の北方領土交渉の進展を考えると、出席する以外の選択肢はなかった。

ところが厳しい米ロ関係が影を落とし、米大統領のオバマは早々に開会式への出席を見送る意向を示していた。直接の理由はロシアが二〇一三年に制定した「非伝統的な性的関係」を未成年者に知らしめる行為を禁止する同性愛宣伝禁止法をめぐる人権問題があったが、それだけではなかった。とりわけシリア情勢をめぐってアサド政権の転覆を図る米政府とアサド支援のプーチンが鋭く対立していたことがあった。また、米中央情報局（ＣＩＡ）の元職員スノーデンが米国の機密情報を暴露した事件でロシアはそのスノーデンの亡命を受け入れる方針を示したことも米ロ関係を深刻なものにした。

結局、Ｇ７の首脳で二月七日（日本時間八日）の冬季五輪の開会式に出席したのは安倍ひとり。各国からは約四〇人の首脳級がソチ入りした。その中には中国の国家主席習近平がいた。北朝鮮は最高人民会議常任委員長金永南を派遣した。官房長官の菅は「ロシアの人権状況は注視しているが五輪と結びつけてはいない」と述べ、あくまで五輪優先の考えを示した。

安倍が日本を出発した二月七日はたまたま「北方領土の日」に当たり、安倍は東京・日比谷公園の日比谷公会堂で開かれた「北方領土返還要求全国大会」に出席して挨拶した後に、そのまま羽田からロシアに飛び立った。

安倍・プーチンの日ロ首脳会談は開会式終了後の八日午後(日本時間八日夜)に設定された。二〇一二年一二月の第二次政権発足後からわずか一年余の間に五回目の会談となった。しかし、会談を重ねることが領土問題解決に結びつく保証はなかった。現にロシア外相のラブロフは首脳会談に先立つ一月二一日の記者会見で水を差すことを忘れなかった。

「日本が第二次大戦の結果を認めることが第一だ」

首脳会談はソチのロシア大統領公邸で行われた。安倍を玄関に出迎えたプーチンは秋田県知事佐竹敬久から贈られた秋田犬の「ゆめ」を連れていた。会談に先立って安倍はプーチンに「アベノミクス」にちなんだ「三本の矢」の置物をプレゼント。プーチンからは日本が五輪に初めて参加した一九一二年のストックホルム大会のプログラムと二八年のアムステルダム大会の陸上男子三段跳の金メダリスト織田幹雄の写真が安倍に手渡された。

しかし、首脳会談では「秋のプーチン訪日」で一致したことが成果と言える程度で領土問題をめぐる核心部分での進展はなかった。ちなみにソチ大会の日本人選手ではフィギュアスケート男子で一九歳の羽生結弦が金メダルに輝くなど、金一、銀四、銅八のメダルを獲得した。選手団長は自民党参院議員の橋本聖子。二〇二一年に開催された東京五輪・パラリンピックでは組織委員会の会長を務めた。

ところがソチ五輪閉幕直後に隣国ウクライナで政権崩壊が起きる。これを受けてロシアが一気に介入に向かった。安倍の積極的な対ロ外交には早くも暗雲が垂れ込めてきた。Ｇ７の一員としての立場を維持しながらの対ロ外交の進展は至難の業と言えた。その一方で中韓両国との近隣外交は手詰まりのまま。「安倍外交総崩れ」の状況に陥った。

第四章　憲法解釈の変更
（二〇一四年二月〜二〇一四年九月）

安保法制懇の報告書を受け取った後，政府の基本的方向性を説明する安倍首相(2014 年 5 月 15 日)

1　集団的自衛権の行使容認に踏み出す

二〇一四年二月、安倍はロシア訪問に先立って集団的自衛権の行使一部容認をめぐる憲法解釈変更に関して早々に議論を再開させた。集団的自衛権の行使は憲法上許されないとして戦後の日本が長く封印してきた大原則であった。歴代の内閣法制局長官は繰り返し国会でそう答弁してきた。国連憲章五一条は自国への侵害を排除する個別自衛権とともに集団的自衛権も主権国固有の権利として認めている。ただしその行使については憲法九条に照らして禁じてきたのだった。一九八一年五月の政府答弁書はこう記した。

「集団的自衛権は自国を防衛するための必要最小限度の範囲を超える」

「他国への武力攻撃を阻止する集団的自衛権の行使は許されない」

安倍が首相の座に返り咲いた時から、この解釈を変更することについてはいずれ手を付けるものと見られていたが、想定以上のスピードで事態は展開した。その舞台となったのが「安全保障の法的基盤の再構築に関する懇談会」（座長・元駐米大使柳井俊二）。二〇一三年二月に再発足したことは前述した。ところが同年七月の参院選への影響と公明党への配慮から本格的な議論に入らず開店休業が続いていた。安倍が一気に舵を切った背景には対米公約があったのではないか。大きな転機は二〇一四年二月四日に訪れた。ようやく国会では二〇一三年度補正予算案の審議が始まったばかりのタイミングだった。この日開かれた懇談会終了後、安全保障担当の首相補佐官磯崎陽輔が記者会見で、報告書の取りまとめ作業を加速する方針を示したのである。

「各論的な議論は一通り終えた」

その中には集団的自衛権の行使容認に向けた憲法解釈変更の原案策定も含まれていた。ゴールは六月二二日の通常国会会期末。ただしこの時点では解釈変更を表明する方法としては①安倍の国会答弁②閣議決定の二案があり、絞り込めていなかった。この時期にアクセルを踏んだのは二〇一六年の参院選まで安倍が衆院解散に踏み切らなければ大型国政選挙がないことが背景にあった。安倍は憲法の改正手続きを定めた憲法九六条の改正についても国会答弁の中で強い意欲を示していた。

「たった三分の一の国会議員の反対で、国民の六割、七割が改憲を望んでいたとしても拒否するのはおかしい。改正すべきだ」

一二年の衆院選の結果、自公で憲法改正に必要な三分の二の議席を確保、一三年の参院選で「衆参ねじれ国会」が解消されたことが安倍に自信と意欲を与えていた。そこに体調を崩して入院をしていた内閣法制局長官の小松一郎が二月二四日、職務に復帰した。小松は腹腔部に腫瘍が見つかり約一カ月間にわたり抗がん剤治療を受けていた。職場復帰した小松は一週間に一度の通院が必要だったが、「職務に支障が無いよう最大限努力したい」と述べ、解釈変更への強い意欲を示した。

解釈改憲に「待った」の声

この状況に呼応するかのように日本国内では暫く音沙汰がなかった元首相福田康夫の名前が見え隠れした。三月下旬、福田は自民党幹部から要請を受けた。

「今のような中国、韓国との関係が続けば日本経済にも相当深刻な影響が出てくる。総理や衆参の議長経験者の方々で関係改善に向けて側面支援をしてもらえないでしょうか」

福田はかつて小泉純一郎内閣で官房長官を務め、その下には官房副長官の安倍がいた。福田は小泉の靖国神社参拝による中韓両国との関係悪化に強い危機感を抱き続けた。靖国神社に合祀されているいわゆるA級戦犯の分祀を目指す私的懇談会を発足させ、「追悼・平和祈念を行うための国立の無宗教の恒久的施設が必要」とする報告書案をまとめたのも福田だった。しかし、小泉、安倍はこれを黙殺した。その後の拉致問題をめぐる日朝外交でも安倍や小泉、さらに首席秘書官飯島勲と意見が合わず、外交方針の違いから福田は閣外に去った。

ただし、日中平和友好条約を締結した元首相福田赳夫を父に持つ福田自身は近隣外交の改善には強い意欲を持ち続けていた。二〇一三年四月、中国の海南島で開催された「博鰲《ボアオ》アジアフォーラム」の際、中国の国家主席習近平と日本側要人として最初に会談した。福田と外交方針で対立したその安倍が再び首相官邸の主となり、また飯島が特命担当の内閣官房参与として安倍外交に深く関わる。福田にしてみれば「危なっかしくて見ていられない」状況が生まれた。

その福田が自民党内に広がる安倍外交への懸念を背景にようやく動き出したのだった。福田の背中を押したのは中韓両国に太いパイプを維持する衆院予算委員長二階俊博、元日韓議員連盟会長の元首相森喜朗、引退したとはいえ参院自民党に隠然たる影響力を持つ青木幹雄。さらに自民党宏池会(岸田派)の実質的なリーダーと言えた元幹事長古賀誠らが連なった。

福田の蠢動と歩調を合わせるかのように長老たちの安倍に対する発言も容赦のない過激なものになりつつあった。古賀は三月一七日、横浜市内で行った講演で安倍を一刀両断に切り捨てた。

「自分が首相で権力者だから自分で決めるというのは愚かな坊ちゃん的考え方だ」

古賀発言には伏線があった。二月一二日の衆院予算委員会での安倍の答弁だ。安倍が強い意欲を示す集団的自衛権の行使容認のための憲法解釈の変更について、安倍は自説を展開した。

「国際情勢の変化の中でもう一度よく考える必要がある。今までの積み上げのままでいくなら有識者懇談会を作る必要はない。政府の最高責任者は法制局長官ではない。私だ」

この答弁をめぐって自民党の総務会で衆院議員の村上誠一郎らが反安倍の姿勢を鮮明にした。これをきっかけに安倍の「独り舞台」だった集団的自衛権の行使容認問題は近隣外交と絡み合って「安倍包囲網」形成の兆しが生まれた。総務会長の野田聖子は「安倍さんは走り過ぎだ」として郵政民営化法案の提出をめぐって激論の舞台となった総務懇談会を九年ぶりに復活させた。三月二六日には、自民党内に総裁直属の新機関「安全保障法整備推進本部」の設置が決まった。本部長には集団的自衛権のあり方をめぐって安倍とスタンスの違う幹事長石破茂が就任。本部長代理には政調会長の高市早苗と参院自民党幹事長の脇雅史。中でも脇は青木幹雄の側近で解釈改憲に消極的だった。推進本部は名前こそ「推進」だが、実態は「ブレーキ」に近かった。

安倍が「最高責任者は私だ」と口走ったことが党内のリベラル勢力の慎重論に火を点け、安倍の独走に待ったを掛ける組織を生んだ。早速、自民党国対委員長の佐藤勉は憲法解釈変更の閣議決定のズレ込みは必至との見通しを示した。佐藤は官房長官菅義偉と衆院当選同期で極めて良好な関係にあった。このことも安倍官邸内でささやかれた安倍と菅のすきま風の存在を窺わせた。

さらに安倍の前に立ちはだかったのは連立与党の公明党・創価学会ブロックだった。自民党にとって気がかりだったのは、選挙対策では一貫して協力関係にある公明党との間に不穏な空気が漂っていたことだ。安倍は有識者会議の報告書がまとまるのに備えて公明党代表の山口那津男と会談、四月以降の与党協議の開始を申し入れた。山口も協議には応じたが、基本的には「時間を掛けてじっくりと検討する」（公明党幹部）という姿勢を崩さなかった。

「うるマガ」の急襲

ところが、自公の協議開始で合意した直後に公明党から公然と安倍批判が飛び出した。それも国対委員長の漆原良夫からだった。

「総理のこの考えは、『国民の声を聴く』という一番大切な部分が欠落しており、私は、到底賛成できません。日本の歴代総理は、戦後五〇年間にわたって、『憲法九条の解釈上、日本は集団的自衛権を行使できない』と国民に説明してきたのです」

漆原は二月二五日、自身のブログ「うるマガ」で激しく噛みついた。

これに対して官房長官の菅義偉は二六日の記者会見で漆原の見解に「誤解がある」とした上で、「何が課題で何を目指しているのか、分かり易く説明して国民的理解を求めていく」と釈明したが、自公間の溝が埋まるとも思えなかった。

なぜここまで漆原が尖鋭的になったのか。漆原は周辺に「暴走阻止のためだ」と漏らしていた。山口も漆原の立場を支持した。

漆原の動きが注目を集めたのには理由があった。自民党のベテラン議員との太いパイプがあったからだ。漆原が公明党の国対委員長に就任したのは二〇〇六年九月。もちろん公明党の国対委員長の在職日数では歴代第一位。漆原とペアを組んだ自民党の国対委員長は二階俊博に始まり、この時点の佐藤勉まで八人に上った。人柄の良さと筋を通す政治姿勢から、「ウルさん」の愛称で呼ばれ、中でも国対委員長時代の大島理森との親密な関係は政界引退後も変わらなかった。漆原は大島を「悪代官」

と、大島は新潟出身の漆原を「越後屋」と呼び合う仲だった。

安倍の解釈改憲については自民党内にも強く反発する声があり、漆原への同調者も少なくなかった。既に自民党の意思決定機関である総務会の議論の活発化が目立っていた。それまでの総務会は安倍のパワーの前に異論が出ることはほとんどなかったが、二月に入ってから一変した。安倍の政治姿勢に対する不満が続出する。総務会長の野田聖子も議論にブレーキを掛けようとはせず、むしろ党内議論の活発化を積極的に促した。

野田は集団的自衛権の行使容認問題に加え、政府が決めた新たなエネルギー基本計画についても議論の俎上に載せる考えだった。

漆原も二階、大島にはブログをアップする前に連絡をしている。つまり漆原と自民党内の安倍と距離を置く勢力との間には地下水脈が通っていたのだった。さらに公明党にはもう一人のキーマンがいた。閣議決定する際に自らの態度を明らかにしなければならない国土交通相の太田昭宏だ。

その太田も二月に入って福田の元に足を運んだ。福田と意見交換するためだったが、福田は太田が「集団的…」と話し出すなり、いつもの口調でこう語っている。

「無理、無理、無理」

二階も衆院予算委員会の場で委員長権限を駆使した。それも安倍をあまり答弁に立たせないといういかにも老獪な二階ならではの議事進行だった。

「総理に迂闊な答弁をされると日本の国益にとっても良くないことがある。だから質問によっては総理を指名しないこともある」

矩を超えた法制局長官

しかし、法制局長官の小松一郎が政治家以上の存在感を発揮して事態を動かすことになった。一九七四年「椎名裁定」にその名を残す自民党の元副総裁椎名悦三郎はこんなエピソードを残した。岩手県水沢町（現奥州市）出身で江戸時代の蘭学者高野長英の血筋を引く椎名は池田勇人、佐藤栄作の両内閣で外相を務めている。衆院予算委員会で日米安全保障条約をめぐって米国と日本との関係を問われた椎名が「（日本にとって）番犬です」と答えると委員会室が騒然となった。再び答弁に立った椎名はこともなげにこう告げた。

「番犬様と訂正させていただきます」

委員会室は大爆笑の渦。椎名は岸信介内閣の官房長官も務め、外相としては日韓基本条約交渉などで辣腕を振るった切れ者であったが、同時にひょうひょうとしたユーモア溢れる当意即妙な応答ぶりは今も語り草だ。

その椎名が発した「番犬」がこの国会で再び蘇った。ただし椎名の時とは大違いでギスギスした政治問題に発展した。発端は三月四日の参院予算委員会。共産党の小池晃（現書記局長）が内閣法制局長官小松一郎に注文を付けたことに始まる。

「（法制局長官は）憲法の番人なのに、安倍政権の番犬みたいなことをしないでほしい」

小松は椎名のように小池の質問を受け流すことなく、翌日の委員会で「政権の番犬」に反論した。

「このような指摘を受け入れることはできない。国家公務員にもプライバシーや名誉も含め、基本的人権が保障されている」

しかも反論の相手が共産党ではなく社民党党首の吉田忠智。社民党は「質問をしていないことで自説を述べられては困る」と参院予算委員会の理事懇談会で問題を提起した。与党側理事から小松に注意することになった。事はこれで一件落着かと思われたが、三月七日夕にまた新たな〝事件〟が勃発した。予算委が散会した後、国会から参院議員会館に向かう渡り廊下でその〝事件〟は起きた。たまたま居合わせた政治部記者によると、小松と共産党参院議員の大門実紀史が激しい口論を展開していたのだった。

小松はＮＨＫの国会中継中に小池に注文を付けられたことが癇に障ったようだ。そこで同じ共産党の大門にひと言何かを言いたかったのだろう。ただし大門もカチンと来た。小松が「委員長から公式に謝れ、撤回しろということがあるなら謝ります」と開き直りと受け取られても仕方がない発言をしたからだ。

「そんなに偉いのかあなたは」

「偉くはございません。偉くないけれど基本的人権はございます」

この後も収まらず悶着が続いた。最後は通りかかった民主党議員がどうにか収めたが国会議員と法制局長官が国会の廊下で大声を上げてやり合うこと自体が前代未聞の出来事だった。ところが小松はもっと驚くような発言を口にした。三月一一日の参院予算委員会。社民党の福島瑞穂が集団的自衛権の行使容認を盛り込んだ「国家安全保障基本法案」の制定について小松の見解を質した。これに対して小松はこう答弁した。

「総理は自民党が野党時代に決定した基本法を提出する考えはないと思う」

官房長官や防衛大臣ならまだしも、法制局長官とはいえ官僚が首相の法案提出について、さも代弁するかのような答弁をすることなどあり得なかった。参院自民党の幹事長脇雅史ですら苦言を呈した。

「法制局長官に法案提出権があるわけではない。余分な発言だ」

公明党の政調会長石井啓一も「分を超えた答弁だ。首相の内心を推測して答えるのは如何なものか」と述べるなど、与党幹部が揃って法制局長官を批判するという異例の展開になった。

「国家安全保障基本法案」は自民党幹事長の石破茂が制定に意欲的だった。石破は小松発言について「首相の発言がない限り議論しても仕方がない」と述べただけで多くを語らなかったが、強い不快感を抱いていたことは間違いなかった。

物議醸す「永田町周辺居住者」

しかし、小松の信念のこもった言動が安倍にとって強力な追い風になったことは間違いなかった。この国会は小松を筆頭に政治家ではないいわゆる「永田町周辺居住者」が話題を振り撒いたことも大きな特徴だった。ＮＨＫの会長に就任した籾井勝人も連日のように国会に呼ばれ、野党側の追及を受けた。発端は籾井の、慰安婦問題をめぐる発言にあったが、その慰安婦問題が国会で取り上げられ、行き詰っていた日韓関係を動かすことになった。

慰安婦問題の出発点とも言える九三年の河野官房長官談話の作成に深く関わった、宮澤喜一内閣で官房副長官を務めていた石原信雄が二月二〇日の衆院予算委員会に参考人として出席した。この招致を決めたのが衆院予算委員長の二階。石原は河野談話の作成に関して①元慰安婦の証言に基づいて談話を作成したが裏付け調査はしなかった②日韓両政府の間で意見のすり合わせを行ったと推定される――の二点を明らかにした。石原証言は河野談話が事実上の「政治決着」を目指した文書であることを強く示唆したのだった。

この時、野党側は参考人として談話の責任者である元衆議院議長河野洋平と、九五年の村山談話を起草した元中国大使の谷野作太郎の二人についても招致を要請したが、二階の判断で石原一人に絞られた。政治家ではない第三者的な証言を求める狙いがあったからだ。この石原証言を受けて安倍は、政府内に談話の作成経緯を調べる検証チームを作る考えを示したが、見直しについては言及しなかった。その上で、日韓首脳会談については強い意欲を示した。

「課題があるからこそ首脳間で意見交換し、誤解があればその場で解く努力をしたい」

そして安倍が政権復帰以来、初めての韓国大統領朴槿恵との会談が三月二五日（日本時間二六日）、オランダのハーグで実現することになった。「第三回核安全保障サミット」の機会を利用してセットされた。この日韓首脳会談の実現は米大統領オバマの強い要請によるもので、実際にオバマも同席した。このため日韓ではなく実態は三国首脳会談となった。その出発点が二階が差配した石原の参考人招致にあったとみていい。

さらに元首相の森喜朗はハーグでの日韓首脳の初顔合わせを見据えて、三月二四日から自民党選挙対策委員長で日韓議員連盟幹事長の河村建夫をソウルに送り込んだ。森の狙いは韓国の元首相金鍾《キムジョン》泌《ピル》に対する表敬訪問だった。金鍾泌は朴槿恵の父親で元大統領の朴正煕の側近で日韓国交正常化の立役者の一人。日本語が堪能な金鍾泌は朴正煕暗殺後も日韓関係強化に多大の影響力を行使した。日韓外交を推進した元首相小渕恵三が死去した際にはわざわざ小渕の私邸を訪ね弔意を表した。中国に傾斜する朴槿恵を搦め手から〝攻略〟する狙いがあった。

ところがハーグの会談も河村の訪韓も、すべてをぶち壊す発言が飛び出す。発信源は安倍側近で総裁特別補佐の萩生田光一だった。

「(慰安婦問題で)新たな事実が出てくれれば、それに基づき新たな政治談話を出すことはおかしなことではない」

これに対して民主党代表の海江田万里は「新たな談話を出すと河野談話の全面否定になる」と強く批判した。しかも萩生田が発言したのは安倍がハーグに向けて出発した三月二三日。萩生田はこの年の一月にも安倍の靖国参拝について米政府が「失望した」との声明を出したことに、「民主党政権だから、オバマ大統領だから言っている」と述べて物議を醸したばかりだった。

官房長官の菅は萩生田に電話で注意した上で、「談話については検証するが、見直すことはあり得ない」と語った。自民党内には萩生田に限らず安倍側近に対する不満が表面化しつつあった。

ただ安倍側近グループの特徴はほとんどが横の連携が極めて希薄なことだった。安倍への忠勤争いばかりが目についた。それが結果として安倍の足を引っ張ることになった。第一次政権で失敗した「お友達内閣」の再来を見るようだった。野田聖子もこう漏らしていた。

「官邸で信頼できるのは菅長官と加藤(勝信)副長官。この二人で官邸はもっているのではないか」

ここに浮かび上がったのは政権与党内の不思議な構図だった。本来は組織上、構造上からも一体的とみられる内閣や官邸よりも、安倍の手法に否定的な議員らの動きが組織的、機動的になりつつあったのだ。福田を頂点に、大島、二階のラインに創価学会・公明党が連携した。三月二五日夜には東大同級生同士の自民党の村上誠一郎、公明党代表の山口那津男、民主党元代表の岡田克也、結いの党の幹事長の小野次郎が会談した。いずれも集団的自衛権の行使容認に反対・慎重派だった。

同じ日にハーグから届いた日米韓首脳会談を伝える映像は安倍外交の現状を見事なまでに浮かび上がらせた。一般的なテーブルを囲む鼎談ではなく、オバマを真ん中にして共同記者会見をするように横一列に座ったのだった。

「朴槿恵大統領、お会いできてうれしく思います」

安倍は会談冒頭、朴に向かってほほ笑みながら韓国語で話しかけたが、朴は安倍を一瞥しただけで、笑顔はなかった。カメラマンが三首脳に握手を求めたが、それにも応じることはなかった。それでも安倍は会談後に意義を強調した。

「北朝鮮問題を中心に北東アジアの安全保障について緊密な連携の下に協力することで一致した。極めて有意義だ」

確かに冷え切った日韓関係の改善に向けての「第一歩」を踏み出したのは事実だったが、日韓だけの首脳会談は実現する見通しが立たずに終わった。安倍は第二次政権発足後、「地球儀を俯瞰する外交」を掲げ、ほぼ毎月一度のペースで外国を訪問してきたが、隣国の中国、韓国とは正式な二国間首脳会談が開催できない状況はなおも続いた。

2　展望見えない拉致問題

この頃、外務省幹部は日本外交をこう語っていた。

「久しぶりに難易度の高い外交に直面しています」

中でもウクライナ情勢をめぐる米ロの厳しい対立の中での日本の立ち位置を探る動きは難解を極めた。黒海に面したウクライナ南部のクリミア自治共和国の住民投票で、九六・七七％の高率で「ロシアへの編入」が支持された。これを受けてクリミアの議会はウクライナからの独立を宣言。さらにロシア大統領プーチンがこの独立を直ちに承認し、三月一八日にロシア連邦への編入を宣言した。

クリミアはセバストポリに地中海から大西洋に抜けるロシア海軍の基地を擁し、その編入はプーチンの悲願だった。少なくともウクライナのEU入りを阻止して、「米ソ冷戦下のオーストリアにしようとしているのではないか」(外務省幹部)との分析がなされていた。つまり①クリミアのロシア編入②ウクライナの中立国化——。これがロシアの究極の目的と見られていた。

しかし、これほど露骨なロシアの実力行使にもかかわらず米欧は分が悪かった。①圧倒的な軍事力②ロシア系住民の多さ③ウクライナのエネルギーは一〇〇%をロシアに依存——。このためロシアへの圧力はG7の非難声明に止まってきた。それも「領土の一体性と法の支配を守る」という抽象的なものだった。さらにG7の中でも温度差があった。強硬派が米英仏。その後にカナダ、ドイツ、イタリア、そしてさらに一歩下がったところに日本という構図だった。日本政府はG7の非難声明を支持しつつもロシアへの刺激をできるだけ避けるため、首相安倍晋三、外相岸田文雄ら政権中枢は声明の中身については一切口にしないという〝配慮〟を示してきた。

安倍とロシア大統領プーチンとの個人的関係が色濃く反映した結果でもあった。安倍は就任後の一年余でプーチンと五回の首脳会談を行った。ソチ冬季五輪の開会式に出席した西側主要国の首脳は安倍だけ。一四年秋にはプーチンの来日で合意しており、北方領土交渉だけでなく中国を牽制する上でも日ロ関係の重要性はますます高くなっていた。その矢先のウクライナ問題だった。このロシアによるクリミア併合から八年。二〇二二年二月二四日、ロシアは軍事力を使ってウクライナに侵攻した。その起点がクリミア併合だった。

一方の日米同盟は安倍とオバマの「ケミストリーの悪さ」(政府高官)に加え、安倍の靖国神社参拝で米側の「失望」を買うなど、しっくり行っていないのが現実だった。しかし、戦後の日本外交の基軸、王道は日米同盟重視にある。だからこそそのオバマの強い要請によって安倍は日韓の関係修復に乗り出したと言ってよかった。

ストックホルム合意

全てにおいて安倍外交に手詰まり感が漂う中で一条の光が差すようなニュースが届いた。北朝鮮による拉致被害者、横田めぐみの両親の横田滋・早紀江が三月一〇日から一四日にかけて孫のキム・ウンギョンとの劇的な対面を果たしたのだった。場所はモンゴルの首都、ウランバートル。モンゴル政府の全面的な協力があった。対面を終えた夫妻は三月二四日、日本外国特派員協会（東京）で記者会見を行った。共同通信の配信記事を引用させてもらう。

横田滋さん　（めぐみさんの娘の）ウンギョンさんは、背も早紀江より大きくなって大人になっていた。丸顔で同じ家系なのかなという感じを受けた。昨年五月に生まれた一〇カ月のひ孫はよくなついてくれたので、会えて良かったと思った。

早紀江さん　ウンギョンちゃんは若いときのめぐみちゃんによく似ているなと感じた。夢のようだった。奇跡的な日だったと思う。希望したことが実現して非常に喜ばしい。不思議な瞬間で、感動しながら過ごした。

横田夫妻は親しい知人にもモンゴル行きを伏せ「墓参りに行く」と伝えていたという。ただし、この劇的な出会いについても日朝交渉が「北朝鮮ペースで進みかねない」と懸念する声は少なかった。「外交カードとしては失敗だった」という見方も政府内に存在した。もちろん、この面会実現の背景には水面下の日朝間の調整があったことは言うまでもなかった。この面会で孫とひ孫に同時に会うことができた滋だったが、待ち望んだめぐみとの面会はついに叶わず、二〇二〇年六月五日に静かに旅立った。八七歳だった。また、安倍が初めて拉致問題の存在を知ることになった有本恵子の母、喜代子も同年二月、九四歳でこの世を去った。

日朝の独自ルートの結果、実現した「奇跡的な出会い」(横田早紀江)は次のステップを踏む。三月一九、二〇日の二日間の日程で中国の瀋陽で日朝赤十字会談が開かれたのだった。三月三日に開かれた日朝赤十字会談が横田ファミリーの面会に繋がった。二度目の赤十字会談に合わせ日朝外務省の課長級の非公式協議が開催された。この結果、三月三〇日には北京で局長級協議の再開で合意した。二〇一二年一一月以来の開催で、第二次安倍政権発足後は初めて。日本側から外務省アジア大洋州局長の伊原純一、北朝鮮側からは朝日国交正常化交渉担当大使の宋日昊が出席した。さらに五月二六日から二八日まで場所をスウェーデンのストックホルムに移して局長級協議が開かれた。ストックホルムは北朝鮮が大使館を開設している欧州の拠点でもある。

この局長級協議で拉致被害者を含む北朝鮮の日本人すべてについて再調査することを約束、それを条件に日本側は制裁を解除することで合意した。これがストックホルム合意だ。その後、七月一日に北京で開かれた局長級協議で、北朝鮮は国内のあらゆる機関を調査できる権限を与えた特別調査委員会を設置すると約束した。特別調査委員会は金正恩の直轄組織と位置付けられた。

日本政府は実効性ある調査が見込める陣容と評価。北朝鮮に対し日本が独自に科している経済制裁の一部を解除する方針を決め、七月四日に閣議決定した。安倍はこうコメントした。

「国家的な決断と意思決定ができる組織が前面に出て、かつてない態勢ができたと判断した。拉致問題の全面的な解決に向けて一層身を引き締めて全力で当たっていく決意だ」

菅は記者会見で、北朝鮮による再調査の第一次報告の時期について「今夏の終わりから秋の初めが望ましい」と述べた。

北朝鮮側説明によると、調査委は北朝鮮体制内の全機関を調査できる特別な権限を持つ。総勢三〇人程度で、拉致被害者の安否情報を握るとされる秘密警察組織「国家安全保衛部」が参加。「拉致被害者」「行方不明者」「日本人遺骨問題」など四つの分科会を設けるとされた。

一方、制裁解除の対象は①北朝鮮籍船舶の入港禁止（解除は人道目的に限る）②人的往来規制③北朝鮮に対する送金の報告義務付け――の三つを挙げた。ただし北朝鮮が要求する貨客船「万景峰《マンギョンボン》92」の日本入港の解禁は認めず、北朝鮮との輸出入禁止も変更しなかった。

日朝の対話進展で関係国に警戒感が生まれた。日朝の直接交渉は北朝鮮の核開発をめぐる六カ国協議の足並みを乱すものとして受け取られたからだ。ウランバートルでの横田ファミリーの対面が行われると、これまでほとんど動くことがなかった六カ国協議の議長を務める中国の武大偉《ブダイイ》（朝鮮半島問題特別代表）が三月一七日になって、突然平壌入りした。日朝関係への牽制と見られた。

ＴＰＰ交渉の進展

安倍政権にとって高い「四月の壁」が目前に迫ってきた。四月一日からは消費税率が五％から八％に引き上げられることが決定していたことに加え、四月下旬には米大統領のオバマの来日が予定されていた。安倍が仕掛けた集団的自衛権の行使容認をめぐる議論も大きな山場を迎えていた。二〇一四年四月は安倍政権の行方を決める分岐点でもあった。その分岐点をうまく通過するには三月をいかに越えるかにあった。その点では政権与党にとって最大のハードルだった一四年度予算は衆院予算委員長、二階俊博の職人技で三月二〇日に早々に成立していた。安倍にとって予算成立は政治的には極めて大きかった。それでもハプニング的な出来事も含めて三月は重要問題が政権にのしかかった。

中でも懸案は日米関係の立て直しだった。オバマの来日が迫り、日米間に横たわる経済・通商と安全保障の二大テーマへの取り組みを急がねばならなかった。経済・通商問題では一三年末から膠着状態にあった環太平洋連携協定(TPP)をめぐる日米協議をどこまで進めることができるのかが重要だった。当面のゴールは四月下旬に予定された米大統領オバマの来日だった。官房長官菅義偉は周辺にこう漏らした。

「日米首脳会談で最後の協議というわけにはいかない。それ以前の決着を目指すのは当然だろう」

つまり、政府は四月上旬、遅くとも中旬をタイムリミットとして協議を急いだのだった。五月の連休を越えると米政界は一一月の中間選挙に向けた態勢に入る。交渉がいったん中断すれば妥協へのエネルギーが失われ、TPP交渉そのものが空中分解しかねない。それほど切羽詰った状況にあった。それには前哨戦とも言える会談があった。

一三年末に米通商代表部(USTR)代表のフロマンが来日して東京で協議が行われた。ここで日米双方の利害が激突し、開店休業状態に陥った。この協議にはTPP交渉担当相の甘利明に加え、菅が初めて同席した。協議直前になって甘利に予期せぬ舌がんが発症したからだった。

この菅の出席がこれまで米側のワンサイド・ゲームに見えた協議の流れを変えた。農産品五品目

（コメ、小麦、牛・豚肉、乳製品、てんさい・サトウキビ）の関税撤廃について高圧的な要求を繰り返したフロマンに対して菅が机を叩くように反撃した。

「そこまで言うなら、自動車はどうするんだ」

ＴＰＰ交渉と同時に日米間で並行協議が行われている自動車の関税撤廃を迫ったのだった。菅の気迫に驚いた通訳が思わず「（日本側の）最後通牒」と訳したというエピソードが残る。

農産品五項目の「防衛」に全力をあげる日本と、自動車の関税を死守しようとする米側の利害が真正面から激突した場面でもあった。甘利が舌がんの手術を終え、現場に復帰を果たしたが、水面下の交渉は難航した。二月に入って甘利の渡米が実現したものの妥協の道筋ができたわけではなかった。

それではなぜ甘利は訪米したのか。その狙いは米政府とりわけオバマを中心にしたホワイトハウスの「やる気」の確認のためだった。米議会上院はその時点でオバマに対して通商交渉を一任する「大統領貿易促進権限（Trade Promotion Authority＝ＴＰＡ）」を与えていなかった。それどころか同じ民主党の院内総務リードは法案そのものについて反対を表明した。上院の与党トップが法案に難色を示したことの意味は大きい。

こうしたことが影響したのか自由貿易を推進する立場の野党共和党も「法案への支持を取り付ける努力が足りない」としてオバマ政権の姿勢を批判した。ＴＰＡがなければ、すべての交渉結果について議会の承認を得る必要が出てくる。このためオバマの「やる気」に依然として疑問符が残ったままだった。確かに五項目のハードルは高いが、同時にアベノミクスを掲げる首相安倍晋三にとって交渉妥結は必須だった。ＴＰＰが成長戦略の重要な柱の一つだったからだ。このため甘利はあえて米側が強く求める重要五項目についての譲歩案を携えて訪米した。それを裏付けたのが二月一八日の甘利の記者会見だった。

「（五項目全ての関税が）一つ残らず微動だにしないということでは交渉にならない」

これに関連して自民党幹事長石破茂も甘利の考えに同調した。TPPをめぐる譲歩に関しては政府・与党の足並みは揃ったことを示唆した。ただし問題は譲歩の中身だった。自民党でTPPに深く関わった森山裕は、甘利が忍ばせた譲歩カードを「一・五項目」と表現した。五項目のうち「牛・豚肉」の関税率の大幅引き下げが「一」。そして「〇・五」に当たるのが酪農製品の「チーズ」への関税面での妥協とみられた。既にオーストラリアとの交渉が煮詰まってきており、これを背景に米側に妥協を詰め寄るシナリオだった。そこに萱がフロマンとの会談で米側の譲歩を迫った自動車の関税問題が絡み合ってきた。

もともとオバマと日本政府との関係は最初の出会いから歯車が狂ったまま。初来日は二〇〇九年一一月。当時の首相は政権交代直後の鳩山由紀夫。沖縄の米軍普天間飛行場の移設先をめぐる鳩山の「最低でも県外」という発言が日米同盟を大きく揺さぶった。最初の日米首脳会談で鳩山は「トラスト・ミー（私を信じて欲しい）」と言わざるを得ないほど追い込まれた。鳩山を筆頭に三代続いた民主党政権について、野党自民党の総裁だった安倍は「外交敗北」と厳しく批判した。しかし、政権復帰を果たした安倍もオバマと必ずしもしっくり行かなかった。経済的な利害得失のみならず外交・政治的な要素が絡み合う日米協議。タイムリミットが迫ってきた。

野党混乱

ところが、これだけ政府与党が問題を抱えながらも安倍政権が大きく揺らぐことはなかった。最大の要因は野党側が不祥事や政治的問題を抱えていたからだった。その中でもみんなの党代表渡辺喜美の辞任は野党側の混迷ぶりを象徴した。渡辺をめぐって化粧品販売会社の会長からの計八億円の借り入れ問題が発覚したのが三月二五日。わずか二週間後の四月七日、渡辺は国会内で記者会見に臨んだ。

「法的には全く問題はないが、党に迷惑をかけた。責任はすべて自分にある。代表の座を辞したい」

しかし、この日の会見でも八億円の使途について二億五〇〇〇万円は「党勢拡大のために選挙を控えたみんなの党の選挙関係者に貸し付けている」としたものの、残りについては「ポケットマネーによる政治活動」と説明しただけ。結局、渡辺が使途を明かしたのは縁起物の「熊手」を酉の市で購入したのみということになってしまった。しかも「手元にない」と言っていた現金を妻の口座に移していたことを明かした。

「政界再編が起きた時の軍資金として残した。私は政治家なので、手元にあるとどうしても使ってしまう。妻に保守管理してもらった」

苦しい言い訳が続き、新たな疑念が生まれた。

そして渡辺にとって辛かったのは頼みとした首相安倍晋三や与党の自公両党が冷ややかな対応に終始したことだった。

もともと自民党議員の多くは渡辺を快く思っていなかった。二〇〇九年一月、渡辺がたった一人で啖呵を切って自民党を離党したことに始まる。

「志の高い人々と連携し、国民の手に政治を取り戻す国民運動を起こしていく。自民党には安政の大獄と言われるような重苦しい雰囲気が漂っている」

渡辺は首相麻生太郎（当時）の公務員制度改革などの政策遂行、政権運営に強い不満を持ち、いわば

「抗議の離党」を敢行した。従来の離党劇と言えば、郵政民営化法案など党議決定に造反した議員の処分や、刑事事件などに絡む引責離党などが通り相場だったが、「抗議型」でしかも「たった一人の反乱」は異色の離党劇だった。首相の麻生が低支持率に喘いでいた最中の離党だっただけに渡辺への反発は凄まじいものがあった。

その後、渡辺は江田憲司らとみんなの党を結成したが、基本は「渡辺商店」だった。渡辺の才覚だけで勢力を拡大してきた。〇九年の衆院選では現状維持の五議席に過ぎなかったが、一二年衆院選では一八議席。また一〇年と一三年の二回の参院選で計一八議席まで勢力を拡大させた。

しかし、どの組織や会社も規模が拡大すれば十人十色、意見の対立や不満が生まれる。とりわけ「渡辺商店」の「人事とカネ」にまつわるワンマン経営に対する不満は一三年の参院選での躍進後に表面化した。その急先鋒が当時の幹事長だった江田だった。

「個人商店から株式会社にしましょうと言ったら幹事長を解任された」

江田の他にも問題意識を持った議員がいて一三年末の大量離党を生み、先行離党をしていた柿沢未途を含め一五人の「結いの党」が結党された。ただ政治家が小粒になる中で数少ない個性派政治家の挫折は「一強多弱」の政治状況をさらに加速させることになった。

一二年の衆院選と一三年の参院選で自民党が大勝を果たし、「衆参ねじれ状態」は解消された。連立政権を組む公明党との調整が済めば法案、予算、条約などほとんどの懸案の処理に何ら不都合はない政治状況が生まれていた。

自公に隙間風

しかし、安倍の思いはさらにその先にあった。集団的自衛権の行使容認という憲法解釈の変更、さらに衆参両院の三分の二以上の賛成が必要な憲法改正だ。これに対して「平和の党」を標榜する公明党は安倍の政治姿勢に極めて懐疑的だった。安倍にとって公明党は政権の「生命維持装置」であると同時に、目前に立ちはだかる厄介なブレーキ役に映った。代表の山口那津男自身が二〇一四年三月五日、安倍に際どい皮肉を放ったのだった。

「安倍首相と私の間にはちょっと隙間があるけれど、風は吹いていない」

与党第二党の党首が公然と安倍との間に「隙間」があることを認めたことに政界に驚きが走った。その原因の一つに日本維新の会への安倍の急接近があった。安倍への公明党の強い警戒感の表れと言っていい。普段はあまり冗談を口にしない公明党幹事長井上義久ですら不満を口にした。

「与党の間に隙間をつくろうという人がたくさんいる。あわよくば、その隙間に入り込みたいと思っているようだが、安心してもらいたい」

安倍が期待した日本維新の会は複雑な内部事情を抱えていた。「東西問題」が指摘された。大阪市長橋下徹と元東京都知事の石原慎太郎という共同代表制が敷かれ、長く「同床異夢」の状態が続いた。橋下は、渡辺と袂を分かって結いの党を結成した江田憲司と近く、江田を介して民主党の前幹事長細野豪志を加えた野党再編を窺った。

一方の石原は結いの党が憲法改正に消極的として厳しく批判、渡辺も石原に戦略対話を呼び掛けていた。自民、公明、維新、みんな、結い、民主まで入り乱れての相関図は容易に解読できなくなった。それだけではない。橋下が自ら推進する「大阪都構想」の実現を目指すために突如として大阪市長を辞職して出直し選挙に打って出ることを宣言した。大阪都構想の実現には府議会、市議会などで構成する法定協議会の同意が必要だが、一三年末に大阪維新の会所属の府議会議員四人が離党し、市議会に加えて府議会も維新の会は過半数を失った。この出直し市長選も都構想で俎上に載せた四つの案を一案に絞り込むことを拒否されたのがきっかけだった。橋下は、出直し市長選で勝ち、その「直近の民意」を大義名分に一案への絞り込みを狙った。

しかし、橋下が「民意」を振りかざしても、議会側の構成は変わらず、議会側が折れるかどうかは疑わしかった。このため橋下の「選挙の勝利」を無力化させる狙いから自民、民主、公明は候補者を立てずに橋下の「独り相撲」に持ち込む戦略を描いた。もともと橋下は公明党との選挙協力を基本に議会運営を行ってきたが、その公明党に袖にされたのが、市長辞職という奇策に打って出た直接の動機だった。

「公明党は約束違反だ。支持基盤の(創価学会の)皆さんは宗教を説くが、宗教の前に人の道がある」

公明党の橋下離れの遠因には安倍の公明離れがあったのは否定できなかった。二月一日に開かれた日本維新の会の党大会で、橋下は封印してきた公明党批判を口にした。橋下は安倍や官房長官の菅とも近く、本来なら安倍が橋下に助け舟を出す場面だった。しかし、安倍は市長選について静観の構えを貫き、沈黙を守った。自民党大阪府連は橋下とは「犬猿の仲」。おいそれと前に出ると安倍自身が返り血を浴びかねなかった。一方、自民党幹事長の石破茂は大阪府連の立場を支持し、橋下に対しては冷ややかだった。

大阪市長橋下徹が大阪都構想の実施に向けて一発逆転を狙った「出直し市長選」は三月二三日に投開票された。橋下と対立する自民、公明、民主、共産の各党は出直し選自体を批判し、候補者を擁立しなかった。結果も過去最低の投票率(二三・五九%)と七万票近い無効票。どう見ても「出直し」の大義名分は見つからなかった。選挙そのものが大阪市民に否定されたとみられたからだ。ところが橋下流の受け止めは違った。

「歴代市長よりも多い三七万票を得た。選挙戦で掲げたことを進めさせてもらう」

橋下は一定の民意を得たと強調した。この論拠に立てば、大阪都構想の具体案作りを検討する大阪府と大阪市による法定協議会のメンバーの入れ替えを目指すことを意味した。しかし、大阪府議会、市議会とも橋下と対立した会派が過半数を占めていて橋下に展望が開けたとは言えなかった。

橋下は二つの顔を持っていた。大阪都構想の実現を目指す大阪市長。そして五四人の衆院議員と九人の参院議員を擁する「日本維新の会」の共同代表という国政を狙う野党第二党の党首の立場。もう一人の共同代表だった元東京都知事石原慎太郎は党全体をまとめるだけの求心力はなかった。一二年の衆院選で日本維新の会が躍進を果たした最大の要因は「橋下人気」にあった。その橋下のつまずきで次の国政選挙での「生き残り」にも暗雲が垂れ込めてきた。

橋下人気と、経験とやや強引だが発信力のある石原の二枚看板でもってきたのが日本維新の会。維新の会の弱体化が野党再編にも影響を与えるのは避けられなくなった。維新の会は国会議員団幹事長の松野頼久を介して結いの党代表の江田憲司、民主党の細野豪志との三者で政策協議を続けてきていたが、これにブレーキが掛かった。野党第一党の民主党代表海江田万里は江田らの動きに神経を尖らせてきた。海江田は「いつも頭の体操をやっている」と漏らし、「維新・結い」が統一会派を組んだ場合、それを上回るにはどの政党と組めばいいのかについて策を練っていた。

海江田は小沢一郎が代表を務める「生活の党」との連携を念頭に置いた。当時の生活の党の国会での勢力は九人（衆七、参二）。民主党にこの九人を加えれば野党第一党を守れるというのが海江田の読みだった。ところが事はそれほど単純ではなかった。民主党内の根強い「小沢アレルギー」の存在だった。元官房長官の枝野幸男は明確に言い切った。

「生活の党と一緒になると言えば、それ以上に民主党から人が出ていくことになる」

こうした思いは枝野に限らず前首相野田佳彦、前外相玄葉光一郎、元外相前原誠司らも一致していた。たしかに橋下は市長選をバネに新たな推進力を得ることには失敗したが、橋下には心強い援軍の存在があった。首相安倍晋三と官房長官菅義偉の官邸中枢だ。もともと安倍の第一次政権崩壊後、「失意の五年間」に安倍、菅は橋下や大阪府知事の松井一郎と交友、親交を重ねてきた。菅はどんな状況になろうとも橋下に対して批判めいた発言をしたことは一度もなかった。

「だれも手を付けようとしなかった古い大阪にたったひとりで切り込んでいく勇気は尊敬に値する」

このため安倍は大阪市長選に関しては静観したものの橋下を高く買う思いに変わりはなかった。もちろん安倍サイドには集団的自衛権の行使容認問題での「維新カード」の利用価値が高いという計算もあったが、それ以上に個人的な信頼関係の方が強かった。

3 「結論ありき」の解釈改憲

限定容認論の浮上

こうした野党の混乱をよそに、憲法解釈の変更による集団的自衛権の行使容認をめぐる政府与党内の調整は静かに進んでいた。秋の臨時国会で有事に備える武力攻撃事態法や自衛隊法など一〇本を超える既存の個別法を改正する方向で調整に入った。大まかなスケジュールでは四月中に「安全保障の法的基盤の再構築に関する有識者懇談会」（安保法制懇）から集団的自衛権の行使容認に向けた報告書を受け取り、集団的自衛権の行使はできないとしてきた従来の憲法解釈変更を閣議決定する。ただし、閣議決定そのものは六月二二日の国会閉幕後を目指した。野党側の追及をかわす狙いがあった。その後、必要な法整備を図るという段取りだった。

法整備の検討対象となったのは自衛隊法や日本有事に関する武力攻撃事態法や国民保護法、朝鮮半島有事を想定した周辺事態法、国際貢献のための国連平和維持活動（ＰＫＯ）協力法。この頃には四月の報告書の取りまとめは既定路線になっており、徐々に〝外堀〟を埋めつつあった。

安倍自身は三月二〇日、一四年度予算の成立を機に開かれた記者会見では「期限ありきではない。懇談会の結論を待ちたい」と語っていたが、水面下では着々と取りまとめに向けての議論の集約を進めていた。四月九日になって菅が最終的な段取りを示した。

「安保法制懇の報告書を参考にしながら政府方針を出す。それに基づいて与党の中でさまざまな議論を行い、与党内の調整、理解が得られた段階で閣議決定したい」

この菅の発言から明確になったことがある。国会の関与について一切触れていないことだった。戦後の日本の安全保障をめぐる議論の舞台は基本的に国会だった。その国会論戦を経て重要な原理原則が積み上げられてきた。例えば「核兵器を持たず、作らず、持ち込ませず」という非核三原則は一九六七年一二月の衆議院予算委員会で首相佐藤栄作が答弁の中で述べた考えで、その後「国是」として定着した。

集団的自衛権行使に関しても与野党の論戦を通じて歴代法制局長官らが答弁を重ねてきた結果、「我が国が、国際法上、このような集団的自衛権を有していることは、主権国家である以上、当然であるが、憲法第九条の下において許容されている自衛権の行使は、我が国を防衛するため必要最小限度の範囲にとどまるべきものであると解しており、集団的自衛権を行使することは、その範囲を超えるものであって、憲法上許されないと考えている」との政府見解が示され、その解釈が定着していた。

しかし、菅は国会の議論に言及することなく「閣議決定したい」と述べたのだった。現に通常国会閉幕までに集団的自衛権の行使について与野党の論戦はなく、閉会後に衆参予算委員会の閉会中審査が一日ずつ開かれただけだった。

「砂川判決」に焦点

そして首相補佐官の礒崎陽輔は「大型連休明け」と、報告書の提出時期について具体的な時期を明言した。結論取りまとめの段階に入ってクローズアップされたのが、一九五九年に最高裁が示した「砂川判決」だった。東京都砂川町(現立川市)の米軍基地拡張に反対するデモ隊の基地立ち入りをめぐって駐留米軍の合憲性が問われた事件で、最高裁は初めての憲法判断を下した。

判決は「わが国が、自国の平和と安全を維持しその存立を全うするために必要な自衛のための措置をとりうることは、国家固有の権能の行使として当然」と言及。憲法九条が自衛権を否定したものではないことを言明。また、「個別的」と「集団的」との区別はしていなかった。

外務省は早い段階で砂川判決に着目、外務省で国際法局長を務めた官房副長官補の兼原信克らを中心に理論武装を構築し、自民党議員にも働きかけていた。これを受けて自民党内の取りまとめに動いたのが弁護士出身の自民党副総裁高村正彦だった。三月に入ると、高村は講演などで砂川判決を引用し、集団的自衛権の一部を「必要な自衛のための措置」に読み込むことが可能だとの考え方を力説した。いわゆる集団的自衛権の「限定容認論」だった。

安倍も高村説を全面的に受け入れた。

「(砂川判決が)集団的自衛権を否定していないことははっきりしている」

安倍はこの高村講演記録を「いつも持ち歩いていた」と語っていた。

しかし、同じ弁護士出身の公明党代表の山口那津男は「砂川判決は集団的自衛権に直接触れていない」として否定的な姿勢を崩さなかった。また、自民党内でも元衆院議員ながら宏池会(岸田派)の名誉会長だった古賀誠は厳しく批判した。

「党内はいま、みんなポチになっているから首相に物が言えない。『物言えば唇寒し』になってしまう」「首相は外交や安全保障分野で急ぎすぎている。止まる勇気も必要だ」

護憲を重んじる古賀は二〇一九年に出版した『憲法九条は世界遺産』(かもがわ出版)で持論を展開した。法相の谷垣禎一も「論理に飛躍があるのではないか」と述べるなど党内の議論は入り乱れた。

その中で二〇一四年五月一五日、戦後の日本が一貫して維持してきた安全保障政策が大きく転換される時を迎えた。安倍が設置した「安全保障の法的基盤の再構築に関する有識者懇談会」はこの日、報告書を取りまとめ、安倍に提出した。そこには二つの考え方が示されていた。一つは、集団的自衛権を全面的に認める案、もう一つは必要最小限度に限って行使する案だ。

全面的に認める案は、九条の「芦田修正論」を論拠にしていた。芦田修正論は一九四六年、憲法改正草案を審議する帝国議会の衆院帝国憲法改正小委員会で委員長を務め、後に首相になった芦田均の提案によって、九条二項に挿入された「前項の目的を達するため」という語句に着目した考え方だ。

芦田修正論では、九条一項で放棄した「国際紛争を解決する手段として」の戦争や武力行使は侵略目的のものに限られる。個別的、集団的を問わず、自衛権の行使や国連の集団安全保障措置への参加は禁止されていない。二項が定める「戦力」の不保持も個別的、集団的を問わず、自衛のため、国際貢献のための実力の保持は禁じられていないと解釈した。安保法制懇は「あるべき憲法解釈」の項で、「自衛のための武力の行使は禁じられておらず、また国連PKO等や集団安全保障措置への参加といった国際法上合法的な活動への憲法上の制約はないと解すべきである」としている。

同時に報告書は、もう一つの考え方を示している。それは政府の従来の「(自衛のための)措置は、必要最小限度の範囲にとどまるべき」との解釈に立ったとしてもその『必要最小限度』の中に集団的自衛権の行使も含まれると解釈して、集団的自衛権の行使を認めるべきである」というものだ。これは砂川判決を引用した高村の「限定容認論」と近似する。

採用された限定容認論

安倍は報告書を受け取った五月一五日、その日の記者会見で報告書の柱だった芦田修正論を切り捨て、限定容認論を採用する。

「いわゆる芦田修正論は政府として採用できません」「もう一つの考え方、わが国の安全に重大な影響を及ぼす可能性があるとき、限定的に集団的自衛権を行使することは許されるという考え方です。憲法前文、そして一三条(幸福追求権)の趣旨を考えれば、政府としてはこの考え方について、今後さらに研究を進めていきたいと思います」

安倍は『回顧録』でも「フルスペックで認めるのは無理だったのですよ。憲法を改正しない限り、限定的な行使までしか容認できないという判断です」「芦田修正論を持ち出すと、長年積み重ねてきた解釈をすべて否定することになっちゃいます。いくらなんでも過去の答弁や解釈すべてをなかったことにはできないでしょう」と説明している。

安保法制懇が大風呂敷を広げ、安倍がそれを抑制する。落としどころは高村案――というシナリオ通りとも読めるが、日本が戦後封じてきた集団的自衛権行使に風穴を開けた瞬間であったのは間違いない。報告書の核心について政府高官はこう解説した。

「これまでは行使容認に『踏み切るべきではないか』という疑問形を用いてきたが、そこを『すべきである』と断定したことにある」

そこには安倍が目指した「戦後レジームからの脱却」への強い思い入れが浮かび上がる。安倍が一五日に報告書を受け取ったことにも安倍の強いこだわりを感じさせた。この日は首相の座に最も近い政治家の一人だった安倍の父で元外相の安倍晋太郎の命日に当たった。そして、一九七二年のこの日、安倍の大叔父に当たる佐藤栄作が沖縄の返還を実現した日でもあった。安倍個人にとっても極めて因縁の深い日でもあった。安倍は報告書を受け取り記者会見を終えると、東京・内幸町の日本プレスセンターで「安倍晋太郎を偲ぶ会」に駆け付けた。ただ、解釈改憲による集団的自衛権の行使容認により、安倍が目指す憲法九条の改正を急ぐ理由は薄れることになった。

オバマ来日

集団的自衛権の行使容認に向けた憲法解釈変更をめぐる与党内調整が大詰めを迎える中で米大統領のバラク・オバマが四月二三日、国賓として来日した。米大統領の国賓は一九九六年四月の大統領クリントン以来。オバマにとっては三度目の訪日だった。二四日に東京・元赤坂の迎賓館で行われた安倍との日米首脳会談ではTPP交渉が焦点となった。しかし、日米協議が難航していて首脳合意には至らなかった。この反映で共同声明の発表が翌日にずれ込む事態となった。

安全保障分野ではオバマは沖縄県・尖閣諸島が日米安保条約に基づく米側の防衛義務の対象になると明言した。憲法解釈の変更に関して安倍が検討状況を説明した。

「(日米同盟を有効に機能させるための検討を)オバマ氏から歓迎し支持するとの立場が示された」

安倍は会談後の記者会見でこう語った。二四日夜には天皇・皇后両陛下主催の宮中晩餐会が皇居・宮殿の大食堂「豊明殿」で開かれ、オバマは「グッド・イブニング、今晩は」と笑顔を浮かべてスピーチを切り出し、日米友好をアピールした。皇太子さまや秋篠宮ご夫妻ら皇族のほか両国合わせて過去最大規模の約一七〇人が出席した。しかし、このオバマの来日は全体として成果と言えるものはなかった。

ただ、オバマは二四日午後、北朝鮮に拉致された横田めぐみ＝失踪当時(一三)＝の父、滋と母、早紀江、家族会代表の飯塚繁雄と面会した。飯塚は「国連や国際社会と協力し、北朝鮮にプレッシャーをかけてほしい」と訴えた。早紀江は「人間的な方でした」と語った。

このほかオバマ来日では正式な会談以外の場で後々も語り継がれるエピソードが残った。来日初日の夜、安倍がセットした東京・銀座の高級すし店「すきやばし次郎」での会食だ。同店は格付けガイド本『ミシュランガイド東京』で最高評価の三つ星を得ている最高級店。外務省によると、店主の小野二郎を取り上げたドキュメンタリー映画『二郎は鮨の夢を見る』が米国で公開され、安全保障担当の大統領補佐官のスーザン・ライスが「すきやばし次郎」を強く希望したとされる。

カウンター席には安倍とオバマに加え、米側は補佐官のライスと駐日米大使のキャロライン・ケネディ。日本側は国家安全保障局長の谷内正太郎、駐米大使の佐々江賢一郎が同席した。オバマが離日した二五日夜、副総理兼財務相の麻生太郎らと会食した安倍は「（オバマは）仕事の話ばかりだった」とこぼしている。

七月一日には悲願と言ってもいい集団的自衛権の行使を可能とする憲法解釈の変更の閣議決定に踏み切った。このタイミングは首相安倍晋三が第二次政権を担って一年半が経過した時期でもあった。この間に参院選でも勝利を収め、衆参ねじれを解消、発足以来閣僚を一人も入れ替えることなく二つの通常国会を無傷で乗り越えた。第一次政権が約一年で終わったのが嘘のようだった。

安倍に第一次政権と第二次政権との違いは何かを聞いたことがある。答えは明快だった。

「一回目の時は、人生の大きな挫折と大きな勝負をしていないまま首相になった。今度は勝負して勝ったというある種の自信と慎重さ、その両方があったと思う」

いわば「挫折と経験」が政権の安定感に繋がったというわけだった。

「安倍一強」

これに先立って第一八六通常国会は六月二二日に閉幕した。終わってみれば、与党側のワンサイドゲームに終始、惨憺たる国会だった。民主党政権時代の三年三カ月は、「決められない政治」が国民の不信を買い、政権交代の大きな要因となった。ところが一三年参院選を経て第二次安倍晋三内閣を支える自民、公明の両党で参院でも過半数を超える勢力を回復してからは、国会の様相は一変した。

この通常国会で政府が提出した法案八五本のうち八二本が成立、成立率は実に九六・五％に達した。しかし、問題はその法律の成立までに十分な審議が行われたかどうかだったが、どう贔屓目に見ても国会の議論の低調ぶりは過去に例を見ないほど目に余るものだった。

その主たる原因は「野党総崩れ」にあったと見てよかった。みんなの党は前年末に分裂、結いの党が枝分かれした。続いて日本維新の会も事実上の分裂。巨大与党に対峙しなければならない野党が細分化しては話にならなかった。自民党の国対委員長佐藤勉は通常国会をこう振り返った。

「数の力でごり押ししたことは一度もない」

これに対して自民党内にも危惧する声が出た。衆院議長伊吹文明は四月二四日の自民党二階派総会で異例の苦言を呈した。

「与党が官邸の顔色をうかがうと、結果的に安倍晋三首相が独断で決めているという非難を受ける。与党がもっとしっかりしないといけない」

集団的自衛権の行使容認問題や特定秘密保護法をめぐる議論にも触れた。

「内閣が行き過ぎた時は与党が原案を直して国会に持ってくることが、議院内閣制の根本として非常に大切だ」

伊吹の後を継いだ衆院議長の大島理森もしばしば自民党の国会軽視について厳しい警鐘を鳴らし続けた。いわゆる「安倍一強」が実際に国会運営に大きな影を落としたのがこの国会だった。マスコミ報道も大局的な問題点の指摘には至らず、国会よりも公明党との与党内協議の報道に主眼が置かれた。しかし、与党内協議は国会とは違い議論の中身が見えない。日本の将来に関わる極めて重要な問題が閉ざされた場所で決められていくことほど危ういものはなかった。

その公明党も自民党との数的な差に加えて、自民党が考え方の近い日本維新の会やみんなの党との連携を匂わせながら公明党を牽制したことで腰が引けた印象を与えた。さらに通常国会閉幕後には内閣改造が予定され、自民党内の批判勢力は沈黙した。老獪な政権運営を駆使した安倍の独り舞台と言ってもいい国会だった。

内閣人事局発足

国会が「安倍一強」で無残な姿をさらす一方でさらに安倍の求心力を高める組織が本格始動した。中央省庁の幹部人事を一元管理する内閣人事局の初代局長人事が固まったことだ。

「安倍政権は政治主導で改革意欲に富む政権だ。加藤氏にお願いする方向で調整している」

官房長官の菅は五月二七日の記者会見でこう語った。「加藤氏」は官房副長官の加藤勝信だった。内閣人事局長については公務員制度改革関連法で官房副長官の中から指名すると定められており、当初有力視されていたのは事務の官房副長官杉田和博。警察庁出身で名官房長官と言われた後藤田正晴に秘書官として仕え、霞が関の内情にも精通していたが、菅がその予想を覆した。

「官僚人事を官僚がやっても結局は予定調和型の無難な人事に終わる可能性が高い」

第二次安倍内閣が発足して約五〇〇日が経過。閣僚も官僚機構も極めて安定した状態にあったが、安倍はグリップを再び握り直すために二つの人事の断行を描いた。内閣改造・自民党役員人事。そして政治家の人事と対をなす霞が関の中央省庁の幹部人事だった。

新制度では各省庁の事務次官、局長、部長、審議官クラスの約六〇〇人の人事を内閣人事局長と官房長官が主導して決めることになった。

そこで初代人事局長に白羽の矢が立ったのが加藤勝信だった。この年の霞が関の幹部人事はいつにも増して重要な意味を持った。安倍が推進する政策の実現を担うからだった。安倍自身も具体的課題に言及した。

「TPP、原発再稼動、法人税減税、そして一五年一〇月一日から消費税率を一〇％に引き上げるかどうか」

いずれも政権の行方を左右する難題ばかり。霞が関の官僚機構の協力なしでは一歩も前に進まない。その点からも安倍―菅の強い決意が加藤勝信の内閣人事局長起用を通じて浮かび上がった。同時に安倍による「霞が関支配」のシステムが完成に向かったとも言えた。

内閣機能の強化と行政の効率化を目指して首相橋本龍太郎が手を付けた中央省庁再編に始まった行政システムの改革は過度の権力集中を招来した。官邸の人事権行使の前に官僚たちは沈黙し、萎縮した。衆院の選挙制度の小選挙区比例代表並立制への移行がもたらした、党執行部の選挙での公認権の独占との相乗効果により、「官邸一強」は逆に多くの弊害を生む土壌を形成した。

衆院解散への誘惑

ところが、二〇一四年の通常国会が終わると政権の勢いに変調の兆しが見えてきた。内閣支持率の低落に加えて七月一三日投開票の滋賀県知事選で自公が推した候補が敗北する事態に直面した。九月に内閣改造と自民党役員人事を予定している安倍にとって思わぬ逆風だった。

さらに安倍が危惧していた四月一日からの消費税率アップがアベノミクスの足元を直撃した。消費税が長らく維持された税率五％から八％に引き上げられる直前になると、予想された通り「駆け込み需要」が発生した。百貨店、スーパー、家電量販店、自動車など軒並み売り上げが急増した。アベノミクスで改善した消費が、増税前の駆け込み需要でさらに拡大した。駆け込みがやがて反動による消費縮小に繋がることは想定の範囲内だった。しかし、問題はその規模だった。七月に入ると、消費の反動減が予想以上という見方がエコノミストの間で急速に広がった。

安倍は一五年一〇月に消費税率を予定通り一〇%に引き上げるかどうかを、一四年末に判断すると公言していた。その重要な判断材料となるのが七~九月期の実質国内総生産(GDP)成長率。安倍はデフレ脱却を最優先に掲げており、徐々に引き上げ延期論が安倍の周辺で囁かれ始めた。その七~九月期のGDP速報値を八月一三日、内閣府が発表した。GDPは物価変動を除く実質で前期比一・七%減、年率換算は六・八%減となった。これは東日本大震災直後の二〇一一年のマイナス六・九%以来の落ち込みだった。

アベノミクスの原点は「デフレからの脱却」。もともと安倍は野田佳彦内閣で決定された社会保障と税の一体改革に否定的な考えで、前年の八%への引き上げ決断の際も極めて慎重だった。

「財務省の言いなりだった民主党政権が決めた話だ。このままではアベノミクスが台無しになる」

菅も大きく舵を切る必要性を示唆した。官邸内には引き上げの是非を決める時期をこれまでの「一二月初旬」から前倒しする案も浮上した。衆院解散がなければ、一四、一五年の二年間は国政選挙がない「選挙空白期間」。安倍にとって政権が選挙結果によって揺らぐリスクがない「安全地帯」ではあったが、そのことは同時に政権の求心力を維持するための「持ち駒」を失うことでもあった。

「毎日選挙のことを考えていた」と語っていた安倍が衆院の任期満了は二〇一六年一二月であることを知らないはずはなかった。ただそこに至るまでの間にも動かすことができない選挙日程があった。まずは一五年四月の統一地方選挙。そして九月には自民党総裁選が巡ってくる。参院選は二年後の二〇一六年七月。この三つの選挙日程に衆院解散をどう絡めるのか。さらに、そこに友党の公明党の事情が入り込む。「政治は夏に仕込まれる」の格言通り、安倍はかなり早い段階で早期解散を決断していた節があった。このタイミングでの安倍の政局カレンダーの作成には首席秘書官の今井尚哉が重要な役割を果たした。今井が政治家を凌ぐ存在感を発揮するようになった大きな契機は、この解散戦略の策定にあったと見られている。安倍が描いたのは九月人事と衆院解散戦略とを一体化させることだった。安倍は八月一二日には夫人の昭恵を伴って地元の山口県入りし、下関市の後援会関係者や支援者宅にあいさつ回りを行っている。神功皇后らを祀り古い歴史を誇る忌宮《いみのみや》神社の祭りにも参加した。会場内を練り歩き、後援会長らと食事。翌日も後援会幹部や県議らと会食、懇談を続け、夜には関門海峡花火大会の会場であいさつをしている。一四日は亡父晋太郎が眠る長門市に足を延ばして墓参をして帰京した。現職首相が二泊三日で地元入りしてこまめに後援会幹部と会い、多くの市民が集まる場所に顔を出す姿は、「選挙運動」そのものだった。

ところが官房長官の菅は早期解散に反対だった。周辺にこう語っていた。

「これだけ議席があるのに何で急いで選挙をやらなければならないのか。秋以降は地方創生だ。地方を如何に甦らせるか。総理を本部長にして官邸主導でやる」

それ以上に安倍の解散権行使には制約が存在した。東京電力福島第一原子力発電所を抱える福島県知事選が一〇月二六日投開票、米軍普天間飛行場の移設問題が争点となる沖縄県知事選が一一月一六日投開票。いずれも国政直結型の知事選でその勝敗は安倍政権の行方にも大きな影響を与えるものだった。しかも両知事選とも自民党は候補者調整に手間取り出遅れは否めなかった。

それでも安倍は早期解散の方針を変えることはなかった。その前提となる内閣改造・自民党役員人事に向けて着々と手を打った。基本は過去一年半の安定した政権運営を支えた骨格は維持しながら衆院解散・総選挙を視野に入れた陣容であった。

慰安婦問題で朝日が記事取り消し

朝日新聞は二〇一四年八月五日、六日付の朝刊に、過去の従軍慰安婦をめぐる自社報道の検証記事を掲載した。この中で朝日は記事に引用した元山口県労務報国会下関支部動員部長の吉田清治の証言を「虚偽」だったとして記事を取り消した。取り消した記事は計一六本に及んだ。証言は「済州島《チェジュド》で慰安婦にするため女性を強制連行した」とするもので、朝日新聞は一九八二年以降、吉田証言を記事やコラムで取り上げた。吉田証言については一九九二年ごろから識者らの間で信憑性に疑問を呈する声が出ていた。

またジャーナリストの池上彰がこの検証記事を批判した連載コラム「池上彰の新聞ななめ読み」の掲載を、同紙が一時断ったことも判明した。後に朝日新聞は池上コラムについても判断の誤りを認めて池上と読者に謝罪した。

ただ吉田証言に基づく慰安婦報道は朝日だけでなく他の多くのメディアも行っており、メディア全体が問われる問題となった。安倍は、慰安婦問題に関して日本軍の関与と広い意味での強制性を認めて謝罪した九三年の河野官房長官談話については否定的で、九月一四日のNHK番組でこう語った。

「朝日新聞は世界に向かって取り消していくことが求められている。事実ではないと国際的に明らかにすることを、われわれも考えなければならない」

これに対して外相の岸田文雄は九月二五日のニューヨークでの韓国の外相尹炳世《ユンビョンセ》との会談で河野談話を継承し、見直す考えはないことを伝えた。歴史認識や近隣外交をめぐって安倍と朝日は厳しく向き合ってきただけに、安倍とメディアとの関係に大きな影響を与えたことは否定できなかった。

安倍、石破の神経戦

安倍政権の強さは安倍のリーダーシップとそれを下支えする官房長官菅義偉の存在。そこに副総理兼財務相の麻生太郎、経済再生担当相の甘利明を加えた「政権カルテット」が党内、霞が関に対する官邸主導の背骨を形成したことにあった。この骨格は変えずに、大幅改造というのが安倍の基本方針だった。内閣発足時に政権基盤の安定のために起用した、総裁選で安倍と争った環境相石原伸晃、農水相林芳正の交代は既定路線。これに対してアベノミクスの柱である「女性の活躍」の証として複数の女性閣僚登用も必須だった。

「安全保障や地方創生など日本を取り戻す戦いの第二章が始まるので、人心を一新したい」

長期の夏休みを終えた安倍は一気にアクセルを踏んだ。八月二六日朝、自民党役員会で内閣改造と自民党役員人事を九月三日に行うことを全役員に伝えた。

ただし党の役員人事では幹事長の石破茂をどう処遇するかの問題が残った。石破をどのポストに起用するのかは安倍の政権戦略と表裏一体の関係にあったからだ。石破自身は幹事長を続投して翌年の統一地方選挙の指揮を執ることに強い意欲を示していた。しかし総裁選を考慮すると、石破の力をつけさせることに繋がる続投を安倍が容認するはずはなく〝神経戦〟が勃発した。

安倍は人事断行を表明した同じ日の夜、首相公邸で幹事長の石破茂以下の役員全員を招いての慰労会を予定していた。それが前日夜になって各役員にキャンセルのお触れが回った。その背景には安倍と石破の確執があった。

安倍が二度目の政権に返り咲いてから初めての改造は異例づくめの形で進行した。安倍は二〇一四年新年早々に通常国会閉幕後に人事を行う方針を表明していたが、その後も安倍は人事をめぐる〝予告〟を連発した。七月末には訪問先のチリのサンティアゴで同行記者団に「九月の第一週」の断行を明言、さらに八月九日に原爆忌の式典出席のために訪れた長崎市で行った記者会見は驚きだった。

「官邸の要になっている官房長官に引き続き職にとどまってもらいたいと考えている。副長官、首相補佐官についても、そういう態勢で臨みたい」

官房長官菅義偉を筆頭に加藤勝信、世耕弘成、杉田和博の三人の官房副長官全員の留任を発表したのだった。改造時期の予告に始まって官房長官の留任へと徐々にカメラレンズの焦点を絞りこむように人事のシナリオを〝可視化〟した。個別人事について実名を挙げての公表は前代未聞。それだけ安倍が権力を掌握している何よりの証と言ってもよかった。とりわけ菅の続投に関しては安倍の強烈なメッセージが伝わった。その核心は「幹事長石破茂の続投なし」にあった。つまり菅の留任だけを公表することで安倍は間接的に幹事長交代の意思を明確にしたのだった。

安倍は中南米訪問に出発する直前の七月二四日、石破と首相官邸で一度だけ約一時間にわたって会談をしている。この会談で安倍が石破に対して、新たに創設する安全保障担当相への就任を要請したとみられている。安倍が石破の幹事長続投の考えのないことだけは明らかだった。

安倍にとってただひとりと言ってよかったライバルの石破を閣僚に取り込むことで翌年九月の自民党総裁選を「無投票」にする狙いが透けて見えた。石破は「言われたポストを断ったことはない」と漏らしており、一部では石破の「応諾」を報じたメディアもあったが、石破が思いもよらぬ挙に出た。八月二五日夕に放送されたＴＢＳラジオの番組だった。

「(安保担当相は)首相と考えが一〇〇パーセント一緒の人が国会で答弁するのが一番いい」

安全保障担当相への就任について事実上の「拒絶宣言」を行ったのだった。その上で安倍が提示する可能性はゼロに等しい「幹事長続投願望」を口にした。

「地方できちんと勝てるようになって初めて政権奪還は完成する。私としてはやりたいことだ」

安倍の「人事予告」に対して石破の「拒絶予告」――。政権与党のツー・トップがメディアを介してバトルを開始したのだった。石破にしてみれば安全保障・防衛問題政策に関してわれこそは政界でトップクラスのスペシャリストという自負があった。しかし、集団的自衛権の行使容認問題をめぐる公明党との協議を任されたのは副総裁の高村正彦。石破が屈辱的な思いを抱いても不思議はなかった。

「石破さんは徐々に浅野内匠頭の心境になったのではないか」

石破をよく知る元環境相の鴨下一郎は石破の心境をこう代弁した。歌舞伎の「刃傷松の廊下」というわけだ。ただし鴨下は石破に対しては同じ進言を繰り返していた。

「短気を起こしては駄目です。総理の意向を尊重すべきです」

しかし、石破の周囲では〝主戦論〟が台頭した。安倍が切った「幹事長交代」のカードは明らかに翌年の総裁選を視野に石破の態度表明を迫ったものと受け取られた。総裁と幹事長が激しく火花を散らしたのは一九七八年の総裁(首相)福田赳夫―幹事長大平正芳以来。安倍、石破関係はそのレベルにははるかに及ばないものの、突出した存在だった安倍にとって初めて目の前に現れた〝政敵〟だった。

石破は八月七、八の両日、石破を中心にした「無派閥連絡会」の研修会を新潟県湯沢町で開いていた。安倍から見れば、翌年九月に予定される自民党総裁選に向けた「示威行為」と思えたのではないか。事実上の「石破派」の旗揚げだった。出席者は約三〇人。中には現職閣僚の厚生労働相田村憲久や自民党広報本部長小池百合子、鴨下ら党幹部も含まれていた。

同じ七日夜には首相公邸で安倍主催の集団的自衛権の行使を一部容認する報告書をまとめた安保法制懇の慰労会が開かれていた。このことも一層安倍を刺激したようだ。慰労会には菅も出席していた。菅は慰労会の後に呟いた。

「慰労会の最中に石破研修会の出席メンバーのリストがメールで届いた。名前は全部分かっている」

石破自身も吹っ切れたところがあったのだろう。改造前の極めてデリケートな時期の研修会を中止する、もしくは石破自身の出席は見合わせる選択肢もあったはずだ。それを分かっていながら敢えて泊りがけで出席した。そこから石破のある種の覚悟が伝わってきた。

自民党の長老の中には石破の動きを歓迎する声もあった。

「対立軸ではなく対抗軸が生まれるなら、むしろ党内論議が活性化していいかもしれない」

この時、元幹事長の古賀誠はこんな見方を示していた。

「石破さんは閣僚を受けたら総理総裁の芽はなくなる」

この石破の行動の背景にはかつて「参院のドン」と呼ばれた元参院議員青木幹雄の姿が見え隠れした。石破は鳥取県選出、青木は隣県の島根県選出。もともと石破は島根県出身の元首相竹下登の薫陶を受けて政界入りした。ところが九三年の自民党の野党転落の際に離党。このことをきっかけに竹下の元秘書であった青木とも疎遠になった。その青木と石破はこの年の四月に人を介して和解した。ほぼ二〇年ぶり。そこで青木は石破にこう助言をした。

「幹事長をそのままやれと言われたなら受けなさい。入閣なら断りなさい」

これに対していち早く官房長官留任が決まった菅はこう漏らした。

「来年の総裁選は大したことにならないと思いますよ」

谷垣幹事長誕生

「石破さんの問題から人事の性格が全く変わった」

首相安倍晋三は内閣改造前夜の九月二日夜、こう語った。「石破さんの問題」とは上述した石破茂が想定外の行動に出たことを指した。このため安倍が考え抜いた末に出した結論が前自民党総裁の谷垣禎一の幹事長起用だった。

「自民党が野党時代の三年三カ月、自民党を安定させた谷垣さんしかいない」

首相経験者の閣僚起用の例はあっても総裁経験者の幹事長就任は自民党史上初めてのことだ。

「直接お会いしてかき口説いた」

石破騒動が表面化するまで安倍は間違いなく「攻め」の陣容を考えていた。中には小泉進次郎や小渕優子の幹事長起用などサプライズ人事構想もあったようだ。若き幹事長が誕生すれば「年内選挙」の流れが一気に加速したからだ。

ところが、石破騒動の結果、安倍は党内の不穏な空気を察知したのだろう。新たな推進力を重視するより「党内の安定」が目的になった。入閣待望組は約六〇人。大半が「不満分子」となってもおかしくない状況だった。それを含めて党内をどう平定するのか。そこで安倍が仕込んだのがベテラン組による党内コントロールだった。

ただし、谷垣の幹事長起用は安倍にとって長短両面があった。プラス面は谷垣の幹事長就任で一五年秋の総裁選をめぐって石破に次ぐ強力なライバルが消えることだった。政権与党の幹事長は「総裁選の行司役」。事実上、谷垣は総裁選の出馬はなくなったとみてよかった。「処遇しながら動きを封じる」という安倍の老獪さが際立った人事となった。

その一方で、谷垣が安倍と決定的に違うのは政策面だった。安倍と谷垣は二〇〇六年のポスト小泉を争う総裁選で争い、安倍が圧勝して第一次安倍内閣を樹立した。この時、両者は経済政策をめぐって真っ向からぶつかり合った。安倍が金融緩和や規制緩和を軸にした成長戦略に力点を置いたのに対して財務相経験者の谷垣は財政再建論者だった。

谷垣が野党自民党の総裁として民主党の首相野田佳彦との間で消費税増税をめぐって合意したのも、財政再建を最優先とする持論があったからだ。この合意に基づいて消費税率五%を、二〇一四年四月から八%、一五年一〇月から一〇%に二段階で引き上げる改正消費税法を成立させた。谷垣は幹事長就任後の記者会見でこの税率一〇%に関しても持論を展開した。

「一〇%に引き上げるというレールが敷いてある。基本は法律に書かれた通りに進めていく」

もちろん、安倍に一定の理解を示しているが、基本は引き上げ論者とみてよかった。

これに対して安倍は八%導入でも極めて消極的だったが、先送りのための法改正の準備が間に合わず引き上げに踏み切ったのが実情だった。それだけに一〇%への引き上げに関しては依然として慎重だった。内閣改造後の記者会見で安倍はこう述べている。

「七、八、九月の経済回復を含め、経済状況を総合的に勘案し、年内に判断する」

デフレからの脱却を最優先する安倍は引き上げ先延ばしに傾いても不思議はなかった。いずれ安倍と谷垣がぶつかり合う可能性は排除できなかった。閣内では副総理兼財務相の麻生太郎も引き上げ派の筆頭だった。財務省は当然、引き上げの急先鋒。谷垣という心強い「援軍」を得て勢い付いた。第二次安倍政権発足以来、官邸に押され続けてきた財務省は巻き返しの機を狙っていた。

「消費税を一〇%にすれば、確かに一時的には景気に悪い影響が出るが、長期的には引き上げの方が日本の国益に叶う」(財務省幹部)

政権安定のために起用した谷垣が安倍の重荷になる可能性は残った。さらに二階俊博の総務会長への起用も安倍にとって重要な意味を持った。与えられた仕事に対して必ず結果を出す数少ない政治のプロ。官房長官の菅義偉も二階に関して「今では珍しい型を持った政治家」として一目も二目も置いていた。とりわけ、この年の通常国会でも衆院予算委員長として二月中に予算案の衆院通過を実現させた手腕は際立つものがあった。

この二階と菅が人を介して月に一度のペースで定期的に会合を持つようになったのは一五年二月からだった。その後、二階は自転車の自損事故で重傷を負った谷垣に代わって幹事長に就任する。やがてこの二階・菅関係を基礎に二階は菅をポスト安倍の首相に押し上げることになる。

その二階は中国の政治中枢と太いパイプを持つ実力者でもある。中国の国家主席習近平との長く深い付き合いによって築いた信頼関係は他の追随を許さない。韓国の政財界との人脈の太さは政界でもトップクラスにある。

二階が訪中すれば中国の国家主席習近平も必ず面会した。二階の総務会長起用は安倍外交のネックでもあった中国、韓国に対する「融和メッセージ」と言ってもよかった。ただし、敵に回すと二階ほど手ごわい存在はない。いわば「油断ならない軍師」だった。総務会は自民党の意思決定機関。あらゆる法案、政策もここを通過しなければ日の目を見ない。それを仕切る総務会長は時として幹事長以上のパワーを持つ。かつて「自民党のドン」と呼ばれた故金丸信も総務会長を経て幹事長となり権力を握った。

安倍は「谷垣―二階コンビ」で当面の安定を担保したが、いつそれが重荷になるかは分からなかった。安倍にとって二人の重鎮は「両刃の剣」となる懸念も内在させていた。

人事をめぐる最大の焦点だった石破については八月二九日になって約一カ月ぶりに安倍・石破会談が実現した。会談時間は一時間二〇分に及び、安倍は石破に入閣を要請した。石破は会談後、「組織人としてトップの決定に従う」と述べ、安倍の要請を受け入れる考えを示した。石破は自らも強い関心を寄せていた地方創生担当相に就任した。政治的には石破の入閣受諾は二〇一五年九月の自民党総裁選への立候補断念の意味を持った。現に石破は九月七日に放送されたフジテレビの番組で総裁選不出馬を示唆した。

「自分の仕事に全身全霊を尽くして安倍晋三首相が再選できる環境にする。それが今の仕事だ」

明らかに長期政権を目指す安倍の作戦勝ちだった。この石破の処遇をめぐる駆け引きは後々にも影響を及ぼし、石破の政治的立場は一気に弱まることになった。逆に最大のライバルの動きを封じ込めることに成功した安倍は総裁選での再選を手繰り寄せたと言ってよかった。そしてもう一つの長期政権へのハードル越えである解散総選挙実行に向けたシナリオに着手したのもこの人事だった。その片鱗は女性議員の登用に窺えた。女性閣僚は二人から一挙に五人に増え、自民党の政調会長には安倍側近の稲田朋美が抜擢された。郵政選挙で初当選した稲田はこの時まだ当選四回。既に行政改革担当相として入閣しており安倍の〝秘蔵っ子〟とみられていた。

安倍は九月三日、第二次政権発足後初めての内閣改造と自民党役員人事を断行した。

【内閣】

内閣総理大臣　安倍晋三
副総理兼財務大臣　麻生太郎
総務大臣　高市早苗
法務大臣　松島みどり
外務大臣　岸田文雄
文部科学大臣　下村博文
厚生労働大臣　塩崎恭久
農林水産大臣　西川公也
経済産業大臣　小渕優子
国土交通大臣　太田昭宏（公明党）
環境大臣　望月義夫
防衛大臣　江渡聡徳
内閣官房長官　菅義偉
復興大臣　竹下亘
国家公安委員長・拉致問題担当相　山谷えり子（参院）
沖縄北方担当相　山口俊一
女性活躍・子育て担当相　有村治子（参院）
経済再生・経済財政政策担当相　甘利明

地方創生担当相　石破茂

【自民党執行部】

副総裁　高村正彦

幹事長　谷垣禎一

総務会長　二階俊博

政調会長　稲田朋美

選対委員長　茂木敏充

国対委員長　佐藤勉

経団連との和解

内閣改造・自民党役員人事を終え、「安倍一強」がさらに強化されると、思わぬところで波及効果が現れた。経団連が五年ぶりに政党への政治献金の再開を決めたのだった。経団連会長の榊原定征は九月八日の記者会見で「民主政治を維持するためのコスト」と述べて、献金再開の正当性を強調した。ますます求心力を高める安倍へのすり寄りに映った。経団連関係者は、「安倍政権と経団連との和睦の証」と論評した。

たしかに前経団連会長の米倉弘昌と首相安倍晋三との関係は最悪だった。最終的に二〇一二年衆院選の選挙情勢が自民圧勝の流れになると米倉が膝を屈した。しかし、安倍の怒りは収まらなかったことはその後の経団連への対応が証明した。政府の経済政策の司令塔でもある経済財政諮問会議の民間議員から米倉は外され、経団連は「指定席」を失う。それだけではない。自民党が政権に復帰して初めて開いた一三年三月の党大会には会長の米倉ではなく審議員会議長の渡文明（当時、二〇二〇年没）が経団連を代表して出席した。米倉が会長に座る間は安倍政権との関係修復は絶望的だった。その米倉が二〇一四年六月に二期四年の任期を終え、榊原が会長に就任すると関係改善が一気に進んだ。榊原は就任後に二度も安倍とゴルフを共にした。さらに政府は内閣改造直後の九月五日には榊原を経済財政諮問会議の民間議員とすることを発表した。

その直後の献金再開だった。安倍はアベノミクスの成長戦略の一環として法人税減税を打ち出していた。榊原は記者会見で「どの政党に献金するかは各社の判断だ」と語ったが、現実には献金先は自民党に傾斜した。経団連の献金再開には総裁経験者の谷垣禎一の幹事長起用も大きな要因と見られた。谷垣が持つ中国、韓国など近隣諸国とのパイプ、そしてクリーンなイメージもプラスに作用した。

行き詰まる近隣外交

九月三日の内閣改造は「安倍一強」の確認でもあった。安倍はこの政権を「有言実行、政策実現に邁進する実行実現内閣」と命名した。改造前の内閣がほぼ一年八カ月を無傷で着々と実績をあげてきた第一段ロケットだとすれば改造は第一段ロケットを切り離し、安定軌道に入るための第二段ロケットへの点火と言ってよかった。ところが、この第二段ロケットがなかなか安定しなかった。むしろ先行きに不安が広がるばかりだった。とりわけ近隣外交は出口の見えない迷路に入り込んでいた。

当初の目論見で言うならば、九月第二週には北朝鮮をめぐる拉致問題が大きく進展しているはずだった。前述した通り、七月一日に北京で行われた日朝の局長級協議を受けて政府は日本独自の対北朝鮮制裁の一部を解除した。北朝鮮側が拉致の被害者を含む全ての日本人について再調査する特別調査委員会の設置を通告してきたからだ。しかも北朝鮮側は第一回報告の時期まで具体的に明示した。菅が既に述べていた。

「夏の終わりから秋の初めごろ」――。

しかし、待てど暮らせど連絡はなく、ついに「調査は初期段階」との通告が届く。さらに北朝鮮側の窓口になっている朝日国交正常化担当大使の宋日昊は「日本政府の関係者が平壌に来て特別調査委員会の責任者に会ってもらいたい」と伝えてきた。つまり「自分は権限が与えられていない」と自ら告白したのと同じだった。これでは宋日昊といくら協議を重ねても成果が出るわけがなかった。もともと日本政府内には宋日昊に対してはその信頼性に疑問符を付ける関係者が多かったが、それを裏付けた格好だった。一〇月下旬に予定された終戦前後に北朝鮮地域で死亡した日本人遺族らの墓参は一一月に延期された。これも拉致問題をめぐる平壌への政府関係者の派遣問題と密接に絡んでいた。

一方、北朝鮮は九月一九日から一〇月四日まで韓国の仁川《インチョン》で開かれたアジア競技大会を契機に韓国との接触を再開し、外交姿勢の軌道修正に入った。一〇月一五日には南北軍事境界線がある板門店《パンムンジョム》で軍事当局者会談が行われた。

これに対し日韓関係は依然として手詰まり状態が続いた。一時は同じ一五日からイタリアのミラノで開催されたアジア欧州会議（ＡＳＥＭ）の場所を借りた安倍と韓国大統領朴槿恵との日韓首脳会談が模索されたが、産経新聞の前ソウル支局長の在宅起訴によって立ち消えになった。前支局長がウェブサイトに掲載した記事が大統領の名誉を毀損したというものだが、官房長官菅義偉は強く批判した。

「民主主義国家としてあるまじき行為だ」

当面の日韓首脳会談は再び困難な状況になった。「大統領と会談すれば（産経新聞の問題について）安倍首相が何も言わないわけにはいかない」（外務省最高幹部）からだった。

日韓関係以上に深刻度を増していたのが日中関係だった。安倍政権が発足して二年を迎えようとしていたにもかかわらず中国の国家主席習近平との日中首脳会談は一度も設定されていないという異常事態が続いていた。しかも一一月一〇日から北京で開催のアジア太平洋経済協力会議（APEC）首脳会合が目の前に迫ってきた。安倍は九月二九日に行った臨時国会での所信表明演説でも日中首脳会談の開催を呼び掛けた。

「安定的な友好関係を築くため早期に実現し、対話を通じて『戦略的互恵関係』を発展させたい」

七月下旬には元首相福田康夫が北京を訪れ、習近平と地ならしの会談を行った。福田・習近平会談には安倍の外交ブレーンでもある国家安全保障局長の谷内正太郎が同席した。福田は帰国後、日中首脳会談の実現可能性について周辺にこう語っている。

「二人ともこの二年近くの間に大いに学んだのではないか」

つまり安倍も習近平も日中関係の改善が急務であることを痛感していたというわけだ。しかし、中国側は二つの問題に関し強いこだわりを持っていた。安倍が靖国神社への参拝見送りを確約すること、そして、沖縄県・尖閣諸島をめぐる領有権問題の存在を認め合うことだった。ところが総務相高市早苗が一〇月一四日の記者会見で秋季例大祭に合わせて靖国神社を参拝する意向を明らかにした。これに危機感を抱いた公明党代表の山口那津男が高市を強く牽制した。

「首脳会談実現のために環境を整えてきた。雰囲気が出ているときに水を差すのは避けるべきだ」

日中関係をめぐる認識の差は与党内でもこれほど大きく、北京での日中首脳会談実現の可能性は

「五分五分」（外務省幹部）と言えた。

もがく民主党

安倍の内閣改造・党役員人事に呼応するように野党の民主党も執行部人事を一新した。九月一六日の両院議員総会を盛岡市内の繋《つなぎ》温泉の「ホテル大観」で開催した。前年八月の東北豪雨による洪水被害から復興した温泉街で、民主党復活への思いが滲んだ場所でもあった。

この人事のポイントは代表海江田万里に辞任を迫っていた「反海江田グループ」に執行部の中枢を委ねた点だった。代表代行岡田克也―幹事長枝野幸男―政調会長福山哲郎が一直線に並んだ。

「一見すると海江田さんが攻め込まれて妥協したかのように見えて、実は鉄壁の守りを固めたのだ。もうどこからも『海江田降ろし』の声は出なくなる」

民主党のベテラン秘書はこう分析した。この意外性のある人事構想には陰のシナリオライターがいた。民主党の鳩山由紀夫、菅直人の両政権で防衛相を務めた北澤俊美だ。北澤も海江田に辞任を求めた一人だったが、海江田に辞任の意思がなければリコール規定のない民主党では堂々巡りが続くだけ。このため北澤が中心になって「反海江田グループ」は「執行部一新」に舵を切った。北澤が相談した相手が幹事長だった大畠章宏。この二人は菅直人内閣の防衛相と国土交通相。東日本大震災後の「菅降ろし」をめぐる元代表小沢一郎と菅との党内抗争を収拾するため円満な菅退陣の道筋を付けたのもこの二人だった。再び民主党内の混乱を収めるためにベテラン二人が動いた。

北澤と大畠は七月末ごろから協議を重ねた。最後に大畠が北澤にこう告げた。

「自ら幹事長から身を引いて捨て石になる。人事をやって挙党態勢をつくろう」

これを受けて北澤は八月三〇日、大分市内の講演で海江田に決断を促した。

「海江田代表を支えるには今の執行部の体制では駄目だ。大畠さんは党再生のために身を引く覚悟を固めている。それに海江田代表が応えなかったら民主党の夜は長くなる」

それから約二週間後の九月一一日、北澤と枝野が軽井沢プリンスホテルで懇談、最終的な人事についての合意が成立した。この人事の際立つ特徴は、菅直人内閣時代に政権の中枢を固めた実力者が顔を揃えた点だった。海江田自身も三・一一の東京電力福島第一原発事故発生時の経済産業相。当時の官邸は枝野官房長官―福山官房副長官コンビ。そして岡田は民主党幹事長だった。この事故対応で中心的な役割を担った幹部の顔を揃えたのは、民主党政権批判への反論の意味があった。

「(原発事故に)菅さんがどう対応したのか。国民にきちんと説明しなければ、民主党政権は全否定されることになる。新執行部には民主党の説明責任を果たしてもらいたい」(北澤)

衆院選以来、何もできずにロープダウン寸前だった民主党がようやく放った初めてのジャブと言ってよかった。しかし、民主党には大きな弱点があった。選挙準備が全く進んでいないことだった。衆院議員が任期満了となる二〇一六年一二月までの折り返し点が視野に入っていた。公認候補の決定が遅れ、野党協力もほとんど手つかずの状態。解散権を握る安倍がいつ大権を行使するかは分からない。民主党が戦闘開始の態勢を整えることは逆に安倍が解散権を行使する口実を与えることにつながった。九月二九日に臨時国会の召集が決まっていた。内閣改造直後の安倍に対する最初の関門だったが、同時に民主党にとっても後のない舞台になる可能性があった。

その臨時国会召集の前日、土井たか子の訃報が伝えられた。享年八五歳。気取りがなくさっぱりした性格。そして「明治の女性」を彷彿とさせるような気丈さを持ち合わせたあっぱれな人生だった。

女性で初の党首、女性で初の衆院議長。首相安倍晋三が推進する「女性の活躍」を四半世紀以上も前に実践した先駆者だった。中でもハイライトは八九年の参院選で自民党を完膚なきまでに叩きのめしたことだ。そこから日本の政治において「衆参ねじれ国会」が始まった。「山が動いた」「やるっきゃない」など数々の土井語録が土井の歯切れのいい政治スタイルを象徴した。ただし土井の政治力を支えたのは卓抜な表現力や力強い巧みな演説力にあっただけではない。土井の言葉に国民が抱いた素朴な気持ちがストレートに表されていたことにあった。

土井の訃報と重なるように召集された臨時国会の焦点は奇しくも消費税率を翌一五年一〇月からさらに二％引き上げて一〇％にするのかどうかの一点にあった。しかし、安倍は所信表明演説では全く触れずに終わった。野党側の追及も甘く切迫感はなかった。アベノミクスの成否にも直結する消費税問題を避けた論戦はほとんど意味がなかった。

しかも当時は外国為替市場で急速な円安が進み、日本経済への影響は極めて深刻なものがあった。とりわけ地方経済や生活を直撃した。安倍が推進するアベノミクスによって大企業の正社員の給与が上がったことは間違いない。だが地方経済への波及効果となると限定的。それ以上に地方都市に住む人たちは「下駄替わり」に使う自動車のガソリン代の値上げ、輸入原材料の高騰で大きなダメージを受けた。石破を特命相に起用した「地方創生」も将来的にはプラスにはなっても即効性は薄かった。

第二次安倍内閣は円高の是正から始まった。皮肉にも副総理兼財務相の麻生太郎には「デフレ脱却・円高対策担当相」の肩書がついていた。それが一気に円安に振れた。かつて円安は輸出産業を中心に〝神風〟に近いものがあったが、円安による地方経済の疲弊は日本全体の衰退に繋がるという懸念が膨らんだ。

さらに日本全国で頻発する自然災害への政府対応では防災と危機管理の両面で問題点が露呈した。八月に広島市で起きた大規模土砂災害の対処では死者、行方不明者の数が増えるにつれて自衛隊などの救助隊が徐々に増強されたことに批判が集中した。危機管理を長く担当してきた政府のOBはこうした政府の対応を強く批判した。

「災害は危ないと思った段階で広く大きく人員を展開する。それで失敗したらご免なさいだ。被害が大きくなるにつれて投入する人数を増やしていくのが一番よくない」

広島の土砂災害もそうだったし、九月二七日に発生した、長野県と岐阜県の県境に位置する御嶽山の噴火災害で、火山災害としては戦後最悪の五八人の人命が奪われたこと(行方不明者は五人)にも同じことが言えた。

御嶽山で噴火が起きた直後は、政府サイドはこれほどの被害になるとはだれも想定をしていなかった。最初の噴火が起きた九月二七日の当日、ヘリコプターの出動はなし。国土交通省が最初に行った対応は下山者が道に迷わないための投光器を設営することだった。ところが、翌日になって投入された救助隊が山頂で見たのはおびただしい犠牲者の数だった。

自民党総務会長の二階俊博は御嶽山の噴火事故の検証の必要性を力説した。

「噴火についてはみんな不可抗力のような話をしているが、果たしてそうなのか。いきなりドーンと来たのかどうか詳しく調査しなければならない」

御嶽山の噴火に関しては気象庁が九月一〇日の段階で初期微動を捉えており、気象庁を所管する国土交通相の太田昭宏は「あの時に工夫ができなかったのか」と悔やんだ。

第五章
不意打ち解散
（二〇一四年一〇月～二〇一四年一二月）

衆院解散，消費税再増税延期を記者会見で表明する（2014年11月18日）

1 「黒田バズーカ」の発動

解散風の行方

一〇月五日は北朝鮮による拉致被害者である横田めぐみの誕生日である。拉致されてから三七年の月日が流れ、二〇一四年のその日、めぐみは満五〇歳を迎えた。母早紀江は前日に地元の川崎市で開かれた支援集会の後、報道陣の取材に応じた。

「めぐみが五〇歳になるなんて私たちには考えられない。一三歳のめぐみだけを追い続けてきて、やっと成人した姿が写真でもたらされた。あれからどうなっているのか全く分からない」

拉致問題をめぐってはこの年の五月のストックホルム合意に基づいて北朝鮮が設置した特別調査委員会の初回の報告書は「夏の終わりから秋の初め」に出されるとされながら、遅れに遅れていた。「こんどこそ」という思いはまたも踏みにじられつつあった。そんな中で巡って来た横田めぐみの誕生日の二〇一四年一〇月五日、政治が大きく揺れた。公明党代表の山口那津男がラジオ日本の番組で与党の首脳として初めて衆院解散に言及したのだった。

「年末に衆院議員の任期の半分を過ぎれば、議員は常在戦場の心構えがあっていい。連立政権が評価されるマックスを狙うのが常套手段だ。絶好のタイミングを計らなければならない」

山口発言が注目を集めたのは単純に「残り任期が二年」と言うだけに止まらない政治的意味を含んでいたからだった。その核心こそが消費増税問題にあった。一五年一〇月から消費税率が八%からさらに二%アップされて一〇%になることが法律で決まっていたが、安倍はやるかやらないかの最終判断を保留していた。

公明党の利害得失を斟酌すれば一五年春の統一地方選あるいは一六年の参院選とのダブル実施はいずれも回避しなければならない。一方の安倍には一五年九月の自民党総裁選というハードルが待ち構えていた。この年、公明党は結党満五〇年を迎えた。この間に公明党を支えたのは平和主義と社会的弱者に寄り添う福祉重視の方針であった。

ところが公明党が自民党と連立を組んでちょうど一五年。「下駄の雪」と揶揄されるほど自民党寄りの姿勢が目立った。とりわけ安倍が推進した集団的自衛権の行使を容認する憲法解釈の変更に際しては公明党の不甲斐なさが指摘された。九月に開かれた党大会で「公明党は政治の要だ」とする活動方針を採択したのも「公明党らしさ」の回復への決意表明と言えた。

その公明党は消費税問題では低所得者対策の一環として軽減税率の導入を政府に要請していた。軽減税率の導入は自公の合意で「一〇％時」に実施されることになっていた。

女性閣僚のダブル時間差辞任

政治は何が起こるか分からない。前例のない事態が表面化した。二閣僚の「同日時差辞任劇」だった。「一強多弱」と言われ、順風満帆に見えた第二次安倍改造内閣が突風にあおられるように大きく揺れた。一〇月二〇日午前八時すぎ、経済産業相小渕優子は宿泊していたホテルニューオータニを公用車で出発した。行き先は首相官邸。安倍は小渕より一足先に官邸に入り小渕の到着を執務室で待った。

「申し訳ありません。経財産業大臣の職を辞したいと思います」

週刊新潮が小渕の「政治とカネ」をめぐる問題を報じてから五日目のスピード辞職だった。問題とされたのは小渕の関連政治団体が二〇一〇〜一一年に東京・明治座で支持者向けに開いた観劇会をめぐる政治資金収支報告書の収支が合わないことにあった。収入より支出が多く、団体が差額約二六四二万円を負担した形となり、有権者への利益供与を禁じた公選法に抵触する恐れがあった。安倍は九月三日の内閣改造で「女性の活躍」を掲げ、五人の女性閣僚を誕生させた。五人という人数は第一次小泉内閣の女性閣僚数と同じ。中でも小渕は野田聖子とともに「日本で最初の女性首相候補」の一人にあげられ、改造内閣の金看板だった。

安倍は小渕のスキャンダルを耳にした直後の一五日午後、政府専用機でアジア欧州会議（ASEM）に出席するためイタリアのミラノに向かった。ミラノでは外交日程が目白押し。時差の問題もあって安倍の関与は不可能に近かった。ミラノから官房長官菅義偉と頻繁に連絡を取った。

「何とかならないのか」

必然的に菅が全てを仕切らざるを得なかった。菅が出した結論は「スピード辞任」だった。その背景には第一次安倍政権の苦い体験があった。事務所費をめぐる「政治とカネ」の問題に加え閣僚の失言が続発した。ところが、当時、安倍の対応が後手後手に回り、結果的に政権末期になって五閣僚がバタバタと交代した。しかも農水相松岡利勝は自殺という悲劇的な結末を迎えた。安倍は当時を振り返ってこう語っていた。

「（自分は）どちらかというと情に引っ張られるところがある。それを欠点だと思って今回は（政権運営を）やっている」

第一次政権では閣僚の交代時期を誤り、参院選の敗北、そして自らも体調を崩して退陣に追い込まれたことへの安倍の深い反省でもあった。この第一次政権で総務相だった菅がこの経験を共有していたからだろう。菅の決断は早かった。一六日に週刊新潮が発売されると、素早く動いた。自民党側とも連絡を取りながら、一七日には小渕と会談し、安倍の帰国を待って正式辞任することを確認した。

さらに菅はそこから先を見据えていた。法相松島みどりが選挙区の有権者に「うちわ」を配った問題も同時に進行していたからだ。小渕が辞めても、松島に野党側の追及の矛先が向かうのは確実だった。菅は一気に二つの問題の決着を図った。いわば「道連れ辞職」だ。このうち松島は辞職に強く〝抵抗〟した。最終的に二人が辞める段取りが固まったのは一九日の日曜日の夜。さらに官邸と自民党幹部との調整の結果、異例の段取りを踏むことが決まる。二人同時の辞表提出ではなく、「午前中に小渕、午後に松島」という「時間差辞任」のシナリオが描かれたのだった。そこには小渕辞任のショックを松島辞任で和らげる意図が浮かび上がった。小渕については自民党の幹部が口を揃えていた。

「まだ若いし、ここで一度引いてもやり直しがきく。傷口を広げない方がいい」

安倍は辞表を提出に来た小渕に首相退陣後、どのようにして復活を果たしたかを諄々と説いた。

「自分は四〇人以下のミニ集会を次の選挙まで三〇〇回は開いた。まず自分の言うことに聞く耳を持ってもらうためにはお詫びをしないといけない」

安倍は二人から辞表を受け取ると、間髪を入れずに国民に向かって謝罪した。

「任命責任は私にある。国民に深くお詫びしたい」

その後、安倍は一気に小渕の後任に元首相宮澤喜一の甥で参院議員の宮澤洋一、新しい法相には元少子化担当相の上川陽子を決めた。いかにも菅が描いたとしか思えない「管理された辞任劇」とも言える手際の良さだった。しかし、〝緊急手術〟で当面の危機は回避できたが、ダブル辞任のダメージは大きかった。ましてや安倍が自ら断行した人事の失敗は安倍に対する認識を一変させた。自民党内には「安倍、恐るるに足らず」(非主流派幹部)の声が出始めた。その後の政治日程を見ても事態は深刻だった。一二月上旬には消費税増税の答えを出さなければならず、サプライズ人事と言われた自民党幹事長に起用した元総裁の谷垣禎一は意見が異なった。消費増税を決めた民自公三党合意の当事者でもあったからだ。谷垣は周辺にこう漏らしていた。

「消費税を上げるリスクの対策には経験があるが、上げないリスクは未知数だ。しかも、上げないとなれば、いつまで凍結するのか、税率をどうするのかなど次の行程表が必要だ」

谷垣と同じく野党時代に三党合意に署名した公明党代表の山口那津男は、互いに弁護士になる前に司法修習生として机を並べた「同期の桜」。折に触れて意思疎通を図る間柄だった。谷垣、山口は中国、韓国をめぐる近隣外交でも同じ価値観を共有した。与党首脳間でも安倍の分が悪かった。政権に復帰して一年一〇カ月。安倍は初めてと言っていい大きな試練に直面した。

九月二九日に召集された臨時国会を安倍自身は「地方創生国会にしたい」と力を込めていたが、完全に「スキャンダル国会」の様相となった。民主党執行部は臨時国会を控えて早くから閣僚のスキャンダルに狙いを定め、幹部の一人は「大臣の首を取る」と述べるなどかなり周到な準備をしていた。スキャンダルは一度火が点くと止まらなくなる。

このあおりを受けたのが法案の審議だった。会期末は一一月三〇日。延長がなければ、残すところあと一カ月余。ところが、政府提出の三二法案のうち成立は一本もなかった。しかもこの間に安倍は北京で開かれるアジア太平洋経済協力会議(APEC)首脳会合と、オーストラリアのブリスベーンが会場となるG20首脳会合に東京に戻らず出席する日程が決まっていた。この期間が一一月一〇日から一七日まで。留守中の一六日には沖縄県知事選挙。さらに消費税率の引き上げの是非について重要な指標となる七〜九月期の国内総生産（ＧＤＰ）の速報値の発表が予定された。政権の再浮揚を狙って断行した内閣改造の失敗により安倍を取り巻く環境は一変した。

「黒田バズーカ」

二閣僚の辞任が尾を引く中で日銀総裁の黒田東彦が動いた。

いわゆる「黒田バズーカ」だ。日銀は景気の減速や物価の伸びが鈍化する懸念が強まったとして一〇月三一日の金融政策決定会合で追加金融緩和に踏み切った。世の中に供給する資金量の年間増加額を従来の六〇兆〜七〇兆円から八〇兆円に拡大することを決めた。金利低下や株高を促し、円安が進む効果も期待された。総裁の黒田は記者会見で「二％の物価上昇目標の早期実現を確かなものにする」と決意を表明した。しかし、決定時からプラスの影響だけでなく、副作用が出る恐れも指摘されていて、「副作用が効果を上回る追加緩和は正当化できない」との反対論は日銀内部にも存在した。決定に際しての採決では黒田を含む計九人の政策委員のうち賛成が五人、反対が四人という薄氷を踏むような経過を辿った。ただ、決定直後の株式市場は活況に沸いた。一一月四日の日経平均株価は一時的とはいえ一万七〇〇〇円台を回復した。その一方で外為市場では円安が進行、こちらも一一四円台を記録した。二年前に野党自民党総裁として安倍が目指した「円安、株高」の状況が生まれた。ただし、この時の追加的金融緩和は能動的な決断というよりは、成長戦略が具体的な成果に結びつかず、「もう一度、『第一の矢』である大胆な金融緩和に戻ったにすぎない」（民主党幹部）との冷ややかな見方も存在した。

現に日銀総裁の黒田東彦が金融緩和を決めた同じ三一日に発表された九月の全国消費者物価指数は、消費増税による押し上げ分を除くと一％。日銀が掲げる二％の物価上昇目標の実現に黄信号が点り、追い詰められての窮余の一策と言ってもよかった。

さらにこうした経済的な側面に加え、この意表を突いた決定について、首相安倍晋三の政権運営と日銀の密接な連携がささやかれた。安倍が直面していた翌年一〇月からの消費税率一〇％実施の判断と直結している可能性があったからだ。

消費税率引き上げ問題をめぐっては一一月四日から四五人の有識者からの意見聴取が始まった。前年も同じように有識者からの意見聴取を経て安倍は五％から八％への引き上げを決めた。もちろんその決断の背景には四半期ごとの国内総生産（GDP）など「経済指標」がベースとなるが、同時に政権の命運を左右するような決断には「経済指標」とは別の「政治指標」がある。内閣支持率はその典型的なものだが、それ以外のさまざまなものが絡み合った「社会的な空気」がこの「政治指標」に影響を与える。二〇一三年は九月七日にアルゼンチンのブエノスアイレスで開かれた国際オリンピック委員会（IOC）総会で、二〇二〇年の東京五輪招致に成功したことが大きかった。

これに対しこの時は五輪招致成功に象徴されるような政権にとってのプラス材料はほとんどなかった。むしろ小渕優子、松島みどりの女性閣僚のダブル辞任を始め、「政治とカネ」の問題が噴出、なお収まる気配がなかった。どう考えても地合いが悪い。しかもここから先に安倍が得点を稼げる場面を想定するのは難しかった。先に行けば行くほど、安倍が苦しくなるのは目に見えていた。

そこでかねて狙っていた消費税先送りとワンセットの衆院解散論が急浮上した。火を点けたのが一〇月二九日の安倍と自民党幹事長の谷垣禎一による白昼のトップ会談だった。話し合いは約一時間に及んだ。この会談終了後に記者団に取り囲まれた谷垣が発した言葉が早期解散を煽ることになる。

「厳しい状況を打開しないといけない時はいろいろな議論が出て来る」

いわば政権立て直しのための「緊急避難解散」の可能性に触れたのだった。翌年一月に召集される通常国会を改造時の現体制で乗り切る展望が見えず、野党側の選挙準備がほとんど整っていないことも大きかった。民主党幹事長枝野幸男は「早く解散をしてくれるとこんなに有難いことはない」と安倍を挑発した。いかにも強気の枝野だが、本当の狙いは一向に選挙態勢が進まない党内向けのアドバルーンの可能性が高かった。

一方、安倍らには過去のトラウマがあった。とりわけ副総理兼財務相麻生太郎が首相時代に解散の決断ができずにズルズルと時間が経過、その間に民主党が選挙態勢を固め大惨敗した苦い記憶があった。麻生はリーマン・ショックの直撃を受けた日本経済の建て直しを最優先に掲げ、当時の自民党国対委員長大島理森らの早期解散断行の進言に耳を貸さなかった。安倍も第一次安倍政権では問題閣僚の進退問題の決断を先送りし、気が付いた時には手遅れとなり、参院選で大敗、自らも健康を害して首相を退陣した。

いずれのケースの場合も「逡巡」「決断の遅れ」が大敗の要因だった。安倍を引き継いで二〇二〇年九月に首相に就任した菅義偉も就任直後の高い支持率の下での解散を見送り、結局は解散権を行使できないまま退陣に追い込まれた。解散権行使のタイミングはそれほど難しい。その「挫折と経験」（安倍）から安倍の決断は早かった。

もちろん、早期解散には大義名分が必要だ。安倍が意図したのは消費増税の先送りで信を問うことだった。消費増税を予定通り実施すべきと主張する勢力はこの点を指摘して解散論を牽制した。これに対して「増税先送り、早期解散派」は、増税を決めた民主、自民、公明の三党合意の修正に大義名分を求めていた。この合意の際に首相野田佳彦（当時）は野党の自公両党に「近いうちに解散」を約束した。そこで思い出すのが二〇一二年一一月一四日の野田と安倍との党首討論だ。野田は議員歳費の二割カットと議員定数の削減を約束することを安倍に迫った。

「（その約束ができるならば）一六日に解散してもいいと思っている。やりましょう」

解散の導火線

それから約二年、一一月二六日に党首討論が設定された。自民党の選対幹部が予告めいた言葉を口にした。

「真冬の空に大きな花火が上がるかもしれません」

だが党首討論開催を待つまでもなく政治は激しく動き出した。前述の通り安倍は九日から一七日まで日本を留守にすることが決まっていた。この間の一六日には沖縄県知事選、翌一七日には消費税増税の是非に直結する七〜九月期のＧＤＰ速報値が発表されることになっていた。政治の舞台が大きく回る山場が訪れた。

永田町に衆院解散に向けて突風が吹いた。一一月一一日、衆院本会議が散会すると、ほとんどの議員が小走り状態で本会議場を出て国会に隣接する議員会館に向かった。ほぼ例外なく議員たちは携帯電話を耳に当て、早口に選挙準備の指示を出していた。首相安倍晋三が北京で開かれるアジア太平洋経済協力会議（ＡＰＥＣ）首脳会合に出席のため日本を出発する前に仕込んだ、衆院解散総選挙の〝時限爆弾〟がものの見事に炸裂した。

導火線に火を点けたのが総務会長二階俊博だった。一一日の自民党役員会で二階が幹事長の谷垣禎一に質問を発した。

「マスコミ報道で衆院解散が取り沙汰されているが現状を説明してもらいたい」

谷垣は解散の可能性を否定せず、この時点で谷垣も二階も安倍の意向を聞いていた。この日の夜、中国の国家主席習近平との日中首脳会談をはじめ一連の外交日程を終えた安倍に電話が入った。自民党でただ一人だけ解散のシナリオに関与していた幹部からだった。

「永田町の解散風はもう止まらなくなりました」

電話の向こうの安倍は満足気に「そう」と答えた。この幹部こそ自民長期政権の屋台骨を支え続ける事務総長元宿仁だった。谷垣と二階はさらにアクセルを踏んだ。谷垣は記者会見で「総理は熟慮されて判断されると思う」と語った。政界の常識で言えば、「熟慮」に続く言葉は「断行」しかない。二階は一一日の記者会見でもっと明確に語った。

「常在戦場の意気込みで、時が来れば果敢に戦い、党が圧勝できるような態勢を整えたい」

そして意外にも解散風を煽ったのは公明党代表の山口那津男だった。

「報道では年内選挙のシナリオがある。それに対応できる構えをとりたい」

山口は外国訪問に出発する直前に安倍と約一時間会談しており、解散の方針を伝えられていた。自公の党首が解散で合意すれば誰も止められない。解散の大義名分も安倍は早くから決めていた。消費税増税の先送りだ。二〇一二年一二月の衆院選でこの増税の合意は国民の信任を得ており、これを修正するとなればもう一度国民の意見を聞かねばならなかった。それが安倍の解散の大義名分だった。

その一方で国際公約でもあった財政再建については消費増税を一年半先送りして「二〇一七年四月

一日からの実施」を法律に明記することによって財政再建路線の堅持を担保することになった。
また公明党の強い要請でもあった軽減税率の導入についても、従来の自公合意は「税率一〇％時」として具体的な実施時期についてはあいまいにしてきたが、それを「引き上げ時」と明確にすることになった。

公明党にとって年内の解散総選挙は翌年四月の統一地方選挙に影響が少ないことと、最も回避したい二〇一六年夏の衆参同日選挙が消えることを意味した。そして何より自公の共通の敵である民主党の選挙準備が全く整っていないこの時期の選挙は、もともと安倍が機を窺っていたタイミングでもあった。

安倍は消費増税を実施するかどうかの判断を「一二月上旬」としていたが、それはあくまでもタイムリミットに過ぎない。現に菅は早くからこう語っていた。

「消費税率を上げないと決めたら、なるべく早く国民に知らせた方がいい」

安倍の解散にかける執念と準備の周到さには舌を巻くものがあった。解散戦略の一環に日中首脳会談の実現があった。安倍は「何が何でも会談を設定するように」と外務省に厳命していた。それまでの安倍は日中首脳会談の設定には「前提条件を付けない」ことが基本だった。その基本を変え、国家安全保障局長の谷内正太郎を北京に派遣、「玉虫色の四項目合意」をまとめさせていた。二年前の総選挙で安倍は民主党政権を「外交敗北」と攻撃していた。その安倍が日中首脳会談すらできないようでは同じ言葉で反撃を受ける可能性があったからだ。そのためのつじつま合わせが逆に「外交成果」となった。二〇一四年一一月一〇日、会談した習近平の安倍との視線を逸らすような大人気ない態度が逆に安倍の好感度を上げる思わぬ効果を生んだ。そして安倍の外務省への指示が飛んだ。

「一二月には外交日程を入れないで欲しい」

月に一度は外国訪問を繰り返している安倍の頭に早くから「一二月選挙」のシナリオが描かれていたことの証だった。民主党はつい一週間前まで翌年の統一地方選の準備を進めていたが不意を突かれ為す術がなかった。

2　消費増税延期が大義名分

一一月一八日夜、衆院解散を表明した首相安倍晋三の記者会見は政治の師でもある元首相小泉純一郎の郵政選挙の際の衆院解散の会見を彷彿とさせた。選挙の勝敗ラインについては「自公で過半数」と語った。これも小泉の常套句。そして安倍はこう明言した。

「一一月二一日に解散します」

解散の理由は増税先送りだったが、安倍の本音は「今が勝てる最後のチャンス」ということにあった。もともと消費税法には「景気弾力条項」があり、景気に好転が見られなければ増税を停止することをあらかじめ想定している。国民に信を問う必要はなかった。それではなぜあえて解散に踏み切ったのか。官房長官の菅義偉は周辺にこう説明した。

「野党だけではなく自民党内にも先送りに反対する議員は多い。来年の通常国会で先送りのための法案審議の難航は避けられないと思った。その反対を封じるには解散しかなかった」

この手法も小泉の郵政解散とそっくりだ。郵政民営化法案をめぐる攻防は党を二分する激闘となり、反対した議員は選挙で非公認。それに止まらずに〝刺客〟まで送り込まれた。ところが小泉が圧勝すると、法案はあっという間に成立した。この時も先送りに関して「反対する議員は非公認」の噂が流れた。「郵政トラウマ」がまだ残っていた自民党議員には安倍の独走を止めるだけの覚悟はなかった。

そんな中で最後まで抵抗したのは財務省だった。副総理兼財務相の麻生太郎は財務省を代弁した。

「消費税率を引き上げない場合は（財政健全化）目標の達成は難しくなる」

財務省が先送りに反対した理由は財政再建への道筋が不透明となり、日本国債の信認が毀損されるとの懸念があると見たからだ。しかし、もともと安倍も菅も民主党政権で成立した「社会保障と税の一体改革」には否定的で、政権発足以来絶えず財務省との軋轢を繰り返してきた。そこで安倍が出した妥協案は先送りのための法案には「景気弾力条項」は盛り込まず、「二〇一七年四月実施」を確定させることだった。マーケットと財務省の両睨みとも言えた。

もちろんこのタイミングの解散は消費税増税の先送りだけが目的ではない。最大のポイントは「安定的な任期四年」の確保だ。このタイミングでの衆院選は余程のことがない限り、自公の過半数割れは考えにくかった。その結果二〇一五年九月の自民党総裁選で対抗馬は出ず、無投票再選はほぼ動かなくなる。対する野党第一党の民主党は、結果として反海江田の岡田克也が選挙担当の代表代行に就任するなど最悪の組み合わせで選挙戦に突入したのだった。

「一強多弱」の「一強」が仕掛けるいわば「逆桶狭間」に民主党をはじめ野党側は右往左往の状態と言ってよかった。消費税増税を実現した野田佳彦は一八日午後、側近に思わず本音を漏らした。

「もっと公認候補を沢山決めておくべきだった」

連合などの支持団体を持つ民主党ですらこの有様だから、二年前の衆院選挙後から混乱が続く「第三極」は推して知るべしだった。中でもみんなの党は無残な姿をさらした。代表の浅尾慶一郎がかつて所属した民主党との連携に傾いたのに対し、前代表の渡辺喜美は安倍との協力関係の構築を模索してきた。さらに若手の中には維新の党との連携を重視する議員もいれば、民主党の一部と新党結成を目指した議員もおり、党としての一体感は完全に崩壊し、解党の道に向かった。みんなの党には政党助成金として交付を受けた約一〇億円の現金が残っていたとされ、渡辺の「政治とカネ」の問題があった反省から全額を国庫に返納することになった。

九月二一日に日本維新の会と結いの党が合流した「維新の党」は、共同代表の大阪市長橋下徹と結いの党前代表の江田憲司のコンビが何をしたいのか分からなかった。この年の六月、日本維新の会の分党に伴い旗揚げした「次世代の党」は小選挙区で勝ち残れるのは党首の平沼赳夫と顧問の園田博之ぐらい。一度は政界引退をほのめかした当時八二歳の石原慎太郎も広告塔として出馬せざるを得なくなった。

もとより自民党にも大きなウィークポイントがあった。二年前の衆院選で初当選した一一九人にのぼる一回生議員たち。選挙地盤が固まらず、民主党の有力落選議員がいる選挙区は厳しい試練が待ち構えていた。

過去の選挙でも郵政選挙で初当選した八三人の小泉チルドレンで、次の選挙で二回生になったのは一〇人だけ。二〇〇九年の選挙で初当選した民主党の一四三人もの「小沢チルドレン」はたったの一一人しか延命できなかった。それほど二回目当選の壁は厚くて高い。自民党の選対は「二〇～三〇の議席減は覚悟している」（幹部）としていたが、過去の例から見れば「五〇減」もあながちあり得ない話ではなかった。小選挙区比例代表制の選挙の怖さはそこにある。

混乱する野党

自民党は一一月二五日に第一次公認候補を発表した。計二九一人(小選挙区二八一人、比例代表一〇人)。これに公明党の公認候補三四人を加えると与党候補は既に三二五人に達していた。この時の選挙から小選挙区の定数が五減って総定数は四七五。この結果、過半数は二三八。自公はこれを遥かに超える候補者を立てることになった。

これに対し野党側は第一党の民主党が候補者を一七〇人を超えるところまで積み上げてきたが、これが精一杯のレベルだった。政権を競い合う選挙制度にもかかわらずスタートラインで政権交代を諦めているのと同じであった。衆院議員はいつ解散があってもいいように「常在戦場」の心構えが必要とされる。ところが民主党は二年前に野党に転落して以来、何の準備もしてこなかったツケが一気に回ってきた。「いざ鎌倉」という局面に立って馬小屋に行ったら「馬(候補者)」がいなかったというのが民主党の現実だった。

小沢一郎が率いた「生活の党」も追い詰められていた。生き残りのために小沢はかつての盟友で参院副議長の輿石東を窓口に、民主党への復党を狙った。党代表の海江田は小沢に理解を示していたが、幹事長枝野幸男、政調会長福山哲郎ら執行部は反小沢の急先鋒ばかり。行き場を失った小沢は事実上の白旗を掲げた。

「それぞれが衆院選で勝ち残れるよう考えてほしい」

小沢は所属議員にこう述べて、離党を勧めた。小沢の発言を受けて、生活の党の幹事長だった鈴木克昌と国対委員長の小宮山泰子が民主党に移籍した。幹事長と国対委員長のポストは党運営の要だ。その二人の離党は生活の党が政党として事実上機能停止することを意味した。過去に権力の頂点にいた小沢は見る影もなかった。野党側の焦点は、民主党が選挙後に野党第一党の立場を確実にしたとしてもその規模がどの程度になるかにあった。高校野球にたとえるならば、民主党にとってこの衆院選は「県大会」に過ぎなかった。次回選挙の「甲子園」に出場して優勝旗を手にすることができるかどうかはこの選挙で三ケタの議席獲得ができるかどうかにかかっていた。

民主党が政権交代を実現した二〇〇九年衆院選挙では公示前議席は一一五。そこから一気に三〇八議席に拡大した。一方、安倍が政権を奪還した二〇一二年選挙では自民党は一一八議席から二九四議席に飛躍した。つまり現行選挙制度は一〇〇議席を保持していれば政権に手が届く一発逆転の可能性を秘める制度と言える。

「平地に波瀾を起こす」

安倍の解散断行は厳しい批判を受けた。常識的には国民に負担を求めるために「国民の声」を聴くことはあっても増税先送りは国民感情に迎合して議席確保を目指す〝邪道〟との批判があったからだ。内閣府政務官の小泉進次郎もこうした声に懸念を抱いていた一人だった。

「国民の中になぜ今なのか、今じゃないでしょ、という声があることを謙虚に受け止める。白か黒の選挙ではない。今回は甘くない」

一一月二一日午前九時前、安倍は紺色のスーツに黄色のネクタイ姿で、首相公邸を出て徒歩で隣接する官邸に向かった。安倍は終始無言。黄色のネクタイは一二年一二月の衆院選挙で政権を奪還した時と同じ〝勝負ネクタイ〟だった。衆院は二一日午後の本会議で解散された。これを受け政府は臨時閣議で衆院選日程を「一二月二日公示―一四日投開票」と決定した。

「平地に波瀾を起こす」という言葉そのままの第四七回衆院選挙が公示された。安倍が衆院の解散を明言したのが一一月一八日。前回衆院選からまだ二年。全てが異例と言ってよかった。

「国民生活に大きな影響を与える税制で重大な決断をした以上、国民の声を聴かなければならないと考えた」

「消費増税を一八カ月(一年半)先送りするのは大変なことだ。財務省や自民党税調は命懸けで増税すると言っていた。これを潰すには解散しかなかった。解散をしなかったら大政変になっていた」

安倍にとって権力闘争の「仮想敵」は自民党内と財務省を中心にした霞が関だったことを窺わせた。そこから見えてくる安倍の真の狙いは「永田町と霞が関の平定」と言ってよかった。

もちろん、衆院選挙には当然自民党の議席が減るというリスクが伴う。しかし、安倍にとって多少の血を流してもこれから先の四年間の安定した政権基盤を得ることの方が遥かに意味があった。いわば一四年の解散権行使は「先行投資型解散」とも言えた。

たしかに、安倍は二〇一二年の衆院選と一三年の参院選で勝利を収め、「一強多弱」と呼ばれる政治状況を実現した。だが、そこから先の政治スケジュールを点検すると、政権の足元を揺るがしかねない地雷原が続いていた。一五年九月には自民党総裁選が予定された。だからこそ反安倍勢力を沈黙させるため間を置かずに解散を断行することが必要だった。

野党第一党の民主党は代表の海江田万里が求心力を欠き、候補者が揃わないなど準備不足は隠しようがなかった。前回の衆院選挙で乱立した第三極と呼ばれる新党グループも二年前の「敗戦処理」が終わらず混迷を続けていた。共産党を除く他の野党はいずれも方向性が定まらない中で選挙本番を迎えた。

「原作、演出、主演、安倍晋三」

第二次政権を手にした安倍は「攻め」に徹した。その安倍の思いを支えた言葉があった。五年の長期政権を担当した元首相中曽根康弘の教えだった。

「首相というポストは一瞬たりとも弱気になったらだめだ。とにかく攻め続けて行かねば立っていられなくなるぞ」

安倍自身が五年五カ月にわたって自民党幹事長や官房長官などで仕えた小泉純一郎も攻めの首相だった。

この解散権行使も「攻めの安倍」を強く印象付ける狙いがあったことは否定できない。しかもこの時の解散は前述したように野党に向けたのと同時に身内である自民党内と官僚機構を標的にしたことに大きな特徴があった。

このため安倍の解散に向けたシナリオ作りは極めて限られた側近と政治家、選挙実務に精通した自民党選対幹部だけで進められた。側近で中心的な役割を果たしたのは首席秘書官の今井尚哉、政治家では官房長官の菅義偉だけと言っても過言ではなかった。

自民党内でさえ知らされないのだから、野党側の準備が間に合うはずはなかった。自民党内には三〇議席減の可能性を指摘する声もあったが、各メディアの情勢調査でも自民党の堅調ぶりは伝わってきた。安倍と二人三脚でここまでのシナリオを動かしてきた菅はこう語った。

「この選挙の結果、残り任期四年が確保できたら、首相は自らの信念に従って思う存分に仕事ができることになる。多少支持率が落ちてもいいじゃないか」

その上で菅は周辺にこうも漏らしていた。

「残りの任期は韓国の朴槿恵大統領よりは長くなる」

言うまでもなく、選挙には「賭け」の要素が付きまとうが、安倍による「永田町と霞が関の平定」はほぼ確実になりつつあった。安倍が仕掛けた「奇襲解散」は戦略、戦術ともに安倍の完勝でのゴールが見えてきた。自民党総務会長の二階俊博はこう漏らした。

「原作安倍晋三、演出安倍晋三、主演安倍晋三。私は単なる劇場の切符切りです」

長期政権への第一歩

二〇一四年一二月一四日の衆院選投票日を迎えた。強い冬型の気圧配置となり、北日本から西日本の日本海側や山間部を中心とした地域では、雪に見舞われる中で投票が始まった。そのためか投票率は小選挙区五二・六六％、比例代表五二・六五％。戦後最低だった二〇一二年の前回衆院選（小選挙区五九・三二％、比例代表五九・三二％）をともに六・六六ポイント下回り、最低記録を更新した。

立候補者は九政党などから一一九一人。自民党の獲得議席は二九一（公示前二九五議席）、公明党の三五（同三一議席）を加えると三二六議席。再び自公で衆院での三分の二以上の大勢力を確保した。一五日未明、全四七五議席が確定した。安倍政権の継続が決まった。

安倍が企図した「奇襲解散」は思惑通りの結果に終わった。民主党は公示前の六二議席から七三議席に上積みしたが、三ケタの議席にはほど遠かった。維新の党は一減の四一議席だった。公示前八議席の共産党は倍以上の二一議席の大幅増だった。次世代の党（公示前二〇）と生活の党（同五）、社民党（同二）はそれぞれ二議席に終わった。新党改革（同〇）は議席を得られなかった。

大勝した安倍は一四日夜、テレビ番組で勝利宣言した。

「二年間の安倍政権に信任をいただいた。慢心せず、国民に丁寧に説明して政策を進める」

一方、野党第一党の民主党では代表の海江田自身があえなく落選して、代表辞任の考えを周囲に伝えた。民主党が定数の半分以下の候補しか擁立できず、自民党と政権を争う構図にならなかったため、有権者の関心は盛り上がることなく終わった。

政治とカネの問題で閣僚を辞任した前経済産業相小渕優子（群馬五区）と前法相の松島みどり（東京一四区）はともに当選を果たした。小渕は支援者に何度も頭を下げ感謝の言葉を繰り返した。

「みなさんのおかげで大変な選挙を乗り越えることができた。期待に仕事で恩返ししたい」

安倍は大きな賭けに出て、そして勝った。それも大勝だった。その余裕からだろう。一二月二一日の日曜日、安倍は神奈川県茅ケ崎のスリーハンドレッドクラブでゴルフクラブを握った。一四日の衆院選挙の投票日から一週間。特別国会召集前にゴルフに興じた首相はおそらく前例がないだろう。それほどの余裕があった。特別国会は二四日に召集され安倍は第九七代首相に指名され、第三次安倍内閣を発足させた。

この流れの先を見通せば安倍は在任中にもう一度衆院を解散する可能性が出てきた。一九五五年の自民党結党以来、長期政権を担った池田勇人（四年四カ月）、佐藤栄作（七年八カ月）、中曽根康弘（五年）、小泉純一郎（五年五カ月）の四人の首相はいずれも解散権を二回行使しているが、安倍もそれに向けて第一歩を踏み出した。

この時点で早くも消費税が一〇％になる予定の二〇一七年四月を軸に政治が動き出していた。次の衆院解散のタイミングも消費税問題が浮上するのが目に見えていたからだ。増税後の選挙が厳しいとなれば、一度は消えたかに見えたそれより前の二〇一六年の衆参同日選挙説が早くも取沙汰された。この時点では安倍の総裁任期は一五年の総裁選で再選したとしても二〇一八年九月。しかし、この任期だと安倍は自身が手繰り寄せた二〇二〇年の東京五輪の主役になれない。安倍の自民党総裁としての任期延長問題が「陰の政治テーマ」として現実味を帯びてきた。この東京五輪こそが次の安倍のターゲットと見てよかった。

これに対して野党の出番は皆無と言ってよかった。安倍も菅も野党については関心が薄かった。民主党は野党第一党と言っても七三議席。第二党の維新の党は四一議席しかない。しかも両党が国会で共闘して自公政権と対峙して合流するかどうかとなるとハードルは相当高い。菅も周辺に語っていた。

「野党再編は民主党が分裂しない限りあり得ない。だからない」

菅の自信の背景には維新の党の共同代表でもある大阪市長橋下徹、大阪府知事松井一郎との揺るぎない人間関係があった。維新の党が選挙戦終盤のラストスパートで公示前議席から一議席減の四一議席に踏みとどまった背景にも安倍や菅の存在が囁かれた。

現行の小選挙区比例代表並立制は政権交代可能な二大政党が存在することによって初めて本来の機能を発揮する。しかし、この選挙の結果、自民党に対抗でき得る野党勢力の形成はかえって困難になった。

安倍が執念を燃やす憲法改正への着手が視野に入ってきた。一二月二四日の第三次安倍内閣の発足と同時に安倍は次の衆院解散を睨んだ「安倍カレンダー」を描き始めた。

これに対して選挙後に待ったなしの出直しを迫られたのが各野党だった。中でも野党第一党の民主党は結党以来の岐路に立たされた。最初の関門は特別国会の首相指名選挙だった。かつて二〇〇九年の政権交代選挙で野党に転落した自民党は当時の総裁麻生太郎の名前を書くかどうかで大モメになったことがある。結局、選挙で惨敗した麻生ではなく妥協策として両院議員総会長の若林正俊に投票した。これは選挙後直ちに総裁選を実施できなかったためで、こんな珍事が起きたのだった。

一方、民主党は二年前に下野した際にバタバタと代表選を行い、代表に海江田万里が選出された。しかし、新しい党のあり方を吟味することなく選出したため、後に「海江田降ろし」が表面化した。そこで生じた党内の亀裂が埋まらないまま衆院選に突入した。

首相指名選挙前に新しい代表を決めるのか、それとも海江田のままで翌年九月の代表選を待つのか——その決断を急がねばならなかった。新しい代表を決めるケースでも今後の党の方向性を決める必要があった。従来の民主党の延長線上で再建を図る道が一つ。そしてもう一つの選択肢は野党の再編を含む新生民主党結成の道だった。既に民主党内では選挙中にその議論が密かに始まっていた。前者の旧来型なら元代表の岡田克也が最有力。これに対し他党との合流を視野にした新生民主党を目指すのなら元代表の前原誠司、元幹事長の細野豪志の名前が浮上した。

一方、第三極と呼ばれた維新の党、次世代の党、生活の党は存廃の分かれ道に立たされた。経験則に立てば新党の〝生存期間〟はせいぜい国政選挙二〜三回といったところだった。その中でも〇九年の衆院選の前に結成されたみんなの党は唯一の成功例と思われたが、内紛が続きこの選挙前に解党という思わぬ結末を迎えた。

新党乱立の背景には国会議員が五人集まれば政党要件を満たし、政党交付金が受け取れることがある。新党結成のハードルが低すぎるため安易に新党に向かう傾向が助長された。

3　高揚感なき「大勝」

生き延びた「安倍チルドレン」

「三〇議席ぐらい減ってもしょうがない。むしろ、その程度の方が政権運営はし易い」

首相安倍晋三は選挙前にこう語っていた。

官房長官の菅義偉も「（選挙前勢力の）二九五議席から一割ぐらいは減るかもしれない」との認識を示していた。いずれも「負けを覚悟」の解散だったことを認めていた。ところが結果はこれを大きく上回る大勝。とりわけ安倍にとって大きな意味を持ったのは前回二年前の選挙で初当選を果たしたいわゆる「安倍チルドレン」の善戦だった。一一九人のうち一〇五人が再選を果たした。二〇〇五年の「小泉チルドレン」、二〇〇九年の「小沢チルドレン」は大量当選しながら大半が次の選挙で落選し、オセロゲームのような「振り子」現象を続けていた。それにようやくピリオドが打たれた。一〇〇人を超える二年生議員の誕生は初めてのことだった。政治家の将来を決めるのは二回目の選挙で当選できるかどうかにある。二回生となると大半が政務官を経験し、自民党内でもそれなりの役職が割当てられる。中には副大臣に抜擢される議員も出てくる。つまり次期衆院選でも自民党は候補者の優劣という点だけでもかなり有利な状況でスタートラインに立つことになった。その点からもこの選挙の大勝は自民党が結党した五五年から三八年間続いた「五五年体制」に次ぐ、自民党一強による「二〇一四年体制」の始まりと言ってよかった。

前述の通り消費税の一〇％先送りもすんなりと運んだわけではなかった。野党だけでなく自民党内、そして財務省を中心にした霞が関全体の抵抗は激しいものがあったからだ。

現に財務省とタッグを組んで社会保障と税の一体改革に全力投球をしていた厚生労働省幹部の一部は安倍を厳しく批判していた。

「先送りによって生じる政治的資産の損失は計り知れない。それでも総理はやるのか」

当然こうした声は菅の耳に入らないわけがなかった。

「だれがどこで何を言っているかはすべて入って来ている。官僚たちは政権が決めたことをきちんとやればいいんだ」

確かに財務省は先送り阻止に向けて絨毯爆撃さながらに自民党有力者への個別説得に全省を挙げて取り組んだ。普通の省庁は官邸にガツンとやられると、すごすごと引き下がるものだが、財務省はなまじ組織力があるため官邸とがっぷり四つに組んでしまった。そこに落とし穴があった
このため安倍は選挙後も容赦はなかった。安倍の標的となったのが財務省の別働隊と見られる自民党税制調査会だった。党税調の権威の象徴がインナーと呼ばれる一部の税調幹部で構成される小委員会だが、ここにも安倍の老獪なメスが入った。インナーの一人だった町村信孝を衆院議長に祭り上げたのである。町村はかつて安倍が属した党内最大派閥の町村派の会長を務め、安倍が復活を果たした二〇一二年九月の自民党総裁選には二人が揃って立候補するという骨肉の争いを演じた関係にあった。安倍にとって小委員会でただ一人煙たい存在だった。

安倍は「町村衆院議長」について『回顧録』で「恩義を返せたかなと思っています」と語っているが、それを鵜呑みにすることはできない。町村の議長人事は税調小委員会の弱体化と同時に「町村派解体・継承」という一石二鳥の効果を狙ったものだったと見ることができるからだ。事実、町村が議長に就任したことで町村派は幹事長代行の細田博之が会長となり細田派に衣替えした。安倍と細田の

関係からすれば細田派は実質的に安倍の支配下に入る。表向きは無派閥の安倍が事実上、「拡大安倍派」のオーナーとなることを意味した。長い自民党の歴史の中でも現職首相が在任中に最大派閥を手中に収めるという前例のない権力掌握を実現した。

しかし、旧町村派の影はその後も消えることはなかった。二〇一二年九月の総裁選で勝利して首相になった岸田文雄は官房長官に細田派の松野博一を起用した。松野は一二年の総裁選で町村の推薦人に名を連ねていた。松野の他にも総務会長福田達夫（現筆頭副幹事長）、国対委員長高木毅も町村系とみられ、細田派内部の火種はなお残っていたことが浮かび上がった。

存在感を増す二階俊博

町村派を掌握した安倍はその一方で反安倍勢力の形成を阻止するため周到な手を打つ。中でも総務会長の二階俊博に対する極めて丁重な対処ぶりが際立った。そのことが逆に二階に対する警戒ぶりを窺わせた。二階が率いる二階派はこの衆院選で三人の無所属候補を当選させた。中村喜四郎（茨城七区、現立憲民主党衆院議員）、長崎幸太郎（山梨二区、現山梨県知事）、山口壯（兵庫一二区、後の環境相）。このうち中村と長崎は自民党公認候補を破っての当選だった。従来の自民党なら二階は最も重大な党規違反に問われても不思議はなかった。とりわけ長崎は富士急創業者一族の堀内詔子（後の岸田文雄内閣のワクチン担当相）とのサバイバル戦を制しただけに二階に対する懲罰論が燻った。ところが安倍は全く動こうとしなかった。むしろ選挙戦では安倍が二階に気を遣った。

「これから山梨二区に遊説に入ります」

安倍が二階に対して〝仁義〟を切ったのだった。これに対して二階は逆に凄みを利かせて安倍を牽制した。

「公認候補（堀内）が小選挙区で勝つということは当選者が一人減ることになります」

つまり無所属の長崎が当選すれば比例復活の堀内と事実上自民党の当選者が二人になることを意味したからだった。もともと長崎については二〇一二年衆院選挙で当時の幹事長代行だった菅が公認を検討したことがあった。選挙後、菅は周辺にこう漏らした。

「小選挙区で二回連続負けた候補は次回から公認は難しいかもしれない」

二階はすかさず選挙後、初めて開かれた自民党総務会で入党を希望しない中村喜四郎を除く長崎と山口に関して入党の手続きに入るよう要請した。これに対し幹事長の谷垣禎一は煮え切らなかった。

「県連の意見も聞き、丁寧に対応したい」

山梨県は一四年衆院選挙では沖縄県とともに自民党公認候補の当選者ゼロの稀有な県となった。さらに安倍は衆院の議院運営委員長に二階側近の元沖縄北方担当相林幹雄を起用した。二階は公明党の中央幹事会長漆原良夫との太いパイプがあり、幹事長が担う国会運営についても影響力を行使することになった。

安倍は二階になぜそこまで配慮したのか。ひとつは翌一五年九月の自民党総裁選だった。この衆院選大勝で安倍の再選は動かなくはなったが、まだ「無投票」というところまでには至っていなかった。地方創生担当相の石破茂が出馬する芽はほぼ消えたとはいえ、総務会長経験者の野田聖子は依然として意欲を燃やしていた。野田の背後には政界引退後も隠然たる影響力を保持していた元幹事長の古賀誠の存在が見え隠れした。その古賀と二階の関係を考えれば二階の重用は古賀封じの狙いもあった。

そして二階の存在を無視できない最も大きな理由は、二〇一五年が「戦後七〇年」という重要な歴史の節目に当たることだった。安倍は「戦後五〇年」に閣議決定された村山談話を超える「安倍談話」の発表に強い意欲を示していた。

「戦前の出来事の反省の上に立ち、戦後の歩み、日本がこれから世界の平和の安定のために何をしていくかを示していく。そのために英知を結集していく」

二〇一四年一一月三日のNHKの番組で安倍はこう語った。しかし、中国の国家主席習近平は一二月一三日、南京市にある「南京大虐殺記念館」で行われた大規模な追悼式典に出席して日本側を強く牽制した。

「大虐殺の事実を否定することを一三億人の中国人民は受け入れない」

習近平は安倍と初めての日中首脳会談を行ったばかり。日本側の虚を突くように習近平は早仕掛けをしてきたものとみられた。中国は二〇一五年を「抗日戦争と反ファシズム戦争の勝利七〇年」と位置付けており、「安倍談話」への〝先制攻撃〟と言ってもよかった。

日中関係もさることながら、安倍が標榜する「地球儀を俯瞰する外交」で画竜点睛を欠いたのが日韓関係だった。韓国大統領朴槿恵とは正式な首脳会談が行われないまま年を越した。遅くとも二〇一五年八月一五日までに実現できなければ「安倍談話」の意義すら失いかねなかった。安倍は二〇一五年の安倍外交を一月中旬のイスラエル、パレスチナなど中東訪問から始める計画だった。核心は「安倍談話」が村山談話に匹敵するだけの重みを持つものにできるかどうかにかかっていた。そのためにも中韓両国の中枢に太い人脈を持つ二階は欠くことができない存在になっていた。

沖縄知事選の敗退

一二月二四日に発足した第三次安倍内閣は内閣改造から間隔が短かったため防衛相兼安全保障法制担当相が江渡《えと》聡徳《あきのり》から元防衛庁長官の中谷元に代わっただけで、残る一七閣僚は全員が再任された。安倍は公明党代表の山口那津男と官邸で会談し、自公連立政権の継続を確認した。首相指名選挙が行われた議場全体にも新鮮味、緊張感はなく、いつもの法案採決の本会議と同じ空気が支配した。選挙戦を勝ち抜いた議員に共通する高揚した気分は皆無と言ってよかった。前三回の衆院選のような新人議員の大量当選がなかったことも反映したかもしれないが、変わった点と言えば衆院議長が伊吹文明から町村信孝に、副議長が民主党の赤松広隆から川端達夫に交代したぐらい。多くの自民党議員は当選回数が一回増えたこと以外にこれといったメリットはなかったのに等しかった。

安倍は年末を迎え、夫人の昭恵と共にサザンオールスターズのコンサートを観賞したほかは東京・六本木のホテル「グランドハイアット東京」で静養した。永田町に不思議な空気感が漂う中で二〇一五年の新年を迎えた。自民党議員ですら首相安倍晋三の「奇襲解散」の意味を理解できず、未だに「年の瀬の夢物語」のような錯覚にとらわれているかのようだった。ただ衆院選での大勝の陰で安倍政権は重要な選挙で手痛い敗北を喫していた。一一月一六日に投開票された沖縄県知事選だ。現職の仲井真弘多は前那覇市長の翁長雄志に大敗した。翁長は米普天間飛行場の名護市辺野古移設反対を公約に掲げた。約一年前に仲井真が沖縄振興予算の増額などと引き換えに埋め立てを承認したことが大きな敗因とみられた。

沖縄知事選で翁長は繰り返し訴えた。

「イデオロギーより沖縄のアイデンティティー。基地問題は県民一丸、オール沖縄で解決するしかない」

この「オール沖縄」の旗印は普天間飛行場の名護市辺野古移設阻止を目指す沖縄県の政治勢力を結集するシンボルとなっていく。過去二回の知事選では仲井真を推薦した公明党も県本部の強い意向を尊重して自主投票を決めた。翁長大勝の流れはそのまま衆院選に繋がり、沖縄四小選挙区全てで自民党は敗退した。「オール沖縄」はその後、一部の保守系議員や経済界も巻き込み存在感を発揮する。沖縄と安倍政権との対立は一層先鋭化し、出口はますます見えなくなった。

第六章
戦後七〇年の大転換
（二〇一五年一月〜二〇一五年五月）

安全保障法制をめぐって開かれた自民，公明両党の協議会
（2015 年 2 月 13 日，衆院第 2 議員会館）

1　日本人殺害──イスラム国の衝撃

「安倍談話」への布石

年が明けて二〇一五年を迎えると、新聞で「戦後七〇年」の活字を見ない日はなかった。首相安倍晋三も一月五日に行った年頭記者会見で早々に「戦後七〇年」に当たっての「安倍談話」を発表する意向を表明した。

国内的には前年末の「抜き打ち解散」で大勝を果たした安倍に「死角なし」。九月の自民党総裁選をめぐっても最有力候補と目されていた地方創生担当相石破茂が早々に不出馬を宣言した。前回二〇一二年の総裁選で安倍と相見えた前農水相林芳正も安倍と同じ山口県出身を理由に〝試合放棄〟を決めた。早くも安倍の再選は動かなくなった。残る安全保障をめぐる法整備も「一強多弱」の政治状況の中で成立に向けて動き出した。

日本政府は戦後の節目に応じて首相談話を発表してきた。その積み重ねが近隣外交でもあった。中でも「戦後五〇年」の村山談話は今も揺るぎない道標として色あせることなく戦後政治史に刻まれる。「わが国は、遠くない過去の一時期、国策を誤り、戦争への道を歩んで国民を存亡の危機に陥れ、植民地支配と侵略によって多くの国々、とりわけアジア諸国の人々に対して多大の損害と苦痛を与えました」

その上で談話は「痛切な反省の意」と「お詫びの気持ち」を表明した。この談話には当時の首相村山富市の自らの戦争体験に基づく強い使命感があった。それから一〇年を経た二〇〇五年、「戦後六〇年」の小泉談話は村山談話を踏襲したが、語られることが少ない。当時の首相小泉純一郎が在任した五年五カ月の間に毎年靖国神社を参拝、中国、韓国を強く刺激したからにほかならなかった。

そして「戦後七〇年」が巡って来た。

小泉談話から一〇年の間に日本を取り巻く国際状況は決定的に変容した。とりわけ中国の経済発展に伴う関係の悪化は従来の日中関係とは根本的に違う背景を持っていた。安倍と中国の国家主席習近平との日中首脳会談が実現したのは一四年一一月一〇日。第二次安倍内閣が発足して二年近くたってからだった。この間には沖縄・尖閣諸島をめぐる中国公船による領海侵犯が常態化した。

韓国との関係悪化も深刻の度を増した。一五年六月には日韓国交正常化から満五〇年を迎えるにもかかわらず、大統領朴槿恵との正式な日韓首脳会談がないまま新年を迎えた。首脳間の「冷たい関係」を反映して記念行事の開催すら危ぶまれる事態が続いた。慰安婦問題についても打開の糸口がつかめずにいた。

安倍は一月六日に開かれた政府・与党連絡会議で「七〇年談話」に関して基本的な考えを明らかにした。そこに安倍の思いがにじみ出た。

「アジア太平洋や世界のためにどのような貢献を果たしていくか、世界に発信できるようなものを、英知を結集し、新たな談話に書き込んでいきたい」

村山談話の核心をなす「謝罪と反省」からの路線転換と言えた。

安倍は三月にも談話の内容を詰めるため有識者会議を発足させる意向を固めていたが、既に安倍はその片鱗を語っていた。一四年七月にオーストラリア議会で安倍が行った演説だった。

「戦後を、それ以前の時代に対する痛切な反省とともに始めた日本人は、平和をひたぶる（ひたすら）

に、ひたぶるに願って、今日まで歩んできました。二〇世紀の惨禍を二度と繰り返させまい。日本が立てた戦後の誓いはいまに生き、今後も変わるところがなく、かつその点に、一切疑問の余地はありません」

オーストラリアは太平洋戦争では日本の交戦国の一つ。日本軍の潜水艦がシドニー湾に攻撃のために侵入した歴史がある。そのオーストラリアの首相アボット(当時)と安倍は強い信頼関係で結ばれており、オーストラリア議会での安倍演説は日豪の和解の象徴と位置付けられた。この延長線上にあるのが「安倍談話」と見てよかった。

「佐賀の乱」

順調な船出に見えた第三次安倍内閣だったが、いきなり冷や水を浴びせられた。「佐賀の乱」である。衆院選大勝からわずか一カ月。佐賀県知事選の思わぬ敗北で自民党の「わが世の春」もあっという間に吹き飛ばされた。

「国政選挙と地方選挙は全く別物だ。地元の気持ちを無視すると手痛いしっぺ返しを受ける」

長年選挙事務に関わってきたベテラン党職員は首相官邸と自民党選対委員長茂木敏充(現自民党幹事長)による候補者選びに苦言を呈した。副総裁の高村正彦も「負けに不思議の負けなし」と元プロ野球監督野村克也の格言を引いて苦言を呈した。

たしかに一月一一日に投開票が行われた佐賀県知事選は自民党が培ってきた伝統的な戦略・戦術でやってはならないことが重なった。「必勝パターン」ならぬ「必敗パターン」と言ってもいい轍を踏んだ。中でも最大の敗因は「分裂選挙」だった。

これには伏線があった。自民党佐賀県連の党本部不信だ。前年一二月の衆院選挙で佐賀県は全国で五県あった定数削減の対象県だった。小選挙区数がこれまでの三から二に減った。当然、小選挙区の公認候補が減る。従来の自民党でいえば、現職が小選挙区から比例代表に回る場合は比例名簿の第一位もしくは二位にランクされ、事実上当選が約束されてきた。現に佐賀を除く山梨、福井、徳島、高知の四県では小選挙区から単独比例に回った現職候補はこのルールを適用され、名簿上位に登載された。

ところが佐賀県の旧二区選出の今村雅弘は九州ブロックの比例名簿では小選挙区と重複立候補した候補者の下にランクされた。この結果、九州ブロックに属する沖縄の四小選挙区で落選した自民党の重複候補者全員が復活を果たす一方で、単独比例の今村は自民党が得た八議席の八番目の当選という薄氷を踏んだ。その〝冷遇〟ぶりに佐賀県連が反発してもおかしくはなかった。

かつて今村は郵政民営化法案に反対、二〇〇五年の郵政選挙で当時の首相小泉純一郎に刺客候補を立てられながら勝ち残った硬骨漢。政界を引退した保利耕輔も郵政造反組ながら当選を果たしており、中央の決定に易々と従うことがない気風が佐賀県連にはあった。この時の知事選もその佐賀県連の反骨精神を刺激した可能性が高かった。

党本部が推薦したのが前武雄市長の樋渡《ひわたし》啓祐。改革派の市長として知られ、「佐賀の橋下徹」との異名を取る程の名物市長だった。そこに岩盤規制に風穴を開けることに執念を燃やす官房長官の菅義偉が着目した。ところが樋渡に対しては能力を評価する声がある半面、佐賀県内の市長の多くは強く反発していた。

これに呼応したのが全国農業協同組合中央会（JA全中）。全中の権限縮小を狙う首相官邸が佐賀県知事選を突破口に農協改革を推進するのではないかと強い危機感を抱き、対立候補の擁立に動いたのだった。そこで担ぎ出したのが樋渡と同じ総務省出身の山口祥義だった。佐賀県は政党支持率で自民党が五割に迫る「保守王国」。知事選が始まるまでは世論調査で「樋渡四七％、山口一〇％」（党本部）という数字もあった。

山口擁立で自民党は分裂選挙に突入した。そこに民主党の支持母体の連合が加勢すれば、自民党本部が推しても多勢に無勢。自民党の選挙では敵に回してはならない三つの〝聖域〟があるとされる。創価学会、中小企業、農業団体だ。その農業票が固まったのだから勝てるはずはなかった。終わってみれば山口が樋渡に約四万票の大差をつけて圧勝した。

これで自民党は前年から対決型の知事選では三連敗。前年七月の滋賀県知事選と一一月の沖縄県知事選に続きこの佐賀県知事選だった。滋賀は原発、沖縄は在日米軍基地、そこに農業が加わった。農業は全国すべての都道府県にまたがる広がりがあり、他の選挙への影響も大きい。首相安倍晋三も率直に反省の弁を口にした。

「残念だった。敗因を分析して四月の統一地方選に生かしたい」

統一地方選では農業王国の北海道をはじめ一〇府県の知事選が予定された。通常国会で着手する予定だった農協改革に暗雲が漂った。全中が強く反対する環太平洋連携協定（ＴＰＰ）の交渉への波及も避けられなかった。ＴＰＰ交渉は大型連休に想定される安倍の訪米前後に山場を迎える。そのＴＰＰ交渉の担当閣僚でもあった農水相西川公也は前年末の衆院選挙で冷や汗をかいた。現職閣僚の中でただ一人だけ小選挙区で落選、比例代表選でようやく復活を果たした。

農協改革に積極的に取り組んできた西川の小選挙区落選の背景には全中の存在があったとされた。

ただでさえアベノミクスの地方への波及が不十分と言われ、安倍が強力に推進する地方創生をめぐっても農業が主役であることに疑問の余地はなかった。全中との全面対決は、アベノミクスの停滞に直結しかねず、自民党内に全中との和解の動きが始まった。

その中心にいたのが総務会長の二階俊博。もともと二階は樋渡の擁立に懐疑的だったことも大きい。さらに二階を側面から支援したのが党のＴＰＰ対策委員長に就任した森山裕だった。森山は後に幹事長になった二階の下で国対委員長を務め安倍長期政権の安定化に大きく貢献、実力政治家として頭角をあらわすことになる。

「イスラム国」の衝撃

オレンジ色の服を着せられた二人の日本人の間に立ち、サバイバルナイフをかざす黒服の男。衝撃的な映像が動画サイト「ユーチューブ」から流れた。映像を外務省が現認したのは一月二〇日午後二時五〇分。官房長官菅義偉は二人の日本人について既にシリア国内で拘束が報じられていた湯川遥菜（当時四二）と、取材のため現地入りしていたフリージャーナリストの後藤健二（同四七）と断定した。湯川は前年八月にイスラム教スンニ派過激組織「イスラム国（ＩＳ）」で拘束され、後藤も一〇月末にＩＳ支配地域で消息を絶っていた。

日本政府内に衝撃が走った。首相安倍晋三が中東歴訪中でイスラエルの首都エルサレムにいたからだ。ＩＳが安倍の中東歴訪中のタイミングを狙ってビデオを公表したことは容易に想像できた。

直ちに安倍にこの事実が伝えられた。官邸の関係者によると、安倍は午前八時半（日本時間午後三時半）過ぎに実際に映像を見たという。黒服の男は七二時間以内に身代金二億ドル（約二三五億円）を支払わなければ二人を殺害すると警告した。

「日本の首相へ。日本はＩＳから八五〇〇キロも離れていながら、進んで十字軍に参加した。（中略）日本人らの命を救うのに二億ドル支払うという賢明な判断をするよう政府に迫る時間が七二時間ある」（共同通信）

二億ドルは安倍が最初の訪問国のエジプトで行った演説で表明した、ＩＳ対策を目的にした人道支援のために拠出する資金と同額だった。ＩＳをめぐって日本人が事件に巻き込まれる可能性はかねて指摘されていたが、それが現実のものになった。ヨルダン国王のアブドラは一八日に行われた安倍との首脳会談の際に今回の事件が起こりうることに触れていた。

「日本人の問題で何かあれば必ずお手伝いする」

約二週間前の一月七日午前、パリ中心部の風刺専門週刊紙シャルリエブド本社で覆面をした複数の男が自動小銃を乱射し、編集長や風刺画家らと警官二人の計一二人を殺害。容疑者三人もフランス捜査当局の特殊部隊によって射殺された事件があったばかり。安倍の歴訪はＩＳ側から見れば、格好の標的に映った可能性があった。

安倍はなぜこの時期に中東歴訪の日程を組んだのか。衆院選挙の大勝を受けて日程的に余裕が出たことに加え、小泉純一郎以来、日本の首相が久しく訪れていなかったことが最大の理由だった。とりわけ二〇一〇年から始まった「アラブの春」を契機にアラブ社会の様相が激変、「中東の情報収集ルートはズタズタになった」（政府高官）とされ、外務省は安倍の歴訪を中東外交立て直しの切り札と位置付けていた。安倍自身の強い思いも無視できなかった。安倍は外交の基本方針の柱に「積極的平和主義」を据えていた。この方針を言葉だけでなく行動で示し、中東和平に向けた国際的貢献を強くアピールする絶好の機会と捉えたようだ。

さらにアベノミクスの中東での展開だ。この歴訪には約五〇社に及ぶ日本企業の幹部を同行させた。エジプトを中心にした日本企業の中東進出はアベノミクスの成長戦略の一環でもあった。つまりこの歴訪は外交と経済という安倍が力を注ぐ二大政策を国際社会に向け発信する舞台でもあった。

しかし事件は、ＩＳを刺激する経済支援はリスクを背負うことを証明した。日本政府にＩＳに対する十分な知識と備えがあったのかという疑問が残った。二〇〇一年の九・一一米中枢同時多発テロを契機に米ブッシュ政権が推進した「テロとの戦い」に深くコミットしたのが当時の首相小泉純一郎。小泉はイラクに初めて陸上自衛隊の派遣を決断した。人道復興支援が目的だったが、自衛隊の派遣に反発した武装組織に日本人がイラク国内で拘束され、犠牲者も出た。文化や宗教上の考えが全く異なるアラブ社会との付き合い方の難しさを嫌というほど思い知らされたはずだった。

長く政府の危機管理に関わってきた元政府高官の専門家は当時、こう語っていた。

「この種の事件が起きた時に解決できるかどうかの基本は犯行グループとの接触ルートを確保できるかどうか、そのことに尽きる」

未知の世界とも言っていいＩＳに関しては安倍の歴訪までに日本政府の情報収集がどこまで行われていたのか、疑問が残った。

過去に起きた人質事件では、一九九六年のペルーの日本大使公邸人質事件や一九九九年のキルギスの日本人技術者拘束事件など、粘り強い交渉の末に人質解放が実現した。だが、ＩＳをめぐっては、アクセスルートは皆無と言ってよかった。急遽予定を短縮して二一日夕に帰国した安倍も日本政府の限界を認めた。

「厳しい時間との戦いだが、政府として総力を挙げて対応する。これまで培ってきたあらゆる外交チャンネル、外交ルートを最大限活用し、二人の解放に向けて手段を尽くすよう指示した」

事件発生当時ISとの情報ルートを持つのはアメリカ、イギリス、フランス、ヨルダンぐらいとされた。政府もヨルダンの首都アンマンに現地対策本部を置き、外務副大臣の中山泰秀を派遣した。

しかし、文字通り暗中模索だった。

「これまで経験したことのない行動パターンなので手の打ちようがない」(政府高官)

従来のイスラム過激派による人質事件では長い交渉を経て結末を迎えるというのがパターンだったが、全く違う展開を見せた。四日後の二四日深夜になってIS側は要求の中身を変更してきた。それまでの「身代金二億ドル」に代えてヨルダンに拘束中の女性テロリスト、サジダ・リシャウィの釈放を求めたのだった。「金から人へ」の交換条件の変更だが、この要求変更が日本政府に新たなハードルを突き付けた。それまでの日本対ISとの構図にヨルダンも当事者に組み込まれたからだった。二度目の日本政府への通告は前回同様ユーチューブが使われ、後藤の言葉を通じてメッセージを発した。その映像では疲れた表情の後藤が無残な姿で殺害された湯川を映した写真を手にしていた。

日本政府はISとは全くアクセスルートのない上に、リシャウィの釈放はヨルダン政府の高度な政治判断に委ねる以外になかった。後藤を解放する手立てがないまま時間が経過した。二七日の深夜、三度目の動画メッセージがアップされた。IS側は容赦なかった。今度は後藤がヨルダンのパイロットの写真を手に、二四時間以内のリシャウィの釈放を要求したのだった。七二時間の期限を切った最初のメッセージ通り、湯川を殺害した残虐ぶりに日本、ヨルダン両国政府は大きく揺さぶられた。再び後藤の音声が流れた。

「私の自由を阻んでいるのはヨルダン政府だ。日本政府は政治的な圧力をヨルダンに掛けろ」

「私に残された時間は二四時間。パイロットはさらに短い」

しかし外務省は二人の拘束の事実を把握しながらＩＳ側との接触すらできなかった。頼みとしたのが、ＩＳが国土の一部を占拠するイラクの隣国ヨルダンだった。

「ヨルダンのアブドラ国王から全面的に協力してくれるとの申し出があった。閉鎖されたシリアの日本大使館の機能がヨルダンの首都アンマンに移っていたことも大きかった」

ただしヨルダンが自国民より日本人の解放を優先することになれば、ヨルダンの国民感情を逆撫でする可能性は極めて高かった。立憲君主国のヨルダンは国王アブドラが全権を握るが、二〇一〇年からアラブ社会を席巻した「アラブの春」が再びヨルダンで顕在化するリスクを抱えていた。

後藤の口から〝通告〟が発せられてから「二四時間」を迎えた二八日深夜、官房長官菅義偉は官邸にこもった。東京と連絡を取りながらヨルダンの首都アンマンで現地対策本部の指揮を執るのは外務副大臣中山泰秀。大手広告代理店電通でサラリーマン経験のある中山はサービス精神が旺盛で現地で丁寧にメディアに対応した。アンマンのメディアにとって中山の存在は貴重だったが、逆に外務省は不快感を強めた。「情報が出過ぎる」と受け取っていたからだ。二七日午後には外相岸田文雄は現地の中山を厳重注意した。

「少し言葉を慎むように」

政府の苛立ちぶりが伝わってきた。ヨルダン政府の協力なしでは何一つ実現できないからだ。菅も苦しい胸の内を語った。

「極めて厳しい状況の中で後藤さんの早期解放に向けて、ヨルダン政府に今日まで協力要請を行ってきており、今後ともその方針に変わりはない。そのことを確認し首相に報告した」

しかし、日本政府を無視するかのように事件は異常な展開を見せた。二月一日午前五時後藤の殺害映像がアップされた。その三日後もう一人の焦点だったヨルダン人パイロットの焼殺の場面がユーチューブにアップされた。さらにその直後には後藤の解放をめぐって交換条件として持ち出されたイラク人テロリストのサジダ・リシャウィの死刑をヨルダン政府が執行した。

この世のものとは思えない形容しがたい凄惨な出来事がこのわずか半月余の間に次々と起きた。中東と日本との時差は七時間もある。しかし、高度に発達したネット空間は距離や時間の壁は関係なしに「劇場型テロ」を日本に持ち込んだ。ＩＳをめぐる問題はもはや遠い国の出来事ではなくなった。

政府高官はヨルダンに全幅の信頼を寄せていた。しかし、国王アブドラを先頭にしたヨルダンとＩＳとの情報戦は、ＩＳの狡猾ぶりを際立たせて最悪の結末を迎えた。パイロットは日本人二人を並べた動画がアップされる前に惨殺されていたことが判明した。ヨルダン軍は焼殺されたのは一月三日だったことを明らかにした。ＩＳは約一カ月にわたってヨルダンを騙したことになる。この点は一連の事件をめぐる大きな謎だが、事件はこれだけに限らず不可解な点があまりに多かった。政府高官がさらに問題視するのはＩＳの変質だった。

「これまで我々が得ていたＩＳの情報と相当食い違っている」

具体的には人質を取った後の交渉方法だ。最初の要求は二億ドルの身代金。そこに七二時間の期限を切ったことだった。ところが二度目の要求はカネではなく、ヨルダンに拘束中だったリシャウイの釈放だった。

「従来のＩＳは交渉、取引内容を途中で変えることはなかっただけに組織内部の動揺があったのか

も知れない」（日本政府高官）

しかし、何よりもこの事件で明確になったのは日本の情報収集能力の低さだった。事件の対応に関しては大きく三つの選択肢があった。①軍事的オプション②犯行グループとの一切の妥協をせずに原理原則を貫く③交渉窓口を突きとめて条件闘争に入る――。このうち軍事的オプションはあり得ずそのことは安倍も国会答弁で明言した。問題は残る選択肢のどちらを取るかだ。安倍は今回のケースで言えば、「テロには屈しない」との原理原則論を貫いたが、今後同じような事件が起きた場合の判断は極めて難しいものがあった。

農政七人の侍

衆院選大勝まではまさしく安倍自身が描いたシナリオ通りに政治が動き、「安倍一強時代」の幕開けを予感させた。しかし、一月一一日の佐賀県知事選の敗北以降、安倍の足元がおかしくなってきた。イスラム国（IS）をめぐる事件が進行中の一月二六日、一五〇日間の長丁場の第一八九通常国会が召集された。

これに先立って野党第一党の民主党は衆院選で落選した代表の海江田万里が辞任。それに伴い代表選が実施された。代表選は七日告示され、元厚生労働相長妻昭、元幹事長細野豪志、代表代行の岡田克也の三人が立候補を届け出た。

長妻は経済的な格差の是正を訴えた。集団的自衛権の行使容認や原発再稼働にも反対を貫き、前衆院副議長の赤松広隆ら党内リベラル勢力が支援した。これに対して細野は「新しい民主党をつくっていきたい」と述べ、党改革を強調した。元防衛副大臣長島昭久や元外相松本剛明（現総務相）ら、他の野党との合流に積極的な議員が支持に回った。細野を含め長島、松本はいずれも後に自民党入りした。その萌芽が見えた代表選になった。岡田を支えたのは、前首相野田佳彦や幹事長の枝野幸男ら民主党政権時の中心メンバーで、党の自主再建に軸足を置いた。

民主党は一月一八日、臨時党大会を開き、代表選の投票を実施した。国会議員と地方議員、党員・サポーターによる一回目の投票結果は細野二九八ポイント、岡田二九四ポイント、長妻一六八ポイントの順だった。いずれも過半数を獲得できず、上位二人の決選投票となった。決選投票は臨時党大会に出席した国会議員（一人二ポイント）と次期参院選公認内定者（一人一ポイント）が投票した。岡田一三三ポイント、細野一二〇ポイントだった。岡田克也が再び民主党代表に返り咲いた。

この党をほぼ二分した代表選が結局は後の民主党分裂への入り口になった。路線の違いは二〇一七年総選挙をめぐって決定的な対立を招来し、民主党は離合集散を繰り返すことになる。

自民党も「佐賀の乱」の傷跡の修復作業に追われた。全国農業協同組合中央会（JA全中）の会長万歳章は日曜日だった二月八日夜、東京・紀尾井町にあるホテルニューオータニの一室に向かった。そこには自民党の農業政策を決める上で中心的な役目を果たしているインナーと呼ばれる七人が待っていた。いわゆる「農政七人の侍」だった。前農水相林芳正、自民党TPP対策委員長森山裕、自民党農林部会長斎藤健、前農水副大臣江藤拓、元農水副大臣宮腰光寛、参院議員で鹿児島県農協中央会出身の野村哲郎、そして党のプロジェクトチーム（PT）の座長吉川貴盛の七人だった。後にこの七人のうち宮腰を除く全員が農水相経験者となった。

七人は午後六時から農協改革をめぐってJA全中が受け入れ可能な最終案について大詰めの協議を開始した。午後七時半過ぎ、万歳を招き入れた。この席には農水事務次官皆川芳嗣が同席しており、最後の合意文の作成が行われた。万歳を加えてから約二時間半たった午後一〇時過ぎ、万歳は自民党側が示した農協改革を受け入れた。戦後約六〇年間にわたって続いた農協中央会制度は大きな転換点を迎えることになった。

佐賀県知事選では農協改革が大きな争点となり、自民、公明両党が推薦した候補がJA佐賀の政治団体「佐賀県農政協議会」などが推した候補に敗退した。このため自民党内には四月の統一地方選挙を控えて、農協改革への慎重論が渦巻いていた。現に二月七日に開かれた自民党の全国幹事長会議では「農家が疑心暗鬼になっている」「地方創生ではなく、地方崩壊だ」――などの不満が噴出した。それだけに「岩盤規制」の象徴と言われた農協の改革のスピード決着ぶりが一層際立つことになった。

農協改革の先頭に立ってきた官房長官菅義偉はスピード決着の背景について「総理のもの凄い意志があった」と語った。首相安倍晋三の執念が今回この結果をもたらしたというのだ。確かに安倍は農協改革をアベノミクス推進の中核に位置づけ、発言も一貫して驚くほど強気だった。佐賀県知事選で敗北した直後の一月一六日にも安倍はこう言い放った。

「地域の農協が主役となり、農業を成長産業に変えていくために全力投球できるようにしていきたい。JA全中は脇役に徹してほしい」

全国幹事長会議でも「必要な改革は断固として進める」と〝宣戦布告〟とも取れる決意を示した。しかし、安倍の決意だけで「岩盤規制」にドリルで穴を開けることはできない。ISでの二人の日本人殺害事件の対応に追われる中で菅が動いた。PTの座長を務める吉川は菅の側近で、しかも「農業王国」の北海道選出。菅は吉川に繰り返し「総理の決意」を伝えた。同時に極秘でキーマンとの接触を重ねた。その中の一人が自民党総務会長の二階俊博だった。二階は和歌山県農協中央会会長中家《なかや》徹を通じてＪＡ全中に強い影響力を保持していた。そして何よりも総務会という自民党の意思決定機関を束ねる実力者でもあった。二階は佐賀県知事選を経て農協改革を実現するには避けて通れぬ存在になっていた。二階は繰り返した。

「両方とも喧嘩をしてもいいことはない。徹底的に話し合おう」

さらに菅は佐賀県知事選では〝敵対関係〟にあったＪＡ佐賀の実力者中野吉実とも密かに接触した。そして農林問題では自民党の知恵袋とも言えた森山裕と菅が水面下で意見を交わした。叩き上げの苦労人同士の二人の存在が農協改革実現の大きなポイントだった。二〇二〇年九月の菅義偉政権樹立に際して二階の下で国対委員長だった森山がキーマンの一人に躍り出た。その原点が農協改革の〝共同作業〟と言えた。

森山はかつて小泉純一郎が掲げた郵政民営化に反対して党を追われた苦い経験を持つ。この体験が「郵政民営化の時のような分裂だけは招いてはならない」との思いに繋がった。全中サイドにも森山は再三にわたって説得を続けた。

「佐賀県知事選で選挙マシーンとしてパワーがあることは十分証明されたじゃないですか」

結局、ＪＡ全中は改革案を受け入れる。その柱はＪＡ全中が地域農協を監視する権限の廃止や、農協法に定められた特別な組織から経団連と同じような一般社団法人への移行にあった。この結果だけを見れば、農協側の完敗と言っていいだろう。しかし、農協サイドへの配慮もにじんだ。組織形態について当初案では「一般社団法人への移行」ではなく、「廃止する」となっていた。それが「会員の意思の代表、会員相互間の総合調整を行う一般社団法人に移行する」との表現で決着している。その結果、ＪＡ全中が農協法の枠内に収まる余地を残した。言うまでもなく、ここまで決着を急いだ背景にはＴＰＰ交渉があった。米側の交渉への取り組みが想定以上にスピードアップしてきたからだった。この調整で経産省出身ながら農林部会長になった斎藤健も自民党の注目株の一人として注目されることになった。

戦後七〇年の同盟強化

過激派組織ＩＳによる二人の日本人殺害事件に遭遇しながらも、首相安倍晋三は「攻め」の姿勢を崩さなかった。

安倍は一月二〇日に二人の日本人が拘束された動画が公表された後も、「テロに屈しない」と繰り返した。事に臨んで「ブレない」姿勢は大きかった。事件後に各メディアが行った世論調査でも事件対応について「評価する」との回答が半数を超えたからだ。内閣支持率は再び上昇に転じた。

第三次安倍内閣発足後初の本格論戦の舞台となった第一八九通常国会は日本人人質事件を踏まえて、政府の危機管理や外交・安全保障政策が大きな論点となった。

安倍は二月二日の参院予算委員会で、中東地域での情報収集力強化のため、ヨルダンなどの日本大使館へ派遣する防衛駐在官の増員を検討する考えを表明した。衆参両院でテロ非難決議が行われた。

前年の七月、安倍は悲願とも言える集団的自衛権の行使容認に向けてこれまでの憲法解釈を変更する閣議決定に踏み切ってはいたが、ＩＳの事件が具体的な法整備を後押しする形になった。

早くも安保法制をめぐる自公間の与党協議が二月一三日から始まった。ここでも自民党は「三月中の遅くない時期にまとめたい」（副総裁高村正彦）としてタイムリミットを切った上で、公明党に対して矢継ぎ早に要求をエスカレートさせていく。

例えば、自衛隊法第九五条の改正だ。同条は自衛官に自衛隊の武器や艦船などの警護、防護のための武器の使用を認めているが、集団的自衛権の行使に伴い、その対象国をどこまで認めるかの問題が詰められていなかった。前年七月の閣議決定では「米軍部隊」となっていた。それを自民党は「米軍部隊等」と「等」の文言を付け加えた。つまり米軍以外も対象にするというわけだった。具体的な対象国にオーストラリアを例示した。米国はアジア太平洋地域で五カ国と軍事同盟を結んでいる。日本、韓国、タイ、フィリピン、そしてオーストラリア。中でもオーストラリアは対ISの空爆にも有志連合の一員として参加しており、米豪同盟の絆は太い。

さらにオーストラリアの首相アボットと安倍は極めて親密で、安倍が創設した国家安全保障会議(NSC)に招待した最初の外国要人がアボットだった。安倍はアボットが率いるオーストラリア軍には米軍に匹敵する重みを感じていた。しかもオーストラリアは朝鮮半島に派遣されている国連軍にも部隊を送り込んでいる。

「朝鮮半島有事の際にオーストラリア軍の動きは日本にとって極めて重要な意味を持つ。米艦船は必ずオーストラリア海軍の艦船を随伴させる。それに後方支援をしない方がおかしい」

安倍に近い政府高官はオーストラリア軍への後方支援は当然という考えを示した。しかし、こうした安倍自民党のやり方に不満を募らせたのが公明党だった。長老格の大幹部は「自民党は閣議決定を膨らませ過ぎだ」と反発した。

四月には、公明党が「国政選挙より大切なもの」(幹部)と位置付ける統一地方選が予定されていた。「平和の党」の看板を掲げる公明党にとってズルズルと自民党との協議で後退を重ねれば、その存在意義を問われかねなかった。さらに自公協議に臨んでいる副代表の北側一雄ら与党協議の公明党メンバーが「党内に協議内容をきちんと説明していない」という不満も燻った。

一方、安倍も大型連休中の訪米を控えていた。「日米同盟の強化」をアピールするための証が必要だった。しかも今回の訪米時には一九九七年に改定された日米防衛協力に関する指針(ガイドライン)を一八年ぶりに見直すことで合意する方向だった。どうしても成果を引っ提げて行かねばならない事情があった。

加えてこの年の訪米は従来とは性格、重みが格段に違っていた。「戦後七〇年」の節目の年に当ったからだ。米大統領オバマとの親密な日米関係を強くアピールすることは中国、韓国をめぐる近隣外交の展開にも大きな影響を与える。このため外務省を中心に「スペシャルな訪米」(外務省幹部)の準備が進んだ。その目玉の一つに米議会での演説があった。安倍自身は「無理することはない」と漏らしていたようだが、安倍が敬愛してやまない祖父岸信介が米議会での演説を行っており、最優先事項と言ってよかった。

もう一つが米国内の地方都市の訪問だった。一九九九年の大型連休に国賓として訪米した首相小渕恵三(当時)は、まずロサンゼルス近郊のロングビーチ市に立ち寄り、学生時代に乗ったことがある客船「クイーン・メリー」号を訪ねている。その後シカゴで米大リーグのシカゴ・カブス対サンディエゴ・パドレス戦で始球式を行った。キャッチャー役は当時のホームランバッターのサミー・ソーサだった。この訪米が翌年の沖縄サミットの序章となり、クリントンが米大統領として初めて沖縄を訪問することに繋がった。安倍訪米もあらゆる面で国際情勢が激変する中で、歴史的に意味あるものにすることが至上命題となった。訪問する地方都市ではケネディ家の米国での出発点となったボストンの名前が挙がった。

その訪米前の日米防衛協力のための指針（ガイドライン）の大筋合意は欠かせなかった。さらにその前段にあるのが自公協議だった。少しでも安保法制の「幅」を広げたい安倍と、閣議決定通り限定的にするため「歯止め」をかけたい公明党とのせめぎ合いが始まった。

与党協議の座長は自民党副総裁の高村正彦。座長代理が公明党副代表の北側一雄に決まった。両者は正式な与党協議が二月一三日から始まるのを前に一〇日夜、東京都内で会談して、協議の段取り調整を行った。会談には自民党の谷垣禎一、公明党の井上義久の両幹事長も同席した。その結果、協議は週一回のペースで開催、①他国からの武力攻撃に至らない「グレーゾーン事態」への対処②他国軍への後方支援③集団的自衛権行使の在り方――の順で議論することになった。この自公幹事長会談の段階で国会に提出する関連法案の骨格を三月末までにまとめる方針でも一致した。

そこには「初めに結論ありき」の安倍の手法が貫かれた。これに対して民主党代表の岡田克也は強く反発した。

「安保法制の議論は最大の争点の一つだが、憲法の解釈を勝手に変えて自衛隊を海外に送れるようにすることについて、きちんとした説明もない」

民主党には与党間の温度差をあぶり出すことによって自公関係を揺さぶる思惑があった。ところが民主党内は一枚岩ではなかったことが露呈した。元外相前原誠司ら保守系は集団的自衛権などで「現実的な対処法」を追求する考えを示した。これに対して政調会長代理の辻元清美らリベラル派は安保法制に強く反対する立場を貫いた。一方の維新の党は政府が目指す安保法制の対案となる独自法案の作成を視野に入れた。

自公の火花

安保法制をめぐる自公協議では冒頭から激しい火花が散った。前年七月の集団的自衛権の行使を可能にする閣議決定は曖昧な部分を残した「基本的指針」（高村正彦）にすぎなかったからだ。与党協議の初日の議論が終了後、座長代理の北側一雄がこの点を突き、公明党の基本的スタンスを表明した。

「閣議決定の内容に従っていくが、そこに書いていない事柄はしっかり論議する」

公明党は四月の統一地方選を控え、「平和の党」を支持者にアピールする必要に迫られていた。これに対して安倍は安保法制の先に憲法改正を見据えており、妥協という選択肢はなかった。自民党のカードを切るスピードは早く、強硬姿勢は揺るがず、どこまで公明党が抗し切れるのか。「平和の党」として鼎の軽重が問われた局面だった。

安倍は選挙大勝の追い風を背にどこまでも強気だった。二月一六日の与野党の代表質問に対する答弁で、安全保障法制に関して恒久法を制定する考えを明らかにした。

「あらゆる事態に切れ目のない対応を可能とすることが重要だ。将来、具体的なニーズが発生してから、あらためて立法措置を行うという考え方は取らない」

与党協議の議論の土台は高村が引用した砂川判決の「存立のために必要な自衛の措置」だった。政府、自民党は「日本の存立が脅かされる明白な危険がある事態」に限って集団的自衛権を行使できると主張。これに対して公明党が着目したのが、憲法一三条が定める国民の幸福追求権に言及した一九七二年の政府見解だった。七二年見解は当時の田中角栄内閣がベトナム戦争の泥沼化を背景に参院決算委員会に提出したものだ。憲法前文や一三条を根拠に「国民の生命や自由、幸福追求の権利が根底から覆される急迫、不正の事態」を排除するため、やむを得ない場合に「必要最小限度の範囲」で自衛の措置を容認した。

七二年見解の結論は、集団的自衛権の行使は「憲法上許されない」とするものだった。だが、北側はこの論理を引き、「国民の生命や自由及び幸福追求の権利が根底から覆される明白な危険がある事態」を安保関連法案に書き込むよう主張。自公協議はこれで折り合った。いわゆる集団的自衛権発動の要件の鍵となった「存立危機事態」である。

しかし、与党協議は公開されず、「密室」批判が付きまとった。閣議決定と同様に、この見解の違いをあいまいにしたまま安保法制を整備すれば、自衛隊の任務と活動範囲が野放しになってしまう懸念はぬぐい切れなかった。同盟国である米国の期待を無用に高める恐れも否めない事実だった。

この自公協議が進行中の三月六日、政府は防衛省設置法改正案を閣議決定した。防衛省の内部部局（内局）の背広組が制服自衛官の優位に立つ「文官統制」を全廃する内容で通常国会に提出された。集団的自衛権行使容認を踏まえた安保法制の議論が進む中、万一の暴走を阻止する「安全弁」が消失することに懸念が広がった。与党協議が国会審議ではなく、密室で進行する中で「文民統制（シビリアンコントロール）」の在り方も問われることになった。文官統制は制服組の政治介入を阻むため背広組が大臣周辺を固めるという文民統制を支える大きな柱の一つだった。

「安倍一強」による安保法制の推進に関しては、脱原発運動から高まりを見せた市民運動が活発な動きを見せた。官邸の門を出て横断歩道を渡ると、各メディアが取材の拠点を置く「国会記者会館」がある。この交差点の角に立つと首相官邸が目の前に飛び込んでくる。この狭い歩道からハンディマイクを使う抗議行動が再び勢いを増した。

しかし、与党協議はこうした声を無視するかのように淡々と進行した。共同通信社が三月二八、二九の両日に実施した全国電話世論調査によると、集団的自衛権行使のための安全保障関連法案について、この国会で成立を図る安倍の方針に、ほぼ半数の四九・八％が反対と答え、賛成の三八・四％を一〇ポイント以上上回った。他国軍を後方支援するための自衛隊の海外派遣には、七七・九％が必ず事前の国会承認が必要だとしていた。

ただし、安倍内閣の支持率は五五・四％で、前回二月の調査から一・二ポイント増えた。不支持は三二・七％で〇・二ポイント増だった。第二次安倍政権は二〇二〇年九月に終焉を迎えるまで、多少の変動があったにしても個別政策では反対が多くても内閣支持率は堅調に推移した。これが長期政権を可能にした大きな要因と言ってよかった。

足踏みするTPP

国会論戦が本格化した二月下旬から新聞の一面を埋めたのは三つのニュースだった。「安全保障法制をめぐる自公協議」「政治とカネ」の政治関連と「川崎の中学一年生殺害事件」――。扱いの大小は違っても必ずこの三つのニュースを目にした。中でも中学一年生の少年（当時一三）が犠牲になった痛ましい事件は日本人の心を大きく揺さぶった。事件現場は川崎市の多摩川河川敷。遺体で見つかった少年は首を刃物で傷つけられ、死因は出血性ショックだった。神奈川県警は殺人容疑で一八歳と一七歳二人の少年の計三人を逮捕した。被害者の少年は友人に、年上のグループから暴力を受けていると打ち明け、「殺されるかもしれない」と漏らしていたという。

安倍も事件発生当時から強い関心を寄せ、捜査状況についても逐一報告を受けていた。

安倍の強い意向もあって文部科学省の対応は早かった。事なかれ主義がはびこる教育委員会や学校側の対応について詳細な検証を始めた。官房長官菅義偉も「時間を見付けて手を合わせに行きたい」と周辺に漏らし、少年法などの法改正の検討を指示した。

しかし事件についての議論は深まらなかった。むしろ国会では政界の「政治とカネ」をめぐる問題に焦点が当たった。まず農水相西川公也が補助金の交付決定通知を受けた企業からの献金問題をめぐって辞任した。新内閣で初めての閣僚辞任だった。問題はさらに拡大した。文科相下村博文の献金問題では三月三日の衆院予算委員会で、下村への取材をめぐる下村の「口止めメール」が民主党議員によって〝暴露〟された。真偽不明の部分はあるが、「政治とカネ」は泥仕合になりつつあった。

その一方でこうした目立ったニュースに隠れて重要な懸案が動き出そうとしていた。環太平洋連携協定(TPP)交渉だ。交渉に参加する日米豪などの一二カ国による首席交渉官会合が三月九日からハワイのホノルルで始まった。この会合の位置付けについて政府高官はこう語っていた。

「TPPが成功するかしないかを決める極めて重要な会議」

日本からは首席交渉官の鶴岡公二ら約一〇〇人の担当者が現地入りした。鶴岡は官房長官の菅が直々に指名した元外交官。ネイティブスピーカー並みの英語力、国際会議で他国担当者に物怖じしない強気の交渉力が買われた。

TPP交渉に関しては日本側の関心は他国に比べて異常とも言えるほど高かった。現地入りする日本メディア関係者は約一〇〇人。さらに関連業界関係者が約一五〇人。「そのほとんどは農協関係者で、TPP賛成派は経団連ぐらい」(政府筋)。それだけに過去の首席会合以上の意味を持つとされるハワイ会合に集結した日本人の関係者は過去最高になった。

そのハワイ会合はなぜそれほどの注目を集めたのか。従来、TPPに非協力的とされた米議会が前向きに転じたとみられていたからだった。米国憲法では国民生活に直結する通商交渉に関して米議会がその諾否の権限を握る。大統領といえども貿易促進権限（TPA）を得なければ手も足も出ない。大統領のオバマは議会に対してTPA法の成立を求めていたが議会はゴーサインを出さずにいた。ところが、その空気が前年一一月の米中間選挙によって変わり始めたのだった。自由貿易を求める議員の多い共和党が躍進し、権限付与に前向きに転じたとみられていたからだ。それを日本側に確信させたのが二月一九日の米下院歳入委員長ポール・ライアン（共和党）の来日だった。ライアンは安倍とも会談し、この席でTPA法案に関して安倍に明言した。

「提出準備の最終段階にあり、今春の通過を見込んでいる」

そこで日本政府もTPA法成立を前提に準備に入った。その最初の試金石がハワイの首席交渉官会合と位置付けた。既にTPP交渉に備えて全国農業協同組合中央会（JA全中）の改革に取り組み、着々と布石を打っていた。日本政府の問題意識は人口減少に突入した日本社会に活力を与え、経済を活性化させるためにはTPPによりアジア太平洋地域の市場を取り込む以外に選択肢はないというものだった。だが、その一方で市場開放による国内産業への打撃を危惧する声も根強く存在した。とりわけ重要農産品五品目の市場開放については二年前の国会での衆参両院の農林水産委員会による決議の存在が立ちはだかった。その第一項目にはこう記されていた。

「農林水産物の重要品目について、引き続き再生産可能となるよう除外又は再協議の対象とすること。一〇年を超える期間をかけた段階的な関税撤廃も含め認めないこと」

決議はこれを含めた全部で八項目にわたって条件を付けており、すべてをクリアすることはなかなか厳しいものがあった。しかし、安倍の信念は揺るがなかった。側近にこう語っていた。

「日本人は優秀だから、(ＴＰＰという)枠組みができれば、日本人は勝者になれる」

ＴＰＰには経済面だけではなく中国を睨んだ極東の安全保障戦略が潜んでいた。「普遍的価値を有する国々との新たなルール構築」(政府高官)という狙いもあった。

安倍のヤジ

東日本大震災から満四年の歳月が流れていた。二〇一一年三月一一日午後二時四六分マグニチュード九・〇、最大震度七の巨大地震が東北地方を中心に襲った。その大地震は未曽有の大津波を伴い、多くの人命を奪った。死者は一万五九〇〇人、行方不明者は二五二三人(警察庁発表)に達する。さらに東京電力福島第一原子力発電所の大事故は未だに終息には程遠い。安倍は力を込めて語った。

「心の復興に一層力を入れ、なりわいの復興も加速していく」

しかし、その復興策を裏付ける具体的な青写真は見えず、それを実施に移すための財源の裏付けも明確でなかった。むしろ「風化」が進行していたのは永田町かも知れなかった。大震災当時の首相は菅直人。福島第一原発事故の対応を含めて大震災直後の初動とその後の取り組みの不手際によって、菅は大震災を境に求心力を失い約五カ月後に退陣。菅を継いだ野田佳彦も二〇一二年一二月の衆院選で安倍が率いる自民党に政権を奪還された。その後、安倍は一三年の参院選で勝利し、一四年一二月には再び衆院選で圧勝した。

つまり三・一一以降わずか四年の間に国政選挙が三回実施され、三人の首相が登場、政権も民主党から自民党に移行した。加えて見過ごせなかったのが被災県の地元自治体の首長たちが相当数交代したことだった。福島県では県知事が交代した。

そして四年を経て巡って来たのが統一地方選。二〇一一年の統一地方選の印象が薄かったのは大震災と選挙が重なったからだ。三・一一当日の大きな揺れが起きる約一時間前、現職東京都知事の石原慎太郎が都議会の本会議で自らの去就を明らかにした。

「体力の衰えを感じ逡巡したが、あえて出馬する決意をした」

この時点で石原は既に三選を果たしており、四選を目指しての出馬表明だった。石原には元宮崎県知事の東国原英夫らが挑んだが、四月の都知事選では石原の圧勝に終わった。石原に限らずこの時の統一地方選は大震災が起きた直後の空気を反映した。変化より安定が優先され、現職組が圧倒的に強さを発揮したのがこの年の統一地方選の特徴だった。

それから四年を経て、地方の変革による「地方創生」が叫ばれる中で地方政治を担う代表が選ばれることになった。既に前年七月の原発の再稼動が争点になった滋賀、米軍基地問題をめぐる沖縄、農協改革が争われた佐賀の三県知事選で与党である自公の推薦候補が敗退していた。「一強」と言われながら地方には政権に対する不満が潜在的に存在することを窺わせた。

二月一九日の衆院予算委員会では安倍自身が失態を演じた。農水相西川公也の献金問題を追及した民主党議員に対して「日教組ならどうする」と総理大臣席からヤジを飛ばしたのだった。この様子はテレビで生中継された。

衆院予算委員長の大島理森が安倍に注意を促した。

「品性を持った委員会を運営するという気持ちは閣僚も同じだ。しっかりと自己を抑制していただきたい」

安倍は「不快と思われた方々がいるとすれば申し訳ない」と語ったが、怖いもの無しの安倍の奢りが顔を出した場面でもあった。そんな中で迎えた統一地方選は今ひとつ盛り上がりに欠けたが、一六年の参院選を控えて全国各地の政治的地殻変動を探る上で極めて重要な意味を持っていた。

知事選など前半戦の投開票日は四月一二日、後半戦は政令市以外の市長選、市議選などが対象で同二六日だった。一〇道県知事選や五政令市長選などの前半戦のうち、与党と民主党などとの与野党対決となった北海道と大分県の知事選は共に与党系が制した。四一道府県議選で自民党は改選された総定数の過半数を獲得した。過半数獲得は二四年ぶりだった。

「わが世の春」

政治家安倍晋三の出身派閥である「清和政策研究会」は、元首相福田赳夫が創設した福田派に始まる。その福田と元首相田中角栄との角福戦争は、自民党を二分する権力闘争でもあった。長らく福田派系は主導権を握れずにいたが、二〇〇〇年に福田の側近だった森喜朗が清和会から久しぶりに首相になると、流れが大きく変わる。転換点は森の後継者の小泉純一郎による田中派の流れを汲む「橋本派外し」の徹底だった。再び安倍が二度目の政権を握り、福田派系が日本の政治の主導権を握った。

その清和会勢力の権力掌握を象徴した会合が三月一二日夜、福田赳夫が贔屓にした東京・紀尾井町の「福田家」で開かれた。安倍が存命する自民党の首相経験者全員を招待したのだった。

最長老の中曽根康弘(当時九六＝二〇一九年没)以下、海部俊樹(同八四＝二〇二二年没)、森喜朗(同七七)、小泉純一郎(同七三)、福田康夫(同七八)の五人が床の間を背にした。招待した安倍(同六〇)は下座に回った。安倍の左右には首相経験者だが現職の副総理兼財務相の麻生太郎(同七四)と官房長官の菅義偉(同六六)が同席した。年齢を見ればまだ六〇歳だった安倍の若さが際立っていたのが分かる。現職首相とはいえただでさえ先輩政治家たちは煙たい存在で極力接触したくないのが本音とされるが、安倍が敢えて自民党の首相経験者全員を招いたことは安倍の自信の反映と言えた。料亭での会食ではあったが、高齢の出席者への配慮からテーブル席が用意された。出席者によると、冒頭に最長老の中曽根が挨拶して安倍を激励した。

「日本は困難な時代に差し掛かっている。毎日、ご苦労ではあるが誤りなきよう一層の奮闘を願いたい」

あとは雑談に終始したというだけで会談の中身はほとんど漏れてこなかった。ただ会食がお開きになる間際に小泉が持論の脱原発について言及したが、複数の出席者が「今日はそういう場ではない」と小泉を制したとされた。この会合の翌日には二〇一五年度予算案が衆院を通過した。安倍にとってはまさしく「わが世の春」を実感した一夜だったのかもしれない。

しかし、それはあくまでも日本の政界に限ってのことだった。外交に目を転じれば、相変わらず中国、韓国との冷え切った関係が安倍の目の前に広がっていた。しかも、関係改善をしようにも「特効薬」が見当たらなかった。とりわけ日中、日韓を繋ぐ人脈が安倍の周囲に存在しないことは極めて大きなハンデとなった。

その人脈の枯渇ぶりをこの福田家の出席メンバーが浮かび上がらせた。日韓、日中の国交回復の実現に深く関わった大平正芳と田中角栄の系譜に連なる首相経験者が一人もいなかったことである。八〇年代以降の歴代首相のうち、大平を含めて大角連合の流れにあった鈴木善幸、竹下登、宮澤喜一、橋本龍太郎、小渕恵三という五人の自民党の首相経験者全員が鬼籍に入っていた。

二〇〇二年のサッカーW杯の日韓共同開催も宮澤喜一・日本招致国会議員連盟会長と竹下登・日韓

議員連盟会長の存在なくして実現はあり得なかった。九八年の小渕恵三と韓国大統領金大中による日韓首脳会談を契機に両国の大衆文化が開放され、「韓流ブーム」が日本を覆った。

日中関係も同じだ。「井戸を掘った人たち」と中国側が呼んだ大角連合の系譜が日本政治の中で大きく後退して以来、日中人脈は細くなるばかりだった。二月中旬にソウルを訪問し、朴槿恵との会談を実現した自民党総務会長二階俊博も旧田中派から衆院議員になった政治家で、どこか安倍との間には微妙な距離感が漂った。

ようやく日中韓の三カ国外相会談の開催(三月二一日)に漕ぎ着けたものの本格的な政治対話が始まったとは到底言えなかった。二〇一二年五月以来開催されていない三カ国首脳会談の早期実現に努力する方針で一致したが、具体的な時期は定まらなかった。とりわけ日韓については二〇一三年二月に朴槿恵が大統領に就任して以来、二人だけの日韓首脳会談は一度も開かれずにいた。二〇一五年は日韓国交正常化から五〇年の節目に当たっていた。

三月一七日夜、東京・赤坂のサントリーホールで韓国のピアニスト白建宇(クンウー・パイク)のリサイタルが開かれた。リサイタルは「韓日・日韓国交正常化五〇周年記念」と銘打たれたものだった。パンフレットの冒頭に着任したばかりの駐日韓国大使の柳興洙《ユフンス》が「国交正常化五〇周年、最初の行事」と題した一文を寄せた。客席には日韓議連幹事長の河村建夫や元自民党幹事長野中広務らの姿があったが双方から祝意を表するような挨拶は一切なし。白建宇が奏でるベートーベンの「月光」などの名曲が響いただけ。両国が直面する厳しい現実が会場からも伝わってきた。

中国の対日攻勢

日本が東日本大震災に見舞われた二〇一一年は中国が日本を抜いてGDPで世界第二位の経済大国に躍り出た年でもあった。その後も中国経済は拡大を続け、尖閣諸島の領有権問題などに加えて中国の対日外交攻勢は国際金融分野に拡大した。

「アジアインフラ投資銀行」（AIIB）の創設だった。創設メンバーになるための参加申請期限は三月三一日。それまでに参加を表明したのは四六カ国に達した。しかもこの中に名前がなかった主要国は日本と米国だった。

安倍は「焦って参加する必要はない」と漏らしたと伝えられていたが、政府内の動揺は隠せなかった。米国に歩調を合わせるとみられていた韓国やオーストラリア、さらにG7メンバーのイギリス、フランス、イタリア、ドイツが参加を表明したからだ。

もともとAIIB構想は北京大学と中国のシンクタンク社会科学院が中国国家主席習近平の経済政策の柱としてまとめたもので、最大の狙いは中国国内の膨大な過剰設備を解消して新たなインフラ整備を行うための資金調達にあったとされた。その延長線上には人民元の国際通貨としての地位確立があるとみられていた。

国際金融通貨体制の現状は米国主導の国際通貨基金（IMF）や世界銀行が支配し、アジア地域はアジア開発銀行（ADB）に歴代総裁を送り込む日本主導が定着していた。そこに風穴を開けようというのがAIIB構想の狙いでもあった。

しかし融資に対するチェック体制が明確にされていないなど不透明な部分が多く、財務省は「日本が参加することになれば数千億円の出資を迫られる。その回収ルートや組織運営がはっきりしない、そんな危なっかしいところに安易に入るわけにはいかない」（幹部）として早くから不参加を決めていた。副総理兼財務相の麻生太郎も三月一三日の記者会見で当面の参加を見送る方針を表明した。

「公平なガバナンス(統治)の確保や理事会による個別案件の融資承認に問題が残る」

米国の意向に沿うものでもあったが、結果論だが対米重視が裏目に出た。出遅れの背景には「どうせできるはずがない」(政府高官)と、タカを括ったため情勢分析が甘かったことが大きい。外務省と財務省の横の連絡も悪かった。とりわけ英仏独の参加については「あり得ない」との判断が先行し、柔軟性を欠く致命的なミスを犯した。政府関係者によると、三月に来日したドイツ首相のメルケルはむしろ参加には否定的なニュアンスを日本側に伝えたという情報もあった。政府関係者はEUの出方を読み違えた理由をこう語った。

「イギリスの財務省は不参加の方針だったが最後にキャメロン首相が参加を決断した」

こうした事実は裏を返せば中国政府の外交交渉の巧みさ、したたかさを浮かび上がらせた。結果として日本の「孤立化」への懸念が膨らんだ。日本政府と共同歩調を取ってきた米政府も焦りを隠さなかった。申請期限ギリギリの三月三〇日、財務長官のルーが北京で中国の首相李克強と会談したことがその焦りを象徴した。

これに対して経済界にはタイミングを見た上での日本政府の参加表明への期待感が根強く存在した。政治家でも元首相福田康夫は中国中央テレビのインタビューにこう答えている。

「AIIBはアジアのインフラを整備して成長につなげる話だ。日本もそういうことを考えてやって来た。同じ方向なら反対する理由はない」

自民党の総務会長二階俊博も福田と見解を同じくした。

「透明性を主張するのは当然だが、中国が進めようとしている金融制度を感情的に牽制するばかりでは意味がない」

その後、AIIBは東南アジア諸国連合（ASEAN）の各国や英国など五七カ国が参加して二〇一五年一二月に発足した。日本政府は一時的に参加に傾く時期もあったが、参加を見送った。先進七カ国（G7）も日米を除く各国が加盟している。二〇二二年末現在の加盟国・地域は一〇六に達している。

2　迷走する普天間飛行場の移設

近隣外交だけでなく国内の懸案である沖縄・米軍普天間飛行場の移設問題もさらに複雑化した。三月二四日午後四時過ぎ、官房長官菅義偉は使い慣れた大きなブリーフィングノートを持って首相官邸の記者会見場に現れた。しかし、その口調には明らかにいつもとは違う怒気が含まれていた。

「指示は違法性が重大かつ明白で無効だと判断した」

菅が怒りを向けた矛先が沖縄県知事翁長雄志だったことは疑う余地がなかった。原因は翁長が前日の二三日午後に行った記者会見にあった。米軍普天間飛行場の移設先として、同県名護市辺野古沿岸部で政府が進めている埋め立て工事に関連するボーリング調査を一週間以内に停止するよう、沖縄防衛局に指示したからだった。サンゴ礁の損傷状況の確認のためで、翁長は指示に従わない場合は、前沖縄県知事仲井真弘多が承認した埋め立てに不可欠の「岩礁破砕許可」を取り消す考えを明らかにした。

「岩礁破砕許可」は海底の岩石やサンゴ礁を傷つけ、土砂や岩石を採取する場合に魚介類など水産物資源への影響が出るため、都道府県の漁業調整規則に基づいて事前に知事に申請する制度。ただし許可の条件に反した場合はこれを取り消すことができるとされていた。翁長はこの許可区域以外の関連作業でサンゴ礁を傷付けた確率が高まったとして海底作業の全面停止を指示したのだった。

これに対して、政府内には「しばらく冷却期間を置いて話し合いの糸口を探るべきだ」との声もあったが、菅は容赦しなかった。間髪を入れずに沖縄防衛局は対抗措置として行政不服審査法などに基づく「指示の執行停止」を求める申立書を農水大臣に提出したのである。過去にも橋本龍太郎政権時に沖縄米軍基地の使用問題で知事大田昌秀と政府が対立したことがあったが、これほどの激しさはなかった。政府と沖縄が「全面戦争」に突入したと言っても過言ではなかった。

菅は官房長官に就任以来、多くの政治的エネルギーを普天間問題に注ぎ、ようやく前知事の仲井真弘多から埋め立て承認を取り付けた。その菅にとっては一歩も譲れない心境だったのだろう。一方の翁長も前年一一月に辺野古移設反対を訴えて知事選を圧勝した経緯があり、公約実行の本気度を見せる必要があった。しかも前年末の衆院選で沖縄の四小選挙区で自民党の候補が全滅した。四人の候補者はいずれも比例で復活当選していたが、選挙で示された民意は明確だった。

日米同盟の根幹にかかわる安全保障政策の継続性と対米公約は重く、選挙で示された県民の意思も無視できない。二律背反に近い命題を解く方程式は多くの変数を伴う超難問と言っていいが、結局は話し合いしか道はなかった。それは関係者の誰もが分かっていた。菅自身も翁長が指示を出す数日前に周辺にこう語っていた。

「近々、知事と会う場面を考えている」

衆院選以来、首相安倍晋三も菅も翁長とは一度も会談していなかった。菅らは政治生命を賭して埋め立ての承認をしてくれた仲井真らへの配慮があった。

「手のひら返しのように選挙直後に新知事と会うわけにはいかない」

つまり「折りを見て会う」というのが安倍や菅の意向だった。少なくとも一月下旬の通常国会召集時期が一つのタイミングと考えていた節があった。ところが現地名護市で反対運動が高まり、さらに「政府は民意を無視している」「知事に会おうとしない首相や官房長官は度量が小さい」などの批判が渦巻いた。このため「こうした環境では会談を行っても得るものはない」との判断が働いた。

そこで菅が模索したのが四月上旬の二〇一五年度予算成立後の会談だった。四月二六日から予定される安倍の訪米前という時期でもあった。その出鼻を挫いたのが翁長の工事中止指示と言っていい。政府部内には「法廷闘争に持ち込んでその間に工事を進めればいい」という強硬論が渦巻いた。しかし、一方で政権の「強権イメージ」が強まり、結果として政権の体力を弱めることに繋がるとの懸念も根強く存在した。

衆院選後の関係修復に有効な手立てを打てない間に感情的な溝が徐々に増幅されて抜き差しならない状況に陥った。知事選をめぐる遺恨の氷解はそれほど簡単ではなかった。加えて「有力な仲介役が存在しない」(維新の党幹事長・松野頼久)のが現実だったことも大きかった。それでも自民党内には「縄には到底及ばないが、細い糸は今も繋がっている」として〝和解〟への模索も始まっていた。

政府内には大きなターニングポイントとして六月二三日の「慰霊の日」が浮上した。一九四五年のこの日、沖縄での地上戦が終結したとされる。二〇万人以上とも見られる沖縄戦での全戦没者を慰霊するため、毎年「沖縄県全戦没者追悼式」が糸満市の平和祈念公園で開催される。式典には必ず現職首相が参列することになっている。さらにその際にはしばしば首相と沖縄県知事との会談が行われてきた。ましてやこの年はあの激戦が終結してから満七〇年の節目の年だった。

「この日程調整をどうするのか。これをきっかけに双方が歩み寄れる状況を生むようにしなければならない」(政府高官)

普天間の返還の合意が成立したのが一九九六年。この時点で一九年の月日が経過していた。「世界で一番危険な基地」(菅)とされる普天間飛行場の移設と日米同盟が目指す抑止力の維持のバランスをどう保つのか。普天間移設問題は再び出口の見えない隘路に入り込んでしまうのか。それとも新たな展開を見せるのか。重大な分岐点に立っていた。

日米同盟の深化

官房長官菅義偉と沖縄県知事の翁長雄志が初めて顔を合わせたのは二〇一五年四月四日午後。沖縄県宜野湾市で開かれた米軍のキャンプ瑞慶覧の西普天間住宅地区の返還式典の会場だった。そこで菅が声を掛けた。

「お互い法政大学出身ですね」

両者の経歴を照らし合わせると、ただ単に同窓というだけではない因縁が浮かび上がった。ともに同じ法学部で、しかも七〇年代初頭に東京・千代田区の市ヶ谷キャンパスに通っている。その時期は七二年の沖縄の本土復帰とも重なり合う。同じ七二年には当時の法大総長中村哲によって「沖縄文化研究所」が設立されている。今もキャンパス内のボアソナード館の二一階にスペースを維持し、沖縄県以外では最も充実した文献・資料、図書などが揃う。

菅は同じ「法大卒」という共通体験をきっかけに、翁長との距離を縮めることを狙ったのだろう。しかし、翁長が菅の呼び掛けに応じて会話を広げることはなく、この間の短いやり取りがかえって両者の溝の深さをクローズアップした。

そして翌五日の午前九時半過ぎ、沖縄県庁から目と鼻の先にある「ＡＮＡクラウンプラザホテル沖縄ハーバービュー」の二階の一室で翁長が知事に就任してから初めての菅と翁長との正式会談が始まった。ホテルの周囲を米軍普天間飛行場の名護市辺野古への移設に反対するデモ隊が囲んだ。

会談を直接取材した地元紙記者によると、用意された部屋が狭いこともあって県の職員の多くが中に入れず、異様な雰囲気の中で会談が始まったという。首相官邸と沖縄県双方の事前調整で会談時間はあらかじめ約一時間とし、冒頭の一〇分間だけテレビカメラを入れたオープンな形で行うことを申し合わせていた。ところがオープン部分は大幅に延長され三〇分間にわたってカメラの前で厳しいやり取りが展開されることになった。翁長はここで初めて法政大学の話題を持ち出した。ただし翁長が語ったのは追憶ではなく、沖縄の苦難の歴史を訴えるための実体験だった。

「私は二一歳までパスポートを持って法政大学に通い、仕送りは米ドルだった」

さらに翁長は菅に迫った。

「（普天間飛行場の）移設工事は国の問答無用の姿勢が感じられる。上から目線で『粛々』との言葉を使えば使うほど県民の心は離れ、怒りは増幅する。辺野古の新基地は絶対に建設できないと確信を持っている」

これに対して菅も持論を翁長にぶつけた。

「辺野古建設は、日米同盟と抑止力の維持、危険性除去を考えた時の唯一の解決策だ。移設を断念することは普天間の固定化にもつながる」

会談終了後、翁長の側近は地元紙記者に会談の印象を語った。

「知事は原稿に目を落とすことなくわれわれが驚くほど率直に思いをぶつけていた」

対する菅は「完全にアウェイ」(政府筋)だった。ただし、菅は敢えて「アウェイ」を選択したのではないか。沖縄に足を運ぶことによって翁長に礼を尽くすポーズを取りながら工事を断固として進めるという菅の強い意思を伝える狙いがあった。事実、帰京後、菅は六日の記者会見で、「上から目線」との翁長の指摘に対して「不快な思いを与えたのであれば(『粛々』という言葉を)使うべきではないだろう」と述べ、翁長に配慮を示したが、譲歩の考えを示すことは全くなかった。翁長との会談直後の四月八日に行った米国防長官カーターとの会談でも菅は従来の政府方針は不変との立場を繰り返した。

基地建設反対を掲げて知事選で圧勝した翁長にすれば絶対譲ることのできない「選挙公約」。これに対して菅も、九六年の日米合意から全く動かない「対米公約」の実現という切羽詰まった状況に追い込まれていた。ようやく前沖縄県知事仲井真弘多から辺野古沿岸部の埋め立て承認を得たばかりで政府も退却ができない状況に身を置いていた。

双方ともに「妥協」という選択肢を見つけるのは極めて困難だった。菅の沖縄入りを捉えて沖縄の有力紙「沖縄タイムス」が実施した世論調査によると、「知事の姿勢を支持する」と答えた人は八三・〇%に上った。ますます翁長は妥協できなくなった。

逆に政府も自ら退路を塞いでいた。米国防長官カーターの来日を皮切りに二七日にはワシントンで日米両国の外務・防衛担当閣僚による安全保障協議委員会(2プラス2)、さらに翌日の二八日には訪米する首相安倍晋三と米大統領オバマによる日米首脳会談が予定されていた。当然、普天間の辺野古移設を再確認する段取りが続く。政府内には「仲井真前知事から得た承認事項の範囲内で工事を進め、三年半後の県知事選を待つしかない」(政府高官)との見方が生まれた。

3　ワシントンでの対米公約

安倍外交のクライマックスとも言えた安倍の訪米は四月二六日から五月三日までの日程となった。ハイライトは二八日の安倍と米大統領オバマとの日米首脳会談に加え、日本の首相として初めての米議会上下両院合同会議での演説だった。

「事前にホワイトハウスから二人の親密ぶりを示すためにいろいろ考えていますと聞かされてはいたが、これほどのものとは思わなかった」(政府高官)

安倍周辺は「正直言ってビジネスライクのオバマのことだからたいしたことはない」と踏んでいた。ところが予想を超える歓待を受けた。安倍を迎えたオバマはいきなりワシントンのシンボルでもあるリンカーン記念堂に安倍を案内し、自らガイド役を買って出た。首脳会談後に開催された晩餐会には安倍の地元、山口県の日本酒「獺祭」が供された。

だが、「安倍歓待」の裏にはオバマの〝打算〟が潜んでいたと見るべきだった。前年四月のオバマ来日が甦った。日本一の名店の誉れ高い寿司店、東京・銀座の「すきやばし次郎」。安倍のせっかくの招待にも拘らず、オバマは寿司を味わうどころか最初から最後まで「ＴＰＰを頼む」の一点張りだった。さすがの安倍もいささか辟易したとのエピソードが残る。それからちょうど一年。この時間の流れの中に「歓待」の答えがあった。

オバマがこの一年間に目を覆いたくなるほどパワーダウンしたからだった。ウクライナ問題や中東外交では後手に回り、米国は急速に国際政治の中で影響力を低下させた。むしろイランやキューバとの関係改善など、従来の米大統領が手を触れなかった「アンチ・オーソドックス」（日本政府高官）などころに手を付けたのがオバマだった。ＴＰＰはこれといった実績がないオバマの「レガシー（遺産）づくり」（外務省幹部）との見方さえ存在した。

ところが、イランへの接近では同盟国のイスラエルの怒りを買い、オバマの中東外交は袋小路に入り込んだ。内政面でも一四年一一月の米中間選挙で民主党が大敗、議会運営は一層困難になっていた。大統領の残り任期もほぼ一年半となり、次期大統領候補に同じ民主党から前国務長官のヒラリー・クリントンが名乗りを挙げ、「レイムダック化」が進行した。

こうした中で中国が台頭し、「米国の権威」は急落した。気が付けばオバマに伴走する姿勢を崩さなかった唯一の国が日本だった。日本も中国脅威論に対抗するにはオバマ・カードしかなく、これまでにない「安倍・オバマ関係」が成立した。

その象徴が議会演説だった。英語で約四五分間、安倍は熱弁を振るった。当初は日本語で行う案もあったが、外務省が「せっかくの機会だから英語でやる方がはるかに説得力を増す」と進言、安倍も「英語でやろう」と決断した。ここから安倍と内閣官房参与でもあるスピーチライターの谷口智彦の二人三脚が始まった。谷口は自著『日本の立ち位置がわかる　国際情勢のレッスン』（ＰＨＰ研究所）の中でスピーチライターの資質についてこう書いている。

「書き直しに次ぐ書き直しをなんとも思わない強靱な精神力と、幾夜もの徹夜をものともしない頑健な体力」

外務省幹部によると、演説直前まで安倍と谷口は原稿の推敲を重ね、演説のレッスンを繰り返したという。この演説で安倍がこだわったキーワードは「民主主義」と「法の支配」だった。その二つの言葉をつなぐとその先には中国の存在が透けて見えた。そしてこの訪米で安倍が政治的にも政策的にも最も踏み込んだのが日米防衛協力だった。一八年ぶりに改定された日米防衛協力のための指針（ガイドライン）では初めて日米間の防衛協力をグローバル化することで合意した。自衛隊と米軍の一体化の加速と言い換えてもよかった。

日米安全保障条約の第六条は「極東条項」と呼ばれる。条約の適用の目的を「日本及び極東の平和及び安全」と規定しているからだ。その意味で新ガイドラインは日米安保条約の枠をはみ出しており、「条約改定に匹敵する」（民主党幹部）との厳しい批判が存在した。もっともこれに対して外務省幹部は「あくまでも安保条約の補強」と説明した。安倍も演説で大きく踏み込んだ。

「日本は世界の平和と安定のため、これまで以上に責任を果たしていく、そう決意しています。そのために必要な法案の成立をこの夏までに必ず実現します」

集団的自衛権行使を含む安保・防衛関連法案を「この夏まで」と期限を切って成立を約束したのだった。法案が国会に提出すらされていない中での「対米公約」に対する反発は激しかった。これに対し政府自民党は口裏を合わせたかのように同じ表現で反論した。

「首相の決意表明にすぎない」

かつて首相小泉純一郎は九・一一米中枢同時多発テロの直後に訪米、当時の大統領ブッシュに「できることは何でもする」と約束した。それがインド洋への自衛隊の護衛艦の派遣、さらにはイラク戦争の終戦処理をめぐって人道支援復興を大義名分にして戦闘状態にある国に初めて陸上自衛隊の部隊をイラクに派遣する道を開いた。古くは中曽根康弘の「日本列島不沈空母発言」もあった。しばしば訪米中の首相発言がその後の日本の安保・防衛政策の大転換につながってきた。大型連休明けの国会審議は安保法制一色となるのは目に見えていた。

玉虫色の決着

安倍が意気揚々と訪米から帰国したのは五月三日の「憲法記念日」だった。しかし、安倍は憲法改正をめぐる集会への出席やメッセージを発することもなく、その日のうちに静養のため山梨県鳴沢村の別荘に向かった。安倍の余裕の背景には安保法制をめぐる与党協議が終わっていたことも大きかった。自公両党の幹事長会談での合意に沿うように三月二〇日には集団的自衛権行使を含む法制の骨格を示す文書で合意していた。確かに自衛隊の役割拡大を目指す自民党と、歯止めをかけたい公明党がせめぎ合ったことも事実だったが、最後は双方が都合よく説明できる玉虫色の妥協が成立した。

公明党内は、後方支援に関して恒久法ではなく、特別措置法を推す声が大勢だったが、安倍は恒久法制定に強いこだわりを持っていた。恒久法を受け入れなければ連立政権の基盤を揺るがせることになる。そこまでの決断、覚悟が公明党にはなかった。取り得る手立ては公明党のメンツが立ち、自民党も受け入れ可能な内容での妥協案を探すことだった。

時計の針を二月二七日の与党協議に戻す。座長代理の北側一雄が自衛隊海外派遣の歯止めに関する三つの方針を示した。

①国際法上の正当性、②国民の理解と民主的統制、③自衛隊員の安全確保を図る――。

「これらを法制の中で考えることが必要だ」

恒久法を公明党が認めるための条件とも言えたメッセージが込められていた。三月四日、高村と北側が国会と目と鼻の先にある国立国会図書館でひそかに向かい合った。高村は受諾の前提として北側に釘を刺した。

「自民党は、閣議決定を尊重する。公明党もこれまでの積み重ねをちゃぶ台返しすることはやめてほしい」

高村は後にこう語っている。

「北側氏の面目を立てる代わりに、こちらが勝ち取りたい恒久法制定を文書に滑り込ませられた。それに比べれば、（公明党の）三方針は軽い内容だった」

そこから最終文書の作成作業に入った。しかし、与党が合意した安全保障法制の骨格は、集団的自衛権を行使するための「武力行使の新三要件」について「条文に過不足なく盛り込む」としたものの、新三要件自体を明記するかどうかの判断を先送りした。

元防衛官僚で元官房副長官補柳澤協二は、三月二六日、参院予算委員会の中央公聴会に出席し、武力行使の新三要件に関し基準が不明確だと懸念を示した。

「より具体化した基準を書かないと、政府の自由裁量ということになってしまう。どう基準を設けるかは大きなテーマだ」

従来の「自衛権発動の三要件」は厳格な制約を規定していた。

一、我が国に対する急迫不正の侵害があること、すなわち武力攻撃が発生したこと
一、この場合にこれを排除するために他の適当な手段がないこと
一、必要最小限度の実力行使にとどまるべきこと

そして集団的自衛権の行使を認めるため、新たに閣議決定されたのが「新三要件」だった。

一、日本や密接な関係の他国へ武力攻撃が発生し、日本の存立が脅かされ、国民の生命、自由および幸福追求の権利が根底から覆される明白な危険があること

一、日本の存立を全うし、国民を守るために他に適当な手段がないこと

一、必要最小限度の実力行使にとどまるべきこと

これらの条件を満たした場合に武力行使できるとし、武力攻撃事態法改正案に手続きを明記した。しかし、朝鮮半島有事を想定した周辺事態法の改正でも、従来の「周辺事態」に代わる「日本の平和と安全に重要な影響を与える事態」（重要影響事態）の具体的想定は明らかになっていなかった。

政府は、自衛隊活動の拡大へ与党が一定の結論を出したとして、関連法案作成に本格的に乗り出した。日米防衛協力のための指針（ガイドライン）改定に向けても詰めの作業を急いだ。だが前年七月に閣議決定した憲法解釈の変更まで戦後一貫して容認してこなかった集団的自衛権の行使を法制化する歴史的な転換点に際して、議論が尽くされているとは到底いえる状況にはなかった。

課題を先送りしたまま与党が骨格に合意したのは、四月末のガイドライン改定に向け法案化を急ぎたい自民党と、統一地方選に専念したい公明党の思惑が一致したためとみられていた。

「永田町の駆け込み寺」

安倍は政権の命運を懸ける安全保障関連法案の党議決定を目指した。最後の手続きは二〇一五年五

月一二日午後、国会内で開かれた総務会が舞台だった。議論は三時間に及んだ。総務会を仕切ったのは総務会長の二階俊博だった。二階は反対派の急先鋒である元行革担当相の村上誠一郎に思う存分発言の場を与えた。

村上も二階の意向を汲んだのだろう。最後は退席して、「全会一致」の決定に協力した。

かつて首相小泉純一郎の主導による郵政民営化法の党内手続きをめぐっては、総務会で賛成、反対の怒号が飛び交ったまま総務会長の久間章生が一方的に「了承」でまとめた。この党内対立の果てに小泉は郵政解散に踏み切った。それだけではなく小泉は反対派議員に刺客候補を立てて自民党から追い出すという荒っぽい手法で民営化法を成立させた。

民営化法に反対して党を追われた一人だった野田聖子は今もその総務会の手続きに疑問を持つ。野田はその後復党して、第二次安倍政権で総務会長に就任した。

「民営化法を了承した手続きが有効かどうか確認しようと思って当時の議事録を探した。しかし議事録そのものが見つからなかった」

古くは選挙制度改革をめぐっても総務会が主戦場となった。結果として小沢一郎らが離党。自民党の分裂、与党転落の発火点になった。重要法案をめぐる党内の了承手続きがいかに大切であるかは過去の苦い経験が物語る。

しかし、一方で「議論なき総務会」では単なる政府に隷属する一機関に成り下がってしまう。そこで問われるのが総務会長の力量だった。

「総務会長と官房長官はだれがなるかによって大きくもなり、小さくもなるポスト」

長く自民党政治を見つめてきたベテランの党職員はこう語る。確かに過去にも金丸信が総務会長だった時、首相中曽根康弘に対しても容赦はなかった。

「総理に行き過ぎがあれば刺し違える」

当時の幹事長田中六助の健康が優れなかったこともあったが、金丸の存在感は圧倒的だった。その金丸以来久しぶりに現れた政治の実権を握る総務会長が二階だった。学生時代から国会議員秘書を務め、和歌山県議を経て八三年に衆院初当選。一時は小沢一郎と行動を共にして自民党を離れた時代もあったが、永田町では〝絶滅危惧種〟と言われる叩き上げの苦労人。体で覚えた政治的勘と度胸の良さで一躍政治のど真ん中に躍り出た。

二階が率いる二階派は長崎幸太郎や中村喜四郎ら無所属議員を抱えていた。従来の自民党の常識ではあり得ないことだった。このため二階派の通称は「永田町の駆け込み寺」。ところが二階派所属議員のスキャンダルが続発した。農水相西川公也が「政治とカネ」の問題をめぐって辞職。さらにその西川に仕えた女性の農水政務官と同じ二階派所属議員との「六本木デート」が週刊誌に暴露された。派内には除名論がくすぶったが、二階が一蹴した。

「駆け込み寺と呼ばれているグループから除名者が出たら駆け込み寺でなくなる」

なぜ二階がここまで存在感を増したのか。もちろん二階の個性もあるが、同時に二階の政治力に基づく側近議員の人事配置にあった。衆院運営の要である議院運営委員会の委員長には最側近の林幹雄。偶然とはいえ、町村信孝が病を得て衆院議長を辞職。後任の議長には二階の盟友でもある大島理森が就任、さらに大島が座っていた衆院予算委員長には二階派会長代行の河村建夫が起用された。つまり自民党内第五派閥にすぎない二階派の議員が国会運営の中枢ポストを握ったのだった。

さらに二階はギクシャクする中国、韓国との近隣外交でも個人的な太いパイプを活かし、一四〇〇人を引き連れて韓国ソウルを訪問したのに続き、三〇〇〇人の訪中団を率いて北京入りする計画も進行中だった。気が付けば二階は安倍の政権運営の急所を押え込んでいた。

しかも二階は、この年の九月に予定された自民党総裁選を睨んで誰よりも早く「安倍続投支持」を表明した。これを境に安倍再選の流れが固まった。二〇一二年の総選挙で二度目の政権の座に就いた安倍は二階と同様、叩き上げの苦労人である菅を官房長官に起用して官邸主導型の権力構造を確立した。しかし、前年九月の内閣改造を経て閣僚の辞任が相次ぐなど政権運営に揺らぎが見えた。とりわけ人事面で処遇をめぐって不満を持つベテラン・中堅議員の存在は大きな不安定要因の一つだった。自民党内をどうコントロールすべきか、その戦略に沿うように登場したのが二階と言ってよかった。二階の登場により安倍政権は「安倍─菅」の直線型から二階を加えた「三角形型」に変質しつつあった。ただし、この「三角形」の頂点の一つと見られた二階の立ち位置は政権内に固定化されていたわけではなかった。安倍が意欲を示した「戦後七〇年談話」に関しても二階は「村山談話は引き継がれるべき」との立場は崩していなかった。

大阪都構想の挫折

首相安倍晋三から政治家にとっての「運」の大切さを聞いたことがある。

「運を失うと、手から砂がこぼれ落ちるように、いくらギュッと握ってもこぼれてしまう。リーダーが決して運を失ってはいけないのは国家に影響が出るからだ」

わずか一年で退陣という苦い挫折を振り返りながら、安倍はこう語っていた。たしかに二〇一二年一二月に戦後の首相としては吉田茂以来、実に半世紀ぶりに復権した安倍は絶えず「運」を味方に引き付けてきた。東京五輪の招致成功はその最たるものだったが、永田町では「野党の自滅」が安倍を助け続けた。民主党は四分五裂して二ケタ政党に転落した。みんなの党は元代表の渡辺喜美の「政治とカネ」の問題で分裂、二〇一四年の衆院選挙前には解党に至った。

そして野党第二党の維新の党にも激震が走った。五月一七日に行われた「大阪都構想」の是非を問う大阪市の住民投票で僅差とはいえ反対が賛成を上回ったのだ。都構想を引っ提げて中央政界をも巻き込んで構想実現を目指した大阪市長橋下徹が敗北。橋下は即座に「政界引退」を表明した。橋下自身が「負けたら政治家を辞める」と公言しており、ここまでなら既定路線に見えた。ところが思わぬ事態が起きた。橋下に代わって維新の党の国会議員団をまとめていた江田憲司も同時に代表を辞任したことだ。江田はみんなの党を離党して「結いの党」を結成し、その後橋下と合流した。党の代表とはいえ江田が辞任しなければならない理由を見つける方が難しかった。しかも江田の後任の代表に就任したのが幹事長の松野頼久。松野は元首相細川護熙の秘書から政界入りし、民主党で衆院議員初当選、首相鳩山由紀夫の下で官房副長官を務め、沖縄・普天間飛行場の移設をめぐる鳩山の「最低でも県外」発言の後始末に追われた経験を持つ。二〇一二年の衆院選を控えて橋下とともに日本維新の会の結成に参加したがルーツはあくまでも民主党だった。

橋下は都構想実現を目指して「大阪維新の会」を結成、元東京都知事石原慎太郎と手を結んで「日本維新の会」として国政に進出したが、道半ばで分裂。その後江田とともに維新の党を結成したものの、その江田も代表の座を去って党の性格は大きく変わった。

それだけではない。維新の党はさらに複雑な事情を抱えていた。かつて民主党の代表を務めた小沢一郎の側近たちが前年の衆院選で維新の党から復活を果たしていたことだ。小沢がその側近グループの再結集に向けて動き始めたからだ。都構想の挫折を契機に維新の党は急速に求心力を失いつつあった。橋下の側近グループ、旧民主党グループ、旧小沢側近グループ、旧結いの党グループという四つの塊が形成された。橋下は安倍が目指す憲法改正に共鳴し、安倍も官房長官の菅義偉も橋下にエールを送り続けてきた。安倍にすれば、維新の党は公明党に取って代わるパートナーになる可能性があった。その点では安倍の戦略に狂いが生じ始めたとも言えた。

ただし、安倍の当面の最優先課題は、集団的自衛権の行使を含む安全保障関連法案の通常国会での成立にあった。訪米の際、米議会演説でも安倍は「夏までに実現させる」と公言した。法案成立の先送りは安倍にとって橋下の都構想頓挫とは比べ物にならないほど重要な意味を持っていた。自民党国対幹部はかねてこんなシナリオを描いていた。

「会期末の六月二四日までに衆院を通過させ、会期延長して七月いっぱいで成立に漕ぎ着ける」

与党側から見れば最大の脅威、障害は「野党側の結束」にあった。ところが、その「野党側の結束」が維新の党の弱体化から一気に崩れ始めたのだった。都構想の挫折に端を発した維新の党の動揺が安倍に味方した。「運も実力のうち」。安倍が言う「運」はまだ安倍の手の中にあった。

第七章
安保法制の成立
（二〇一五年五月～二〇一五年九月）

国会前の安保法案反対デモ
（2015 年 8 月）

1　憲法学者の逆襲

安保委の審議開始

戦後の安全保障政策を大きく変える安全保障関連法案を審議する特別委員会が二〇一五年五月二六日から始まった。委員長は元防衛相の浜田靖一（現防衛相）。衆院三階の第一委員室がその舞台となった。委員室を見渡してまず驚いたのが自民党議員の多さだった。委員総数四五人のうち六割以上の二八人が自民党議員。民主党代表の岡田克也がトップバッターとして質問席に立ったが、岡田の後ろに座っているのも自民党議員。テレビの委員会中継を見ると、質問者以外に野党議員は映らなかった。

野党側が法案の成立を阻止するには〝総力戦〟を仕掛けるしかない。ところが初日の質問者に岡田の他に大串博志、元厚労相の長妻昭と論客を揃えながら議員席の後ろにある傍聴席に〝応援団〟がほとんどいなかった。長妻質問の際に傍聴席にいたのは国会対策委員長の高木義明くらい。これで政府を追い込むことができるのだろうか——。そんな空気が国会を支配した。

安保関連法案は自民、公明による協議過程の密室性に加え、法案は複雑な構造。相当な専門家でなければ全体像の理解は不可能と言ってよかった。それを解きほぐして国民の疑問に応えるのが国会の役割だが、委員室に漂う弛緩した空気は政治不信を増幅させるだけだった。

委員会初日の質問で岡田は小泉政権時代に自民党幹事長、副総裁を歴任した山崎拓に触れた。

「安全保障の問題は一歩一歩国民の理解を得ながら少しずつやっていかなければならない。山崎拓さんも批判的なことを言っている」

かつて山崎は首相小泉純一郎が決断した自衛隊の海外派遣を裏から支えたが、五月二一日に行った日本記者クラブの記者会見で安倍を強く牽制していたからだ。

「他国防衛容認ということは、専守防衛の定義を超える。今国会では未成立に終わるものも出てきてしかるべきではないか。野党の考え方も十分吟味し、修正すべき点は修正すべきだ」

その上で、山崎は国会での議論をこう切り捨てた。

「互いに頭の中で考えていることを言い合っているだけだ」

つまり具体論がないというわけだった。たしかに国会審議を通じて集団的自衛権の行使をめぐって具体的に登場した事例は「ホルムズ海峡の機雷掃海」と「邦人輸送中の米艦防護」くらいしかない。この法整備の根拠の一つに安倍は「日本を取り巻く安全保障環境の激変」を挙げた。しかし、その激変の中身について多くを語らず。山崎も具体的な激変の中身を議論しなければ国民の理解は得られないと指摘した。

「委員会で中国や北朝鮮のことがほとんど出てこないのはおかしい」

たしかに中国は習近平体制に移行して以来、海洋での軍事的威嚇活動を繰り返すようになった。東シナ海では尖閣諸島の領有権を主張、日本と緊張関係が続く。南シナ海での中国の動きはさらに過激化した。小さな岩礁をコンクリートで固め、滑走路や港湾施設が建造された。これに対し神経を尖らせたのが米国だった。南沙諸島周辺での海上、空中での米軍機による偵察活動を強化した。中国は五月二六日に発表した「国防白書」の中で、米国について直接的な名指しを避けながらも「一部の域外国」による「中国の領土主権と海洋権益に対する挑発的行為が発生している」と指摘。米中間の緊張状態は格段にエスカレートした。

まさしく「安全保障環境の激変」の象徴だが、安倍は答弁の中で「仮想敵国はつくらない」と答えて具体論に踏み込まず、結局、何のための法整備なのか胸にストンと落ちなかった。これについて政府高官の一人は声を潜めて本音を語った。

「あまりに生々しい話になると、国民が浮き足立ち、周辺諸国を刺激することになりかねない」

現実に中国は国防予算を約一七兆円（二三年は三〇兆六〇〇〇億円）に増額した。ちなみに日本は約六兆八〇〇〇億円。これに対し米国の国力は相対的に低下傾向にあった。加えてウクライナ問題で孤立するロシア大統領のプーチンが中国へ接近した。

日本で安保論議が高まる中で、軍事面での強硬路線とは裏腹に、中国は外交面でソフト路線も演出した。その象徴が訪中した自民党総務会長二階俊博への破格の厚遇だった。二階が安倍の親書を携えていたこともあったのだろう。五月二三日、北京の人民大会堂で開かれた二階が引き連れた三〇〇〇人以上の訪問団の大夕食会に習近平が出席したのだった。そこで初めて日本向けのメッセージを発し「友好協力を絶えず推進したい」と融和を強調した。無論、「日本軍国主義が犯した侵略の罪を隠し、歴史を歪曲することは許されない」と、歴史認識問題で安倍に釘を刺すことも忘れなかったが、前年一一月の安倍・習近平会談以降の対話継続の流れを踏襲した。

ただ政府内には「習近平の融和路線は額面通りに受け取るべきではない」（政府筋）との見方も根強かった。安倍も米議会の演説で力説した。

「日本は世界の平和と安定のため、これまで以上に責任を果たしていく。そう決意している」

とすれば、南シナ海に不測の事態が起きたら自衛隊を南シナ海に出動させるのか。それはどのようなケースが想定されるのか。しかし、一向に「中国脅威論」の具体的な内容への言及がなかった。にもかかわらず新たな安保法制ができても「戦争に巻き込まれることはない」として法制定を急いだ。それが国会審議の実情だった。

再び年金問題浮上

首相安倍晋三にとって「年金」は〝鬼門〟だった。六月一日午後、日本年金機構の理事長水島藤一郎が厚生労働省内で行った緊急記者会見で頭を下げた。機構がサイバー攻撃を受け、約一二五万件の個人情報が漏洩したというものだった。安倍は夜になって記者団に政府の対応を語った。

「国民の皆様にとって大切な年金です。年金受給者のことを第一に考え万全を期すように厚生労働大臣に指示しました」

この日、安倍がメディアのマイクに向かってインタビューに応じたのは二度目。一度目は長らく同じ派閥に属した先輩で、二〇一二年の自民党総裁選では「同門対決」を演じた前衆院議長、町村信孝の死去(享年七〇歳)を受けて心境を語った。そこに飛び込んで来た年金情報の漏洩問題だった。

安倍が目指す大きな政策目標である安全保障関連法案の国会審議が佳境に入る一方、国会の会期末が六月二四日に迫っていた。延長が必至とはいえ、野党側の激しい抵抗で会期末に向かう国会対策はなお展望が開けずにいた。年金問題が表面化する以前から安倍は不満を貯めていた。そんないら立ちが爆発したのだろう。五月二八日の衆院平和安全法制特別委員会で安倍は質問者の民主党の辻元清美に思わずヤジを飛ばした。

「早く質問しろよ」

このヤジの後、安倍は親しい議員に率直な心境を吐露した。

「民主党はじらし作戦に出てきた」

安倍は、民主党は安保関連法案を廃案に追い込むための時間稼ぎを始めたと受け取ったようだ。安倍の「ヤジ騒ぎ」はこの国会では二月に次いで二度目。さすがに与党内からも安倍に対する苦言が出た。結局、安倍は六月一日の特別委冒頭で陳謝せざるを得なかった。

「私の不規則発言に関して少し言葉が強かったとすれば、お詫び申し上げたい」

この日の安倍は「委員会陳謝」「町村死去」「年金情報漏洩」のトリプルパンチに見舞われた。とりわけ年金問題は深刻だった。国会審議そのものへの影響もさることながら政権への信頼、信用にも直結しかねないからだ。

安倍は年金問題で何度も苦い経験をしている。まず安倍が遭遇したのは小泉純一郎政権時代に遡る。二〇〇四年四月。安倍はまだ四九歳の若き自民党の幹事長。当時の社会保険庁(日本年金機構の前身)の職員が個人の年金記録を覗き見していたことが発覚したのだった。その対象が有名タレントや首相の小泉にまで及び、不心得者は約三〇〇人にのぼった。これがきっかけで政界の実力者たちの年金未納問題に発展した。ついに官房長官だった福田康夫が辞任。野党でも民主党代表の菅直人が辞任したが、未納を指摘された小泉は逆に開き直った。

「三五年前のことを今さら問題にする方がおかしい。人生いろいろ、会社もいろいろ、社員もいろいろ」

小泉らしい人を喰った発言で国会を乗り切った。政府は「一〇〇年安心プラン」と大見得を切った年金改革法を国会に提出しており、国民の怒りは増幅した。

その直後に参院選が実施された。自民党は初めて民主党に敗退。安倍はその責任を取って幹事長の職を離れることになる。そして首相として迎えた二〇〇七年の通常国会で「消えた年金問題」が発覚した。この問題を追及したのが「ミスター年金」として名を馳せた後の厚労相の長妻昭だった。長妻の理詰めの追及に徐々に安倍は土俵際に追い込まれた。そこで迎えた参院選で自民党は惨敗。安倍は体調不良も重なって首相退陣に追い込まれた。安倍は二度にわたって年金問題に遭遇、そして大きなポストを手放すことになった。巡り巡ってそれから八年。翌年に参院選を控える中でよりによって年金情報の漏洩が露見した。しかも特別委の野党筆頭理事がこれまた長妻だった。

日本年金機構は五月八日に漏洩の事実を掌握しながらきちんとした対応を取らずに被害を拡大させた。官房長官菅義偉の発言が政府の怒り心頭ぶりを物語った。

「情報保護に対する認識の甘さがあった。責任は免れない」

国会審議をめぐっては民主党は漏洩問題を突破口に全面対決の構えに入った。民主党の国対委員長高木義明は「この問題の区切りがつくまで通常の法案の審議はできない」と述べ、衆院厚生労働委員会で採決直前になっていた労働者派遣法改正案の阻止を目指す考えを示した。派遣法案は自民党の国対幹部が「呪われた法案」と語るほど曰く付きの法案だった。前年の国会に提出された法案では条文に盛り込まれた派遣業者に対する罰則規定について、「一年以下」とすべきところを「一年以上」とする大きなミスを犯すなど出し直しが続き、今国会が「三度目の挑戦」だった。

ところが、思わぬ事態で再び成立見通しが立たなくなった。この他、この国会では刑事訴訟法改正案、農協法改正案、労働基準法改正案など重要法案が衆院の委員会で審議中。条約一〇本を抱える外相岸田文雄が特別委に釘付けになって、店晒し状態。「一強多弱」の国会の勢力を持ちながら呻吟する自民党。安倍は四月の訪米の際の議会演説で安保関連法案を「夏までに成立させる」と約束していた。国対幹部も安倍の思いは「安保最優先」と指摘した。安倍がドイツのエルマウでのサミット（G7主要国首脳会議）から帰国するのは六月九日、会期末まで約二週間しかなかった。再び安保関連法案を除く重要法案を葬り去るのか。延長期間の判断の時期が迫った。年金問題によって足元を掬われた安倍の苦悩が続いた。

長谷部ショック

「厳しい状況が出てきているのは間違いない」

自民党幹事長の谷垣禎一は六月九日の記者会見で国会運営に暗雲が垂れ込めてきたことを認めた。通常国会には「六月の壁」が付きまとう。毎年一月に召集される通常国会は会期が一五〇日間と決められており、必ず六月に会期末が訪れるからだ。通常国会は衆院総選挙後に召集される特別国会や随時開かれる臨時国会と異なり、会期延長は一度しかできない。このさじ加減が難しい。過去にも「六月の壁」が政権の前に立ちはだかった。中にはこの壁を越えられずに退陣に追い込まれた首相もいる。宮澤喜一は野党が提出した内閣不信任案の採決で自民党内から小沢一郎ら造反者が出て可決され、結果として首相の座から引きずり降ろされた。「会期末には魔物が棲む」と言っていい。

その会期末が六月二四日に迫ってきた。安倍が執念を燃やした安全保障関連法案は衆院通過の目途すら立たないまま。それどころか衆院で開かれた六月四日の憲法審査会では、参考人に呼ばれた三人の憲法学者が揃って安保関連法案について「憲法違反」と断じたことで状況は大きく変わった。その中には自民党が推薦した参考人だった早稲田大学教授の長谷部恭男も含まれており、特別委員会の焦点は一気に法案が違憲かどうかの「そもそも論」に舞い戻った。

「憲法九条の下で許される武力行使は個別的自衛権までで、集団的自衛権の行使は典型的な憲法違反だ。数多くの重大欠陥のある法案は直ちに撤回すべきだ。九五％を超える憲法学者が違反だと考えているのではないか」（長谷部）

なぜ、こんなお粗末な事態になったのか。長く国会の実務に関わってきたベテランの与党職員は「一強多弱による自民党議員の慢心」を指摘した。自公の与党で圧倒的な議席を押さえているため、「数の力」への過信が、逆に想定外のハプニングに対応できない〝虚弱体質〟を作ってしまったようだ。加えて国会対策に精通した議員の多くが引退し、その継承もほとんどできていなかった。

「憲法問題が争点になっている安保関連法案の審議がいよいよ佳境に入ろうという時に、場所が違うとはいえ、憲法審査会を開く感覚が分からない」

自民党総務会長の二階俊博はこう吐き捨てた。民主党の国対幹部ですらそこまで自民党を追い込むことができるとは思っていなかったことを認めた。長谷部発言は、安保法制懇のメンバーに憲法学者を一人しか入れていなかったことへの憲法学からの物言い（反論）ともいえた。

「首相のヤジや憲法学者の違憲発言など敵失が出る度に委員会審議を空転させてきたら、いつの間にか自民党が土俵際に立っていた」

民主党の国会対策とは無縁のところで自民党がオウンゴールを連発したというわけだった。長谷部らを参考人に推薦した衆院憲法審査会の与党筆頭理事の船田元は「人選ミス」と語った。それだけではない。自民党にとって厄介なのは国会の外で思わぬ事態が続発していたことだった。日本年金機構からの約一二五万件の個人情報流出問題もそれに当たった。

さらにこんな不安を口にする自民党議員もいた。

「韓国で感染の拡大が続くＭＥＲＳ（中東呼吸器症候群）が日本に飛び火したらどうなるか。年金情報の流失に続き厚生労働行政をめぐる怒りは政権に向かうことは避けられないだろう」

安保法制より生活に密着する問題の方がはるかに国民は敏感に反応する。ただし首相安倍晋三が目指した政策の第一優先順位は間違いなく安保関連法案にあった。六月二四日の会期末までに衆院を通過させ、その後一カ月程度の会期延長によって参院で可決、成立を目指すというシナリオだった。ところが、特別委員会の審議は〝各駅停車〟。二四日までの衆院通過は絶望的になった。早くも安倍は六月一〇日の谷垣との会談で会期延長の検討に入るよう指示した。

直近の大幅延長の例で言えば、菅直人政権があった。三・一一東日本大震災に伴い会期を八月三一日まで七〇日間延長した。ただし、菅直人は会期末直前に首相退陣を表明している。次の首相野田佳彦も消費増税法の成立を目指して、翌年の通常国会の九月八日までの七九日間の延長を決断した。結果として増税法は成立したが、その過程で野田も「野田降ろし」に遭遇、最後は衆院選で惨敗して政権の座から引きずり降ろされた。

野党側に安倍に立ち向かうだけの人材もエネルギーも存在はしなかったが、何が起こるか分からない延長国会だった。二階は長く国対委員長を務めた経験から「少しゆとりを持って取っておく必要がある」と、大幅延長論を主張した。ただしその年の八月一五日は戦後七〇年の大きな節目の日。この日をまたぐ会期延長となると、また安保関連法案の成否とは全く別の意味合いを帯びる。とりわけ安倍が発表する方針の「戦後七〇年談話」と安保関連法案の審議が絡み合うことになれば、中国、韓国を巻き込んだ近隣外交問題に発展する可能性も排除できなかった。

久しぶりに開かれた六月一〇日の安保関連法案を審議する衆院の平和安全法制特別委員会は様相を

一変させていた。答弁の中心は防衛相中谷元や外相の岸田文雄ではなかった。内閣法制局長官の横畠裕介や防衛省の防衛政策局長の黒江哲郎ら官僚たちだった。横畠は九日夕、わざわざ国会内の民主党控室を訪れ、「安保関連法案は憲法に違反しない」とする政府見解を文書で提示した。政治家の存在がこれほど希薄な安保審議は過去に例がないだろう。

早くも自民党内には衆院通過後に参院の採決がなくても法案を成立できる憲法上の「みなし否決」を適用、衆院で再可決することを視野に入れた八月いっぱいの延長論が浮上した。安倍がオバマに伝えた「夏までの成立」に黄信号が点った。

会期大幅延長

そこで安倍は大幅延長を決断する。国会は六月二二日の衆院本会議で、六月二四日までの会期を九月二七日まで延長することを自民、公明、次世代の党などの賛成多数により議決した。民主党などは欠席し、維新の党と共産党は反対した。現憲法下での通常国会としては最長の延長幅だった。首相安倍晋三は記者団の前でその理由を語った。

「九五日間の延長幅を取って徹底的に議論していきたい。丁寧な説明を心掛けながら、成立を目指したい」

しかし、内実は「窮余の一策」そのものだった。法案は衆院通過後、六〇日以内に参院が議決しない場合、否決されたとみなし、衆院で再可決して成立させる「六〇日ルール」を憲法が規定する。その適用を想定していたことは明らかだった。過去の延長記録は九四日間。「最長記録を塗り替えようと、九五日間にこだわったのは官邸」(党幹部)との声も聞こえた。

二二日の与野党幹事長会談で、野党側は六〇日ルールを適用しないよう要請。自民党幹事長の谷垣は「念頭には置いていない」と釈明した。さらに谷垣は安保法案のほか、労働者派遣法改正案などの成立を目指すことも延長の理由に挙げた。自民党内にも前例のない大幅延長に異論が出された。元衆院議長伊吹文明は二五日の二階派総会で、苦言を呈した。

「参院議員会長は『参院の自主性を何だと考えているのか』と怒りを発しないといけない。参院が再可決を期待しているなら、参院無用論につながる」

逆に自民党内には審議が進展しない苛立ちから報道機関に圧力を掛ける動きが表面化した。安倍に近い党の若手議員の勉強会「文化芸術懇話会」がその舞台となった。二五日に開催した勉強会には安倍を支持する作家の百田尚樹が講師に招かれた。百田は「沖縄の二つの新聞はつぶさないといけない」と述べ、メディアに矛先を向けた。この場では出席議員から、安保法案を批判する報道に関しての発言が相次いだ。

「マスコミをこらしめるには広告料収入をなくせばいい」

「沖縄の特殊なメディア構造をつくってしまったのは戦後保守の堕落だった。左翼勢力に完全に乗っ取られている」

「番組ワースト一〇とかを発表して、それに(広告を)出している企業を列挙すればいい」

谷垣ら党執行部は安保法案の審議がさらに遅れかねないとして二七日になって勉強会の代表で青年局長の木原稔(衆院議員・熊本一区)を更迭した。これに対して安倍は疑問を呈している。

「党の私的な勉強会だ。発言をもって処罰することがいいのか」

これに先立って自民党執行部は二六日に、党所属議員にテレビ番組に出演する場合に党報道局への事前報告を徹底するよう指示していた。木原は青年局長更迭に加え一年間の役職停止。さらに大西英男(東京一六区)、井上貴博(福岡一区)、長尾敬(比例近畿)の三人が厳重注意となった。

処分は幹事長谷垣禎一が記者会見で発表した。

「報道の自由を軽視し、沖縄県民の思いを受け止めるべく努力してきたわが党の努力を無にするかのような発言がされた。国民の信頼を大きく損なうもので看過できないと判断した」

安保法制に関しては憲法学者に「違憲法案」と指摘されたのに続く大きな痛手となった。谷垣は「うっかりしたミスが致命的になる場合がある」と語った。

この勉強会の二日前が「沖縄慰霊の日」だった。糸満市摩文仁《まぶに》の平和祈念公園で開かれた「沖縄全戦没者追悼式」には例年通り首相安倍晋三が列席。米側からも駐日米大使のキャロライン・ケネディが参列した。

その場で、翁長は平和宣言の中で米軍普天間飛行場(宜野湾市)の名護市辺野古への「移設作業の中止を決断することを強く求める」と訴えたのだった。知事が平和宣言で、国と対立する政治的主張をここまで明確に打ち出したのは極めて異例だった。翁長の発言には参加者から大きな拍手が湧いた。その一方、安倍のあいさつには「帰れ」などとヤジが飛び交った。追悼式後、安倍と翁長は那覇空港で数分間言葉を交わしただけで会談は行われず、普天間問題はさらに混迷の度を深めることになった。

深まらない安保論議

それでも政府内には「特別委審議の八〇時間が一つの目安」との考えがまかり通っていた。中身がどうであれ、審議時間が八〇時間を超えれば、採決を強行する方針を早い段階で固めていた証でもあった。もともと集団的自衛権行使が憲法解釈の変更で可能になるという前提そのものに無理があった。民主党代表の岡田克也が、安保法制が規定する「存立危機事態」や「重要影響事態」を認定する判断基準を質問したのに対しても安倍は真正面からの答弁を避けた。

「どういうことでなければ武力を行使しないのかというような政策的な中身をさらすことになる。いちいち全てを述べるようなリーダーは海外にはいない」

岡田は六月一九日の記者会見で「議論すればするほど論点が浮かぶ」と述べて徹底抗戦の姿勢を強調した。しかし、論点を意図的にずらすような場面も目立った安倍が相手では「暖簾に腕押し」の様相となった。同じような議論を続けて審議時間だけを積み上げても採決の環境が整うとは考えられなかった。共同通信が二〇、二一の両日に実施した全国電話世論調査では、安倍政権が法案を「十分に説明しているとは思わない」との回答が八四・〇%に上り、「思う」の一三・二%を大きく上回った。

二二日の参考人質疑で、元内閣法制局長官の宮崎礼壹が「法案は憲法九条違反」と断じて撤回を要求した。政府の解釈変更に関しても「法的安定性を破壊する」と指摘した。「合憲」との見解を示す憲法学者の日大教授百地章も一九日の記者会見で「政府は法案の全体像が分かるよう説明すべきだ」と苦言を呈した。

安倍は安保法制と並んで戦後七〇年の節目の年に発信する予定の「戦後七〇年談話」についていったん閣議決定を見送る方針を固めた。その理由は談話を「格下げ」して安倍の「個人的見解」と位置付けることで、歴史認識の継承を求める中韓両国に一定の配慮を示すと同時に、安全保障関連法案の成立を急ぐことにあったものとみられた。

特別委で採決強行

木原らの処分を契機に安倍の衆院平和安全法制特別委員会での答弁は一変した。七月三日の安倍は低姿勢そのものだった。

「党の姿勢に疑義を抱かせ、政権を負託してくれた国民の信頼を大きく損なう結果となった」

「報道の自由そして言論の自由を軽視するような発言、あるいはまた、沖縄県民の皆様の思いに寄り添って負担軽減、沖縄振興に力を尽くしてきたこれまでの我が党の努力を無にするかのごとき発言が行われたものと認識をしている」

「例えば、安倍政権を厳しく非難している報道機関であろうとも、その報道機関の言論の自由が侵されてはならない」

安倍は七月六日の政府与党連絡会議では党内に向けて注意を喚起した。

「政権与党におごりや油断が生じれば、国民の信頼は一瞬にして失われる。原点に立ち返って信頼回復に邁進する」

採決に向けた最後のハードルと言えた中央公聴会が七月一三日に決まると、流れが一気に強まった。まず公明党代表の山口那津男が八日のラジオ日本の番組で、採決に触れた。

「中央公聴会が開かれると仕上げの議論になる。そろそろというのが相場観だ」

官房長官の菅義偉も九日の記者会見でアクセルを踏み込んだ。

「意見が多数派か少数派かであるかは重要ではない。合憲か違憲かを判断するのは憲法で違憲立法審査権を与えられている最高裁だ」

国会対策も急展開を始めた。自民党副総裁の高村正彦、公明党副代表の北側一雄と維新の党の幹事長柿沢未途が国会内で会談した。採決に向けた地ならしの一環であることは明らかだった。維新との協議は、与党としての丁寧な取り組みを演出し、世論の批判をかわすのが狙いだった。

自民党総務会長の二階俊博は一一日、和歌山市内で「いよいよ衆院で採決する運びだ。週が明ければ重大な局面を迎える」と述べ、「採決近し」を予告した。すべてが七月一五日の委員会採決に向けて歩を進めていた。一五日午前八時前、自民党の谷垣禎一、公明党の井上義久両幹事長が会談、同日の特別委採決と一六日の衆院通過方針を確認した。九時前には安倍が、特別委が開かれる衆院第一委員室に入った。国会前では朝から市民らが反対の声を上げ、主催者発表で正午までに一〇〇〇人以上が集まった。「強行採決絶対反対」とシュプレヒコールの声が上がった。

特別委員会委員長の浜田靖一が何度も「静粛に」と大声で議事進行を続けた。委員室には「強行採決反対」と赤い字で書かれた紙を掲げた民主党議員が集結した。正式な委員会議事録にも「（発言する者、離席する者多し）」との記述が残る。

正午過ぎ、浜田が質疑を打ち切って声を張り上げた。

「本案に賛成の諸君の起立を求めます。起立を求めます。（発言する者あり）起立を求めます。起立を求めます」

安倍は採決を待たずに、ヤジや怒号が飛び交う中を退室した。

午後〇時二四分、浜田が立ち上がって、法案への賛成者の起立を求めて叫んだ。

「起立多数。起立多数をもって……（聴取不能）は成立いたしました。以上をもって、本委員会は終了いたしました。散会いたします」

英国のロイター通信が至急電で伝え、直後に中国の国営通信社の新華社も速報した。

午後になって衆院議院運営委員会理事会で委員長林幹雄が一六日の衆院本会議開催を職権で決定した。法案は自衛隊法、武力攻撃事態法、周辺事態法、国連平和維持活動（ＰＫＯ）協力法などの改正一〇法案を一括した「平和安全法制整備法案」と、国際紛争に対処する他国軍の後方支援を随時可能とする新法「国際平和支援法案」の二本。歴代政権が憲法九条に基づき認められないとしてきた集団的自衛権の行使を解禁するほか、周辺事態法改正で自衛隊活動の地理的制約を撤廃し、米軍以外の他国軍も支援することを盛り込んだ。

続いて安全保障関連法案は、一六日の衆院本会議で自民、公明両党などの賛成により可決され、衆院を通過した。衆院平和安全法制特別委員会に続き、与党が採決を強行した。これで参院で可決しなくても「六〇日ルール」による再可決成立の道が確保された。

生まれた安倍無投票再選の流れ

安保法制の衆院通過が視野に入ってきたころから、新聞や週刊誌の見出しに「総裁選」の活字がしばしば登場するようになった。九月末に安倍の自民党総裁としての任期が迫っていたからだ。メディアへの〝圧力〟で物議を醸した木原稔らの勉強会は九月の総裁選を睨んで設立された「安倍応援団」だった。それが、裏目に出た。安保法制審議の遅滞だけでなく安倍に逆風が吹き始めたからだ。大手メディアの世論調査のすべてで内閣支持率と不支持率が逆転。読売新聞を除く、朝日、毎日、日経、産経の各紙と共同通信の調査で支持率が四〇％ラインを割り込み三〇％台の後半になったことも「波乱」を予感させた。

こうした微妙な空気感が政治家心理にも影響を与えた可能性があった。まずポスト安倍の有力候補とされた地方創生担当相石破茂が批判的な言葉を口にした。

「あの(世論調査の)数字を見て、理解が進んだと言い切る自信はあまりない。より深い理解の下で国の安全保障は考えられるべきであり、国民への説明責任は引き続き果たしていく必要がある」

前総務会長の野田聖子は、安倍も出席した同じ会合で辛口の注文を付けた。

「首相とは当選同期(九三年)の桜だが、最近若干路線がずれ始めている」

もともと野田は自民党のハト派の代表とされた旧河本派の出身で、安倍とは政治信条や思想的バックボーンに大きな差があった。総裁選まであと二カ月というタイミングでの発言は「総裁選に意欲」と受け取られた。しかし、ことはそれほど単純ではない。「出馬の意欲」が必ずしも「出馬」に直結しないのが自民党総裁選の難しいところだ。立候補するには二〇人の推薦人が必要。友人を飲み会に誘うのとはわけが違う。「一強」と言われ、突出した求心力を持つ安倍に挑戦するリスクを共有してくれる国会議員を集めるのだから、周到な準備と信頼の獲得が大前提になる。派閥政治が全盛のころの自民党なら「数の論理」で現職総裁を追い落とすことができた。例えば七八年の総裁選だ。現職の総理総裁福田赳夫に幹事長の大平正芳が戦いを挑んだ。結果は田中角栄の支援を受けた大平が勝利した。

これを最後に、現職の総理総裁に挑戦して思いを遂げた政治家は二〇二一年の総裁選を勝ち抜けた岸田文雄まで一人も出ていなかった。ただし岸田の場合は実際に現職総裁だった菅義偉と選挙戦で戦ったわけではない。岸田の出馬表明をきっかけに菅が立候補を取り止め、〝直接対決〟は消えたからだ。むしろ総裁選をめぐる「勇気ある挑戦」が裏目に出て政治的影響力を失う政治家が後を絶たなかった。それが総裁選をめぐる過酷な権力闘争の現実だった。とりわけ現行の選挙制度に移行してからの総裁選は苛烈なまでに敗退した挑戦者の政治生命を奪い続けている。

九九年の総裁選では小渕恵三に前幹事長の加藤紘一が挑み、二〇〇三年の総裁選では小泉純一郎に亀井静香らが挑んだ。加藤には「自自公連立阻止」、亀井には「小泉改革反対」という大義名分があった。この年の総裁選に立候補するなら、これらに匹敵する大義名分が必要だった。強いて大義名分があったとすれば内閣支持率急落の要因でもある安倍が推進する安全保障政策の是非しかなかった。しかし安保法制に真正面から異を唱えたのは元行政改革担当相の村上誠一郎だけと言ってよかった。石破も野田も衆院本会議での採決では法案賛成に回った。その後に反対の声を挙げても「後出しジャンケン」のそしりは免れなかった。総裁選で安倍に対抗するための大義名分は早々に失われていた。過去の自民党では顔見せ興業的に立候補することも許されたが、もはや自民党にはそんな大らかさは消えていた。

総裁選を控えた夏は派閥の動きが活発化するが、その動きもほとんど見えなかった。夏の研修会を開催したのは事実上の安倍派に変質した細田派だけ。さらに総裁選前に研修会を予定していたのは安倍続投支持を表明した総務会長二階俊博が率いる二階派のみ。あとの派閥はいずれも総裁選後もしくは見送りという寂しさだった。

全盛時には約五五〇万人の党員数を誇った自民党は、この時点で一〇〇万人の大台を割り、八〇万人台に落ち込んでいた。その後、二階が幹事長に就任して党員獲得に力を入れた結果、二〇二一年の総裁選の際には約一一〇万人に増やしたが、往年の勢いはなかった。「活力なき自民党」を象徴する数字と言ってよかった。

この年の総裁選は九月八日告示、九月二〇日投開票の日程が確定した。

もたつく安保法制審議

「攻め」が持ち味の安倍が「守り」を強いられていた。安保関連法案をまとめた実質的な責任者である自民党副総裁の高村正彦が思わず八月九日の講演で本音を漏らした。

「頼むから、オウンゴールをやめてくれ」

安保法案をめぐっては衆院での審議中にも国会審議とはやや離れたところで安倍の側近グループが問題発言を連発、審議に大きな影響を与えてきた。それが参院に法案が送付された後も止まらなかったからだ。中でも致命的とも言えたのが首相補佐官の礒崎陽輔の「法的安定性は関係ない」との発言だった。憲法学者の多くから「違憲立法」と断定され、法案の正当性が問われているだけに発言の影響は大きかった。公明党はもとより自民党内からも礒崎の責任論が燻った。参院特別委員会に礒崎は参考人として招致された。そこでは自身の発言を撤回の上、陳謝したが、野党側の反発は収まらない。なお再招致と辞任を要求、火種は残ったままだった。それに追い打ちをかけたのが自民党衆院議員の武藤貴也のツイッター投稿だった。

「『だって戦争に行きたくないじゃん』という自分中心、極端な利己的考え」

安保法案に反対する学生らのデモについて批判したのだった。しかし、礒崎発言とも重なり野党側の集中砲火を浴びることになった。高村の言うオウンゴールはそれだけに止まらない。法案審議の責任閣僚である防衛相中谷元が参院特別委員会で安保関連法に基づく後方支援をめぐって想定外の答弁を口にした。

「核兵器の運搬も法文上は排除していない」

中谷の生真面目さが裏目に出た格好だった。防衛相経験者の一人は中谷に対する不満を口にした。

「核兵器のことを聞かれたら日本には『非核三原則』がある。バカなことを聞くなと最初に言わなきゃだめだ」

しかも中谷が答弁したのは「広島原爆の日」の前日の五日。核問題に関しては最も神経を尖らせなければいけない時期だった。ところが安倍自身が六日の広島での平和祈念式典のあいさつの中身をめぐって野党側から厳しく追及される事態に追い込まれた。歴代首相が必ず言及してきた「非核三原則」の文言を口にしなかったからだ。九日の「長崎原爆の日」では言及したものの、安倍への不信感が広がった。長崎市長の田上《たうえ》富久は平和宣言の中で安保関連法案の慎重審議を安倍に要請した。

安保関連法案の成立を確実にするために決断した戦後最長の九五日という会期延長が逆にリスクを抱え込んだ格好だった。九月六日に予定された岩手県知事選挙からの撤退はその象徴と言ってよかった。岩手は「生活の党と山本太郎となかまたち」の代表である小沢一郎が影響力を保持したかつての「小沢王国」。当初の狙いは、小沢側近で現知事の達増拓也に無所属の元復興相平野達男をぶつける「小沢王国の撃退」にあった。ところが内閣支持率の急落に加え「岩手モンロー」を刺激したことで、流れは一気に達増に向かった。事前の世論調査では「トリプルスコアどころじゃない」（自民党幹部）と言われたほど平野の支持は伸びず、平野は出馬断念に追い込まれた。

平野は現職参院議員であったため、立候補すれば一〇月の参院補欠選挙が確定する。この二連戦で小沢に敗退することになれば翌一六年の参院選への影響は必至だった。

「負けを消すしかない。しかも九月六日は安保関連法案の参院審議が最大の山場を迎えているころと重なる。不戦敗がベストの選択だ」（自民党選対幹部）

ただし総務会長の二階俊博は異論を唱えた数少ない実力者だった。

「選挙に負けるのが怖くて候補者を立てないということになれば、党はどんどん勢いを失っていく」

八月九日投開票の埼玉県知事選でも自民党幹部は積極的介入を避け現職の上田清司(現参院議員)の四選を許した。上田は自ら作った任期を三期までとする「多選自粛条例」を反故にしての出馬だった。選挙戦術によっては自公勢力で勝てる状況にあった。

自民党は前年の一四年末の衆院選挙で大勝はしたものの一月の佐賀県知事選でも敗北しており、翌年の参院選に向けて不安は拭えなかった。

安保関連法案審議の迷走とそれに伴う内閣支持率の低下で当初描いた「安倍プラン」の変更を余儀なくされたのは選挙だけではない。官房長官菅義偉が突如発表した沖縄・普天間飛行場の移設予定地である名護市辺野古沿岸部の一カ月間の工事停止もリスク回避の「安保審議停戦」と言ってよかった。この一カ月間に菅と翁長の直接会談を含め集中的に政府と沖縄県の協議が行われる予定が組まれた。「埋め立て絶対反対」の翁長と「辺野古が唯一の移設先」という政府との間では目指すゴールは水と油。しかし、そこは政治だ。

菅と翁長は七月四日、ホテルオークラの日本料理店「山里」で三時間にわたって食事を共にしながらじっくりと話し込んだ。ここで双方が何らかの折り合いを付けた可能性は否定できなかった。菅が工事停止期間としたのは八月一〇日から九月九日まで。九月九日という日付は、安保関連法案の参院での採決が想定されるタイミングで、しかも自民党総裁選の告示予定日(九月八日)とも重なり合った。

2　安保論議の中の「戦後七〇年談話」

そしてこの時期に安倍が強いこだわりをもって取り組んでいた「戦後七〇年談話」の取りまとめが最終段階に来ていた。

「戦後七〇年間、日本は平和国家としての歩みを進め、世界の平和発展、民主化などに大きな貢献をしてきた。先の大戦への反省、戦後の平和国家としての歩み、アジア太平洋地域や世界にどのような貢献を果たしていくのか、英知を結集して新たな談話に書き込んでいく」

その談話発表に向けて議論を重ねたのが二月に発足した安倍の私的諮問機関である「二一世紀構想懇談会」。やや長いが正式名称を記しておく。

「二〇世紀を振り返り二一世紀の世界秩序と日本の役割を構想するための有識者懇談会」

座長は日本郵政社長の西室泰三でメンバーは以下の通りだった（肩書は当時）。

西室泰三（座長）▽国際大学長　北岡伸一（座長代理）▽読売新聞編集局国際部長　飯塚恵子▽外交評論家　岡本行夫▽東大大学院教授　川島真▽三菱商事会長　小島順彦▽東大大学院教授　古城佳子▽政策研究大学院大学長　白石隆▽日本紛争予防センター理事長　瀬谷ルミ子▽京大名誉教授　中西輝政▽平和・安全保障研究所理事長　西原正▽東大教授　羽田正▽グロービス経営大学院学長　堀義人▽立命館大客員教授　宮家邦彦▽明治大特任教授　山内昌之▽毎日新聞政治部特別編集委員　山田孝男

議論開始は二月二六日。安倍は初会合で「日本はどのような国を目指すのか考えたい。素晴らしい議論を期待している」と述べ、五つの論点の検討を諮問した。①二一世紀のビジョン②二〇世紀の経験から汲むべき教訓③戦後日本の平和主義や経済発展、国際貢献の評価④中国や韓国をはじめとするアジア諸国との和解⑤戦後七〇年に当たって取るべき具体的施策――。

有識者会議はこの安倍が示した論点に沿って、戦後日本の歩みや、今後の国際貢献の在り方を含めて七回の会合を重ねた。ただし法的な位置付けのない組織で議論の結果がどう反映されるかは曖昧なままスタートした。そこには有識者会議の報告書をどう活用するかは安倍次第との見方がつきまとった。安倍は集団的自衛権行使容認や消費税増税の判断など重要政策で自らの考えを進めるため、有識者会議を多用した経緯があるからだった。官房長官の菅義偉も「談話を書くことを目的にしたものではない」と、予防線を張った。

有識者懇談会で座長代理を務めた北岡伸一は翌日の二七日、東京都内で開かれたシンポジウムで、早くも戦後五〇年の村山談話の文言継承の重視に疑問を呈した。

「全体として過去をどう振り返るかが大事だ。一部のメディアが『リモース』(反省)などの言葉が入るかどうかと言っているのは非常に変だ」

北岡の講演の背景には戦後五〇年に際して首相村山富市が発表したいわゆる村山談話の存在があったことは言うまでもない。

「国策の誤り」を認め「過去の植民地支配と侵略」に「痛切な反省とおわび」を表明した村山談話の表現が盛り込まれるか否かが七〇年談話の焦点となっていたからだ。安倍は村山談話を「全体として受け継いでいく」とする一方で「今まで重ねてきた文言を使うかどうかではなく、安倍政権としてどう考えているのかという観点で出したい」と述べ、表現変更に含みを持たせた。

もっとも、村山談話はその後の歴代政権が踏襲し、対外的にも日本の過去にけじめをつける公式文書として既に確立されている。「侵略」などのキーワードを変更すれば、近隣諸国だけでなく欧米からも安倍の歴史認識に疑念と不信を招きかねなかった。

八月一五日が近づくに従い有識者会議の議論の行方に国内だけでなく近隣諸国からの様々なメッセージの発信が相次いだ。韓国大統領の朴槿恵は表敬訪問した民主党代表の岡田克也に、慰安婦問題に関する九三年の河野洋平官房長官談話や、日韓併合一〇〇年に当たって朝鮮半島の植民地支配に対するおわびを表明した二〇一〇年の菅直人による首相談話に言及。七〇年談話でのこうした認識の再確認を求めた。これに対して北岡は「一定の配慮はするが、極端にこうすれば納得するだろうと考えるのは順序が違う」と述べ、独自の判断を強調した。

そして八月六日、広島原爆の日に、有識者会議の報告書が安倍に提出された。第二次世界大戦をめぐっては「侵略」と「植民地支配」の表現は盛り込まれた。ただ過去への「おわび」には触れず「未来志向」に軸足を置いた内容は安倍の意向を強く反映したものとなった。一時は安保法制の審議に絡んで閣議決定を見送り安倍の「個人的見解」とする案もあったが、与党内に従来通りにすべきとの意見が強まり、安倍の判断もあって閣議決定されることになった。

これを受けて政府は八月一四日に臨時閣議を開き、戦後七〇年の安倍晋三首相談話を決定した。先の大戦をめぐり、歴代内閣の謝罪を紹介する形で「お詫びの気持ち」を記述し、「歴代内閣の立場は、今後も、揺るぎない」と表明した。「将来世代に謝罪を続ける宿命を背負わせてはならない」として将来的な謝罪継続に否定的な見解も示した。

満州事変から第二次大戦への経緯については「(日本は)進むべき針路を誤り、戦争への道を進んだ」と記述したが、村山談話のように日本の行為が侵略だったと認めたくだりはなく「事変、侵略、戦争。いかなる武力の威嚇や行使も、国際紛争を解決する手段としては、もう二度と用いてはならない」と一般化した。安倍は談話を発表した記者会見でも、日本の行為が侵略に当たるかどうかは明言しなかった。キーワードの有無をめぐる論争を回避し、謝罪することや侵略と認識することに否定的な自身の支持基盤を強く意識した内容となった。首相は談話について「アジアをはじめ多くの国々と未来への夢を紡ぎ出す基盤にしたい」と訴えた。

この談話に関して村山富市は地元の大分市で記者会見した。

「(村山談話と)だいぶ中身が違うという印象を与える。引き継がれた印象はない。新たな談話を出すことで国際的に持たれた疑念に答えるために、もっと明確な表現をすべきだった」と述べて談話に否定的な見解を示した。

「二つの中国問題」

七〇年談話の発表に合わせたかのように「二つの中国問題」(自民党幹部)が首相安倍晋三の足元を揺るがした。一つは中国が震源地となった東京株式市場を襲った世界同時株安の嵐だ。八月一七日には二万六二二〇円余だった東京株式市場の日経平均株価は一八日を境に下落が始まり、二五日の終値は乱高下を繰り返した末に一万七八〇六円余まで急落した。六営業日続落は第二次安倍政権発足以来初めてだった。同時に外国為替市場の円ドル相場も急速に円高ドル安に振れた。

安倍が掲げる大看板である「アベノミクス」で、「株高・円安」は最大のシンボルと言っていい。

首相官邸の安倍の執務室には刻々と変わる株価や外国為替の指標が瞬時に分かる大型モニターが置かれていた。市場動向に安倍が強い関心を持っていることを窺わせた。それだけに株価の急落は政権のイメージを直撃しかねないマイナス要因と言えた。

前首相の野田佳彦が衆院の解散権を行使した二〇一二年一一月一六日の時点の株価は九〇二四円。急落したとはいえ株価は当時の約二倍。しかし、この年になってからは景気の減速を危惧する声が自民党内にも徐々に広がっていった。安倍に近い元経済産業副大臣の山本幸三は安倍が執念を燃やす安全保障法制に関連して警告を発したことがある。

「経済政策を第一の優先課題とすべきだ。経済がよくなり国民が幸せだと感じるようになれば、いろいろなことを受け入れる余地が出てくる」

山本がこう語ったのは、六月二六日。この頃は中国経済の失速が指摘された時期とも重なる。中国国家統計局が七月一七日に発表した四～六月期の実質国内総生産（GDP速報値）は前年同月比の七・〇％増。ところが主要五品目と言われる自動車、カラーテレビ、電力、鉄鋼、セメントの生産統計はマイナス一・八％。さらに中国の貿易額の急激な落ち込みも加わって「七％成長」に対する不信感が市場に芽生えていた。

こうした中で中国人民銀行が八月一一日、人民元の切り下げに踏み切った。「あまりに唐突な決定」（政府筋）に中国不信が拡大した。加えてアメリカの金融政策を決定する連邦公開市場委員会（FOMC）が利上げに踏み切る時期について「出口戦略」を明確にしなかったことが重なり、一気に市場の不安心理が拡大したと見られていた。

自民党内からは政府に注文を付ける声が上がった。

一〇月末にも召集が想定される秋の臨時国会を睨んでの法人税減税の上積みなど補正予算案編成の要求だった。

一方、安倍自身の判断が迫られたもう一つの中国問題も政権に大きな負荷を加えた。中国の国家主席習近平が強く要請した九月上旬の訪中を安倍が見送ったことだった。中国は九月三日の「抗日戦勝記念日」に合わせて北京で大規模な軍事パレードを予定。既にロシア大統領のプーチン、韓国大統領の朴槿恵らが出席の意向を表明していた。政府高官の一人は、中国側は「安倍首相の出席に強いこだわりがあった」と証言した。

習近平政権は、軍事パレードを中国の威信を国際社会に向けて誇示する最高の舞台と位置付けた。そのためには各国の首脳が顔をそろえることが必須だった。中でも「力による現状変更には断固反対する」「法の支配」を繰り返し、中国を牽制してきた安倍が出席することで東南アジアや欧州の首脳たちが出席し易くなる環境が整う意味合いがあった。

中国主導で設立されたアジアインフラ投資銀行（ＡＩＩＢ）への出資についても安倍は米大統領オバマに同調して不参加を決めた。これを契機に日米関係が急速に進展したのは記憶に新しかった。習近平は九月下旬に訪米を予定しており、その直前の安倍訪中の実現は米中首脳会談をめぐって習近平が先手を取る意味があった。

「国際政治の舞台で安倍首相の価値が極めて高くなっている」（政府高官）

そのための布石として中国側は七月中旬に訪中した国家安全保障局長の谷内正太郎を破格の厚遇で迎えた。日本の政治家とはまともに会談したことがなかった首相李克強が谷内に時間を割いた。安倍も習近平との会談だけでなくプーチンとの日ロ首脳会談を実現させる思惑や、安保関連法案に関して直接習近平に説明することで「戦争法案とのレッテル貼り」（安倍）を払拭、さらに中国との「和解」をアピールする観点から出席を真剣に検討してきた。

これに対し、外務省が難色を示した。理由は「対米重視」だった。そして中国側がこだわった軍事パレードへの安倍の出席のリスクだった。八月一二日深夜に起きた天津の大爆発事故や経済の低迷で国民の不満が広がる中で、中国側に安倍が利用されかねない懸念が消えなかった。このためパレードへの出席なしの日程協議に入ったが、中国側が受け入れることなく正式な招待状は安倍の元には届かなかった。官房長官の菅義偉が二四日になって出席見送りを発表した。

「国会の状況などを踏まえて判断した」

つまり安保関連法案の参院での山場と重なることを出席見送りの理由にしたのだった。しかし、習近平があれだけ力を入れて画策した安倍訪中の見送りによって日中間の溝はさらに深まった。

維新の乱

大阪市長の橋下徹がまたまた仕掛けを始めた。五月一七日の「大阪都構想」の是非を問うた住民投票で大阪市民から「ノー」の審判が出た際に橋下はこう語っていた。

「市長任期（一二月一八日）まではやりますけども、それ以降は政治家はやりません」

「あと半年ありますけど思う存分やらせてもらいましたし、（中略）本当に幸せな七年半だったなと思います」

それからわずか一〇〇日余。橋下が再び政治に波乱を巻き起こした。最高顧問を務めていた維新の党を割って「おおさか維新の会という国政政党を誕生させる」（橋下）と宣言したのだった。あれよ、あれよという間の展開だった。橋下が〝主役〟を演じる「橋下劇場」の真骨頂は場面転換のスピードと橋下が速射砲のように繰り出す「毒」を含んだ過激な台詞回しだ。「くそ教育委員会」「公明党にやられたまま人生を終われない」…など数々の過激語録が残る。事の発端は維新の党の幹事長柿沢未途が山形市長選をめぐって個人的に応援演説に立ったことにあった。橋下や盟友の大阪府知事松井一郎がクレームをつけ分裂劇に発展した。八月二五日、橋下が維新の党の所属議員全員に一斉メールを送った。

「最後は喧嘩で決着するしかないでしょう。それも維新の特色と考えていいのでは」

その後、「喧嘩」の場となるはずだった公開討論は行われず、橋下、松井の同時離党によって分裂劇が始まった。そして一気に離党を契機に新党結成に突き進む。その〝大立ち回り〟も国民が見えるように演じる。「橋下劇場」の定番の舞台運びと言ってよかった。いわば「権力闘争の可視化」だ。

かつて「小泉劇場」の名をほしいままにした元首相小泉純一郎の手法と通じる。さらにもうひとつの橋下政治の特徴は橋下の意に沿わない議員を切り捨てる「純化路線」による離合集散、合従連衡を繰り返すことにあった。この手法は一九九三年の自民党離党以来、「政界の風雲児」として多くの政治ドラマの中心にいた小沢一郎の手法と似通う。言うなれば小泉と小沢の政治スタイルの双方を持ち合わせていたのが橋下と言ってもいいかもしれない。

しかし、日本を代表する大阪市長とはいえ一首長がこれほど長期にわたって政治的影響力を行使し続けるにはそれなりの理由があった。東京の向こうを張る大阪の存在を強調することで大阪人のアイデンティティーを刺激したことだろう。「橋下は近年の大阪が生んだ最大、最強のキラーコンテンツ」(自民党幹部)という見方があった。ところが、その橋下に危機が忍び寄っていた。一一月二二日に投開票が予定された大阪府知事選と大阪市長選のダブル選挙だった。このうち市長選については橋下が不出馬を宣言しており、今さら立候補するのは筋が通らなかった。「橋下なき市長選」をどう勝ち抜くのか。橋下にとってこれまでにない高いハードルが姿を現した。そこで閃いたのが新党構想ではないかとされた。維新の党で不透明になった「大阪重視」をもう一度アピールして大阪の有権者を引き寄せようとしたとみて間違いなかった。

橋下の求心力を支える二本目の柱が存在した。「首相安倍晋三―官房長官菅義偉」の官邸中枢との太いパイプだ。とりわけ菅は橋下を大阪府知事選に担ぎ出した張本人。この新党構想の背後にも菅の存在が見え隠れした。分裂騒ぎの直前に菅と松井の会談が行われていたからだ。菅は何があっても橋下を高く評価した。

「橋下さんの改革に懸ける思いは一貫して変わることがない。いつも退路を断って事に向かう」

両者は絶えず共鳴し合いながら政治の流れを作ってきた。もちろん菅が橋下と無条件で連携していたわけではなかった。この時の橋下の動きも安倍が執念を燃やした安保関連法案の参院審議の山場と重なっていたことと無関係ではなかった。現に橋下の一撃によって野党共闘は事実上消え、自公と維新の党との法案修正協議は意味を失った。野党分断の効果は無視できなかった。中長期的に見ても安倍サイドは橋下自身の国政転身に熱い視線を注いでいた。

「来年の参院選は早すぎるかもしれないが、次の衆院選に出ればインパクトは大きい」

「維新が第二党になれば、いろんなことができる」（菅）

橋下が二〇〇八年に大阪府知事選に勝利して知事に就任してから七年余。この間に政党をつくっては壊し、政治的パートナーも元東京都知事石原慎太郎、前結いの党代表の江田憲司らと次々に変わったが、変わることがなかったのが安倍・菅との連携だった。大阪の「橋下人気」と「官邸とのパイプ」――。この構図はその後も随所で顔を出すことになる。

しかし、安倍、菅の維新への肩入れのツケは自民党大阪府連の弱体化を生んだ。遂に二〇二一年一〇月の衆院選で、府内一九小選挙区で自民党候補の当選者はゼロになった。二三年の統一地方選でも自民は維新に惨敗した。二三年五月、大阪府連立て直しのため自民党は「大阪自民党刷新本部」を発足させた。大阪における維新勢力の拡大は自民党にとって安倍政治の「負の遺産」と言ってよかった。

安倍の自民党総裁再選

自民党総裁選が告示されたのは二〇一五年九月八日。首相安倍晋三は午前七時半過ぎに首相官邸から目と鼻の先にある東京・永田町のザ・キャピトルホテル東急の宴会場に向かった。自民党総裁選の出陣式に出席するためだった。届出の受付の午前八時に合わせてのものだが、「出陣式」とは名ばかりの「祝勝会」と言ってよかった。その場には自民党所属の衆参国会議員四〇二人の実に七割近い二七二人が結集した。この時点で出馬に強い意欲を見せていた野田聖子は立候補に必要な推薦人二〇人を集められずに撤退を決断していた。報道各社に午前八時に出馬断念を表明する記者会見を開くことを連絡した。

「自由闊達な議論ができる総裁選を実現したいとの思いで(総裁選に)取り組んだが、力及ばず断念した。開かれた総裁選をすることで、多様な意見があると、自民党は安心と言ってもらえる舞台をつくりたかった」

その言葉の端々に首相官邸サイドの激しい切り崩しに対する悔しさが滲んだ。野田は会見後、最後まで野田を支援した関係者にお礼の電話をかけまくった。

「直前まで（推薦人は）二〇人を優に超えていました。七日の深夜、私の目の前にいた議員に官邸から直接説得の電話が入っていました」

議員引退後も名誉会長として宏池会（現岸田派）に大きな影響力を保持していた元幹事長古賀誠は野田立候補の陰の指南役だったが、その古賀も周辺にこう証言した。

「推薦人は一九人までは行った。しかし、最後の一人がどうしても決断してくれなかった。随分勉強させてもらいました」

野田も古賀も推薦人に名を連ねた議員名については一切口をつぐんでいる。野田は「私が小さなメモに書いてあるだけで今後も表に出すことはない」と語る。形の上では「無投票再選」だったが実態は安倍サイドによる力づくの「抑え込み」と言ってよかった。自民党内の全七派閥が安倍支持に回った。それでも一〇〇人を超える議員が激しい締め付けの中で安倍の出陣式への出席を見送っている事実は無視できなかった。自民党の長老も無投票による自民党のイメージダウンを懸念した。

「無投票になったことは明らかに自民党にとってマイナスだ。政権の余裕のなさと党の幅が狭い印象を与えてしまった」

「こういう局面では必ず正論を吐いていた小泉進次郎君がなぜ黙っているのか分からない」

野田聖子が吐いた言葉は自民党の閉塞感を浮き彫りにした。

無投票再選は安倍自身にとっても求心力の維持が難しくなる可能性があった。「敵・味方」の区別がつかず、危機の在処が見えなくなるからだ。過去の総裁選出劇を紐解いても無投票は政権基盤を強化するというよりはむしろ政権の体力を奪うベクトルが働いた。無投票再選は決して安倍の圧勝ではない。この総裁選ではスタートラインに立てなかった野田の執念が実って総裁選への出馬に辿り着いたのは二〇二一年の首相菅義偉退陣後の総裁選だった。

姿を見せた軽減税率

安倍晋三の無投票再選は二〇〇一年八月の小泉純一郎以来。いつしか安倍を頂点にした日本の政治状況は「一強多弱」と呼ばれるようになった。だが、本当に安倍は「一強」なのか。ひょっとして「虚像」がひとり歩きしているだけだったのではないか。その翳りの予兆はそれ以前から顕在化していた。安倍が政権の命運を懸けた安全保障関連法案の参議院での審議が山場を迎えていた九月四日のことだった。四日後の八日には自らの再選を決める自民党総裁選の告示日が迫っていた。新聞各紙、テレビメディアの政治報道もこの二つに集中していた。そうした中で想定外の政治問題が表面化した。その引き金を引いたのが四日付の読売新聞夕刊が報じた一面トップ記事だった。

「飲食料品消費税負担を軽減」

地味な経済ニュースに思われたこの一本の記事が安倍の足元を大きく揺らし、安倍政権の脆弱性を浮かび上がらせていくことになる。二〇一七年四月からの消費税率一〇%への移行の際に実施される軽減税率の導入を巡って財務省がこれまでにない方式を提示したのだった。自民党税制調査会の幹部は「日本型軽減税率」と呼んだ。

軽減税率は食料品など生活必需品を中心に税率を低く抑え、消費税に複数の税率を認めるもので、欧州では極めて一般的な税制として定着している。日本でも公明党が長くその導入を主張してきた。ただし、低率に抑える品目をどうするかの線引きが難しく政府・自民党、とりわけ財務省は一貫して消極的だった。それが具体的な検討課題として本格的に議論されるようになったきっかけが一四年の衆院解散・総選挙だった。安倍は法律で決まっていた消費税率一〇％への移行を「二〇一五年一〇月」から「二〇一七年四月実施」への延期を表明、それを争点にした衆院解散を断行した。その際に連立与党のパートナーである公明党代表の山口那津男が解散容認の条件に提示したのが軽減税率の導入だった。

軽減税率の創設導入は自公共通の選挙公約になった。

「二〇一七年度から軽減税率導入を目指す。対象品目、安定財源は具体的検討を早急に推進する」

しかし、自公が協議を始めたものの結論が出ないまま時間が経過した。「欧州型の軽減税率は困難」(自民党税制調査会長野田毅)との認識に至ったからだ。

そこで財務省に全く視点を変えた制度設計を命じ、財務省がまとめたのがこの新方式だった。ところが新たに出てきた財務省案は「日本型軽減税率」(財務省幹部)と称していたものの内容は全く別物。「軽減税率もどき」と揶揄された。酒類を除くすべての飲食料品に買い物の段階で一〇％の税率分の徴収をした上で還付請求をした消費者に四〇〇〇円の上限を設けて二％分を還付するというものだった。しかもこの還付手続きに際して一六年一月から始まるマイナンバー制度を活用することが盛り込まれていた。この新方式の発想には複雑な制度を避け、徴税を確実なものにするという財務省の思惑がにじみ出ていた。副総理兼財務相の麻生太郎はトルコのアンカラで行った記者会見で思わず本音を漏らしている。

「複数税率を入れるのは面倒くさい」

さらに財務省案で看過できなかったのがマイナンバー制度の活用だった。税を還付してもらうには買い物のたびに個人番号カードを提示しなければならない。重要な個人情報が記録されているカードを持ち歩くリスクは大きい。還付も申請が必要だ。

一方、個人商店などにはカードを読み取る端末の設置が欠かせない。どう考えても国民、消費者の負担を減らすための「軽減税率」ではない。「日本型軽減税率」という名を借りた消費増税の実施とマイナンバー制度の定着という一石二鳥を狙った思惑が透けた。財務省案では事業者の納税事務の負担が増すことは避けられなかった。首相官邸ですら財務省案に否定的だった。

「国民に負担、迷惑をかける制度は受け入れられない」(菅義偉)

九月三日には改正マイナンバー法が成立したばかり。それに符節を合わせるように表面化した「日本型軽減税率」。どうみても財務省の意図が働いたとしか思えないタイミングだった。自公とも猛反発して一五日には早くも麻生が再検討することで一致した。

公明党以上に軽減税率の導入を強く求めたのが新聞業界だった。人口減少と読者の活字離れ。加えて二〇一四年四月に実施された消費税の五%から八%への引き上げの影響で発行販売部数が大幅に落ち込み、軽減税率の導入は新聞界にとって延命を懸けた〝命綱〟とも言えた。

実は日本型軽減税率を最初に報じたのは読売新聞ではなかった。読売系列の日本テレビの四日午前のニュース番組だった。偶然だったのかそれとも連携プレーだったのか、真相はいまだ判然としない。ただ、読売新聞グループの総帥、渡辺恒雄が、新聞の軽減税率導入に心血を注いでいたことは公知の事実だった。渡辺は常々こう公言してはばからなかった。

「活字文化を守るため軽減税率導入に人生の全てを懸ける」

渡辺にしてみれば軽減税率と全く性格を異にする財務省案は喧嘩を売られたのも同じだった。一般紙の採算分岐点は月極めで四〇〇〇円とされた。税率一〇％はその新聞の〝生命線〟をオーバーする可能性が高かった。読売新聞は翌五日朝刊から反対キャンペーンを開始した。さらに渡辺自身による〝個別撃破〟が始まった。官房長官の菅義偉、自民党総務会長二階俊博、そして安倍にも直接説得に乗り出した。財務省案は一〇日に開かれた自公による検討委員会に正式に提案されたが、その時点で勝負はついていた。安倍が財務省と距離を置き、静観を決め込んだからだ。政府高官の一人は本音を漏らした。

「来年の参院選を考えると、ナベツネ（渡辺恒雄）さんを敵に回すわけにはいかない」

安倍は一〇月に入って自民党の税制調査会長野田毅を事実上解任した。後任に前経済産業相宮澤洋一を充てた。野田が軽減税率導入に消極的な姿勢を維持して与党協議が難航していたからだ。野田を退かせることで連立政権を組む公明党との連立重視の姿勢を示す意味もあった。

二〇一二年一二月に首相の座に復活した安倍はメディアの差別化を徹底してきた。「親安倍」と「反安倍」を峻別することで与党内、霞が関、国民世論への影響力を維持してきた。とりわけ新聞については朝日、毎日、東京の在京三紙と全国の有力地方紙が安全保障政策、近隣外交、歴史認識などで安倍と対峙してきた。これに対し安倍の政策、政権運営に理解を示したのが読売、産経、日経の三紙だ。そのうち読売と産経がこと軽減税率については反財務省の先頭に立った。例えば九月一五日付朝刊で、読売は「財務省案高まる批判」、産経は同じ日の一面トップに「消費税還付導入困難に」の見出しを付け、関連記事は「財務省案反対七二％」との世論調査の結果を伝えた。

結局、安倍は新聞界の大立者を前にまともな議論をしないまま財務省案を封印した。渡辺のパワーに安倍も菅も膝を屈したのだった。

3　消耗戦の果ての成立

総裁選で安倍に対立候補が出なかった大きな要因に安保法制をめぐって野党をはじめ反対論が国内に渦巻いていたこともあった。

「首相の足を引っ張るわけにはいかない」

安倍に批判的な議員にもこうした共通の思いが宿っていた。「安倍一強」の中で、安倍が政治生命を懸けた法制の実現に抵抗した場合の政治的リスクの大きさを多くの自民党議員が感じ取っていた。民主党政調会長の細野豪志は記者会見で安倍の前に沈黙する自民党を批判した。

「安保法制を盾に首相官邸が締め付けた。自民党の息苦しい現状を表している」

たしかに総裁選と重なるように延長国会の会期末の九月二七日を睨んで与野党攻防が一層激しさを増していた。国会内だけでなく市民運動も大きな高まりを見せた。九月六日、大学生らのグループ「ＳＥＡＬＤｓ（シールズ）」と「安全保障関連法案に反対する学者の会」が共同して東京・新宿で反対集会を開いた。時折強い雨が地面を叩きつける中、歩行者天国となった大通りを埋めた。「戦争反対」「憲法守れ」の声を上げた。主催者の発表で約一万二〇〇〇人が参加した。民主党の代表代行蓮舫や社民党党首の吉田忠智、共産党委員長の志位和夫らも参加し、野党側への支持を訴えた。

これに対して安倍は七日の自民党役員会で、参院での採決に向かって法案審議に全力で取り組む考えを強調した。

「平和安全法制の成立に向け、緊張感を持ってやっていきたい」

九月八日、総裁選が告示され安倍の無投票再選が決まると、自民党は一気に動いた。国会審議を主導したのは参院平和安全法制特別委員会の委員長鴻池祥肇だった。まず採決の前提となる中央公聴会を一五日に開催する日程を与党などの賛成で議決。一六日に特別委で法案を採決して早ければ同日の参院本会議に緊急上程し、野党が抵抗しても一八日までに成立させる構えを取ったのだった。

これに野党側が強く反発した。委員会運営をめぐっては自民党執行部内でも衆院側と参院側で意見の食い違いが表面化した。参院側が野党に丁寧に対応する必要があるとして緊急上程を避けるよう主張したからだ。幹事長谷垣禎一と国対委員長佐藤勉と、参院の実力者で参院国対委員長の吉田博美が党本部で会談した。佐藤は参院での採決を一七日以降とする場合、衆院で再可決・成立させる「六〇日ルール」の適用を視野に入れると牽制した。

結局、特別委員会は一一日になって、地方公聴会を一六日に神奈川県で開催すると全会一致で議決した。既に参院特別委の審議時間は約一〇〇時間になっていた。しかし審議を重ねるごとに逆に疑問点が増え、反対運動が広がった。普段は政治的な話題への関与を控えていたタレントがテレビ番組やツイッターで積極的に発言、女性週刊誌が異例の特集を組んだ。特別委員会の地方公聴会が開かれた横浜市のホテル前には法案に反対する多くの人が詰め掛け、周囲を取り囲むようにして横断幕やのぼりを掲げて「勝手に決めるな」とシュプレヒコールを上げた。警備の警察官ともみ合いになり、現場は一時騒然とした。こうした議論の広がりも安保法制の国会審議を通じて生まれた新たな政治潮流と言えた。報道機関の世論調査で違憲との回答が「過半数」を超えていることが背景にあった。

安保法制成立

戦後の安全保障政策を大転換させる安保法制をめぐる攻防はクライマックスを迎えた。その最終場面を少し詳しく振り返ってみる。

「採決はあり得ない。徹底審議をすべきだ」――。

二〇一五年九月一六日夕、参院特別委員会の理事会室で数十人の野党議員が、与党理事らに激しく詰め寄った。この日は安倍も出席して採決を前提とした最終の質疑が予定されていたためだった。しかし、審議は深夜になっても始まらず、与野党による理事会が断続的に続いた。これに対して野党の女性議員らが、委員長鴻池祥肇のいる理事会室前に陣取り鴻池を一時的に閉じ込め、委員会の開会を実力で阻止した。ついには参院議長の山崎正昭が衛視に排除の命令を出す事態に発展した。

民主党代表岡田克也は党所属の衆参両院議員に国会周辺から離れることを禁じる「禁足令」を出した。民主を含む野党五党は党首会談などを開き、結束を強めた。これに対して自民党の国対委員長の佐藤勉は国会内に急遽若手議員約一〇〇人を集めた。

「今国会もフィナーレだ。何があっても対応できる態勢をとってほしい」

一方、安倍は一六日午前、公明党代表の山口那津男、「次世代の党」の次期党首中山恭子、日本を元気にする会代表松田公太、新党改革代表荒井広幸との党首会談に臨んだ。会談は安倍と当選同期の荒井が仕掛けたものだった。集団的自衛権を行使する防衛出動には「例外なき国会の事前承認」との国会関与の強化を閣議決定で担保するとの合意書に署名した。安倍は「自公を合わせた五党で合意できたことは本当に良かった」と語った。少数政党からの賛成取り付けは「与党の暴走」との批判を回避するためだったのは明らかだった。菅も記者会見で「強行採決でないことは明々白々だ」と語った。

国会内で押し問答を繰り返した果てに午後六時半過ぎようやく理事会が始まった。理事会室前では野党議員が「廃案、廃案」とシュプレヒコール。そして午後八時四〇分過ぎ、首相安倍晋三が法案を審議する委員会室に入った。それから一時間以上たった午後一〇時すぎ、参院の衛視が廊下に詰め掛けた野党議員の排除を始めた。

「議長名で通路確保の命令が出た」

午後一一時前、参院議院運営委員会の委員長中川雅治が一七日に参院本会議を開催する日程を職権で決定した。しかし、特別委員会の審議が始まらないため安倍は委員会室を出て国会内の控室に移動。さらに日付が変わった一七日午前四時半ごろに首相公邸に戻って待機した。再び安倍が委員会室に戻ったのは午前八時五〇分。その後委員会が再開されても野党議員が一勢に委員長席に詰め寄るなどすったもんだが続いた。そして安保法は怒号と混乱の中で与党などの賛成多数により参院特別委で可決された。時刻は午後四時半を過ぎていた。自衛隊派遣をめぐり、荒井広幸らと合意した政府に国会関与の強化を求める内容の付帯決議も採択された。

委員会採決を受けて自民党国対委員長の佐藤勉が「六〇日ルール」は適用しないと明言した。参院本会議を開会するための環境整備だった。

この後、法案に反対した民主、維新、共産、社民、生活の党の野党五党が参院国対委員長会談を開催した。その後、参院議長の山崎に対し、特別委採決は無効だと申し入れを行った。これに対して自民党も結束を固めた。参院議員会長の溝手顕正(二〇二三年没)は「これから少々長い本会議が待ち受けている」と述べ、法案成立に向けて檄を飛ばした。

ここからは野党側が議運委員長中川雅治解任動議に始まり問責決議案、内閣不信任案の提出などあらん限りの手段を講じて抵抗を続けた。しかし、手続きの乱発は与党側の土俵で相撲を取るのと同じだった。自ずと〝制限時間〟がやって来る。

一九日午前〇時一一分、歴史的な本会議が始まった。採決が行われたのは午前二時一八分。長い長い消耗戦が終わった。安倍は成立後、記者団を前に成立の意義を強調した。

「平和安全法制は国民の命と平和な暮らしを守り抜くために必要な法制で、戦争を未然に防ぐためのものだ。子どもたちや未来の子どもたちに平和な日本を引き渡すために、必要な法的基盤が整備された。今後とも積極的な平和外交を推進し、万が一への備えに万全を期す」

外相岸田文雄は衆参両院での法案審議に要した時間に触れて頭を下げた。

「二一六時間、ありがとうございました」

しかし、長期間にわたった国会審議はこれまでにない各層の反対デモを生み出した。国民の間の分断を一層深めるという大きな「負の遺産」を残す結果になった。さらに「物言わぬ自民党」という安倍政権下で進行した「一強政治」の実相を浮き彫りにした。民主党代表の岡田克也は早速東京・銀座で街頭演説を行った。

「国の在り方を根本から変える暴挙を安倍政権が力で押し通したことを忘れないでほしい」

共産党の志位和夫委員長は記者会見で「憲法違反の戦争法を廃止するため、安倍政権を退陣に追い込む」と述べた。

憲法解釈を変更して集団的自衛権の行使を解禁した安全保障関連法は翌年の一六年三月に施行された。他国軍への後方支援など、自衛隊の海外活動は地球規模に広がり、戦後の安全保障政策は大きな転換点を迎えた。それから七年以上が経過した。

この間、集団的自衛権の行使につながる活動はなかったが、平時から自衛隊が米軍の艦艇などを守る「武器等防護」の活動は増え続けており、自衛隊と米軍の運用の一体化が常態化している。さらに中国の台頭を背景に「準同盟国」と位置づけられるオーストラリアとは二二年一月、首相岸田文雄と豪首相モリソンが、部隊の共同訓練を円滑にする協定に署名した。既に二一年一一月には、安保関連法に基づく「武器等防護」を、米軍以外としては初めて豪海軍の艦船に実施した。

しかし、今もその具体的な活動内容が十分に国民に説明されているとは言えまい。憲法学者の間には依然として違憲との見解が残る。安倍政権は、戦争放棄を定めた憲法九条の下で「保有するものの行使はできない」とされてきた集団的自衛権の解釈を変更し、密接な関係にある他国が攻撃を受けて日本の存立が脅かされる「存立危機事態」には、行使できるとした。その後も日米間の一体化は進み、菅義偉政権になって開かれた外務、防衛担当閣僚による日米安全保障協議委員会(2プラス2)でも「全ての領域を横断する防衛協力を深化させる」という方針を確認した。

安保関連法は国連平和維持活動(ＰＫＯ)の分野でも自衛隊の活動領域を広げた。国連職員らが襲われた際に、武器を持って救出する「駆け付け警護」や他国軍との宿営地の共同防護が新たな任務として実施可能となった。二〇一六年一一月、南スーダンＰＫＯに派遣された陸上自衛隊部隊に安全保障関連法に基づく新任務が発令された。

安倍がその意義を強調した安保法制に対する国民世論の評価は低かった。共同通信が法制成立直後に実施した全国緊急電話世論調査は政権に厳しい数字を突き付けた。安全保障関連法について「国会での審議が尽くされたとは思わない」との回答は七九・〇％、「(安倍政権が)十分に説明しているとは思わない」は八一・六％だった。政府対応や採決強行への根強い不満が浮き彫りになった。内閣支持率も第二次安倍政権発足後二番目に低い三八・九％に下落した。八月の前回調査から四・三ポイント減、不支持率は五〇・二％となって五割を超えた。

安倍は総裁選を無投票で乗り越え、悲願の安保法制も成立させた。安倍政権の絶頂期にも思えたが、党内の「反安倍勢力」の実態が見えなくなったに過ぎなかった。政権に対する不満も顕在化した。安倍の最大のライバルとみられていた地方創生担当相の石破茂はたしかに出馬を見送ったが、安倍の出陣式にも姿を見せなかった。親石破の議員は優に三〇人を超えていた。総裁選直後に石破は「石破派」の結成に向かった。そして一〇月一日、派閥結成後初めてとなる会合を国会近くの事務所で開いた。会長の石破茂はあいさつで決意を語った。

「五〇年先、一〇〇年先の日本を考えて政策をつくっていく。最初は高揚感があるが、マンネリとならないように常に緊張感を持ちたい」

しかし、石破にとって派閥の結成は必ずしもプラスではなかった。安倍の「石破嫌い」を増幅させ、むしろ総裁への道のりは一層険しくなったからだ。

安保関連法が成立した一九日午前、小泉政権で財務相を務め、「塩爺」の愛称で親しまれた塩川正十郎が死去した。九三歳だった。塩川は安倍の父晋太郎が率いた旧安倍派の「四天王」の一人。また七月二日には旧社会党委員長を務めた元衆院議員の田辺誠が同じ九三歳で他界した。自社両党が政治を担った五五年体制を支えた実力者が相次いで世を去ったことも時代の流れを象徴した。

第八章 日韓慰安婦合意
（二〇一五年一〇月〜二〇一五年一二月）

慰安婦合意の履行確認．韓国の尹炳世外相(左)と会談前に握手する岸田外相(2016 年 7 月 25 日，ラオス・ビエンチャン)

1　維新の党が分裂

南シナ海波高し

安倍はＴＰＰ交渉では結果を出しつつあったが、他の外交案件は依然として停滞状態が続いた。むしろ対中国外交は一層難易度を上げた。中国は、海洋権益の拡大を狙う南シナ海の南沙諸島海域では岩礁を埋め立て人工島を造成、さらに三〇〇〇メートル級の滑走路を建設、軍事基地化を急ピッチで進めていた。

これに対してついに米国が重い腰を上げた。二〇一五年一〇月二七日、米海軍横須賀基地に配備されているイージス駆逐艦「ラッセン」が、中国が「領海」と主張する人工島を囲む一二カイリ（約二二キロ）内の海域に侵入、「航行の自由作戦」を開始した。これに対し中国海軍のミサイル駆逐艦「蘭州」と巡視艦「台州」が追尾した。「ラッセン」の派遣についてカザフスタン訪問中だった首相安倍晋三は米側の対応を全面的に支持する考えを表明した。

「国際法に則った行動だと理解する。南シナ海での緊張を高める（中国の）一方的な行動は国際社会共通の懸念だ」（共同通信）

こうした中国の動きを視野に安倍は中国を睨んだ外交を展開した。まず一〇月二二日にモンゴルを訪問した後、トルクメニスタン入り。その後、資源国のカザフスタンを訪問、大統領ナザルバエフと会談したほか、ウズベキスタン、タジキスタン、キルギスの中央アジア五カ国を訪問した。安倍には企業関係者も同行した。

その後、一一月一日にソウルで開催される日中韓首脳会合を皮切りに中国が絡む多国間会議が続いた。Ｇ20（トルコ、一五～一六日）、ＡＰＥＣ首脳会合（フィリピン、一八～一九日）、ＡＳＥＡＮ関連首脳会議（マレーシア、二〇～二二日）など。安倍も習近平や首相李克強と顔合わせをする機会が多かった。

一一月二〇日午後、安倍晋三はＡＰＥＣ首脳会合に合わせてフィリピンのマニラのホテルで米大統領オバマと約七カ月ぶりの日米首脳会談を行った。日米両首脳によるマニラ会談は、それ自体が中国に対する強い牽制でもあったが、安倍の発言が静かな波紋を呼んだ。

「南シナ海での自衛隊の活動は、日本の安全保障に与える影響を注視しつつ検討する」

安倍は中国が南シナ海で建設した人工島をめぐって、自衛隊派遣について初めて「検討」の言葉を使って踏み込んだのだった。集団的自衛権の行使を可能にした安全保障関連法が成立した直後だけに安倍発言の反響が国内に広がった。

沖縄県・尖閣諸島の領有権を主張する中国の東シナ海での動向から目が離せない日本にとって、南シナ海への自衛隊の展開は困難というのが政府内の共通認識だったからだ。一一月に入って尖閣周辺に従来のいわゆる「公船」と呼ばれる巡視船ではなく中国海軍の情報収集艦が初めて現れ、反復航行を繰り返した。「東シナ海の警備、防衛で手いっぱい」（防衛省幹部）というのが現実だった。

それにもかかわらず安倍がなぜ自衛隊の派遣について「検討」を口にしたのか判然としないうちに官房長官菅義偉の発言が飛び出した。

「自衛隊は南シナ海で継続的な警戒監視活動を行っておらず、具体的な計画も有していない」

翌日の記者会見で菅は安倍の発言を明確に否定したのだった。安倍自身もその後、クアラルンプールでの記者会見で自らの発言を修正する。

「米国の作戦は支持しているが、米国が独自に行っている。自衛隊活動とは別のもので、わが国が参加することはない」

安倍が菅の発言に沿って修正するという極めて異例の展開をたどった。通例ならあくまでも首相発言に沿うように官房長官が微修正するのが暗黙のルールだ。単なる政府内の連絡調整ミスとも言えたが安倍と菅の間の微妙な空気感を浮き彫りにした動きだった。

安倍と菅の〝すきま風〟

その安倍と菅との微妙な距離感は安倍が無投票で自民党総裁選をクリアしてから兆候が見え始めていたが、徐々に外部に漏れていた。中でも一一月二二日に投開票が行われた大阪府知事と市長のダブル選挙の対応をめぐっては安倍と菅では相当な乖離があった。菅は明らかに大阪市長橋下徹と府知事の松井一郎と〝一体化〟していた。各メディアの事前の情勢調査で二つの選挙とも橋下が率いる大阪維新の会が推す候補の優勢が伝えられると、菅は満足げな表情を見せた。

これに対して安倍は水面下で全く違う動きをしていた。自民党幹事長の谷垣禎一、選挙対策委員長の茂木敏充ら執行部だけでなく党職員の一部にも強く指示した。

「(府知事、市長の)どちらでもいいから一つは勝ってもらいたい。来年の参院選を控えて必須だ」

具体的には僅差の接戦が伝えられた新顔同士の戦いとなった大阪市長選での必勝を厳命した。とりわけ大阪市議から市長選に立候補した柳本顕(現自民党衆院議員)は将来の自民党大阪府連を背負うエースとみられて、相当なエネルギーを投入した。谷垣をはじめ執行部が続々と大阪入りした。しかし、結果は頼みとした柳本が大差で敗退した。この市長選で当選したのが弁護士の吉村洋文だった。衆院議員からの立候補で、後に府知事に転身した。二〇二〇年の新型コロナウイルスによる感染拡大への対応で「全国区の顔」に飛躍し、吉村の顔をテレビで見ない日はないほど露出した。

一方の府知事選に至っては松井がダブルスコアで圧勝した。投票率は前回のダブル選より一〇％以上低下した。市長選で橋下が出馬しなかった影響とみられた。それにもかかわらず維新の会が圧勝した事実は逆に大阪での自民党の弱さを露呈させた。当然、政権中枢内の菅の対応に批判が生じた。谷垣は選挙前に菅に対する不満を周辺に漏らしていた。

「橋下徹という政治家の勢いは限界が見えてきたように思うが、官房長官のスタンスが選挙戦に影響を与えている」

現に橋下は選挙戦最終日に行った近鉄難波駅前での演説でさりげなく官邸との近さをアピールしていた。

「安倍内閣は改革で実績を挙げているが、自民党大阪府連は何もやってきていない」

もともと橋下らは「官邸別働隊」とみられてきたが、このダブル選を契機に「菅別働隊」の色彩がより鮮明になった。菅への風当たりが強くなるのは目に見えていた。政権の屋台骨の官房長官ポストにいながら「一匹狼」の菅の足元はいつ崩れてもおかしくない脆さと背中合わせだった。だからこそ強い権限が手中にある官房長官在任中に妥協せずに「やりたいことをやる」（菅）との思いが募ったとしても不思議はなかった。とりわけ菅が危機感を抱いたのは総裁再選後の内閣改造、党役員人事ではなかったか。安倍は萩生田光一を官房副長官に起用するなど「お友だち人事」を復活させたからだ。

「安倍さんという政治家は、結局はお友だちがいいんだ。菅長官がどこまで我慢できるか。二人の神経戦が始まったのではないか」

自民党長老の一人はこう分析した。既にお友だち、身内偏重人事の結果、閣僚では復興相高木毅のスキャンダルなど綻びが露呈していた。明らかにこれまでの「一強」とは異なる質的変化が生まれつつあった。ただ、この萩生田の副長官起用で、むしろ菅と萩生田との間に信頼関係が形成されることになっていく。以下が一〇月七日に発足した第三次安倍第一次改造内閣の顔ぶれである。自民党の役員人事は副総裁の高村正彦ら四役全員が続投した。異例のことだった。

内閣総理大臣	安倍晋三
副総理兼財務大臣	麻生太郎
総務大臣	高市早苗
法務大臣	岩城光英（参院）
外務大臣	岸田文雄
文部科学大臣	馳浩
厚生労働大臣	塩崎恭久
農林水産大臣	森山裕
経済産業大臣	林幹雄
国土交通大臣	石井啓一（公明党）
環境大臣	丸川珠代（参院）
防衛大臣	中谷元
内閣官房長官	菅義偉

復興大臣　　　　　高木毅
国家公安委員長　　河野太郎
沖縄北方担当相　島尻安伊子（参院）
経済再生・経済財政政策担当相　甘利明
一億総活躍担当相　加藤勝信
地方創生担当相　石破茂
五輪パラリンピック担当相　遠藤利明

自民党総裁選が終わり、新しい内閣の発足と平仄を合わせるように維新の党の分裂劇が進行した。もともと橋下・松井の「大阪グループ」と代表の松野頼久ら旧民主党系との折り合いが悪く、半年以上にわたってゴタゴタ続きだった。分裂は時間の問題と言えた。ついに一〇月一日、橋下と松井が揃って記者会見を行い、大阪の再生・副首都化や地方自治体の権限強化を掲げる国政政党「おおさか維新の会」を結成すると表明した。総務会長の二階は橋下らとの対決姿勢を鮮明にした。

「何を考え、何をしようとしているのか分からない。自民党は大阪の経済を引き上げていくため、どういう市長が大事なのかが分かっている」

一方、維新との距離感に悩む公明党代表の山口那津男は微妙なコメントを発した。

「離合集散を重ねてきた政党の動きは、維新のみならずいろいろあった。最終的には有権者が判断すべきだ」

衆院選で維新が公明に対立候補を立てなかったことへの配慮があったことは明らかだった。

これを受けて維新の党は一〇月一四日の臨時執行役員会で、橋下が結成する新党へ参加表明した片山虎之助(後の日本維新の会共同代表)ら衆参国会議員三人の除名処分を決めた。さらに一五日には衆院議員九人と地方議員ら一五三人の除名を発表した。維新の党は空中分解した。

谷垣の意欲

政権内に微妙な力学の変化が生じる中で意欲的な動きを示したのが自民党幹事長の谷垣禎一だった。それまでの温厚且つ実直な人柄が持ち味の政治家が嘘のように尖った言動が目立つようになった。このころの谷垣は議員の名前をしばしば呼び捨てにした。それだけではない。派閥的な動きへの取り組みも括目するものがあった。かつては犬猿の仲に近かった副総理兼財務相の麻生太郎と定期的に会食を重ねたのも象徴的だった。その一方で、自民党総務会長で二階派会長の二階俊博が繰り返し要求する長崎幸太郎と小泉龍司(埼玉一一区)の二人の衆院議員の入党には容易に首を縦に振らずにいた。

「小選挙区で当選しても地元の県連がどう考えているかが復党の重要な条件だ」(谷垣)

逆に安倍が容認した平沼赳夫と園田博之はあっという間に復党させた。民主党を離党した元外相の松本剛明の自民党入党を進めたのも谷垣だし、自民党を離党し民主党政権で閣僚を務めた与謝野馨の復党問題に関しても谷垣は安倍との調整に入った。

一一月一二日午後、東京・元赤坂の赤坂御苑では恒例の天皇・皇后両陛下の主催による園遊会が開かれた。政治家も安倍を筆頭に衆参両院議員が足を運んだ。主役はあくまでも両陛下。安倍といえども脇役の一人だった。このため、手持ち無沙汰の政治家同士の意外な会談がハプニング的に行われる。この時の園遊会でも谷垣が民主党代表の岡田克也と話し込む姿が目撃されている。谷垣は自民党と民主党は安保政策ではさほど差異がないとの認識を示したうえで、民主党の支持率が回復できないのは安保法制をめぐる国会論議で民主党が五五年体制下の旧社会党の印象を与えているからとの考えを伝えていた。とにかく、当時の谷垣の言動は全てが鋭角的だった。再選を果たした安倍の任期延長論も燻っていたが、常識的には一度は首相の座を退かざるを得ない状況にあった。加えてどう贔屓目に見ても安倍の出身派閥である細田派や安倍シンパの無所属議員に有力な後継候補は見当たらなかった。安倍や麻生への接近は谷垣の意欲の表れとしか説明ができなかった。

これに対抗するように元幹事長の古賀誠や二階らを軸にしたアンチ安倍・谷垣勢力の蠢動も始まった。その対立軸の境界線上に一人立つのが菅という構図が見えた。菅は一貫して最高権力の座には恬淡として意欲を見せない。ただし橋下や松井一郎との接し方のように、こうと決めたことには安倍との妥協もない。安倍のピークアウトが現実味を帯びる中で政界の水底から少しずつ気泡が立ち始めた。

2　TPP交渉が大筋合意

平成の開国

「TPP」という耳慣れない言葉が日本のメディアに頻繁に登場するようになったのは二〇一〇年。それからすでに五年が経過していた。当時の首相菅直人が発した「平成の開国」の言葉とともに政権の消長にも直結する重要テーマとして急浮上した。正式名称は環太平洋連携協定。その名が示す通り太平洋をぐるりと取り囲む一二カ国による新たな自由貿易圏を創設するという試みで、究極のゴールは域内の「関税ゼロ」を目指す野心的な多国間交渉だった。それが難航しないはずはなかった。

その日本の交渉参加から二年の時を経て二〇一五年一〇月五日、「漂流」が懸念されたTPP交渉が大筋合意した。その背景にも中国の存在があった。米通商代表部（USTR）の代表フロマンが最終的に妥協したのも米中関係を抜きに語れなかった。オバマは合意を受けてこう発言した。

「世界経済のルールは中国のような国に書かせるわけにはいかない」

春秋の筆法をもってすればTPP交渉の漂流を回避させ、大筋合意に導いたのは中国と言っていいかもしれない。とりわけシリア問題、ウクライナ問題でロシア大統領のプーチンに主導権を握られていたオバマにとって、中国を抑え込み、アジア太平洋地域において日米連携による影響力を維持することは「最後の砦」の一つと言えた。

たとえば中国はインドネシアの鉄道建設をめぐって、財政負担ゼロという国際ビジネスのルールを無視した受注を取り付けた。採算度外視の経済外交だった。こうした中国の経済力と軍事力を背景にした外交攻勢によってASEANの政治地図が少しずつ変わりつつあった。日米に安全保障を依存することを明確にしていたのはフィリピンくらいだった。

「ベトナムも中国と対立するように見えながら、国境を接するラオスと中国の親密さに脅威を感じ、これまでのような反中ではない」（防衛省幹部）

「中国の攻勢を止めるためにもTPPという防波堤をつくらなければならない」

外務省幹部はTPPの意義は経済よりむしろ安全保障面への波及効果にあると位置付けていたが、TPP交渉の核心はあくまでも通商問題にあった。高い関税に守られてきた日本の国内産業が受ける打撃も大きい。それをどうするかがこの後の内政上の重要課題であることは言うまでもなかった。

安倍は一五年の大まかな政治スケジュールについてこう語っていた。

「通常国会は安保国会、秋はＴＰＰ国会になる」

このうち通常国会で安倍は安全保障法制の成立で一定の結論を出した。ところがＴＰＰに関しては目論見が外れた。八月初旬のＴＰＰ関係閣僚会合での大筋合意ができず、一〇月下旬に協定承認のための臨時国会を召集するシナリオは大きく狂った。一六年一月召集の通常国会にＴＰＰ問題が持ち越され、夏の参院選との直結は確実になった。

このため安倍は一五年一〇月六日の記者会見で協定の国会承認が行われる前でも国内対策の取りまとめを急ぐ方針を明らかにした。しかし、多国間の貿易交渉をめぐる国内対策はそう簡単ではない。過去に政府は苦い失敗経験があった。コメの市場開放を決断した九四年のガット（関税貿易一般協定）・ウルグアイ・ラウンド交渉だ。米の市場開放の見返りの国内対策に約六兆円の巨額の予算を配分した。ところがその大半は農業土木に消え、農業改革につながらずに終わっている。その反省もあったのだろう、安倍は決意を語った。

「私が先頭に立ってすべての閣僚をメンバーとするＴＰＰ対策本部を設置する」

ＴＰＰシフト

「全国津々浦々に景気の好循環を届けていく」

首相安倍晋三が自ら掲げるアベノミクスについて語るとき、必ずと言っていいほど口にした常套句だった。だがＴＰＰ交渉の大筋妥結が直ちに景気の好循環につながる保証はなかった。「大筋」の形容詞がついたのはまだ協定内容が条文化されていないためで英語、フランス語、スペイン語の三カ国語による作成が予定されていた。

しかし、政府が一〇月二〇日に発表した合意内容によると、日本の農林水産物二三二八品目のうち約八一％の関税が最終的に撤廃。約五一％が協定が発効すれば即時関税がゼロとされた。農業関係者からは不満や不安が渦巻いた。これを解決するには具体的な対策を示すほかはなかった。再び過去の通商交渉と同じように日本社会の在り方そのものを変える可能性は否定できない。安倍はこうした不安、不満の解消に躍起になった。六日の記者会見でも力説した。

「コメや牛肉などの重要品目について関税撤廃の例外を数多く確保できた。自民党が交渉参加に先立って掲げた国民との約束をしっかり守ることができた」

安倍がここまで自信満々だった背景にはＴＰＰシフトとも言える人事にあった。具体的には農水大臣と自民党農林部会長にだれを起用するかにあったが、安倍人事は、自民党のベテラン議員すら「プロの人事」と評するほどのものだった。

前述した通り農水相に起用したのは森山裕。大隅半島を中心にした鹿児島五区（現四区）の選出で、かつて自民党副総裁二階堂進、元通産相山中貞則を輩出した保守王国を地盤とする。鹿児島県は焦点の重要五品目（コメ、麦、牛・豚肉、乳製品、てんさい・サトウキビ）のすべてを生産する。森山はすべての問題点を知悉し、自民党のＴＰＰ対策委員長を務めていた。農政については誰もが一目置く存在と言っていい。さらに副大臣には前自民党農林部会長の斎藤健と元釧路市長の伊東良孝。農政のエキスパート二人が脇を固めた。

そして最大のサプライズは「自民党の未来の星」となった小泉進次郎を党農林部会長に抜擢したことだった。知名度、発信力、加えて群を抜く若さ。そのプラスイメージを活用して困難な国内調整を委ねようというわけだった。小泉自身もこの時の内閣改造での入閣が取り沙汰されたが、「まだ雑巾がけが必要」として事実上の〝辞退宣言〟をして話題になった。小泉はラグビー日本代表のヘッドコーチを務めたエディー・ジョーンズが実践した「ジャパン・ウェイ」に共鳴していた。

「日本には日本のやり方がある。やる気と本気は違う」

父の元首相小泉純一郎譲りのワンフレーズ・ポリティクスも板に付いてきた。かつて自民党の農林部会と言えば、最も自民党らしい「族議員」が集結する牙城とされた。森山も小泉に期待を懸けた。

「農政は国の基。その農政政策に若い小泉さんが立ち向かってくれることは農業関係者を元気づけてくれるのではないか」

ＴＰＰは各国の国内手続きを経て発効すれば、国内総生産（ＧＤＰ）で世界の約四割を占める巨大経済圏を形成することになる。安倍は一一月一〇日の衆院予算委員会で、国内の農業対策に関してこんな約束をした。

「不安に寄り添いながら、政府全体で万全な政策を取りまとめ、実行していく。農業を成長産業化させる」

さらに安倍はＴＰＰのルールを基にしたアジア地域での経済連携拡大に意欲を示した。

「ＴＰＰは二一世紀型の通商ルールの礎となる。アジア太平洋地域の経済連携を一層進めていく」（米日カウンシル総会）

具体的には、中韓両国や東南アジア諸国連合（ＡＳＥＡＮ）加盟国などと交渉する東アジア地域包括的経済連携（ＲＣＥＰ）や、さらに参加国数が多いアジア太平洋自由貿易圏（ＦＴＡＡＰ）構想を挙げた。大筋合意を受けてＴＰＰ交渉に参加した日米など一二カ国は一一月一八日、首脳会合をアジア太平洋経済協力会議（ＡＰＥＣ）首脳会議の開催に合わせてフィリピン・マニラで開いた。首脳会合の開催は前年一一月の中国・北京での会合以来、約一年ぶりだった。協定の早期発効に向け、各国が国内手続きを着実に進めることを確認し、共同声明を発表した。

首脳会合で米大統領のオバマは安倍に賛辞を送った。

「日本の参加は交渉を質的に転換させた。安倍晋三首相のリーダーシップで、TPP合意が達成されたと言っていい。高く評価したい」

協定の署名式は翌一六年二月四日にニュージーランドのオークランドで行われることが決まった。参加国は最初に枠組みをスタートさせたシンガポール、ニュージーランド、チリ、ブルネイの四カ国に加え米国、オーストラリア、ペルー、ベトナム、マレーシア、カナダ、メキシコ、日本の一二カ国。しかし、米国は二〇一七年にトランプ政権が発足した直後に離脱し、米国抜きの「TPP11(イレブン)」として継続した。また新たに英国、中国、台湾、エクアドルが参加を申請した。このうち英国が二〇二三年三月に参加が認められ、今はTPP12(トゥエルブ)になっている。

お寒い危機管理

東アジアで中国の海洋進出が新たな緊張状態を生んでいた一方で欧州では格差、人種差別、宗教上の価値観の違いなどを背景にテロ事件が続発した。中でも国際社会に大きな衝撃を与えたのは二〇一五年一一月一三日(日本時間一四日)に発生したパリ同時多発テロ事件だろう。パリのルバタクラン劇場に、イスラム過激派組織の戦闘員が乱入、銃を乱射した。この制圧のためにフランス国家警察の特殊部隊が突入した。観客を含めて多数の犠牲者を出した。また同時刻にサン・ドニのサッカースタジアムでも爆弾事件が発生した。ここでは男子サッカーのフランス対ドイツ戦が行われており、フランス大統領のオランドとドイツの外相シュタインマイアーも観戦していた。実行犯の四人は自爆死した。一連の事件で犠牲者は一三〇人、負傷者は三〇〇人を超えた。

犯人はイラクのフセイン政権崩壊後に、イラクとシリアにまたがる地域を制圧した「イスラム国（IS）」の戦闘員とみられた。欧州ではイスラム圏からの移民の子供たちが社会に対する不満を背景にイスラム過激主義に心酔してISや同様の組織に加わって「聖戦戦士（ジハーディスト）」となるケースが目立つようになっていた。欧州で育ったため「ホームグロウン（home grown）テロリスト」と呼ばれた。

パリの同時多発テロは日本にとって他人事ではなかった。翌二〇一六年五月に主要国首脳会議（G7・伊勢志摩サミット）が予定されていたからだ。過去にも二〇〇五年に英国で開かれたサミットの苦い経験があった。サミット会場は警備最優先の観点からスコットランドの保養地グレンイーグルズ。ところが、サミット初日にテロの標的になったのは首都ロンドンの地下鉄と二階建てバスだった。死者は五六人にのぼった。

伊勢志摩サミットの後も一九年のラグビーW杯、さらに二〇年の東京五輪・パラリンピックへと続く国際的なビッグイベントに向け警備上の問題を突き付けた。パリの同時多発テロ事件で犯行声明を出したISは日本もテロの標的としていることを繰り返しインターネット上で叫び続けていた。この年の一月に二人の日本人がシリア国内で拘束のうえ殺害された事件が生々しい記憶として残っていた。

しかし、日本国内にとどまらず日本人旅行者を含め日本全体に危機意識が足らなかったことは確かだった。中東との距離に加え島国であることが背景にあると見られていた。危機管理の要諦は「想像と準備」に尽きる。具体的には「情報収集—伝達—統合—分析—想定」の流れで対処方針を決定するのが危機管理とされる。この危機管理の責任者が官房長官菅義偉だった。菅はテロ対策について基本的な考えを示した。①徹底した水際作戦（出入国管理の強化）②関係国との連携③情報収集能力の向上。さらに難民支援など「目に見える貢献」によって日本が標的にされる可能性を極小化することに重点を置いた。

こうした対処に対して日本のインテリジェンス問題の第一人者だった元内閣情報調査室長の大森義夫（二〇一六年没）は警告を発していた。

「サイバーテロ対策にアクセントを置き過ぎている」

サイバーテロへの対処を怠ることはできないが、大森は同時に人海戦術による古典的な警備も同じくらい重要だと指摘していた。パリの同時多発テロの教訓もそこにあるというわけだった。

伊勢志摩サミットを控えたパリの同時多発テロもトルコで開かれたG20の開幕直前だった。パリのテロによって安倍晋三も責任者としてISと向き合わねばならなくなった。

3　一気に動いた日韓外交

牛歩続く日中韓

二〇一五年一一月一日、日中韓の三カ国首脳会談が行われた。二〇一二年五月の北京以来、約三年半ぶりのことだった。首相安倍晋三、中国の首相李克強、韓国大統領の朴槿恵がソウルの青瓦台（大統領官邸）で顔を会わせた。この三カ国首脳会談は小渕恵三が日本、中国、韓国の対話のネットワーク強化を提唱したのが始まりで九九年に小渕と中国の首相朱鎔基《シュヨウキ》、韓国の大統領金大中《キムデジュン》が、東南アジア諸国連合（ASEAN）の国際会議に合わせ、マニラで開催したのを契機に定例化を確認したことに始まる。しかし、二〇一三年一二月、安倍が靖国神社を参拝したことに中韓両国が反発、開催が先送りされていた。このため最大の成果は「定例化の確認」にあった。

安倍と朴は正式な首脳会談すら行っておらず、この三カ国首脳会談の翌日に初めて行われた。それほど日韓間の溝は深かった。中国による南シナ海での人工島建設問題も取り上げられることはなかった。三カ国の協調を優先した結果だった。三カ国首脳は共同宣言を採択した。

「歴史を直視し、未来に向かって進む精神で、地域の安全と平和に努力する」

安倍は会談後の共同記者発表で「三カ国の協力プロセスを正常化させることができたのは大きな成果だ」と述べたが、溝の深さが逆にあぶり出された。とりわけ慰安婦問題は日韓関係にとって取り除かねばならない喫緊の課題だった。朴は大統領に就任直後の二〇一三年三月の「三・一独立運動」の記念式典で慰安婦問題を念頭に歴史問題の解決に向けた日本の具体的行動を求めている。

「植民地支配の加害者と被害者の立場は千年の歴史が流れても変わらない」

さらに一五年一月の年頭記者会見で、首脳会談開催には慰安婦問題への対応が必要との考えを強調していた。このため安倍と朴との初会談でも慰安婦問題が焦点になった。この年は日韓国交正常化五〇年に当たり一層意義のある会談にする責任が双方にあった。しかし、朴は大統領就任以来、慰安婦問題を「普遍的な人権問題だ」として日本側が法的責任を認めて元慰安婦に損害賠償する必要があるとの立場を譲らなかった。とりわけ元慰安婦の高齢化が進み日本側の譲歩を繰り返し求めていた。これに対して安倍は一九六五年の日韓請求権協定で個人請求権は消滅したとの原理原則を譲らず、韓国側の要求は受け入れられないという立場を貫いた。ただ会談は決裂ではなかったことに意味があった。

安倍は会談終了後記者団に対してこう語った。

「未来志向の協力関係を構築する上で、将来世代に障害を残すことがあってはならない」

首脳会談を受けて、慰安婦問題の早期妥結に向けた交渉を加速させた。安倍が朴に対して融和的な対応に終始した背景には中国の台頭を背景に日韓の関係修復を求める米政府の強い要請があった。経過がどうであれ隣国同士で対話のない異常な事態が解消されたことに意味があった。

中国首相の李克強との日中首脳会談も行われ、防衛当局間の海上連絡メカニズムの早期運用や東シナ海ガス田共同開発の協議再開などで合意した。

動く慰安婦問題

安倍晋三と朴槿恵による日韓首脳会談後、慰安婦協議は予想以上のスピードで展開した。日本国内に漂う「嫌韓」と韓国内の「反日」の底流に慰安婦問題があり、その決着は日韓の真の意味での和解に繋がる可能性があった。出発点のマニラでの日韓首脳会談を振り返ってみると、会談時間は一時間四〇分。このうち約一時間は慰安婦問題に当てられたと見られている。秘密保持のため出席者も厳しく絞られた。表に出れば日韓両国の世論を刺激しかねなかったからだった。

日本側の出席者は、首相安倍晋三、外相岸田文雄、官房副長官萩生田光一、国家安全保障局長谷内正太郎の四人。韓国も大統領朴槿恵、外相尹炳世ら四人。双方の政権中枢が顔を揃えた。この顔ぶれからも「結論を出す決意」(外務省幹部)が伝わった。

この日韓の首脳会談に深く関わった外務省幹部によると、二つのポイントがあった。何をもって「妥結案」とするのかという点と、そして日本側が強くこだわった、「将来にわたって韓国側が蒸し返しをしない」という点だった。

慰安婦問題をめぐっては村山内閣当時、元慰安婦の女性らを対象に「償い金」を支給する「アジア女性基金」が創設された。しかし、民間募金を原資にしたため韓国では「政府の責任を認めていない」との反発が起き、償い金を受け取ったのは六一人にとどまった。結局、二〇〇七年に基金は解散した。ただどう知恵を絞ってもこの「女性基金」方式をベースに妥協案を探るしかなかった。

これに関連して既に一〇月二一日、首脳会談の地ならしのために訪韓した日韓議連幹事長の河村建夫がソウルで同様の方向性を示唆する重要発言を行っていた。

「(基金方式に関して)安倍首相は問題解決の一つの方法と考えているのではないか」

この河村発言に関して官房長官の菅は「河村氏の個人的な考え方だと思っている」と語り、同時に六五年の日韓請求権協定に基づき「解決済み」との認識を示した。

ただ、外務省は二〇〇八年から、支給対象だった元慰安婦に対し、福祉面などでの支援を続けていた。野田佳彦内閣では打開を探る動きもあった。「法的に解決済み」との立場を守りつつ、人道的配慮から元慰安婦に支援金を支払う内容だったとされる。

しかし、安倍・朴会談で慰安婦問題の決着に向けて協議を加速させることで合意したものの韓国側の動きは依然として定まらなかった。日韓首脳会談からほどなく韓国のソウル東部地検は、従軍慰安婦問題の研究書として日本でも高い評価を得ていた『帝国の慰安婦』の著者で、世宗大教授の朴裕河《パクユハ》を在宅起訴した(一一月一八日)。地検は「虚偽事実で被害者らの人格権と名誉権を侵害し、学問の自由を逸脱している」と指摘した。

一方、日本側でも自民党は一一月二〇日の総務会で、日清戦争以降の歴史を検証する「歴史を学び未来を考える本部」(本部長・谷垣禎一幹事長)の設置を了承した。極東国際軍事裁判(東京裁判)も検証対象とした。総務会長の二階俊博は記者会見で「歴史修正主義」との見方を否定した。谷垣も「党の歴史、国の歴史を客観的に学ぶ場にしたい」と述べたが、安倍晋三総裁直属機関として設置されたこともあって慰安婦問題の決着には日韓双方に高いハードルが立ちはだかった。

その壁は、一二月一五日に開かれた日韓の外務省局長級協議ではっきりと姿を見せた。出席したのは日本の外務省アジア大洋州局長の石兼公博(現国連大使)、韓国外務省の東北アジア局長の李相徳《イサンドク》。妥協点を探った協議は平行線に終わり、慰安婦問題をめぐる協議は越年がほぼ確実と見られた。

日本側はソウルの日本大使館前に設置された被害女性を想起させる少女像の撤去を強く求めた。ただその一方で改善の兆しも見えた。一二月一七日、大統領の名誉を毀損したとして在宅起訴された産経新聞前ソウル支局長にソウル中央地裁が無罪を言い渡したのだった。外相岸田文雄は「日韓関係を推進する上で良い影響をもたらすことを期待している」と述べた。さらに二三日には韓国憲法裁判所が、六五年の日韓請求権協定は違憲だとの訴えを却下した。結果として一連の韓国側の動きは重要なシグナルでもあった。

急転合意

行きつ戻りつを繰り返してきた日韓協議は奔流のように一気に動き出した。一二月二二日、安倍の懐刀でもあった国家安全保障局長の谷内正太郎がソウルに飛んだ。谷内は朴側近の大統領秘書室長李《イ》丙琪《ビョンギ》と協議を重ねた。谷内が問題の再燃防止を最優先課題に位置付けたのに対し、韓国側は日本に「国家責任」を認めさせることを主眼に置いた。あとは政治決断しかなかった。

これに敏感に反応したのが外相の岸田文雄だった。二四日夕、岸田は外務事務次官の斎木昭隆を伴って首相官邸の執務室で安倍と向き合った。谷内も同席した。この場で岸田は安倍に強い危機感をぶつけている。

「慰安婦問題が決着できずに年を越えると、日韓関係は漂流します。決断していただきたい」

関係者によると、安倍は消極的な姿勢だったが最後は首を縦に振った。そして安倍は岸田にこう伝えたという。

「分かりました。ただ報道対応は自分に任せてもらいたい」

あくまでも安倍は自ら主導した形にこだわったのである。平たく言えば「いいとこ取り」だ。現に安倍との会談を終えて岸田が外務省に戻る前にＮＨＫが「岸田訪韓」を速報していた。

安倍は慰安婦問題の決着を目指すため、直ちに岸田に韓国を訪問するよう指示した。二八日、岸田、尹炳世《ユンビョンセ》による外相会談がソウルで開かれ、合意に達した。安倍が「ゴールポストを動かす」と漏らしていた韓国側の蒸し返し問題に関しては「最終的かつ不可逆的な解決」との表現で決着した。

日本側は軍の関与と政府の責任を認めるとともに、元慰安婦への支援を目的に韓国政府が設立する財団に一〇億円を拠出することになった。外相会談後、安倍は朴と電話で会談し「元慰安婦の方々の筆舌に尽くしがたい苦しみを思うと心が痛む」との思いを伝えた。

外相会談では、国連など国際社会で慰安婦問題をめぐり互いに非難や批判を控えることで一致した。財団の事業については「両政府が協力し、元慰安婦の名誉や尊厳の回復、心の傷の癒しを行う」と位置付けた。

ただ、ソウルの日本大使館前の少女像をめぐる日本の撤去要求について、尹は「関連団体と協議し適切に解決できるよう努力する」と述べるにとどまった。

日韓間の大きな懸案だった慰安婦問題が、年内決着したことで、両国関係は改善へ大きく前進したかに見えた。安倍は外相会談を受けて官邸記者団の取材に応じた。

「両国が力を合わせて新しい時代を切り開くきっかけとしたい」

日本側は、韓国側に共同基金の創設と応分の支出を求めていたが、韓国が財団を新設し、拠出金は日本が全額を負担することになった。

拠出について日本側は「協力して事業を行うもので、賠償ではない」とした。

日韓外相共同記者発表での外相岸田文雄の発言全文は以下の通りだった。


慰安婦問題は軍の関与の下に、多数の女性の名誉と尊厳を深く傷つけた問題であり、日本政府は責任を痛感している。

安倍晋三首相は日本の首相として、あらためて慰安婦としてあまたの苦痛を経験し、心身にわたり癒やしがたい傷を負った全ての方々に対し、心からおわびと反省の気持ちを表明する。

日本政府は、これまでも本問題に真摯《しんし》に取り組んできたが、その経験に立って、日本政府の予算により、全ての元慰安婦の方々の心の傷を癒やす措置を講じる。具体的には、韓国政府が元慰安婦の方々の支援を目的とした財団を設立し、これに日本政府の予算で資金を一括で拠出し、日韓両政府が協力して全ての元慰安婦の方々の名誉と尊厳の回復、心の傷を癒やすための事業を行う。予算措置については、規模としておおむね一〇億円程度となった。

以上の措置を着実に実施するとの前提で、今回の発表により、この問題が最終的かつ不可逆的に解決されることを確認する。日本政府は韓国政府と共に、今後、国連など国際社会において、本問題について互いに非難、批判することを控える。

　以上のことについては、日韓両首脳の指示に基づいて行ってきた協議の結果であり、これをもって日韓関係が新時代に入ることを確信している。


（ソウル発共同通信）


ところが、合意直後から日韓双方に不満が表面化した。元慰安婦は「まだ妥結などしていない。日本の安倍首相が『悪かった、許してほしい』と謝罪すべきだ」と語るなど、朴政権と反対派との間で綱引きが続いた。少女像周辺では日本が求める像撤去に反発する学生らが、合意直後から座り込みを始め、継続中だった。さらに釜山の日本総領事館前に地元団体が少女像を建てる計画が浮上した。最大野党「共に民主党」の代表文在寅《ムンジェイン》が翌二〇一六年四月の総選挙での争点化を示唆した。

　合意の核心部分である財団は翌二〇一六年七月二八日、「和解・癒やし財団」として韓国政府によりソウルに設立された。しかし、初めて開かれた理事会には反対派の市民が乱入して理事長に就任した誠信女子大名誉教授の金兌玄《キムテヒョン》が催涙スプレーを吹き付けられるなど前途多難なスタートとなった。現地の報道によると、この時点で韓国政府が認定した元慰安婦二三八人のうち存命は四七人。合意後六人が亡くなったという。それから一年後の二〇一七年七月、理事長が辞任し、事実上解散状態になった。さらに財団は二〇一八年一一月二一日に解散を発表した。存命だった元慰安婦四七人のうち三四人の本人か遺族が、また故人一九九人のうち五八人の遺族が支給を受け入れた。

　財団の解散発表の少し前の一〇月三〇日、韓国最高裁は韓国人元徴用工訴訟で日本企業に賠償を命じる初の確定判決を言い渡した。日本政府は強く反発。再び日韓関係は冬の時代に突入した。

慰安婦合意を推進した岸田文雄は外相から自民党政調会長に就任していたが強く反発した。

「韓国の対応は合意に反し遺憾だ。責任ある対応を求める」

その岸田は二〇二一年一〇月、首相に就任、トップリーダーとして韓国と向き合うことになった。韓国も大統領が文在寅から尹錫悦《ユンソンニョル》に代わり、日韓関係は二〇二三年三月の尹来日による日韓首脳会談を契機に劇的に改善に向かった。

安倍が投じた選挙日程

首相安倍晋三の政権運営の基本に国政選挙の日程を支配することがあった。一四年の衆院解散ではまさに不意打ちの解散によって主導権を握り、「安倍一強」体制の足場を固めた。その手法を安倍は再び繰り出した。まだ一六年度の予算編成作業が本格化もしていない一一月一六日、安倍は訪問先のトルコ南部のアンタルヤで同行記者団に対し、一六年の通常国会を「一月四日」に召集することを早々に口にしたのだった。異例の通常国会召集の前倒しだった。一六年夏の参院選日程の選択肢を広げる狙いがあった。一月五日以降に召集すれば、参院選日程は固定されてしまうからだ。

通常国会の会期は一五〇日間で、一月四日召集の場合、延長がなければ一六年六月一日が会期末となる。この場合、公選法の規定で参院選は「六月九日公示—二〇日投開票」から「七月七日公示—二四日投開票」まで五ケースの日程が選べることになった。この選択肢の多さがまたまた疑心暗鬼を呼んだのだった。参院選に絡めて安倍が衆院解散に踏み切り衆参同日選に持ち込む余地が生まれたためだ。

一四年の不意打ち解散の勝利で味を占めた安倍が「小刻み解散」を仕掛けないとは言い切れなかっ

た。この日程設定だけで安倍はまた政権運営の主導権を握ることになった。しかも一六年参院選はこれまでの選挙とは一線を画する歴史的なものになることが決まっていた。二〇一五年六月の公職選挙法改正のため一八歳以上の若者約二四〇万人が有権者に加わることだった。

加えて参院の選挙区選挙をめぐっては国政調査に基づく一〇増一〇減（改選議席は半数の五増五減）の定数是正が決まって初めての選挙。その中では前例のない選挙区が誕生した。隣県同士の「島根・鳥取」「徳島・高知」が合区選挙区となり二県で改選定数「一」となったことだ。合区以外では宮城、新潟、長野の三県でそれぞれ改選議席は二から一に減員となった。この結果、選挙区選挙は四七から四五に減り、参院選の勝敗を左右する一人区が三一から三二となった。

参院選直前の五月には伊勢志摩サミットの開催が決まっていた。参院選に向けてすべてが収斂していく二〇一六年が始まった。

第九章

伊勢志摩サミットとオバマ広島訪問

（二〇一六年一月〜二〇一六年五月）

平和記念公園を訪問したオバマ大統領と抱き合う被爆者の森重昭（2016 年 5 月 27 日）

1　民進党結成

「挑戦する一年」

「本年は挑戦、挑戦、そして挑戦あるのみ」

首相安倍晋三は二〇一六年一月四日の年頭会見でこう語った。それもわずか三〇分の会見で「挑戦」の言葉を二〇回以上も口にした。一分間に一度は叫んでいた計算だ。四日は通常国会の召集日でもあった。前述したようにこの年は三年に一度の「参院選イヤー」。早々に安倍は「戦闘モード」に突入していたのだった。

その強気の背後には内政、外交両面での懸案を決着させて「官邸主導型政権」の形をほぼ完成させたことがあると言ってよかった。

内政面では、翌一七年四月の消費税率一〇％への引き上げと同時に実施する軽減税率問題を決着させた。自民党幹事長の谷垣禎一や新しく党税制調査会長になった宮澤洋一らと菅が正面衝突したが、最終的に菅が党側及び財務省を抑え込んだ。軽減税率の導入は公明党の悲願とも言え、菅は公明党に大きな「貸し」を作った格好となった。しばしば安全保障法制の制定過程で安倍との路線の違いが表面化した公明党代表の山口那津男も安倍に一目置かざるを得なくなった。

一方、外交面でも前述した通り年末ギリギリ一二月二八日になって日韓間の最大の懸案だった慰安婦問題に決着がついた。一三年二月の大統領就任以来、一貫して強硬な姿勢を崩さなかった朴槿恵が歩み寄ったことは大きい。それは、この合意によりボールが韓国側に渡ったことを意味した。

二〇一六年は国際社会で安倍の存在が大きくクローズアップされた年でもあった。安倍に主要国首脳会議(伊勢志摩サミット)の議長、日中韓首脳会合の議長の役割が巡ってきた。また日本は一月一日から国連安全保障理事会の非常任理事国のポストを得ていた。

そこに国際社会を揺るがす問題が起きた。六日午前、突如として北朝鮮が四回目となる水爆実験の実施を発表した。日本政府にとって北朝鮮の水爆実験は寝耳に水の事態。それを裏付けたのが午前八時四〇分から行われた外相岸田文雄と米国務長官ケリーとの電話会談だった。テーマは日韓関係をはじめ中国の南シナ海での領土拡張問題、サウジアラビアのイランとの国交断行などいずれも前年末から年始にかけて生起した日米共通の関心事だった。ところが北朝鮮の水爆実験については一切話題になっていない。日米両政府ともノーマークだったからだ。韓国は北朝鮮の脅威が現実味を帯び、安全保障をめぐって急速に日米に寄り添う姿勢を鮮明にせざるを得なくなった。それを象徴したのがソウルの大統領府で一三日に行われた韓国大統領朴槿恵の記者会見だろう。ソウル発の共同通信電は朴槿恵が初めて日本人記者の質問を受けたことを伝えた。この会見で国内に慰安婦問題をめぐる合意について厳しい批判がある中、朴槿恵は従来の反日姿勢から大きく舵を切った。

「一〇〇パーセント満足できないが、最善を尽くした」

逆にこれまで蜜月状態が続いていた中国に対しては注文を付けた。

「国連安全保障理事会決議だけでなく、韓国単独や友好国との協調で北朝鮮が痛みを感じる実効的な制裁措置を取る。中国の役割が重要だ」(共同通信)

中国が北朝鮮に対する制裁に積極的でなく、朴外交は失敗だったとの声が韓国国内に表面化していたことを意識してのものと受け取られた。経済面でも韓国の危機意識は強く、日本政府高官も「円が八〇円時代ならともかく一二〇円では韓国製品は日本製品に太刀打ちできない」と述べ、韓国の日本回帰が始まると見ていた。

甘利ショック

ところが平穏に見えた永田町に妙な風が吹き始めた。きっかけは一月二一日発売の週刊文春が報じた経済再生担当相甘利明をめぐる「政治とカネ」の問題だった。週刊文春によると、甘利と秘書が建設会社の口利きで多額の金を受け取ったというもの。甘利自身は発売前日の記者会見で「説明責任を果たす」と述べていた。しかし、二二日の安倍の施政方針演説の前日というタイミングでの表面化は政権にとって相当厄介な事態だった。

安倍内閣は基本的に安倍と官房長官菅義偉を軸に副総理兼財務相の麻生太郎、そして甘利の四人が回してきた「カルテット内閣」。中でも甘利は通常国会のメーンテーマとなる環太平洋連携協定(TPP)交渉の担当大臣。ましてや七月には参院選挙が予定され、場合によっては衆参同日選挙の憶測すら流れていた中での「甘利ショック」は大きかった。

ただ野党第一党の民主党は二〇一四年の安倍による〝奇襲解散〟で惨敗した後遺症から脱し切れずにいた。その反省から岡田克也が代表として再登板したものの、後手後手の対応が続き、ズルズルと与党ペースに引きずられてきた。確かに岡田は前年から維新の党との合流を模索していた。しかし、党名を変えてまでの新党づくりについては党内に多様な意見があって決断できないままノロノロ運転が続いていた。

維新の党との連携問題が足踏み状態にあるのに加えて、共産党との関係はさらに厄介な状況に陥っていた。共産党委員長志位和夫は野党の一本化による「国民連合政府」を提唱したことだ。その本気度を示すかのように共産党は天皇陛下が出席する国会の開会式に幹部が初めて出席した。志位は一四日の記者会見で改めて参院選での候補者一本化や連立構想について岡田の決断を求めた。

「本気で一本化するなら、政党間協議が必要だ。話し合い抜きでは難しい」

しかし、民主党内は複雑だった。前年一一月の大阪府知事・市長のダブル選挙では市長選の自公候補が共産党の支援を受けたことで逆に保守票が大阪維新の会に流れ、維新候補が大勝した。この結果、共産党との選挙協力をめぐって党内には賛否両論が渦巻いた。こうした党内の空気を反映して岡田は共産党が求める政党間協議には消極的な姿勢を見せる一方で共産党候補の自発的出馬見送りを求めた。岡田の要求はあまりにムシが良すぎる印象を与えたが、岡田はこう言わざるを得なかったのだろう。さらに四月二四日に投開票が予定される衆院北海道五区の補欠選挙をめぐって新たな問題が持ち上がった。従来は民主党と行動を共にしてきた新党大地代表の鈴木宗男が突然、自民党候補の支持を表明したのだった。

「共産党を加えた統一候補には断じて乗ることはできない」

鈴木の長女貴子（現自民党衆院議員）はれっきとした民主党衆院議員で、政調会長細野豪志のグループに属した。安倍サイドの巧みな切り崩し工作とも見られたが、参院選の前哨戦となる補選での隊列の乱れは大きい。民主党の後ろ盾とも言える連合会長の神津里季生も民主党に釘を刺した。

「最初から共産党が輪の中にいるのは違う」

民主党に出口は見えなかった。慰安婦問題の決着で内閣支持率は上昇に転じ、さらに年明け早々に行われた北朝鮮の核実験は安全保障法制にある種の〝お墨付き〟を与えたとも言えた。

政党支持率に関しても前年末に共同通信が実施した世論調査では自民党が三六・九％だったのに対して民主党は九・七％で二ケタに届かなかった。こうした民主党を筆頭にした野党の足並みの乱れが視野に入ってきたのと歩調を合わせるように自民党内に「早期解散論」が頭をもたげてきた。それを反映して自民党本部の選対事務局に足を運ぶ議員が目についた。

「衆参同日選挙はありますか」

「断定は難しいが準備だけはしておいた方がいいと思います」

政府はこの通常国会で予算案以外の法案は五五本しか提出していなかった。例年は一〇〇本程度だから約半分。そんな順風満帆の自民党の足元を掬ったのが「甘利ショック」だった。衆参両院で開かれた代表質問は甘利の進退問題に集中した。TPP交渉を牽引してきた甘利の進退は首相安倍晋三の任命責任にも直結するからだった。このため一月二八日に発売された週刊文春の続報には強い関心が集まった。発売前日の午前中には最新号のコピーが永田町に出回ったほどだ。それを読んだのだろうか。安倍は二七日午前の参院代表質問の答弁で強気に転じた。

「経済再生やTPPをはじめとする重要な職務に引き続き邁進してもらいたい」

事実上、甘利の進退問題を封じたのだった。甘利自身も衆院の代表質問で自らの金銭授受疑惑について「必要な調査をしっかり行い、事実を確認の上、国民に疑惑を持たれないようしっかりと説明責任を果たしていく」と述べ、続投に強い意欲を示した。二月四日に予定されたニュージーランドでのTPP協定署名式に甘利が出席することも決まった。

しかし、ことはそれほど単純ではなかった。新事実が明らかになれば国会の審議日程に重大な影響を及ぼし、新たな政治責任が生じるからだ。谷垣禎一と井上義久による自公幹事長会談で二九日から予定された衆院予算委員会の開催を週明けに先送りすることを決めた。自民党内には不満が漏れた。

「一月四日に通常国会を召集して審議日程にゆとりを持たせた意味がなくなる」

甘利の問題に加え、年初からの株価の乱高下もアベノミクスの先行きに不透明感を与えた。

甘利辞任

その甘利問題が急展開した。

「紙袋に入った菓子折とのし袋」――。ほとんど忘れられていた古典的な政治家への金品の受け渡しが大臣室で行われていたことが明るみに出たのだった。自他ともに認めた「アベノミクス」の司令塔だった甘利明は、自らの事務所の「政治とカネ」の問題をめぐる調査結果を明らかにした上で経済再生担当相の辞任を表明した。甘利は一月二八日夕の記者会見で「のし袋」の中身が五〇万円だったこと、これとは別にさらに五〇万円を受け取った事実を認めた。計一〇〇万円。公設秘書も五〇〇万円を受領し、うち三〇〇万円は秘書が自ら使って政治資金収支報告書に記載していなかったことを明らかにした。ただし甘利は政治資金としての処理を秘書に命じたとして違法性はないことを強調した。

「秘書の監督責任、国政に停滞をもたらすことがあってはならないという閣僚としての責務、政治家としての矜持に鑑み、閣僚を辞することを決断した」

しかし、あまりに無造作な建設会社からの金銭授受や、秘書に対する接待漬けが明らかになっては閣僚辞任は当然の帰結だった。週刊文春が報じてから一週間。安倍を支えてきた太い柱が音を立てて真二つにへし折れた。安倍は間髪を入れずに石原伸晃を後任に起用した。安倍が石原にこだわったのは、気心の知れている石原に対する「安心感・信用」だった。石原に派閥会長の座を譲った元自民党副総裁の山崎拓はこう解説した。

「石原氏は派閥の長であり、幹事長経験者という立派な経歴を持つ政治家で、安倍さんにとって敵性を持たない。茂木、林両氏とはそこが違う」

さらに山崎は石原起用の根拠に農水相の森山裕の存在を指摘した。森山は石原派の事務総長で、派閥運営で石原を支えてきた。その一方で自民党のTPP対策委員長を務めTPP交渉の全てを知る。甘利が出席することになっていたニュージーランドのオークランドで行われたTPP協定署名式には内閣府副大臣の高鳥修一が和服姿で出席した。

ところが、甘利問題に続いて閣僚や自民党幹部の不用意な発言、失言が続き安倍は防戦に追われた。まず槍玉に挙がったのは環境相丸川珠代。二月七日の長野県松本市での講演で、東京電力福島第一原発事故後に国が定めた除染の長期目標である「一ミリシーベルト以下」について「何の科学的根拠もなく時の環境相が決めた」と語った。地元の信濃毎日新聞が報道した。民主党議員の追及に対して「誤解を与えるようであれば、言葉足らずで申し訳ない」と謝罪した。

二月八日の衆院予算委員会で、総務相の高市早苗は政治的な公平性を欠く放送法違反を繰り返した放送局に対して電波法に基づく電波停止を命じる可能性に言及した。

「将来にわたり可能性が全くないとは言えない」

官房長官の菅義偉は「当たり前のことを法律に基づいて答弁したにすぎない」とコメントしたが一連の発言をめぐっては強い批判が表面化した。国民の知る権利や表現の自由を支える「放送の自律」という大原則を軽視する姿勢が目立っていたからだ。前年には自民党が番組内容をめぐりNHKとテレビ朝日の幹部を事情聴取していた。放送倫理・番組向上機構(BPO)は「自律を侵害する行為」と批判した。安倍政権のメディアに対する姿勢はその後も物議を醸し続けた。この高市発言から七年後、岸田内閣になって放送法四条の解釈を変更した経緯を記録した行政文書が明るみに出た。高市は経済安全保障担当大臣に就任しており、参院予算委員会で追及を受けると、無関係を強調、文書の一部を捏造と決めつけた。明らかになった行政文書には、安倍の補佐官だった礒崎陽輔が総務省に放送法四条の解釈変更を強く迫った経緯が詳述されていた。

この高市発言の翌日、今度は沖縄北方担当相の島尻安伊子が、記者会見で担当する北方領土の一つである「歯舞《はぼまい》」の漢字を読み進めなくなるという失態を演じた。政権の緩みは隠しようがなかった。そして追い打ちを掛けるように衆院議員宮崎謙介の不倫問題が週刊文春で報じられた。宮崎の妻は衆院議員の金子恵美で、男児を出産したばかり。一方の宮崎は男性国会議員として初めての「育休宣言」をしていた。その落差がより話題性を高めることになった。宮崎は公募で京都三区の候補に選ばれていた。議員辞職となれば補欠選挙になる。このため党執行部は「離党」で済ませる考えだったが安倍は頑として受け付けなかった。

宮崎の議員辞職は二月一六日の衆院本会議で許可された。補欠選挙は四月二四日。安倍はここでも自説を貫いた。自民党京都府連は宮崎の後任候補の擁立を強く求めていたが、安倍は一歩も譲らなかった。

「今回は謹慎すべきだ」

京都三区の補欠選挙は前衆院議長町村信孝の死去に伴う衆院北海道五区の補欠選挙と同時に実施されることになった。与党議員の失態はなおも続いた。弁護士で参院議員の丸山和也が二月一七日の参院憲法審査会で信じられない言葉を口にした。

「今、米国は黒人が大統領になっている。黒人の血を引くね。これは奴隷ですよ」

丸山は記者会見を開き陳謝した。安倍は「国会議員は自らの行動を律し、発言は影響力を持つことをかみしめて行動することが求められる」と厳しく批判した。不祥事と問題発言に政策不信が重なり合った。第一次政権で安倍が退陣に追い込まれた「二〇〇七年参院選の悪夢」(自民党幹部)が甦った。参院選まであと五カ月。安倍に逆風が吹いた。

一方、朝鮮半島もきな臭くなっていた。オレンジ色の飛翔体が白煙を引きながら青空に向かって上昇した。二月七日午前九時半すぎ。テレビ朝日のカメラが捉えた映像が事態の深刻さを浮き彫りにした。北朝鮮が発射した事実上の長距離弾道ミサイル。一月六日の水爆実験に続き北朝鮮の軍事技術の進展を誇示しているかのようだった。

「ミサイルの性能は確実に向上し、その飛距離から北米大陸に到達する可能性がますます高まってきた」

発射の映像を見た政府高官の一人は思わずこう漏らした。北朝鮮のいわゆる「瀬戸際外交」は金正日時代と金正恩政権では明らかに質が異なっていた。金正日は硬軟を使い分けながら実を取る老獪な外交戦略、戦術を駆使して体制の維持を図ってきたが、金正恩は内外ともに強硬路線を貫徹した。その反映で中韓関係が激変していた。正日時代の中朝関係の要とされてきたのが張成沢《チャンソンテク》。張は正日の妹、金敬姫《キムギョンヒ》の夫。金正恩が政権を担ってからは実質的なナンバー2と見られていた。その張が二〇一三年一二月に「国家転覆陰謀行為」で処刑された。この年の七月には中国の国家副主席李源潮《リゲンチョウ》が訪朝したばかりで中国は金正恩に強い不信感を抱いたとされた。

その一方で中国の国家主席習近平は一四年七月、ソウルを訪問、韓国の大統領朴槿恵と会談した。

「血の同盟」と呼ばれ、中国と朝鮮戦争をともに戦った北朝鮮にしてみれば「裏切られたと思っても不思議はない」（日本政府高官）。金正恩は北朝鮮の権力を継承して四年余が経過していたが、訪中はおろか国外に一歩たりとも出たことがない。この二つの出来事が中朝関係を極めて分かりにくいものにした。

ミサイル発射を受けて日米韓の三カ国は安保理の緊急会合を要請した。安保理も直ちに報道声明を発表したものの拘束力はなし。ましてや具体的な制裁となれば常任理事国の中国には拒否権があり、さらに先送りされる可能性が高かった。首相安倍晋三はこうした国連の状況を見越して日本独自の制裁を急ぐよう外務省に指示した。しかし、日本は拉致問題という大きな問題を抱えている。

「制裁を強化することに異存はないが、北朝鮮が逆ギレする懸念が消えない」（政府高官）というのが実情だった。拉致問題をめぐっては一四年五月の「ストックホルム合意」がある。拉致被害者を含む全ての日本人に関する調査を北朝鮮が行うことを約束、その見返りに日本政府が科していた制裁の一部を解除するというのが合意の核心部分だが、具体的な進展は全くないまま時間が経過した。

安倍は「内憂外患」（安倍側近）に直面した。

民進党結成

「民・維、来月にも合流」（朝日）
「民主・維新来月新党」（毎日）
「反安保法野党連携が加速」（東京）

二月二四日付の東京で発行された一般紙六紙のうち三紙が民主党と維新の党が新党結成で基本合意

したニュースを一面のトップ記事に据えた。政治記事の中でもいわゆる「野党モノ」が一面トップに載ったのは久しぶりと言ってよかった。この三紙はいずれも首相安倍晋三が推進した安全保障法制をめぐって反対の論陣を張ってきた共通項があった。「安倍一強」と呼ばれる政治状況を変えるという可能性に着目すれば、一面トップでもおかしくなかった。ちなみに安倍に近いとされた読売新聞もトップ記事ではないが、一面の真中に三段の見出しを付けて掲載し、二面、三面、四面にわたって検証記事など大展開した。産経は三面で扱ったが、紙面の半分を割いて報じた。日本経済新聞は三面で他紙に比べて最も地味な扱いだった。

それにしても民主党内の議論はここに至るまでに時間がかかり過ぎた。二〇一六年に入って民主党代表の岡田克也が新党結成で期限を区切ったのは一月六日のことだった。記者団にこう語った。

「新党を考えるのであれば、三月を過ぎると間に合わなくなる。意思決定のタイムリミットはそのぐらいではないか」

しかし、その後は、堂々巡りの繰り返し。岡田は「最後になれば一気に決まる」と周囲に漏らしていたが、「ここまできたら民主党の主体性が問われる」(政調会長細野豪志)との声に押されてようやく大筋合意に漕ぎ着けたのが実情だった。

それでもなお党名をどうするかについて話がまとまらなかった。民主党内の大勢は九六年に鳩山由紀夫と菅直人が中心になって結成した旧民主党以来の「伝統ある名前を放棄する意味が分からない」というものだった。二月二四日に開かれた常任幹事会でも党名変更に異論が続出。菅側近の広報委員長寺田学が党名変更に反対だとして、役員の辞表届を執行部に提出した。

もともと民主党は寄り合い所帯。小沢一郎が旧自由党を解党して合流、当時の民主党が誕生してからも、出身母体の違いから生まれる「文化の違い」が、ことあるごとに党内対立を惹起した。○九年に政権交代の実現に成功しても、その〝体質〟は変わることがなかった。やがて消費増税やＴＰＰ交渉など重要政策の是非をめぐって路線対立が激化、分裂を繰り返した。前首相の野田佳彦ですら側近に民・維合流に複雑な心情を吐露した。

「一番政権が苦しい時に党を割った人たちも入れるのか」

その野田らを説得した岡田や幹事長の枝野幸男ら執行部の背中を押したのがこの年の夏の参院選と絡めた衆参同日選挙の足音だった。枝野は内輪の会合で同日選への警戒を口にした。

新党名に関しては民主、維新両党による党名検討チームが設置され、インターネットなどによる募集が行われた。三月四〜六日の間に寄せられた党名案は一万九九三三件に上った。党名検討チームは党名案を公表しなかったが、関係者によると「民主」と付く名称が目についたという。その後、絞り込みが行われ、新党名を「立憲民主党」と「民進党」の二案に絞った。

こうした決め方に自民党副総裁の高村正彦が当てこすった。

「『ザ・ポピュリズム（大衆迎合）』で、選挙互助会にふさわしい決め方だ」

最終的に民主党の岡田克也、維新の党の松野頼久両代表らによる三月一四日の新党協議会で新党の名称を「民進党」と決めた。

結党大会は三月二七日。代表は民主党代表の岡田克也がそのまま横滑りした。代表代行に維新前代表の江田憲司、さらに民主党からも長妻昭、蓮舫が就任した。幹事長に枝野幸男、選対委員長に玄葉光一郎。政調会長に当選二回の衆院議員山尾志桜里を抜擢した。山尾はこの国会の衆院予算委員会で、子どもが保育園に入れない腹立ちを「保育園落ちた日本死ね」と書き込んだ匿名ブログを国会で取り上げ、安倍政権の待機児童問題に対する姿勢を舌鋒鋭く追及したことで一躍注目を集めていた。安住淳の国対委員長への昇格も固まった。両党は民主を存続政党とし、維新が解散して吸収される「存続合併方式」で合流した。民進党への名称変更で、九六年の旧民主党結成から続いた「民主党」という党名は約二〇年で看板を降ろすことになった。

新党「民進党」は結党宣言で、民主党政権の挫折に触れた。

「政治は、国民の信頼があってはじめて成り立つ。我々はかつて、国民の信頼に十分応えることができなかった。このことを深く反省したうえで、いかなる困難な問題も果敢に決断し、結束して事に当たる強い覚悟を、一人ひとりが共有する。……

野党勢力を結集し、政権を担うことのできる新たな政党をつくる。志を共有するすべての人々に広く結集を呼びかける。……国民とともに進む、真の意味での国民政党となることを誓い、ここに民進党の結党を宣言する」

民進党に集まった国会議員は衆参両院議員計一五六人。初代代表に就任した岡田は「政権交代可能な政治を実現するためのラストチャンスだ」と政権奪取を訴えた。

ただし、間近に迫った二つの衆院の補欠選挙や参院選をめぐる共産党との選挙協力に関して「五野党連絡協議会」が発足していたが、保守系議員には消極論が根強く存在しており、新党効果は見通せなかった。

自民の「民共合作」批判

野党側の新たな結集が進行する中で、受けて立つ形になった自民党は三月一三日、第八三回の党大会を開いた。三年に一度の参院選日程は七月一〇日の投開票が有力になっていた。ここで安倍が先手を打った。

「今年は自民、公明両党の連立政権対民主、共産両党の『民共勢力』の戦いになる。選挙のためなら何でもする。誰とでも組む。そんな無責任な勢力に負けるわけにはいかない」

いわば「自公VS.民共」という単純な図式を提示したのだった。安倍がなぜこの対決の構図を持ち込んだのか。堅調に党勢を伸ばす共産党に対する強い対抗心と警戒心があったからだ。自民党は二〇〇九年八月の衆院選で惨敗して民主党に政権の座を明け渡した。民主党の大きな勝因に共産党の選挙戦略があった。「建設的野党」を掲げた共産党は全三〇〇小選挙区(現在は二八九)のうち候補者擁立を一五二選挙区に絞り込んだ。このため共産党候補がいない残り一四八の小選挙区では、共産党票の多くが自公以外の野党候補に流れたとみられていた。

共産党委員長の志位和夫は二月二〇日に開いた全国会議でこの年の参院選でも同様の方針で臨むことを明言した。

「三二ある改選一人区の全てで野党共闘を実現するとなった場合、かなりの方々が立候補を取り下げることになる。単なるすみ分けではなく、本格的な選挙協力を目指したい。それをやってこそ、自民、公明両党に勝利できる」

その前哨戦となる四月二四日の投開票が確定した衆院北海道五区と京都三区の補欠選挙でも共産党は独自候補の擁立を見送った。このため「自公VS.民共」の総力戦の様相となっていた。安倍の意気込みの反映だったのだろう。自民党の全国幹事長会議で配られた「The Jimin NEWS」の見出しは過激だった。

「「野党統一候補」＝「民共合作候補」」

さすがに会議では戦前の中国の「国共合作」を連想させるとして「慎重にすべき」との意見も出るほどだった。選対委員長の茂木敏充は一五日に札幌で開かれた集会で声を張り上げた。

「政治理念を持つ自民党公認候補か、民共合作の野党候補がいいかを判断してもらう選挙だ」

曲がりなりにも二大勢力による対決の構図が生まれた。

2　熊本地震で消えた衆参同日選挙

「消費増税先送り」と「衆参同日選」

政治の流れはあるレベルに達すると、しばしば当事者たちの思惑や想定を遥かに超えるエネルギーを発散する。田に水を引き込むために小さな水路をつくったつもりが、意図せざる大量の水が濁流となって押し寄せ、ついには制御不能となるようなものだ。まさしく当時の状況は首相安倍晋三は自ら作り出した政治潮流をコントロールできるかどうかの瀬戸際に身を置いていたのかもしれなかった。

安倍は年初以来、二本の水路を徐々に切り開いてきた。そのうちの一本は翌年の四月に予定される消費増税を再び先送りするための環境整備だった。もともと消費税率は二〇一五年一〇月から税率八％を一〇％に引き上げることになっていたが、消費の低迷を理由に一年半の先送りを決断した。そのために安倍は二〇一四年一一月に衆院を解散、一二月選挙に持ち込んだ。今度はその実施時期をさらに先送りしようというわけだった。抜き打ち選挙で大勝を果たした安倍は繰り返し、「消費増税の再延期なし」を明言してきた。

「リーマン・ショック（二〇〇八年）や東日本大震災（二〇一一年）のような重大事態にならない限り消費税率は予定通り引き上げる」

ところが、二月下旬ごろから言い回しが微妙に変化していた。ターニングポイントは二月二四日の衆院の財務金融委員会。ここでの答弁で「世界経済の大幅な収縮」を再延期の条件に加えたのだった。安倍の肝煎りで発足した「国際金融経済分析会合」が安倍の軌道修正の〝応援団〟と言ってよかった。安倍は政権復帰後、社会保障と税の一体改革法に基づく消費増税の是非をめぐって有識者会議を二度にわたって設置したが、この分析会合には外国人著名学者を招いたのがミソだった。

官房長官菅義偉は「この会合は消費税引き上げの判断を目的としたものでない」と語っていたが、額面通りに受け取るわけにはいかなかった。三月一六日の初会合に出席したノーベル経済学賞受賞者の米コロンビア大教授ジョセフ・スティグリッツは、「世界経済は難局にある」とした上で「現在は消費税を引き上げる時期でない」と安倍に進言した。安倍もスティグリッツの助言に力を得たのか一八日の参院予算委員会で踏み込んだ。

「現下の経済状況については注意深く見ていきたい。経済が失速しては元も子もなくなる」

自民党の参院議員会長溝手顕正も、二〇日のNHK番組で「参院選前に決断した方がいい。まだ選挙まで数カ月あるが、方向付けはした方がいい」と述べ、増税先送りに強い期待感を滲ませた。自民党内には溝手に限らず「増税なし」の空気が充満していた。前回、先送りを決めたのは実施予定時期の一一カ月前。一七年四月の実施を延期するとなれば、そろそろ安倍の決断のタイミングだった。

そして安倍が手を付けたもう一本の水路も徐々に太い流れになってきた。衆院解散に向けた環境整備だった。衆院解散に踏み切るかどうかは別にして解散の条件が整えばいつでも対応できる準備を怠らなかった。通常国会の会期は一五〇日間と決まっており、一月四日召集なら会期末は六月一日。この日に衆院を解散すれば七月一〇日の衆参同日選挙が可能になった。

安倍はしばしば八六年に行われた当時の首相中曽根康弘による同日選挙について触れていた。

「中曽根さんはダブル選挙をいつやると決めたのでしょうか」

安倍は中曽根内閣で外務大臣を務めていた父晋太郎の秘書官。この間の事情を知らないはずはなかった。あえてダブル選挙に触れることで政局運営の主導権を握る思惑があったようだ。

中曽根は回顧録『天地有情』(文藝春秋)でこう書いている。

「それはもう正月からやろうと思っていましたから」

現に中曽根は八六年元日の日記にこう書き残した。

「本年は大波瀾の年である。(中略)虎狩りの如く討つか討たれるかの年である」

その安倍が中曽根と酷似した発言を行った。三月一七日に帝国ホテルで開かれた日本商工会議所通常会員総会での挨拶だった。

「今年は大切な年になる。中身はあえて言わないが、だいたい皆様には想像がつくのではないか」

多くの新聞がこの安倍発言に会場がどよめいたと書いている。安倍発言の翌一八日、安倍の解散権行使に影響力を持つ二人の与党の実力者も踏み込んだ。一人は自民党総務会長の二階俊博だ。

「(同日選が)あってもおかしくない、条件整備をしていると言われるが、私は全く否定しない」

一方、公明党代表の山口那津男は慎重姿勢を示しつつ「解散は安倍晋三首相の専権事項だ。与党とはいえ、私たちに相談して決めることは多分ない。判断に委ねざるを得ない」と述べ、安倍の決断に従う考えを示唆した。

「消費増税先送り」と「衆参同日選」という二つの流れが合流してきた。これ以上流れが強まれば制御不能の領域に入る。幹事長の谷垣禎一は消費増税に関し「法律で決めて実施時期も定めている。既定方針だ」と述べて安倍を牽制した。安倍の決断のタイムリミットが迫ってきた。

二〇一六年度予算が成立すると、不思議な空気が国会を支配した。四月五日から審議が始まった環太平洋連携協定（ＴＰＰ）の承認案と関連法案をめぐる論戦も同様だった。ＴＰＰは将来の日本経済・社会のあり方に極めて大きな影響を与えると見られていたが、衆院本会議は呆れるほどの空席が目に飛び込んできた。とりわけ気になったのが野党第一党で結成間もない民進党席だった。出席議員より空席の方がはるかに多かったのではないか。ＴＰＰ特別委員会の実質審議は七日から始まった。自民と民進がどこまで国民・有権者が必要とする情報を開示し、疑問点を深く掘り下げることができるかどうか。最大関心事の一つはＴＰＰ交渉の決着に向けて中心的な役割を果たした前経済再生担当相の甘利明と米通商部（ＵＳＴＲ）代表マイケル・フロマンとの会談記録だった。だが交渉経過は「四年間は外部に漏らしてはならないことになっている」として、政府は〝守秘義務〟を盾に概要記録すら公開しない方針だった。確かに政府が公表した資料はほとんどが黒く塗りつぶされており、「開示」とはほど遠い代物だった。交渉の「生き証人」でもある甘利は「政治とカネ」の問題で閣僚を辞任。その後は健康問題を理由に国会を長期間欠席中だった。野党側は甘利に参考人として委員会出席を求めていたが、自民党側は拒否の構えを崩さなかった。また事務方トップとしてタフネゴシエーターぶりを発揮した首席交渉官の鶴岡公二も駐英国大使に任命され、実務上の責任者ではなくなった。いわば当事者不在の委員会審議となった。

この年の通常国会は閉幕後に参院選が予定されており、会期延長は考えにくかった。つまり会期末の六月一日がタイムリミット。しかも大型連休が入るため、一層日程は窮屈なものになっていた。もっともＴＰＰを推進し、交渉をリードしてきた米大統領バラク・オバマは次期大統領候補を決める予備選が始まってからはレイムダック化が急速に進行しており、もはや一一月の大統領選が終わるまで米議会の承認の可能性は事実上消えたとみられていた。それもあってか与党内にも追い込まれた意識がほとんど感じられず、むしろ参院側には参院選前に無理して承認する必要はないとの空気すら漂っていた。

表舞台に躍り出た岸田文雄

国会が緊張感を欠く中で広島に注目が集まった。広島が選挙区の外相岸田文雄が主導した先進七カ国（Ｇ７）外相会合が広島で開催されたからだ。伊勢志摩サミットの露払いの場となる外相会合の広島開催は岸田と駐日米大使のキャロライン・ケネディの間で練り上げられた。期間は四月一〇、一一日の二日間。米国務長官のジム・ケリーらＧ７外相がそろって平和記念公園内の原爆資料館を訪問し、原爆慰霊碑に献花する日程が決まった。岸田のスピーチに熱がこもった。

「世界の指導者が被爆地を訪問し、被爆の実相に触れてもらうことは『核兵器のない世界』実現への機運を盛り上げる上で大変重要だ。被爆地広島から力強い核軍縮・不拡散のメッセージを発したい」

米国内には、第二次大戦の早期終結に原爆投下が貢献したとの正当論が根強く存在していた。ケリーの被爆地訪問を受け、米国務省の副報道官は「長官にとって心を打つ体験となった」と述べ、原爆を投下した米国の閣僚として初めて訪問したことの意義を強調した。

岸田の狙いはさらにその先にあった。外相会合をステップに米大統領オバマの広島訪問を実現させることだ。岸田が議長を務めた外相会合では核兵器のない世界の実現への決意を示す「広島宣言」が出された。前年末の日韓慰安婦合意に続きＧ７外相会合の成果はポスト安倍の有力候補の一人に岸田を押し上げた。そしてこの外相会合から七年後の二〇二三年五月、岸田は広島サミットの議長として紛れもなく「世界の顔」になった。

外相会合を契機にオバマの広島訪問の実現可能性が高まり伊勢志摩サミットのもう一つの焦点となった。安倍も伊勢志摩サミットに合わせたオバマの広島訪問の実現に強い期待感を示した。

「原爆被害の実相に触れることで、なぜ日本が核のない世界や、核廃絶を訴え続けてきたか理解してもらえるのではないか」

そして外相会合から一カ月が経過した五月一〇日午後九時すぎ、ニュース速報が流れた。

「オバマ大統領が二七日に広島訪問と外務省」（共同通信）

米大統領副補佐官が声明を発表した。

「大統領の広島訪問は、日米両国が相互の利益や共通の価値観などに基づき築いてきた深い同盟関係を象徴するものだ」

「パナマ文書」に直撃された世界の顔

この年の四月には「パナマ文書」と呼ばれる耳慣れない言葉がニュースに登場した。発信源はワシントンに本部を置く「国際報道ジャーナリスト連合（ＩＣＩＪ）」。ＩＣＩＪは一つの国の報道機関だけでは対処できない国際的な広がりを持つ問題を、国境を越えて調査報道する目的で一九九七年に発足したNPO。そこで立ち上げられたのが「タックスヘイブン・プロジェクト」だった。全世界の八〇カ国の報道機関が参加、日本では朝日新聞と共同通信が名を連ねた。

このICIJが報じたのが「パナマ文書」だった。パナマの法律事務所がタックスヘイブン（租税回避地）を利用した資産隠しに手助けをしたとされ、「パナマ文書」と呼ばれた。その保管記録が流出し、世界の名だたるトップリーダーの足元を直撃したのだった。アイスランドの首相グンロイグソンは辞任に追い込まれた。

ドイツの南ドイツ新聞が入手した資料を参加報道機関の記者たちが分析したものだった。その結果、「出るわ、出るわ」——驚くような名前が並んだ。ロシア大統領のプーチンや中国の国家主席習近平の親族ら。プーチンは事実を否定。中国ではパナマ文書に関する情報はネットで閲覧できなくなった。さらにイギリス首相のデビット・キャメロンがピンチに陥った。キャメロンは亡くなった父親がパナマで開設したファンドに一時投資していて、首相就任前に持ち分を売却、約一万九〇〇〇ポンドの利益を上げていたことを認めた。

イギリス国内で激しい批判の声が上がった。加えてキャメロンにとってより大きなダメージはイギリスのEU（欧州連合）からの離脱の是非を問う国民投票が六月二三日に予定されていることだった。キャメロンはEU残留のために他のEU参加国との協議を重ねており、光明が見えてきた矢先のスキャンダル直撃。イギリス国内ではキャメロン辞任論も飛び交った。

そのキャメロンが五月二六日から二日間の日程で開かれる伊勢志摩サミットにやって来ることになっていた。サミットの新たな焦点になった。

熊本を襲った二度の震度七

「天災は忘れたころにやって来る」——。物理学者で夏目漱石の門下生としても知られる寺田寅彦が残したとされる警句だが、平成の時代に入ってから天変地異が続発し、もはやこの警句は通じなくなった感がある。大きな地震だけでも阪神淡路大震災（一九九五年一月）、中越地震（二〇〇四年一〇月）、中越沖地震（二〇〇七年七月）、そして未曽有の災禍をもたらした三・一一東日本大震災（二〇一一年）。それからわずか五年。今度は震度七の激しい揺れが熊本県を襲った。しかも最初に起きた四月一四日夜の地震より一六日未明の地震の方が規模は大きく、なお余震が続くという経験したことがない事態に直面した。

過去の大震災が政権の命運に直結したように、熊本地震に政治が影響されないはずはない。地震を境に政治の局面はガラリと変わった。震災がなお拡大している最中での激突型国会は政治そのものの信用失墜を加速させる。そこで双方が歩み寄った。一九日午後、国会内で自民党の佐藤勉と民進党の安住淳による与野党国対委員長会談が行われ、「震災休戦」が成立した。二〇日に予定された党首討論は取り止め、TPP審議も時間切れで今国会での成立見送りが確定した。二二日提出の衆院の定数是正のための選挙制度改革法案を残すぐらいで通常国会は六月一日の会期末を待たずに事実上、閉幕した。

そしてこの「政治休戦」は政局の流れを激変させた。安倍が練り上げてきた「衆参同日選」のシナリオは「六月一日解散―七月一〇日投開票」。ところが熊本地震の被害の長期化が予想される中での衆院解散総選挙は安倍にとって大きなリスクを伴うことになった。

「余震が続き、多くの被災者が苦しい日々を過ごす中で政治空白は許されるはずがない」

この自民党幹部の発言が与党内に広がった。確かに同日選となれば、解散から次期首相の選出まで最短で二カ月間、国会議員は参議院総定数の半数だけになる。いつ臨時立法が必要な事態が起きないとも限らない。当初から「名分なき同日選」と言われてきた同日選はますます根拠を失いつつあった。同日選に関しては官房長官の菅義偉は周囲に否定的な考えを漏らしていた。

「自民公明で三分の二以上の議席があり、選挙をやる意味がない」

「同日選なし」の憶測が広がった際も菅は「震災があったから同日選がなくなったのではなく、もともとなかった」と口にした。

安倍と菅の同日選をめぐる認識が全く違っていたのか、それとも野党分断のためのツートップによる役割分担だったのかは判然としないが、少なくとも熊本地震によって与党内にあった両論の食い違いが表面化することはなくなった。ただ同日選に絡んで取り沙汰されてきた翌一七年四月からの消費税率引き上げ問題は残ったままだった。安倍は熊本地震を経て消費増税についてこう語った。

「リーマン・ショックや大震災のような重大な事態が起きない限り、基本的な考えに変わりはない」

言葉の響きは従来の発言と同じように聞こえたが意味合いは相当違っていた。それまでは大震災の前に必ず「東日本」の言葉を冠していた。つまり熊本地震を「重大な事態」と解するための布石とみることができたからだ。

消えた解散の大義名分

毎年一月に召集される通常国会には二つの節目がある。まず政府の最優先課題である本予算の成立時。そして四月二九日の昭和の日から五月五日のこどもの日までの大型連休だ。この時期は国会が事実上休会となり、国会議員は永田町から姿を消す。一見すると政治の流れは止まったように見える。だが、会期末を睨んで水面下で大仕掛けの政治工作が進められるのが大型連休と言っていい。

この時の最大関心事は首相安倍晋三が衆院解散総選挙に踏み切るかどうかという一点にあった。安倍自身は依然として同日選の選択肢を捨てていないと見るべきだった。安倍側近もこう語った。

「この機を逃すと、総理の求心力は一気に落ちる可能性がある。この夏が総理にとってワンチャンスだと思う。傍らにいてそんな印象を受ける」

安倍と衆院初当選が同じ閣僚経験者の一人は「後は首相の性格の問題」と指摘するなど、少なくとも解散の可能性を否定はしなかった。

その解散権を握る安倍は五月一日から七日まで主要国首脳会議（Ｇ７伊勢志摩サミット）に備え欧州を歴訪した。イタリア、フランス、ベルギー、ドイツ、イギリス。さらにロシアに飛び大統領プーチンと個別に会談した。この間は外交一色になり、解散問題は水面下に潜ったが、逆にそのことが衆院解散の効果を高めることになった。「抜き打ち解散」になるからだ。自民党が大勝した二〇一四年衆院選挙も安倍が中国など外国訪問から帰国直後の「抜き打ち解散」だった。

結局は安倍の決断次第だったが、解散の是非をめぐる判断が分かれた原因の一つには四月二四日に行われた衆院北海道五区の補欠選挙があった。結果は自民党公認和田義明が義父の故町村信孝の議席を守ったものの、その票差が「極めて微妙」（自民党選対幹部）だったためだ。

民進、共産、社民、生活の野党四党が擁立した無所属の池田真紀が追い上げ、一時は逆転の可能性も出ていた。最終的な票差は約一万二〇〇〇票だった。自民党内の受け止めには複雑なものがあった。

「勝ってよかったというより負けなくてよかった」（閣僚経験者）

これが自民党内の最大公約数と言っていいだろう。さらに票差をめぐっても評価が交錯した。

「五〇〇〇票差だったら間違いなく解散だった。一万二〇〇〇票差は大勝ともいえないし、かといって辛勝でもない。だから微妙な数字なんだ」

多くの選挙を仕切ってきた自民党幹部の感想だった。「五〇〇〇票差なら解散」。理由は夏の参院選でも野党共闘が成立すると、自民、公明の与党側にとって全国で四五の選挙区選挙のうち三二ある一人区の行方に黄信号が点るからである。その野党共闘を分断するには衆参同日選挙が最も効果的。各都道府県内の衆院小選挙区で各野党が独自に候補者を立てるとなれば参院選一人区の共闘が崩れる可能性は高くなる。

たしかに自民党は過去二回の衆参同日選挙で圧勝した経験がある。しかし、それらはいずれも衆院選挙が旧中選挙区制で自民党単独政権時代のこと。自民党支持率も六割を優に超えており、投票率が上がれば自民党が勝てる選挙構造があった。その後二度にわたる自民党の野党転落と多党化現象の定着で、無党派層の取り込みが勝敗を分けるという新たな傾向が生まれていた。

この北海道五区補選では選挙当日に共同通信が実施した出口調査によると、「支持なし層」の七三・〇%が野党側の推した池田に投票したと答えていた。この数字の意味は重かった。

「同日選は大勝するかもしれないが、大敗の危うさも同居する」

この自民党ベテラン議員の見方は多くの与党議員が共有した。だが、熊本地震への安倍の矢継ぎ早の決定は「安倍の解散意欲」を浮かび上がらせた。予備費の支出、地方交付税交付金の前倒し交付、補正予算の編成指示、激甚災害指定――。このすべてを地震発生から一〇日で終えたからだ。さらに解散権行使の前提となる衆院選挙制度改革関連法案のこの国会での成立も確実となった。

残る解散権行使に必要なものは大義名分だけとなった。一四年の衆院解散の大義名分は消費増税の実施時期の一年半先送りだったが、今度は何か。安倍周辺で浮上したのは「世界経済への貢献」だ。三月のG20で確認された財政支出によるデフレ脱却について日本が率先する。そのことを伊勢志摩サミットで議長の安倍が世界に向けて発信するというものだった。結果として二〇二〇年をめどに実現するとしてきた財政健全化目標を少し先にずらすことになる。それには翌年四月の消費増税の先送りも含まれた。副総理兼財務相の麻生太郎は四月二六日の衆院財務金融委員会でこんな答弁をしている。

「(熊本地震は)大地震に当たらない」

消費税増税は予定通り実施するという意思表示でもあった。安倍への牽制とも言えた。

なお、自民党は宮崎謙介の辞職に伴う衆院京都三区の補欠選挙については候補者擁立を見送った。この補選で当選したのが、比例代表から鞍替えして立候補した現立憲民主党代表の泉健太だった。

変動する世界情勢

二〇一六年の大型連休が明けると、首相安倍晋三が議長を務める主要国首脳会議(G7伊勢志摩サミット)が目前に迫っていた。日程は五月二六、二七日の二日間。二度目の政権を担って以来、一貫して安倍が掲げた外交方針は「地球儀を俯瞰する外交」。地球全体に目を配りながら日本の国益を引き寄せる狙いが込められていた。

しかし、ここ一カ月だけでも国際情勢の変動ぶりは目を見張るものがあった。四月に実施された隣国韓国の総選挙で保守与党セヌリ党は革新系の最大野党「共に民主党」の議席を下回り、第一党から転落。韓国国会は野党勢力が過半数を制し、朴槿恵政権は大きな打撃を受けた。元慰安婦問題に関する日韓合意の履行も不透明になった。五月二〇日、台湾では民主進歩党（民進党）の蔡英文《サイエイブン》が台湾の総統に就任した。女性総統は初めて。八年ぶりの政権交代。中台関係は緊張含みとなった。

さらに日本外交にとって想定外の事態が姿を見せつつあった。米大統領選の予備選で実業家のドナルド・トランプが共和党の大統領候補となることが確実になったことだ。過激で挑発的な言動から当初は単なる受け狙いの〝一発屋〟の泡沫候補の一人とみられていた。ところがあれよ、あれよという間に広い米国を席巻した。その言動の矛先は米国内に止まらない。日米安全保障体制の核心部分にも容赦なく切り込んだ。

「米軍を受け入れている国々は駐留費用を全額支払うべきだ」

日本政府は「在日米軍関係経費」の一部として年間約二〇〇〇億円をいわゆる「思いやり予算」として支出しており、過去五年間を合算すれば約一兆円という巨額の財政支出となる。これに加えて米軍基地用地借り上げ費などで在日米軍関係経費は年間五八〇〇億円にも上る。官房長官の菅義偉も記者会見でトランプ発言に異を唱えた。

「日米同盟はいずれかの国のみが利益を享受する枠組みではない。以前から日米間で適切な分担が図られている」

だが、厄介なのはトランプ発言が単なる受け狙いではないことだった。外務省が「トランプ研究」の一環として翻訳した一九九〇年の雑誌『プレイボーイ』のインタビュー記事があった。このインタビューには将来の「トランプ大統領」を想定したやり取りが残る。

「彼は究極の軍事力を強く信じるであろう。彼は誰も信用しないだろう。彼はロシア人を信用しないだろう。彼は同盟国を信用しないだろう。（中略）問題は何の見返りもなく世界で最も裕福な国々を防衛していることである」

　トランプがこうした思考回路に至った経緯についてトランプウォッチャーの一人は「一九八〇年代の日本経済が絶好調の時代にビジネスを通じて日本と遭遇、その印象がずっと残っているのではないか」と分析した。しかも日本政府を困惑させているのは、トランプが直感で言っているのか、計算づくの発言なのか分からないが、「よく言ってくれたという空気がアメリカ社会に広がっている」（政府関係者）という点にあった。

　民主党の予備選ではオバマの後継者と言えた前国務長官のヒラリー・クリントンはその時点で米上院議員のバーニー・サンダースを振り切れずにいた。国際社会のトランプに対する「どうせ泡沫候補」との冷ややかな態度から明らかに変わっていた。そうした中で安倍はオバマを迎えることになった。

　一方、国内に目を転じれば、熊本地震の被災者支援と復興が急がれた。熊本地震の特徴は二度にわたって大きな揺れが襲ったことで、熊本市に隣接する益城町《ましき》ではいずれも震度七を記録した。直接死は計五〇人に拡大した。その後の大分県も含め災害関連死は二二〇人、住宅被害は二〇万棟以上に上った。阿蘇地方は本震で阿蘇大橋が崩壊、土砂崩れや道路損壊が多発した。熊本のシンボルである熊本城も石垣が崩壊し、今も修復工事が進む。

　また熊本地震で災害時の支援物資の供給をめぐって初めて「プッシュ型支援」が導入された。東日本大震災を教訓に、国が被災地の要請を待たずに自発的に物資を被災地に送る方式である。現場が混乱している段階では、避難所の状況や物資のニーズを素早く把握するのが難しかったが、この集配システムを統括し、現地で指揮に当たったのが経済産業省の官房長、嶋田隆。後に事務次官、そして岸田文雄内閣の首席秘書官に起用された。

3　再延期された消費税増税

揺れた安倍の解散判断

五月一八日午後、国会三階の衆院第一委員室は不思議な空気に覆われていた。この国会で初めての、そして最後の党首討論。その空気を生み出した背景には六月一日の会期末まで残すところ約二週間というタイミングで首相安倍晋三が重大決断を表明するかもしれないとの見方があったからだ。

注目されたのは翌年四月から税率の一〇％への引き上げが決まっていた消費増税の再延期問題。そして第二のポイントはこの再延期と密接に絡み合う衆参同日選の可能性について安倍が何を語るかにあった。党首討論の舞台となった国家基本政策委員会の委員長は自民党の元防衛相浜田靖一で、この日が初登板。浜田は午後三時ちょうどに開会を宣言した。まず討論の口火を切ったのは野党第一党民進党代表の岡田克也。岡田も民進党になって初めて代表として臨む党首討論だった。岡田は先手を打つように消費増税の再延期を持ち出した。

「消費が力強さを欠いている中で、もう一度先送りせざるを得ない状況だ」

それには理由があった。この日、日本経済の状況を判断する上で極めて重要な指標である一六年一～三月期の国内総生産（GDP）の速報値が発表されたからだ。速報値は「実質で前期比〇・四％増、年率換算で一・七％増」。この数値について経済が好転しつつあるとの見方と、もたつきが続くという見方が交錯した。この微妙な数字を岡田は引き上げ再延期の根拠に挙げた。岡田の狙いは「アベノミクスの失敗による増税延期」というロジックだった。安倍はひたすら「守り」に徹した。安倍の対応は苦しかった。

「個人の消費はプラスになっているが、消費税を(八%に)引き上げて以来、消費が予想より弱いのは事実だ。そこに注目している」

この発言の流れでいけば、安倍は消費増税再延期の意向を示してもおかしくはなかった。しかし、安倍には岡田も指摘した整合性が問われる一年半前の発言があった。二〇一四年一一月、安倍が衆院解散に踏み切った際の大義名分は一五年一〇月から実施されることになっていた消費税率の移行についての「一年半先延ばし」にあった。ただし安倍はこう断言していた。

「消費税の増税を再び延期することはない。『アベノミクス』を前に進めることで、上げられる状況に持っていく」

しかも衆院解散の条件に公明党との間で食料品などの税率を低く抑える軽減税率の導入を約束しており、再延期するためには公明党の了解を得るという難題もあった。しかし、参院選を目前に控え、どの世論調査でも増税反対が国民の七割を超えていた。自民党が行った世論調査でもこの傾向は同じ。安倍も心の中では予定通りの実施は困難との判断を相当前から固めていたのではないか。ところがそれを切り出せない、自ら設定したもう一つのハードルの存在があった。党首討論でもそれを口にした。

「リーマン・ショックや大震災のような重大事態が発生しない限り、予定通り引き上げるという従来方針に変わりはないが、適時適切に判断していきたい」

「適時適切」という意味深長な言い回しに「再延期」のニュアンスが含まれたが、党首討論ではそれ以上踏み込むことはなかった。岡田の先制攻撃に安倍は完全に受け身に回った。予期せぬ岡田の提案に安倍の戸惑いが伝わってきた。岡田に限らず共産党委員長志位和夫、おおさか維新の会共同代表の片山虎之助も増税先送りを党首討論で安倍に提案した。これにより野党側が増税再延期で足並みを揃え、自民、公明の与党二党が「予定通り引き上げ」の構図が生まれた。加えて岡田は「二〇一九年までの延期」と「その間の赤字国債発行」という具体的な財源手当てにまで踏み込んだのだった。

党首討論に限っていえば、野党側のワンサイドゲームの様相だった。党首討論前の政権内の大勢は「最長では引き上げ是非の判断は九月まで持ち越せる」（政府高官）というものであったが、党首討論を機に空気は変わった。自民党選対幹部の一人も危機感を募らせた。

「野党が揃って再延期を明言した中で、自民党も参院選前に先送りを表明せざるを得なくなった」

さらに、安倍に近い閣僚経験者は、こうも語った。

「この際、同日選挙で一気に決着を付けるべきだ。この機を逃せば安倍首相による解散権行使のチャンスは消える」

安倍自身もなお解散への意欲を捨てていないとの見方も再び浮上した。内閣支持率が高止まりする一方で三月に結成された民進党に新党効果が出ておらず、同日選は「野党統一候補」の成立を阻む効果も大きい。安倍にとってこの時期の衆院選の最大のメリットは与党にとって有利な状況を作ることができるだけではなかった。

「ここで一度解散をしておけば二〇一八年九月の自民党総裁としての任期満了までにもう一度解散のチャンスが訪れる」

安倍側近の一人はこんな見立てを披露した。確かにこの機を逃すと、次のタイミングを探すのは相当難しい。時間が経てば経つほど「ポスト安倍」への関心が高くなり、安倍の求心力が衰えるのは目に見えていた。同日選断行は安倍にとって勝ち負けとは別に「次の解散権行使」という選択肢を手中に収めるという意味もあった。

ただし難題があった。熊本地震の余震がなお続いていたことだ。五月一六日の衆院予算委員会でも熊本選出の民進党の松野頼久が安倍に迫った。

「被災自治体は選挙事務ができる状況ではない。衆参同日選は避けるべきだ」

加えて安倍にはもっと切実な同日選見送りの理由があった。

「今の一、二年生議員のほとんどは後援会組織を作ろうともしない。自民党には基本的に追い風は吹かない。逆風でも生き残れると思っているのがおかしい」

安倍自身が周辺にこう漏らしていた。そして幹部間の不協和音があった。とりわけ第二次政権以降の安倍を間近で支えてきた官房長官の菅が同日選回避論の急先鋒だった。

「同日選挙をやっても議席が増えることはない。今は自公で三分の二の議席がある。やる意味がない」

「解散権を行使してしまったら総理の求心力は一気に衰える。解散権を温存しておくことで総理の求心力を維持できる」

菅がこの持論を引っ込めたことは一度もなかった。菅に同調したのが自民党国会対策委員長の佐藤勉。そして自民党の選挙対策全般を預かる選挙対策委員長の茂木敏充も菅の考えに近かった。菅と気脈を通じた自民党総務会長の二階俊博も同日選反対で睨みを利かせていた。

これに対して同日選を安倍に強く進言し続けたのが、副総理兼財務相の麻生太郎だった。

「俺が二〇〇九年の選挙で旧民主党に負けたのは共産党が小選挙区選挙で半分近く候補者を降ろし

て野党候補を一本化したからだ。参院選で野党の一本化を阻止するには同日選しかない」

この参院選でも野党協力が着々と進み、三二ある一人区のすべてで野党共闘が成立する方向にあった。麻生と同じ考えの自民党政調会長稲田朋美は安倍に直談判した。

「やるか、やらないか」――。二六日からの伊勢志摩サミット、そして米大統領オバマの広島訪問。安倍の心境は大きく揺れていたに違いない。

ところが年初から浮かんでは消え、消えては浮かんできた衆参同日選挙が突然のように終息を迎えた。安倍は二四日昼、公明党代表山口那津男を首相官邸に呼び、「同日選見送り」を伝えたのだった。

理由は二つ。①なぜ解散するのかの大義がない②熊本地震の余震が続いており、国民世論の支持が得られない――。それに加え安倍に解散権行使を躊躇させる問題が発生した。元米海兵隊員の軍属による沖縄の女性会社員死体遺棄事件だった。その事件は五月一九日夕から大きく動いた。共同通信のニュース速報によると、まず午後五時七分、「沖縄の在日米軍軍属の男逮捕」から始まった。次いで午後五時二〇分、沖縄県恩納村の雑木林で四月から行方不明になっていた二〇歳の女性の遺体が発見された。オバマの来日は二五日午後に迫っていた。

日本政府内に動揺が走った。最も敏感に反応したのは沖縄米軍基地の負担軽減策の推進を一身に背負う官房長官菅義偉だった。

「今夜中に米国政府に抗議できるよう調整を急げ」

夜の午後一〇時四五分過ぎ。駐日米大使のキャロライン・ケネディが随員と通訳を伴って外務省に姿を現した。ケネディは全身黒ずくめ。外相岸田文雄が険しい表情で口火を切った。

「卑劣な行為による残忍な事件が発生したのは極めて遺憾。日本政府を代表して抗議する」

「沖縄県警と日本国に協力し、再発防止に一層の努力を惜しまない」

岸田、ケネディの二人はサミット閉幕後のオバマの広島訪問を実現した立役者。その両者が予期せぬ難題に直面して抗議する側と抗議される側に分かれて向き合った。岸田・ケネディ会談に並行するように防衛相中谷元が在日米軍司令官ジョン・L・ドーランを防衛省に呼んで抗議した。さらに中谷は二一日、沖縄に飛び、在沖縄米軍のトップである沖縄地域調整官ローレンス・ニコルソンと会談した後、女性被害者の葬儀に参列した。米側は国防長官アシュトン・カーターも中谷に電話で謝罪した。容疑者逮捕、女性の遺体発見から間を置かずに日米間でハイレベルによる「抗議」と「謝罪」のやり取りが繰り返し行われた。それもその都度、映像とともにニュースで報じられた。日米双方の危機感は尋常でなかった。

この危機感の背景にオバマの来日が目前に迫っていたことがあったのは言うまでもなかった。しかもオバマは米大統領として初めて被爆地広島を訪問する予定が組まれていた。オバマの広島訪問の成否は日本の国民世論が支持するかどうかの一点にかかっていた。

事件直前に実施された各メディアの世論調査では、概ね九割が原爆投下について謝罪がなくてもオバマの広島訪問を評価するというものだった。その傾向が事件後も変わらないのか、日米両国の政権中枢の関心はそこにあった。朝日新聞が二四日付朝刊で報じた世論調査の結果はオバマの広島訪問について「評価する」が八九％で事件前と同じだった。この数字を見る限り日米両国政府の矢継ぎ早の対応が一定の効果を生んだと言ってもよかった。

オバマは二五日に来日すると、直ちに安倍との日米首脳会談に臨んだ。政府関係者によると、当初はホワイトハウスが「長旅の疲れ」を理由に訪日直後の首脳会談に難色を示していたという。それを押し切ったのが日本側の強い意向だった。サミットとは切り離した形で首脳会談をセットしなければ沖縄問題に対する安倍政権の本気度が問われるからだった。

事件をきっかけに「沖縄の怒り」は再び燃え上がった。沖縄県知事翁長雄志は二三日午前、首相官邸に安倍を訪ね、厳しく迫った。

「事件は米軍基地があるが故の犯罪。子や孫の安心安全を守るため、大統領に直接話をさせてほしい」

かつて九五年九月に起きた米兵による少女暴行事件が県民の怒りに火を点け、日米同盟が危機的な状況に陥ったことがあった。安倍は首脳会談冒頭で事件をめぐってオバマに強く促した。

「断固抗議する。実効的な再発防止策と厳正な対応を求める」

これに対してオバマは「心からのお悔やみの気持ちと深い遺憾の意を表明する。日本の捜査に全面協力する」と応じた。しかし、繰り返される米兵による不祥事のたびに沖縄県民が求める日米地位協定の改定は議題にすら上らず、運用改善を図る方針で一致したにとどまった。

黄昏のヒロシマ

安倍晋三は五月二六日午前、主要国首脳会議(伊勢志摩サミット)に参加する先進七カ国(G7)の首脳らと三重県伊勢市の伊勢神宮をそろって訪問し、サミットの一連の公式日程がスタートした。政教分離原則に配慮する観点から参拝ではなく、拝礼を伴わない訪問の形式が取られた。

安倍は伊勢神宮内宮の入り口にある宇治橋に立ち、オバマ米大統領ら続々と訪れる首脳一人一人と握手しながら出迎えた。記念植樹の後、各国首脳と内宮の境内を巡った。正宮前では、安倍は中央に立ち、記念撮影に臨んだ。米大統領のオバマ、フランス大統領のオランド、ドイツ首相のメルケル、英首相のキャメロン、カナダ首相のトルドー、イタリア首相のレンツィ。世界の顔が一堂に会した。

日本が議長国を務める主要国首脳会議は北海道洞爺湖サミット以来八年ぶり。主会場となったのは山崎豊子の小説『華麗なる一族』の舞台にもなった志摩観光ホテル（三重県志摩市・賢島）。世界経済のリスク対処の討議に入り、国際テロ・難民対策、北朝鮮核・ミサイル問題、地球温暖化など世界的な課題を巡り議論を重ねた。アジア、アフリカから招いた七カ国の首脳も加わる拡大会合も開かれた。「伊勢志摩経済イニシアチブ」が合意された。サミットに先立って表面化した「パナマ文書」報道がきっかけで各国指導者の課税逃れ疑惑をめぐって、課税逃れ対策が緊急課題になった。

安倍は景気の現状について「対応を誤ると危機に陥るリスクがある」と指摘し、G７が財政出動で結束する必要性を訴えた。サミットでの論議を増税再延期につなげるという思惑が透けて見えた。

ただサミット全体は際立った成果があったわけではなかった。むしろ日本のメディアの最大関心事は翌二七日のオバマの広島訪問にあった。オバマはサミット閉幕後、関西国際空港から大統領専用機で米軍岩国基地（山口県岩国市）へ移動、その後ヘリで広島に向かった。筆者もテレビ出演があり広島でオバマの到着を待った。オバマの広島到着は午後五時二五分、「黄昏のヒロシマ」だった。

オバマは平和記念公園に到着すると原爆資料館に向かった。自ら折った折り鶴を小中学生に手渡し、「平和を広め、『核なき世界』を追求する勇気を持とう」と英語で記帳した。資料館を見学した経験者が誰もが感じるようにオバマも深い感慨に浸るような表情で空を見上げた。そして待っていた安倍と並んでゆっくりした足取りで原爆慰霊碑に向かった。地元の女子高校生から受け取った花輪を手向け黙禱した。その後、列席した被爆者を前に力を込めたスピーチを行った。

「七一年前、(原爆投下で)世界は変わった。閃光と炎の壁は都市を破壊し、人類が自らを破壊するすべを手に入れたことを実証した。だからこそ、われわれは広島に来た。きのこ雲のイメージが、われわれに人類の根本的な矛盾を想起させた。広島は真実を教える。われわれは歴史を直視し、苦しみを繰り返さないために何をしなければならないかを問う責任を共有している。一九四五年八月六日の記憶は風化させてはならない」

二〇〇九年四月五日、世界中を驚かせたプラハ演説。「核兵器のない世界」を訴えてから七年。現職の米大統領として初めて被爆地広島を訪れたオバマの姿は言葉以上に意味を持った。この広島訪問には米国内に強い異論があった。その壁を打ち破ったのはオバマの執念というしかないだろう。日本政府高官もオバマの広島訪問について「これは『オバマの世界』だ。誰も口出しはできなかった」と語った。

安倍もオバマに応えるように所感を語った。

「オバマ米大統領が米国のリーダーとして初めて被爆地・広島を訪問してくれた。被爆の実相に触れ『核兵器のない世界』への決意を新たにすることで、世界中の人々に大きな希望を与えた。広島の人々のみならず、全ての日本国民が待ち望んだ歴史的訪問を心から歓迎する」

オバマはこの後、原水爆被害者団体協議会(被団協)代表委員の坪井直(当時九一歳、二〇二一年没)のもとに歩み寄った。坪井は自らの思いを直接オバマに伝えた。

「『共に頑張ろう』と言うと、握っていた手の力が一段と強くなった」

さらにオバマは被爆者の森重昭(当時七九歳)の言葉にうなずき、抱きしめた。

そしてオバマを中心に安倍、岸田の三人が原爆ドームが見える位置までゆっくりと移動した。オバマを案内したのが外相の岸田文雄だった。ニューヨークで少年時代を送った岸田は通訳なしでオバマに原爆ドームを指差しながら解説した。

オバマの平和記念公園滞在はわずか五〇分に過ぎなかったが、原爆を投下した米国大統領の広島訪問は長く止まった時計の針をわずかながら前に進めた。その日の平和公園は深夜まで頭を垂れる市民の列が続いた。広島に本社を置く中国新聞はこの日の号外で、原爆投下前の爆心地付近の民家や商店名が記された住居地図を復元した。その地図からもオバマの被爆地訪問の重さが伝わった。

そんな大統領の広島訪問をめぐってあるエピソードがある。ホワイトハウス（米大統領府）が強くこだわったのが、「歴史に残るワンショット」だった。サミットに先立って四月、広島で開かれた主要国（G7）外相会合では岸田と米国務長官ケリーとの平和記念公園でのツーショットが鮮明な印象を与えた。ホワイトハウスは外務省にこんな要望をしたという。

「ケリー長官とは全く違うかたちで、印象を残したい」

結果はその要望通りだったのではないか。原爆資料館を見学した後、感に打たれたような表情で歩く大統領オバマ。献花直後の瞑目したように見えた顔。スピーチを終えて歩み寄った被爆者代表との談笑と抱擁。そして首相安倍晋三と原爆ドームに向かって語り合いながら歩くオバマ。どれをとっても甲乙つけがたいベストショットと言ってよかった。おそらく日本の教科書に半永久的に掲載されるに違いない。

そしてもう一人、歴史的なオバマの広島訪問に心血を注いだジャーナリストの存在を記録にとどめたい。元共同通信ワシントン支局長の松尾文夫だ。二・二六事件で首相岡田啓介と誤認されて命を奪われた陸軍大佐、松尾伝蔵の孫で、上皇陛下のご学友でもあった。生涯を通じて日米や日本とアジアの真の戦後和解の必要性を訴え続けた。日米首脳による「相互献花外交」を提唱、二〇〇九年には『オバマ大統領がヒロシマに献花する日』（小学館）を出版しており、それが実現した。

このオバマが広島を訪問してから約半年後の二〇一六年一二月、安倍とオバマは米ハワイ・オアフ島のパールハーバー（真珠湾）を訪問した。松尾はその後、日韓の真の和解に向けて奔走したが二〇一九年二月、訪問先のニューヨークで客死した。

存在感増した「ヒロシマの岸田文雄」

オバマの広島訪問は国内政治の面でも新たな化学反応をもたらした。外相岸田文雄の飛躍だった。安倍にとっての「最大の敵は時の流れ」（自民党幹部）だ。時間とともに「ポスト安倍」が取り沙汰されるからだ。現に自民党が実施した世論調査で「首相にふさわしい政治家はだれか」との問いに第一位を占めたのは安倍ではなく外相の岸田だった。岸田は既に外相に就任して三年半が経過していた。この間の岸田は安倍と衆院初当選同期ながら控えめな性格も手伝って安倍より常に一歩下がったポジションで日本外交を担ってきた。かつて首脳外交を得意とした首相中曽根康弘の下で外相を長く務めた安倍の父晋太郎に通じるところがあった。

岸田は歴史的なオバマの広島訪問のプロローグとなった四月の広島でのG７外相会合のホスト役をこなしたことが大きかった。米国務長官ジョン・ケリーらとともに広島平和記念公園に献花した後、互いに腰に手を回すようにして原爆ドームを見上げたツーショットの光景が岸田を一気に高みに引き上げた。沖縄の米軍属による女性死体遺棄事件をめぐって駐日米大使キャロライン・ケネディを外務省に呼び、強く抗議したのも岸田だった。国民の目には安倍と対極にあるリベラルな政治姿勢と岸田の活躍ぶりが好印象を与えたものとみられた。ポスト安倍の先陣争いでは地方創生担当相の石破茂を抜いた感すらあった。そんな岸田がこんなことを漏らしたことがあった。

「次の幹事長は欲のある人がいい」

岸田が重ね合せた「欲のある人」とは元首相の竹下登だ。竹下は中曽根の任期切れ直前の人事で幹事長に就任すると、中曽根の総裁任期の一年延長を特例として実現させた。その論功で竹下は中曽根の指名で総理総裁の座に就いた。岸田も幹事長となって安倍の任期延長を実現して総理総裁を目指すシナリオを描いていたのかもしれない。

消費税率引き上げ再延期

伊勢志摩サミットとそれに続くオバマの広島訪問で〝一時休戦〟となっていた参院選をめぐる権力の攻防劇が間を置かずに始まった。口火を切ったのが副総理兼財務相の麻生太郎。五月二九日、富山市で開かれた自民党の会合だった。

「(二〇一四年衆院選で)消費税を一年半後の一七年四月から上げますと言って当選したのだから、再び延ばすならもう一回選挙をして国民の信を問わねばならない」

同席した自民党幹事長の谷垣禎一も同調した。

「消費税をどうするか、副総理から『谷垣とは全く同じ意見だ』とあったので、それを引用する。消費税は進むも地獄、退くも地獄という世界だ。どちらも相当な覚悟がないとやり切れない」

この前日の土曜日の夜、首相安倍晋三が首相公邸に麻生を筆頭に自民党幹事長谷垣禎一、官房長官菅義偉という政府、自民党の最高幹部を集めて通告していた。

「消費税率の引き上げを二〇一七年四月から、さらに二年半先延ばしして一九年一〇月からにしたい」

安倍の増税再延期論に関し麻生は「ならば衆院解散が筋」と持論を展開した。これに真っ向から異を唱えたのが菅だった。副総理と官房長官という政権中枢が真っ二つに割れる異常事態となった。この局面で菅に助っ人が現れる。自民党総務会長の二階俊博だった。

「総理の考えを全面的に支持する。同日選挙はない方がいいと思っているが、総理も同じだと受け取った」

この二階発言によって一気に解散見送りが固まった。安倍の意向の反映だったが、むしろ重要な意味を持ったのは菅との水面下での連携だった。党内に足場を持たない菅はことあるごとに党本部六階の総務会長室に足を運んで二階との信頼関係を築いてきた。二階は漏らした。

「（麻生が）解散しろと総理に迫るなら、辞表を胸にやらなければ迫力が出るわけがない」

麻生は前年の軽減税率導入に続き再び菅との権力闘争に敗走した。二階は菅との信頼関係の構築により益々影響力を強めた。

この時期に自民党を長く離れていた元幹事長野中広務を復党させたのも二階だった。野中復党の背後には同じ元幹事長の古賀誠の強い働きかけがあった。古賀と菅の関係は長く深い。事実上の幹事長の座を二階が占めつつあった。菅は二階との連携というカードを保持しつつ公明党・創価学会の政治的影響力を取り込んで政局運営の主導権を握る手法をさらに強固なものにした。

参院選に集中してきた公明党にとって同日選を回避してくれた菅は軽減税率の導入に続き「大恩人」に映った。安倍は麻生発言を察知したのだろうか。同じ二九日夕、経済再生担当相の石原伸晃を公邸に呼んだ。増税再延期に関し、協力を要請した上で解散見送りの意向を石原に伝えた。

「今、衆院選をやれば負ける。一、二年生議員が全く選挙準備をしていない」

安倍が常々口にしていた解散見送りの論拠の一つだが、菅の持論でもあった。麻生が辞表を胸に「党の分裂も辞さず」の覚悟の上で発言したのなら迫力が出たに違いない。しかし、消費税をめぐる「首相官邸VS.自民党財政再建派・財務省連合」の対立ではことごとく麻生らが敗北してきた。

そんな麻生の足元を見透かすように安倍は一夜明けた三〇日午前から自民党副総裁高村正彦、二階、稲田ら党幹部を次々に官邸に呼び自らの考えを伝えた。そして再度、日没間近になって首相官邸に近接するキャピトル東急で安倍・麻生会談が開かれた。トレードマークのボルサリーノ・ハットを斜めに被って現れた麻生は、如何にも決意を胸に秘めているようだったが、その時点で〝負け〟が決まっていた。信念を貫くなら会談そのものを拒否すればよかったからだ。

かくして安倍は二度目の増税先送りを〝反対派の急先鋒〟に見えた麻生と会談することによって、政府内及び与党内で議論らしい議論もせずに〝了承〟を取り付けることに成功する。同時に「同日選見送り」が確定した。安倍の完勝と言ってよかった。

さらにこの増税先送りには別の意図が隠されていた。自民党総裁の任期延長論との連動だった。再延期される消費増税の時期は安倍の自民党総裁としての任期である一八年九月の一年先。安倍が総裁任期の延長の意欲を問わず語りに示唆した可能性があった。ただしそれには必須条件がある。任期満了までのいつの日かに解散総選挙を断行して勝利しなければならないことだった。安倍はどのタイミングを狙うのか。同日選阻止に動いた菅は「自ずと流れが来る。そこまで待つ」と周辺に語った。だれよりも早く安倍支持を鮮明にした二階は年内解散説を口にした。

「この次、やがて衆院選挙もある。これは無いとは言えない。任期がだんだん来ている」

六月一日の国会閉幕を受けた安倍の記者会見は前例のない型破りなものだった。

「一年半前、衆議院を解散するに当たって、まさにこの場所で、私は消費税率の一〇％への引き上げについて、再び延期することはないとはっきり断言した。公約違反ではないかとの批判があることも真摯に受け止めている」

その上で安倍が口にしたのは詭弁と言われても仕方がないものだった。

「消費税増税再延期に関し参院選で国民の信を問いたい」

再び安倍は消費増税を回避して選挙に臨む決断を示したのだった。国政選挙になると消費税問題に触れながら国民世論の風圧を避ける安倍の戦略・戦術がはっきりと定着した。安倍はこの決断に触れて『回顧録』でこう語っている。

「私と今井尚哉秘書官で経済と政局の戦略を練ったのです」

第一〇章 小池旋風

（二〇一六年六月〜二〇一六年八月）

東京都知事選の告示日に JR 池袋駅前で演説する小池百合子（2016 年 7 月 14 日）

1　東京都知事舛添の退場

首相安倍晋三の衆参同日選挙見送りが確定した二〇一六年六月一日にはもう一人の政治家に焦点が当たっていた。東京都知事の舛添要一だ。大型連休明けに舛添の公私混同を週刊文春が報じたのが発端で、徐々に政治問題化した。

「『クレヨンしんちゃん』など家族用とみられる書籍の購入」

「家族旅行中の宿泊費を政治資金報告書に計上していた」

ついに公明党代表の山口那津男は一日夜のBS11の番組で、舛添による政治資金の私的流用疑惑に関して進退問題を提起した。

「調査結果をきちんと示した上で、出処進退は舛添氏自身が判断するべきだ」

東京を選挙区とする自民党総裁特別補佐の下村博文も、BSフジの番組で舛添を突き放した。

「本人に説明責任がある。それを果たしていないのに支えられない」

自公両党は猪瀬直樹の辞職を受けた二〇一四年の都知事選で舛添を支援した。下村は都議会で共産党が求める調査特別委員会（百条委員会）の設置についても否定しなかった。

「違法性はないが不適切」――。舛添は、六日の記者会見で弁明した。

「今後は皆様の声を胸に刻み、公私の区別を明確にし、信頼を取り戻すべく粉骨砕身で都政の運営に努めたい」

舛添は攻め込まれながらも「都知事続投」を明言したのだった。翌日朝刊各紙はこぞって舛添の知事としての資質を厳しく糾弾した。会見によってかえって舛添の責任論が拡大した。しかし、自民党東京都連幹部は舛添辞任に予防線を張った。

「あれで目いっぱい謝っているんだ。もうこれ以上踏み込んだら辞めざるを得ない。今は無理だ」

その背景にあったのが苦しい都連の裏事情だった。舛添辞任の事態になれば、有力な後継者を見つけるのが至難の業。しかもこの時期に都知事選を実施すれば、四年後の都知事選は二〇二〇年の東京五輪開催時と重なる。とりあえず六月一五日までの第二回定例都議会では結論を出さずにやり過ごし、九月の第三回の定例都議会で世論の動向を見ながら進退問題の決着を図る。これが自民党が描いたシナリオの大筋だった。

「辞める気はないし、辞めさせる気もない」

自民党の選対幹部は舞台裏をこう解説した。ところが舛添の「言葉では謝っているが、気持ちがこもっていない言動」(野党の参院議員)が逆に世論の反発を呼び込み、都民のみならず全国的な関心事となった。

「都議会は何をやっている」

舛添問題に対する都議らの不作為、沈黙に怒りの矛先が向き始めた。一七年六月には東京都議会議員選挙が予定される。自民党都連会長でもある経済再生担当相石原伸晃は、七日の記者会見で逆風を認めざるを得なかった。

「都民が『そうですか。分かりました』とはなっていない」

官房長官の菅義偉も「政治家として、適切に説明することが一番大事だ」と述べた。政権としても舛添問題を無視できなくなった。徐々に参院選への影響も避けられなくなってきたからだった。

参院選東京選挙区はこの選挙から定数が従来の五から一増の六。自民党の二議席確保は「取って当たり前」（選対幹部）。ところが本命候補だった乙武洋匡《ひろただ》の擁立が頓挫して二人目の候補者の選考が難航、ようやく正式発表できたのは六月七日。元ビーチバレー五輪代表の朝日健太郎だった。既に自民党公認が決まっている現職の中川雅治は団体組織票を基礎としており、朝日は無党派層の取り込みという選挙戦略で臨む方針だったが、その無党派層の動向が舛添問題で全く読めなくなった。

「舛添さんの問題を甘くみてはいけない」（自民党選対幹部）

都議会の代表質問で与党の自公が舛添を追及する側に回った。安倍は舛添に対して過去の安倍批判の積み重ねを背景に複雑な感情を抱いていた。自民党の野党転落後に、離党した舛添に対しては党内に尋常ならざる空気が生まれた。

とうとう舛添が表舞台から降りる日がきた。六月一五日、政治資金流用問題などによる都政混乱の責任を取り、舛添は辞職願を提出した。都議会も同意した。

「反省と心残りの念は尽きないが、全て自らの不徳の致すところ。これ以上都政の停滞を長引かせるのは耐え難く、私が身を引くことが一番と考えた」

最初は些細ないざこざ程度のもめ事に見えていたが、ボタンの掛け違いから大立ち回りに発展、参院選がかすんでしまうほどのトラブルになった。最大の山場は東京都議会の会期末を翌日に控えた一四日、共産党や民進党など野党会派のみならず舛添を都知事選に担ぎ出した自民、公明の両党も舛添に対する不信任決議案の提出の方針を決めた時点だった。これに対して舛添は不信任案の取り扱いを協議する議会運営委員会の理事会に出席して涙ながらに訴えた。

「ここまで耐えてきたのは、リオ五輪で東京を笑いものにしたくないためだ。どうか東京の名誉を守ってもらいたい」

舛添はこの理事会での発言を契機に自らの進退が窮まっていたことを自覚したようだ。夜の早い段階で自民党関係者の携帯電話に舛添から連絡が入った。舛添が最も信頼する幹部の一人だった。

「今は何を言っても駄目。人民裁判を受けている感じです」

これに対しこの幹部は舛添をあえて挑発した。

「ここまできたら議会を解散して知事選まで突き進んだらいい。自公のことなど気にすることなく思い切りやったらどうですか」

舛添が電話をしてきたこと自体が自民党と事を構える気持ちがない証拠と受け取っていたからだ。

「今さらどうにもならない。今後ともよろしくお願いします」

一四日深夜、舛添は都庁内で自民党東京都連の幹事長内田茂（二〇二二年没）と会談した。内田は〝都連のドン〟とも呼ばれ国会議員も一目置く存在。内田は自民党も不信任案を提出することを伝えた。翌朝早く舛添は内田に電話を入れ最終的に辞意を伝え、一カ月半に及ぶ舛添騒動は幕引きの時を迎えた。

ただし、辞職に至るまでの「舛添降ろし」は、「身から出た錆び」とはいえ、舛添自身としては裏切られた思いも強かったのではないか。舛添の辞職が決定し、知事選は七月一四日告示、三一日投開票。都知事は三代連続で任期途中の交代となった。

参・都同時期選挙

参院選と舛添問題が絡み合った。舛添問題は落着したとはいえ自民、公明両党の受けたダメージは大きかった。前知事の猪瀬直樹に続いて自公が推した二人の知事がともに「政治とカネ」の問題で辞職に追い込まれた責任は消えないからだ。その結果、次の都知事候補を誰にするかについても多くのハードルが待ち構えていた。しかも残された時間は極めて少なかった。

「候補者選びで自民党が先行するわけにはいかない。後出しジャンケンが基本だ。ただし四年後の東京五輪の主導権を野党に渡すわけにはいかない」（自民党選対幹部）

都知事選は日本の選挙の中でも最も難しい選挙と言われる。有権者数は約一一〇〇万人。当選の目安は約二〇〇万票。適任者であっても知名度が低ければ、勝利は見込めない。かといって知名度優先だけでは同じ轍を踏みかねない。候補者選びが参院選に連動することも無視できなかった。これは民進党も同じだった。参院選公示日を目前にして与野党は前代未聞の神経戦に突入した。

その第二四回参院選が六月二二日に公示された。投開票日は七月一〇日。通常なら参院選の選挙期間は一七日間で二三日が公示日になるところだったが二三日は沖縄の「慰霊の日」に当たるため一日前倒しされ二二日になった。六年後の二〇二二年参院選も日並びが同じでこの一六年参院選の前例が踏襲された。

前述したように、安倍は消費税の再延期を決断、異例の「参院で信を問う」と宣言した選挙だが盛り上がりを欠いた。その原因は衆参同日選挙の見送りによるある種の虚脱感が政界を支配したからではないか。安倍自身が同日選挙を「やりたい気持ちもあった」と振り返るほど六月一日の通常国会会期末を睨んで政界の緊張感はピークに達していた。その張りつめた空気が一気にしぼみ、その後も弛緩したままだった。同日選が消えたのに合わせるように盛り上がりを見せた前東京都知事舛添要一をめぐる公私混同疑惑がニュース報道の主役の座を占めたことも大きかった。

参院選が本番を迎えてもテレビのワイドショーはなお、参院選より都知事選の候補者予想を取り上げた。参院選の立候補者の中にこれといった〝スタープレイヤー〟がいなかったことも参院選への関心の低さに繋がった。このため都知事候補に最有力視された民進党参院議員の蓮舫の去就に注目が集まった。蓮舫は知名度の高さに加え、前回出馬した二〇一〇年参院選の東京選挙区で一七一万票を獲得した実績があった。野党側の考えられる最強の都知事候補と言えた。民進党の幹部も蓮舫待望論を代弁した。

「現代のジャンヌ・ダルクになってもらえれば、民進党の支持拡大にも好影響を与える。都知事をやって首相の道を目指すのも一つの選択ではないか」

しかし、蓮舫が下した決断は「国政優先」。〝待った〟をかけたのが蓮舫の政治の師でもある前首相野田佳彦だった。仮に蓮舫が都知事になったとしても都議会で圧倒的な議席を占める自公勢力と対峙しなければならない。四年の任期中にまともな都政を担うことができるかどうかの不安が付きまとった。

もともと舛添辞任を受けた都知事選をめぐっては、都議会を圧倒的多数でリードしていた自民党と公明党は一歩引かざるを得なかった。猪瀬直樹とそれに続く舛添の人選失敗が重くのしかかった。

「自分たちが先頭を走るわけにはいかない。民進党の動きを見ながら決める」(自民党幹部)

その出発点とも言えた大本命の蓮舫が消えたことで自民党は人選に入れなくなった。民進党も同じだ。安倍は六月一九日に放送されたフジテレビの討論番組で、都知事選での異例の民進党との連携を呼び掛けた。

「党派的な戦いに持ち込まずにやるべきではないか」

ところが民進党代表の岡田克也が即座に反応した。
「相乗りは良くない」
ただし、民進党に蓮舫に代わるカードがあるわけではなかった。

ブレグジット

この参院選では、選挙権年齢を「二〇歳以上」から「一八歳以上」に引き下げる改正公選法が国政選挙としては初めて適用された。新たに有権者となった若者は約二四〇万人。また「一票の格差」是正のため、人口の少ない隣接選挙区を統合した二つの「合区」が初めて導入された。対象は鳥取と島根、徳島と高知で、四県を中心に「地方切り捨て」との反発が存在した。合区導入のほかは、定数各四(改選数二)の宮城、新潟、長野が定数各二(同一)に減り、北海道、東京、愛知、兵庫、福岡の定数は二(同一)ずつ増えた。

確定した立候補者は、選挙区二二五人、比例代表一六四人の計三八九人。政党別では自民党が七三人で最多。以下、選挙区と比例を合わせた候補者が多い順に、共産党五六人、民進党五五人、おおさか維新の会二八人、公明党二四人、日本のこころを大切にする党一五人、社民党一一人、新党改革一〇人、生活の党と山本太郎となかまたち五人。諸派は七四人、無所属は三八人だった。

公示日から二日後の六月二四日午後、ビッグニュースが飛び込んできた。国民投票の結果、英国が欧州連合(EU)から離脱することが確定したことだった。いわゆる「ブレグジット」だった。「Britain(英国)」と「Exit(退出)」を組み合わせた造語。しかし、英国内には「こんなはずじゃなかった」との大きな失望感が広がった。そこで生まれた新語が「Regret(後悔)」をもじった「Regrexit」。

このリグレジットの影響拡大は英国だけではなかった。日本も大波をかぶった。この日、東京市場は荒れに荒れた。円相場は一時的にせよ一〇〇円を突破、九九円ちょうどまで急騰。日経平均株価(終値)は前日比一二八六円安の一万四九五二円まで急落した。

「短期的には金融市場が荒波にもまれる。リーマン・ショックのようなドルショックになることを一番避けなければならない」(政府高官)

参院選が公示されたばかりで、英国の国民投票の結果が出た二四日昼過ぎには安倍を筆頭に官房長官菅義偉、外相岸田文雄ら政府中枢は遊説のため東京を離れていた。緊急の関係閣僚会議が開かれたのは午後六時過ぎ。政府高官によると、政府対応の優先順位は①金融安定化②為替対策③英国に進出する一〇〇〇社を超える日本企業への支援――。このうち金融安定化に関して首相官邸を中心に財務省、経済産業省、金融庁、日本銀行が綿密なシナリオを描いた。円相場に関しては一〇〇円の壁を〝死守〟することとした。これが日本政府の〝究極の防衛ライン〟。しかし、「円安・株高」をベースに構築してきたアベノミクスの路線転換を真剣に考えるタイミングとなった。

政治的にも日本政府にとって、先進七カ国(G7)の一員である英国の存在は大きい。日本経済は年初来、「ABCリスクに直面している」と言われてきた。A(アメリカ)、B(イギリス)、C(中国)だ。アメリカは利上げによる景気後退、中国は急速な構造改革による不況。このうちBのイギリスが弾けたが、ドル供給による金融の安定化以外には具体的な決定打は乏しかった。

逆に中国、ロシアはG7の混乱に乗じるかのように先手を打った。六月下旬にはウズベキスタンのタシケントと北京と、場所を変え、しかもわずか三日間の間に二度もロシア大統領プーチンと中国国家主席習近平が首脳会談を行い、G7を牽制した。

「いかなる国も自国の領域外で自国の法律や価値観をもとに振る舞うべきではない」

ブレグジットは経済だけでなく安全保障面にも影を落とした。「アベノミクス」と「地球儀を俯瞰する外交」という安倍の内政、外交の二本柱が試練に直面した。参院選公示直後にロンドンから届いた英国の欧州連合(EU)離脱のニュースは参院選を完全に脇役に追いやった。

さらに七月一日(日本時間二日)にはバングラデシュの首都ダッカで日本人七人が犠牲になるという衝撃的な悲劇が起きた。七人はいずれも国際協力機構(JICA)プロジェクトの関係者で「バングラデシュのために」と献身的な働きをしてきたプロフェッショナルたち。事実上の殉職だった。過激派組織「イスラム国」(IS)系のニュースサイトが犯行声明を出し、日本人もISの標的になっていることが改めて浮かび上がった。

そして参院選最終盤では前知事舛添要一の辞職を受けた東京都知事選の候補者選びのニュースが参院選より注目を浴びるという不思議な状況が続いた。

手を挙げた小池百合子

その東京都知事選をめぐって真っ先に動いたのが元防衛相の小池百合子だった。六月二九日午前、小池はいきなり記者会見を開いた。

「東京都知事選への出馬の決意を固めました。党内調整は済んでいませんが、自民党東京都連に支援をお願いしたい」

このタイミングが絶妙だった。猪瀬直樹、舛添要一と二代続けて知名度の高い知事が途中降板した反省から、ポスト舛添の候補者像について都連幹部はこう語っていた。

「国会議員ではなく実務型の人」

自民党には意中の候補者がいた。人気アイドルグループ「嵐」の桜井翔の父親で前総務事務次官の桜井俊だった。

「何回世論調査をやっても群を抜いてトップだった」（自民党選対幹部）という証言があるほどの「最強の候補者」に見えた。しかし、桜井は固辞を貫く。そこで自民党都連が桜井に代わる候補者の選考に入ろうとした矢先に小池が手を挙げたのだった。候補者名が出てからでは反党行為と認定される。候補者ゼロの状況では小池が出馬表明したからといって誰も文句は言えなかった。東京選出の官房副長官萩生田光一は不快感を表明した。

「都連の執行部に何ら相談もなく、やや違和感がある。正直ビックリしている」

ところが、翌日になって萩生田は軌道修正に入った。

「（小池は）有力な候補の一人として対応を考えていくことになるのではないか」

強引な〝小池外し〟が有権者の反発を招き、結果として参院選にも影響を与えかねないとの判断が働いたものとみられた。小池はその後も都連に対して推薦を直接要請するなど着々と布石を打った。

これに対し都連は前岩手県知事の増田寛也（現日本郵政社長）の擁立に向けて環境整備に入った。増田は第一次安倍政権で菅の後任の総務相に就任するなど菅に極めて近い人物として知られた存在だった。

都連会長でもある経済再生担当相の石原伸晃が七月五日夜、小池と会談したが、役者は小池の方が一枚上だった。小池が改めて推薦を要請したのに対して石原は参院選最優先を理由に結論を参院選投票日以降に持ち越すことを伝えた。たまたまこの日に行われた記者会見で二人の元首相が小池にエールを送った。細川護煕と小泉純一郎だ。二人は二年前の都知事選の際、反原発でタッグを組んだ仲。

この日の会見は都知事選ではなく東日本大震災の「トモダチ作戦」で被曝したと訴える元米兵を支援する基金創設を発表する場だった。小池とも過去に政治行動をともにしたことがある。小泉が「(小池は)度胸がある」と言えば、細川も「良い政治的な勘をしている」と応じた。

そして小池は石原の申し出を無視するかのように六日午後五時、記者会見を強行した。

「パラシュートなしで覚悟を持って、しがらみのない都民目線で戦う」

その上で都知事になった場合に手を付けることとして三点を挙げた。①都議会の冒頭解散②利権追及チームの設置③舛添問題の第三者委員会の設置——。小池が「抵抗勢力」と決めつけたのが自民党都連。この手法は小泉が主導した郵政選挙とそっくり。身内同士の争いほど有権者の耳目を集めるものはない。女性が一人で「男社会」に立ち向かい孤軍奮闘する姿は有権者の共感を呼ぶ。そんな計算が働いているように見えた。「あの……」。活字にはできないような言葉で陰では小池に罵声を浴びせる都連幹部が何人もいた。

ただし、この小池の動きについて安倍側近は都知事選の行方とは全く違う次元の警戒感を抱く。

「政局的な臭いを感じる」

つまり都知事選を通じて政権への揺さぶりをかけたというわけだった。小池は一二年九月の自民党総裁選で安倍のライバルだった石破茂を支持した。石破は安倍に決選投票で逆転負け。以来、小池は不遇をかこつ。小池は石破が結成した「水月会」(石破派)に参加しておらず、この小池出馬でも石破は沈黙を守り、影すら見えなかったが、「安倍一強」に対する不満が党内に存在することを小池は十分に理解していたようだ。安倍は『回顧録』で小池をトランプの「ジョーカー」と評している。

「ジョーカーが強い力を持つには、そういう政治の状況が必要だね、ということも分かっている」

小池は安倍の言う「政治の状況」を読み切っていたのだろう。

2　自民党参院選大勝

視野に入った憲法改正

七月一〇日、一八日間にわたった参院選が終わった。自民党は「とにかく安全第一」(自民党幹部)を徹底した選挙を展開した。結果としてこの戦略は奏功した。安倍が目標にした自民、公明の「与党で改選過半数」(六一議席)を大きく越えて七〇議席(自民五六、公明一四)。さらに非改選の七六議席(自民六五、公明一二)を加えると憲法改正の発議に必要な総定数の三分の二(一六二議席)が視野に入ってきた。

選挙から一夜明けた一一日付の朝刊各紙には「与党大勝」(読売新聞)、「改憲勢力三分の二」(東京新聞)など安倍の大勝を伝える大見出しが躍った。ところが、自民党内から聞こえてきたのは厳しい反省の弁だった。

「全く喜びはない。口惜しくて言葉も出ない。反省することばかりだ」

自民党選挙対策の責任者は思いもよらぬ言葉を口にした。その背景には「勝負の分かれ目」と言われた三二ある「一人区」の結果にあった。トータルでは自民の二一勝一一敗。しかし、「勝利の質」に目を凝らすと、自民党が抱える根深い問題が浮かび上がった。一人区の中で特に激戦と言われた一二県では自民党候補が勝ったのは愛媛県の一県だけに終わったからだ。残る青森、岩手、宮城、山形、福島、新潟、長野、山梨、三重、大分、沖縄はすべて野党系候補が競り勝った。このうち福島では法相の岩城光英、沖縄では沖縄北方担当相の島尻安伊子の現職閣僚が落選した。

この結果を見ても分かる通り、東北地方で自民候補が勝ったのは秋田だけ。伝統的に自民党の支持母体と位置付けられてきたJAの政治団体、農協政治連盟（農政連）は福島を除いて自民候補の推薦を見送った。環太平洋連携協定（TPP）をめぐる農業政策に対する不満が底流にあるとみられていた。福島は農業問題に加えて東京電力福島第一原発事故による住民避難が続く。沖縄は言うまでもなく米軍普天間飛行場の移設問題など在日米軍基地をめぐる政府対沖縄県の抜き難い相互不信が選挙の結果にそのまま反映されたと言ってもよかった。いずれも安倍内閣の重要課題ばかり。そこで敗退した意味は決して小さくはなかった。安倍も選挙翌日の自民党役員会で指示した。

「将来衆院選もある。なぜ負けたのか、敗因を分析してもらいたい」

一方の野党側は評価が割れた。民進党代表の岡田克也は「粘り勝ちと評価できる」と語った。一人区での善戦が念頭にあった。これに対して最大の支援組織である連合会長の神津里季生は労働組合員OBでつくる「退職者連合」の会合であいさつし、「全く話にならない」とし、「民進党の中は、ほっとした感がある。危機感を持ってほしい」と注文を付けた。連合内には、岡田ら民進党執行部が進める共産党との共闘路線への不満があった。岡田は都知事選後、九月の代表選挙に立候補しないことを表明した。

与野党ともに次期衆院選を睨んでの動きが始まった。

安倍は同日選を見送ったことで解散権という「首相の大権」を手放すことなく温存した。菅も参院選で大勝した事実を強調した。

「参院で安定した議席を背景に総理は解散権を持ちながら政権運営をすることができる」

公明党内には「早ければ年内解散」（幹部）の考えもあったが、急速にトーンダウンした。一人区の結果が大きく影響していたことは明らかだった。自公の選挙協力をめぐっては「相互推薦方式」で合意していた。具体的には埼玉（改選数三）、神奈川（同四）、愛知（同四）、兵庫（同三）、福岡（同三）の五選挙区で自民党と競合する公明党候補を自民党が推薦、一方で三二ある一人区を中心に公明側が自民党候補を推薦するというものだった。この方式は二〇一九年参院選でも踏襲されたが岸田文雄政権発足後の二二年参院選では双方の思惑が合わず、再び個別推薦に逆戻りした。

3　天皇陛下の退位報道の衝撃

それは参院選が終わったばかりのタイミングだった。七月一三日午後六時五五分。ＮＨＫ総合テレビの画面に突然ニュース速報のスーパーが流れた。

「天皇陛下『生前退位』の意向示される。内外にお気持ち表明検討　宮内庁関係者」

この速報を受ける形で午後七時からの『ニュース７』で大々的に退位の特ダネニュースが報じられた。万事慎重な公共放送であるＮＨＫが間違いの許されない天皇陛下に関するニュースをこうした形で伝えるには余程の確証があったに違いなかった。

放送された七月一三日という日付も実に絶妙だった。参議院選挙が一〇日に終わり、翌一四日は東京都知事選挙の告示日。さらに首相安倍晋三もモンゴルのウランバートルで開催されるアジア欧州会議（ＡＳＥＭ）に出席するため一四日午前中に日本を出発しなければならなかった。政治日程に一瞬の空白が生まれた隙を突くように「超ビッグニュース」が流れた。天皇陛下（現上皇陛下）が退位のお気持ちを内外に伝えるにはこのタイミングしかなかったとも言えた。

天皇陛下はこの時、満八二歳。秋篠宮さま(現皇嗣殿下)は二〇一一年の記者会見で「定年制導入」に言及され、皇太子さま(現天皇陛下)も翌年の記者会見で「ご年齢を考えると負担の軽減は必要」と述べられていた。

宮内庁サイドの練りに練ったメディア戦略の存在を窺わせた。翌一四日の新聞各紙は揃って一面のトップ記事で退位を報じた。発表記事ではないこれだけのビッグニュースを全メディアが一斉に後追いできたのは、あらかじめメディアの確認取材に備えて宮内庁側が「コンファーム(確認)シフト」を取っていたとしか考えられなかった。

宮内庁は天皇陛下をはじめ皇室に関わる全ての事項を所掌する行政機関だが、表には出ない隠された役割がある。

「陛下のお気持ちをさりげなく国民に伝えることだ」

かつて天皇陛下に仕えた経験のある関係者の一人はこう解説した。天皇には憲法上の制約がある。第四条は明確にそれを規定する。

「天皇は、この憲法の定める国事に関する行為のみを行い、国政に関する権能を有しない」

退位も皇室典範に規定はなく皇室典範の改正もしくは新たな立法措置が必要だが、それを天皇陛下ご自身が求めることができない。そこで宮内庁がメディアを通じて間接的に国民世論に訴え、環境整備することになる。この関係者は「退位については陛下のお気持ちがそれだけ強いということではないか」と解説した。

国民世論の大勢も天皇陛下のお気持ちを支持すると言ってよかった。七月二五日付の日本経済新聞によると、同紙の世論調査では退位を認める意見が七七%に達した。ＡＳＥＭ出発に先立って安倍は羽田空港で記者団の質問に答える形で短くコメントした。

「さまざまな報道は承知しているが、事柄の性格上、コメントは差し控えたい」

これに対して自民党幹事長代行の細田博之は国民世論に共感するように積極的な考えを表明した。

「(天皇陛下は)ご高齢であり、ご意思があるなら国会として真剣に検討しなければならない」

しかし、憲法上の制約や法改正の困難さなど退位問題は想像を絶する困難さを伴った。

「天皇陛下のお気持ちは伺っていたが憲法上の制約から制度論に立ち入ることはできない」

宮内庁関係者は退位のご意向が報じられるとこう述べていた。

宮内庁長官風岡典之の記者会見でも天皇陛下のお気持ちに触れた。

「そういう事実(退位のご意向のご発言)はないが、(八二歳という年齢から)いろんなお考えを持たれるのは自然なことだ」

既に宮内庁は前長官の羽毛田《はけた》信吾の時に天皇・皇后両陛下が逝去された際に土葬でなく、火葬にする検討を進めると発表したことがあったが、その際には両陛下の希望であることを認めていた。退位も天皇陛下のお気持ちを伝えるという同じ手法を取ったとみるべきだろう。天皇陛下は昭和天皇の最晩年に皇太子として国事行為の委任を受けられた経験があった。さらに関係者によると、天皇陛下は、昭和天皇が皇太子の時に病弱な大正天皇に代わって長く摂政を務められたことを深く研究されていたとされる。それを踏まえて退位へのお気持ちが固まったのではないか。

政府は憲法上の制約もあって極めて慎重な対応を続けた。しかし、国民世論が盛り上がり、退位が既定路線化する中でいつまでもこの問題を放置することはできなかった。

退位は憲法第一条の「象徴天皇」のあり方と密接に絡む憲法問題そのもの。安倍は参院選で勝利を収め、憲法改正の国会発議に必要ないわゆる「改憲勢力三分の二」を確保した。安倍のシナリオに沿うなら、九月召集の臨時国会から衆参両院に設置されている憲法審査会で改憲発議に向けた審議が開始されることになるはずだった。

そこに退位問題が割って入った格好になった。憲法審査会の運び方をどうするのか。官房長官の菅義偉は退位に関しては触れずに、皇族の人数が減りつつある問題の解消に向けた検討を進めている事実を認めた。小泉純一郎内閣では「皇室典範に関する有識者会議」が設置され、「女性天皇および女系天皇を認める」「皇位継承順位は男女を問わず第一子を優先する」などとする報告書がまとめられた。その後、悠仁親王が誕生したことでこの報告書はお蔵入りした。旧民主党の野田佳彦内閣でも「女性宮家」の創設に向けての皇室典範の改正が検討されたが、こちらも立ち消えになった。

皇位継承問題では長い伝統を誇る英王室が二〇一三年に王室典範を改正し、「男女を問わず第一子が王位継承順位の第一位」に変更されたが安倍が積極的に動くことはなかった。誰よりも憲法改正に熱意を持つ安倍は、その一方で天皇を中心にする皇室制度の在り方については伝統的な考えに強いこだわりを見せた。

「安倍内閣での憲法改正には反対」と言い続けてきた民進党代表の岡田克也も退位をめぐる皇室典範の改正には前向きな考えを示した。

「天皇陛下のご意向であるなら真摯に受け止めないといけない」

当然、政府が天皇陛下のお気持ちを全く知らずにいたわけではない。首相官邸は宮内庁の意向を受けて六月には、官房副長官杉田和博をトップとする極秘チームを設置し、法整備に向け水面下で本格的な調整に入っていた。次のステップは天皇陛下が国民に直接語られるタイミングと手段だった。N

HKの特ダネが引き金になった退位報道はその〝露払い〟の役割を果たすことになった。

幹事長谷垣禎一を襲った悲劇

東京都選出の国会議員にとって、この年の七月は「炎熱地獄」と言ってもよかった。参院選が一〇日に終わったのも束の間、一四日には東京都知事選が告示された。投票日は三一日。東京都選出の自民党衆院議員の大西英男は「参院選を全力で二回分やるような気分です」と語った。自民党は東京都連に反発して立候補した小池百合子と都連が中心になって担ぎ出した増田寛也の分裂選挙に突入し、一層厄介な選挙戦が続いた。さらに民進、共産、生活、社民の四野党共闘をバックに立候補したジャーナリストの鳥越俊太郎を加えた実質的に三つ巴の戦いとなった。最終的に過去最多の新人二一人による戦いが確定した。

ところが都知事選告示直後の一六日昼、思いもよらないニュースが飛び込んできた。自民党幹事長谷垣禎一の自転車転倒事故だった。この日は都知事選が始まってから最初の土曜日。谷垣は皇居前で趣味のサイクリングを楽しんでいて皇居外苑の祝田橋近くで転倒した。谷垣は野党自民党の総裁時代にも転倒事故を起こしており、「またか」の印象もあった。そのためか自民党の発表も事務的だった。

「大きなけがはなく大事をとって入院した」

搬送先は東京・中央区の聖路加国際病院。検査入院と発表されていたが、一七日になって谷垣は東京・三田の国際医療福祉大学三田病院に転院した。転院の事実が伝わると事態は一変した。一九日に予定された自民党総務会に谷垣は姿を見せず、同時に脊椎の手術を受けたという話が流れた。情報がきちんと公開されずにいたことが混乱に拍車をかけた。与党自民党の幹事長は与党全体をコントロールする強大な権限を持つ。かつて元首相田中角栄は自民党幹事長の重みをこう語っていた。

「政党政治家にとって最高の栄誉は総理になることではない。政権与党の幹事長になることだ」

この田中の言葉が示すように国会対策をはじめ、党運営の最高責任者が幹事長だ。ましてや参院選が終わった直後で臨時国会の召集時期や国会の各委員会人事、さらに安倍が思い巡らしていた党役員人事、内閣改造など重要決定事項が目白押しだった。いずれもが「安倍―谷垣会談」から始まる手はずだった。その谷垣が病床にいた。憶測と思惑が絡み合い自民党内に様々な動きが表面化した。

中でも注目はポスト安倍の動きを誘発したことだった。既に谷垣を凌ぐほど存在感を発揮していた二階が口火を切った。一九日の党本部での記者会見だった。

「(安倍が)余人を以って代えがたしという状況が生まれてくれれば、対応を柔軟に考えていくのは大いに検討に値する。(総裁任期延長の)必要があると大方が認めれば延長も考慮に入れていいのではないか」

早くも安倍の総裁任期延長論を口にした。これに対し安倍に距離を置く前総務会長の野田聖子は真逆の立場を鮮明にした。

「かつて相当人気のあった小泉純一郎元首相ですら、任期を守った。安倍首相も任期を守る人だ」

谷垣の転倒事故によって突然生じた真空地帯で早くも二年後の自民党総裁選をめぐって火花が散ったのだった。安倍は静観の構えを崩さなかった。夏休みを切り上げて帰京する気配もなく山梨県河口湖の別荘での静養を続けた。安倍の些細な言動が予期せぬ動きを呼び込む可能性があるからだった。

過去にも幹事長の病気入院によって政治の流れが大きく変わったことがある。一九八四年一〇月、当時の幹事長田中六助の病気入院中に首相中曽根康弘の追い落としを図った「二階堂擁立劇」が表面化した。中曽根を退陣に追い込み副総裁だった二階堂進を首相にしようという企てだった。この〝クーデター〟を田中六助に代わって封じたのが総務会長金丸信。金丸は中曽根を守った論功でそのまま幹事長に昇格した。これを契機に金丸が政権運営の主導権を握り、盟友だった竹下登の総理総裁への道を切り開くことになった。

次いで幹事長が長期入院する事態が起きたのは竹下政権の末期、八九年四月のことだった。幹事長は安倍晋三の父晋太郎。竹下が宿願の消費税導入を果たしたもののリクルート事件の直撃を受け政権の弱体化は限界に来ていた。そこに止めを刺したのが晋太郎の入院だった。竹下は退陣表明に追い込まれ、晋太郎に代わる幹事長代行職に幹事長代理だった橋本龍太郎を指名した。橋本はその後、竹下を継いだ宇野宗佑政権の幹事長に就任した。急場しのぎに見えながら幹事長の代役はそのまま幹事長に就任するという流れが生まれた。幹事長という政権中枢のポストをだれにするかで政権全体のバランス、カラーが決まるからだった。

安倍も父晋太郎の病気入院当時の状況と重ねたに違いない。当面は、幹事長代行の細田博之が職務を担うことになった。細田は事実上の安倍派と言っていい細田派会長で幹事長経験者でもある。安倍にとって最も使い勝手のいい存在だった。そのまま幹事長への昇格もあれば、外相岸田文雄の登用など多くの選択肢を手にした。

これにより安倍は「ポスト安倍」を睨んだ政局絡みの人事で手の内を明かさずにこの局面を乗り切ることが可能となった。もちろん谷垣を続投させるシナリオもあったが、党内の大勢は幹事長交代を前提に動き始めた。安倍にとって谷垣はあらゆる面で「安全牌」だったが、転倒事故という予期せぬ事態が政治の歯車を大きく動かすことになった。

谷垣が入院中の二六日未明、神奈川県相模原市の知的障害者施設「津久井やまゆり園」で入所者一九人が侵入した男に刃物で刺殺されるという凄惨な事件が起きた。

巻き起こった「百合子コール」

谷垣不在の中で選挙戦終盤を迎えた都知事選は保守分裂のため争点がぼやけてしまった。安倍も二代連続で都知事が途中辞任したため一度も街頭に立つことはなかった。その一方で小池、増田の両陣営の間で遺恨めいた言葉の応酬が続いた。七月二六日に自民党本部で開かれた総決起大会では、応援に駆け付けた元都知事の石原慎太郎が小池を中傷した。

「大年増で、厚化粧」

小池も負けてはいなかった。

「暴言を吐くオヤジがいた。そんな人が応援演説して、女性が輝けると言えるのか」

自民党内には党の決定を無視して立候補した小池は反党的として処分を求める声が強まった。

小池は郵政選挙で圧勝した小泉純一郎の手法をそのまま実行した。敵と味方を峻別して大立ち回りを演じることだった。小池は党都連を「ブラックボックス」と呼び、その象徴として都連幹事長の内田茂を「都議会のドン」と名指しした。自民党では衆院議員で弁護士の若狭勝だけが小池を支持した。

「私は小さなささ舟。立ち向かうのは軍艦」

自民党が小池を攻撃すればするほど小池への支持は広がった。投票日前日の三〇日夜、小池は衆院選の自らの〝主戦場〟とも言えた東京一〇区にあるJR池袋駅前で街頭演説を締めくくった。巻き起こる「百合子コール」。身動きできないほど集まった聴衆の数が小池の圧勝を暗示していた。

三一日午後八時、投票締め切りと同時に各メディアは「小池当確」を速報した。投票率は五九・七三％で、前回の四六・一四％を一三・五九ポイント上回った。

有力候補三人の得票結果は次の通りだった。

小池百合子　二九一万二六二八票
増田　寛也　一七九万三四五三票
鳥越俊太郎　一三四万六一〇三票

小池の得票は歴代で四番目。小池は戦後九人目の東京都知事となった。女性では初めてだった。

「(支援の)人の輪がどんどん広がるのを痛感し、楽しい選挙だった。これまでに見たことのない都政を皆さんと進めたい」

小池は選挙事務所に集まった支持者を前に勝利宣言を行った。小池の勝利を前に自民党の実力者も態度を急変させた。二〇二〇年東京五輪・パラリンピック組織委員会会長の森喜朗は小池と協力して五輪を成功させたいとの考えを強調した。

「組織委員会と都、国が協力して取り組んでいくことに変わりはない。都知事が誰になろうと大会を成功させるため頑張っていきたい」

しかし、小池は五輪の運営をめぐってしばしば森や政府との衝突を繰り返すことになる。それだけではなく小池の言動は自身の国政への復帰、さらには日本のトップリーダーを目指すかもしれないとの臆測も生み、安倍は厄介な不安定要因をお膝元の首都東京に抱えることになった。

遅咲きの幹事長、二階俊博

東京都知事選で小池百合子の圧勝が決まった七月三一日深夜、自民党総務会長、二階俊博の携帯電話が鳴った。声の主は首相安倍晋三だった。

「幹事長をお願いしたい。ついては明日(八月一日)午前一一時に官邸にお越し願えないか」

二階の幹事長起用を安倍が決断したのはその前日とみられている。安倍は官房長官の菅義偉にはあらかじめ二階の幹事長への起用を伝えており、官邸ツートップの合意でもあった。自転車転倒事故による「頸髄損傷」で、谷垣から続投を固辞する意向が伝えられたこと、そして都知事選で自民党の意向に反して立候補した小池の勝利が動かない情勢になっていたことが二階に出番を与えた。

とりわけ四年後に東京五輪の開催が迫っている中で小池との和解は最優先事項と言ってよかった。二階と小池との政治家としての出会いは九三年八月の細川護熙連立政権に遡る。自民党を離党した二階と日本新党で衆院議員として初当選した小池。その後両者は新進党―自由党―保守党などを経て、二階は復党、小池は自民党への入党と波乱の政治行動を共にしてきた〝同志〟でもあった。

「小池さんが最も信頼する自民党の実力者は二階さん」(二階側近)

二階は都知事選中にペルーの大統領就任式に出席している。あえて都知事選に関与しなかった節があった。安倍の二階起用も小池との和解の橋渡し役を託す狙いがあったといってもいい。自民党内にくすぶる小池の処分論についても二階は明快だった。

「慌てて結論を出す必要はない」

要するに「処分なし」が二階の結論だった。二階の政治手法の大きな特徴は即断即決。このスピードと大胆な決断が二階の身上でもある。その「二階政治」に安倍が思いを託したのが、二〇一八年九月までの自民党総裁としての任期の延長だった。二階は党内の実力者として最初に任期延長論に言及していた。早くも七月一九日の記者会見で二階は明言した。

「政治情勢をみて『延長した方がいい』とまとまれば、それはそれでいい」

二階の幹事長就任に際して安倍と二階との間でどんな会話がなされたのかは一向に伝わってこなかった。幹事長就任後も安倍の総裁任期延長問題に絡んだ質問に関しては二階の答えは決まっていた。

「安倍さんに頼まれたことは一度もない」

「そんな野暮なことを話すわけがない」

機を見るに敏な二階が安倍の意向を汲んだということなのだろう。幹事長に就任直後の八月三日午前の記者会見で二階は間髪を入れずに任期延長の可能性に触れた。

「極めて重要な問題なので議論する場を設けることが大事だ。一定の期間を設けて結論を出していくのがいいと思っているので、できるだけ早く対応したい」

そして三日深夜になって二階はさらに踏み込んだ。

「長く議論する話ではない。政治スケジュールとしては年内だ」

「議論の場」について具体的な説明はなかったが、その設定は任期延長容認と同義だった。党則を超える任期延長は過去に一度だけあった。一九八六年の衆参同日選で自民党が圧勝したのを受けて当時の首相中曽根康弘の総裁任期が一年延長された。この時は選挙圧勝に対する「ボーナス型の延長」だったが、二階の発言から伝わってきたのは〝平時〟の任期延長論だった。当時の党則では総裁の任期は「一期三年で連続二期まで」。これを中曽根の前例に倣うのか、それとも「党則変更による延長」

にするのか――。二階は党則改正による「三期九年」を目指したのだった。

第三次安倍再改造内閣

二階を幹事長に起用した安倍は直ちに党役員人事と内閣改造を行った。副総裁の高村正彦は続投、二階に代わる総務会長は細田博之、政調会長には選対委員長の茂木敏充が起用された。いずれも安倍政権下で重用されてきた幹部ばかり。ただこの時は目立たなかったが、後にキーポイントとなる人事が行われている。二階側近の林幹雄の幹事長代理への起用だった。林は二階との二人三脚で安倍の残り四年と次の菅義偉の政権誕生において二階の傍らで抜群の存在感を発揮した。当時既に七七歳だった二階の手足となった。八月三日に第三次安倍再改造内閣が発足した。

【内閣】

内閣総理大臣	安倍晋三
副総理兼財務大臣	麻生太郎
総務大臣	高市早苗
法務大臣	金田勝年
外務大臣	岸田文雄
文部科学大臣	松野博一
厚生労働大臣	塩崎恭久
農林水産大臣	山本有二

経済産業大臣　世耕弘成（参院）
国土交通大臣　石井啓一（公明党）
環境大臣　山本公一
防衛大臣　稲田朋美
官房長官　菅義偉
国家公安委員長　松本純
沖縄北方担当相　鶴保庸介（参院）
経済再生担当相　石原伸晃
地方創生担当相　山本幸三
復興大臣　今村雅弘
五輪パラリンピック担当相　丸川珠代（参院）
一億総活躍担当相　加藤勝信

【自民党執行部】
幹事長　二階俊博
総務会長　細田博之
政調会長　茂木敏充
選対委員長　古屋圭司
国対委員長　竹下亘

一九閣僚のうち、八人が初入閣となったが、無難な顔ぶれの改造と言えた。ポスト安倍を意識した人事は意図的に封印したとしか思えなかった。サプライズと言えば前政調会長の稲田朋美の防衛大臣への起用ぐらいしか見当たらなかった。これに対してただ一人だけ〝抵抗〟の姿勢を見せたのが前地方創生担当相の石破茂だった。安倍から農水大臣への就任要請を受けながらこれを峻拒した。閣僚としての最後の記者会見で石破はこう語っている。

「(幹事長など)与えられたポストで全身全霊を尽くしてきた。自民党が引き続き国民の支持をいただくために、自分がなすべきことは何だろうかという思いはある」

やや歯切れは悪いものの事実上の二年後の総裁選出馬表明と受け取られた。ライバルと目された外相岸田文雄は留任して閣内にとどまった。二階の総裁任期延長論に関しても岸田は「随分、気の早い話ではないか」と述べている。

石破や岸田、さらに元総務会長の野田聖子らポスト安倍を窺う群像が結集してもいいタイミングだったが、二階が口火を切った総裁任期延長論を阻止する声は出なかった。このタイミングで安倍と距離を置く勢力が動かなかったことが後々に響くことになった。

むしろ、安倍の方が遥かにしたたかだった。入閣を固辞した石破の代わりに石破派から山本有二を農水相として入閣させ、当面の石破との激突を回避するなど安倍の老獪さが際立った。五輪担当相についても側近の丸川珠代を環境相から横滑りさせた。都知事の小池との「女性五輪」を安倍自身がプロデュースする意欲の表れと受け取れた。五輪開催は二〇二〇年。そのときに安倍が首相でいるためには総裁任期の延長が必須だった。

安倍に近い稲田の防衛相への抜擢は将来の女性首相候補への布石と見ることもできたが、二年後の総裁選には間に合わない。この人事の背景に浮かび上がってきた隠れた狙いは総裁任期延長論を議論のテーブルに載せることだった。安倍側近の幹事長代行の下村博文ですら戸惑いを隠さなかった。

「流れがあれば抗するものではないが、議論すること自体少し早いのではないか」

ただ麻生と菅を留任させたことが象徴するように「現状維持」「激変回避」の考えが基本にあった。結果として内閣改造後の新布陣は「解散総選挙をやらない内閣」(自民党幹部)になった。菅はそのことを追認した。

「衆参ともに与党で三分の二以上の議席があるのだから、じっくり腰を落ち着けて政策を着実に前に進めた方がいい」

八月三日の初閣議で決定された内閣の基本方針では働き方改革を「最大のチャレンジ」と強調した。長時間労働是正や同一労働同一賃金に取り組み、労働制度の大胆な改革を進めることが打ち出された。

天皇陛下のビデオメッセージ

新しい内閣が発足すると、次の最大関心事は天皇陛下の退位についていつ正式発表されるかに移った。共同通信が実施した世論調査では天皇陛下の退位に関して、容認する声が圧倒的に多かった。皇室典範には規定がない退位について、八五・七%が「できるようにした方がよい」と答えていた。

他方、国民の反応は報道によって生まれたものとして憲法学者に否定的な意見があった。特に政治的権限を持たない天皇の意思で皇室典範改正のような法制度が変わるという問題を指摘する意見も根強く存在した。

八月五日になって宮内庁が陛下自身によるビデオメッセージを「八日午後三時に公表する」と発表した。内容は「象徴としてのお務めについてのお気持ち」とした。公表する日程については、宮内庁が、陛下の予定や八月に集中する戦争関連の式典に加え、開催中のリオデジャネイロ五輪の状況などを加味して決定した。

その時が訪れた。多くの日本国民がテレビ画面に釘付けになったに違いない。黒っぽいスーツに紺色のネクタイを締め、原稿を手にしながら天皇陛下がゆっくりと話し始めた。

「戦後七〇年という大きな節目を過ぎ、二年後には、平成三〇年を迎えます。私も八〇を越え、体力の面などから様々な制約を覚えることもあり、ここ数年、天皇としての自らの歩みを振り返るとともに、この先の自分の在り方や務めにつき、思いを致すようになりました」

「退位」という直接的な表現はなかったが、一一分間にわたるメッセージは退位への思いを強く滲ませるものだった。とりわけ天皇陛下の退位の決意に昭和天皇のご病気からご逝去に至るご自身の経験が強く影響していることが伝わった。

「天皇が健康を損ない、深刻な状態に立ち至った場合、これまでにも見られたように、社会が停滞し、国民の暮らしにも様々な影響が及ぶことが懸念されます。更にこれまでの皇室のしきたりとして、天皇の終焉に当たっては、重い殯《もがり》の行事が連日ほぼ二カ月にわたって続き、その後喪儀《そうぎ》に関連する行事が、一年間続きます。その様々な行事と、新時代に関わる諸行事が同時に進行することから、行事に関わる人々、とりわけ残される家族は、非常に厳しい状況下に置かれざるを得ません。こうした事態を避けることは出来ないものだろうかとの思いが、胸に去来することもあります」

そして天皇陛下はメッセージをこう締めくくった。

「国民の理解を得られることを、切に願っています」

ただならぬ決意と覚悟が伝わった。日々追い求めてきた理想の象徴天皇像と、年齢を重ねていくご自身とのギャップ。陛下が初めて胸の奥底に秘めていた苦しみ、悩みを国民に直接吐露した歴史的瞬間でもあった。ビデオメッセージが終わった後も言いようのない寂寥感が日本列島全体を支配したように思えた。

天皇陛下がビデオメッセージで心情を示すのは、二〇一一年三月の東日本大震災の発生後が最初で二度目のことだったが、意味合いが全く違った。皇太子の資格は、皇室典範の規定では天皇は終身在位が前提であり、退位後の天皇に関する規定はなかった。皇太子は、天皇の子どもである「皇嗣たる皇子」のみに認められている。このため、新天皇の弟になる秋篠宮さまは、皇位継承順位が一位になっても皇太子になることはできない。元号をどうするかの問題も生じる。元号法で「一世一元」とされており、退位が実現となれば、平成からの改元が現実的な課題として浮上した。

安倍は陛下のメッセージを受け、九日の記者会見で退位を前提に対応する意向を示した。

「天皇陛下の年齢や公務の負担の現状に鑑みるとき、陛下の心労に思いを致し、これから十分に論議し、検討を行いたい」

法整備検討に向けた有識者会議の設置の方向が固まった。具体的対応として、皇室典範改正や陛下一代限りの退位を可能とする特別法制定を含めた検討を始めた。しかし、陛下のお気持ちを具体化するのは簡単なことではなかった。天皇陛下の「二年後には、平成三〇年を迎えます」とのお言葉は退位の時期を示されたものと受け取られた。二〇一九年がその時期に当たった。この代替わりの難事業を誰が担うのか。安倍は再び二年後の総裁任期切れという現実と向き合うことになった。

第一一章
総裁任期延長へ
（二〇一六年八月〜二〇一六年九月）

幹事長就任が決まり，記者会見する二階俊博（2016 年 8 月 3 日）

1　二階幹事長で変わる党内力学

老獪二階俊博の真骨頂

新内閣が発足した直後の二〇一六年八月五日、地球の裏側のブラジル・リオデジャネイロで南米初開催の夏季五輪の開会式が行われた。ロシアは国ぐるみのドーピング疑惑を問われ、国としての五輪参加ができなかった。リオ市内各地で五輪開催に反発するデモも起きた。混迷の中で日本人選手の活躍に日本中が沸いた。日本選手の金メダル第一号は競泳男子四〇〇メートル個人メドレーの萩野公介。体操男子個人総合の内村航平が二連覇を達成するなど日本は金一二を含め過去最多の計四一個のメダルを獲得した。東京五輪成功に夢をつなぐ五輪になった。

その最終日(二一日)に行われた閉会式に首相安倍晋三が出席した。それもありきたりの出席ではなかった。人気ゲームキャラクターのスーパーマリオに扮した安倍がゲームに出てくる土管の中をくぐってワープ(瞬時に移動)して登場したからだ。二〇二〇年の東京五輪PRに安倍が自らひと役買ったのだった。この力のこもった安倍のパフォーマンスに別の思惑が浮き彫りになった。敢えて安倍の胸の内を推し量るとすれば「東京五輪は首相として迎える」ということだった。自民党幹事長の二階俊博もこうした見方を示した一人だった。

「素晴らしいパフォーマンスで、東京大会に弾みがついた。意欲がなければ(リオ五輪の閉会式には)行かない」

だが、そこに到達するには高いハードルが立ちはだかった。一八年九月に巡ってくる自民党総裁としての任期切れ。これを何らかの形でクリアしなければ安倍は単なる首相経験者の来賓として東京五輪に出席するだけに終わる。

この時点で安倍が東京五輪を首相として迎える方法には二つの選択肢があった。「一期三年、連続二期まで」の党則を変更するか、それとも「東京五輪までの暫定的な延長」という臨時的な措置とするか――。

その任期延長論の当事者である安倍はリオ五輪閉会式出席、さらには第六回アフリカ開発会議(TICAD)出席とケニア公式訪問のため二五日に羽田空港を出発したほかは、大半の時間を永田町を離れて地元と山梨県鳴沢村の別荘で過ごした。

これに対して、八月三日に幹事長に就任した二階俊博は対照的な日々を送った。それまでは「政高党低」「安倍一強」の言葉が象徴するようにニュースの発信も首相官邸が主導した。自民党側から大きなニュースは稀にしか出なかったが、それが二階の幹事長就任で一変した。それには二階の独特の手法があった。「ニュースになる人」を党本部に招くことだった。そしてすかさずテレビカメラの前でコメントした。

東京都知事に就任した小池百合子とも早々に面会した。党内には小池に対して反党行為を行ったとして「処分すべき」との声が存在した。ところが二階は一蹴した。

「撃ち方やめだ」

その後も異色の人物が次々と党本部に姿を見せた。沖縄県の米軍普天間飛行場の移設を巡って政府と厳しい対立状態にある沖縄県知事の翁長雄志もその中の一人だった。故人となった翁長の実兄と二階は中央大学の同窓で深い親交があった。新しい沖縄北方担当相は二階側近で和歌山県選出の参院議員鶴保庸介。政府が厳しく沖縄県と向き合う中で和歌山県の師弟コンビが新たな道を模索した。会談後二階と翁長は自民党本部に隣接したうなぎ店で昼食を共にした。

「ぶつかり合うだけではなく、新たな角度で話し合うことも重要だ。知事も苦悩しているはずだ」

その一方で二階は沖縄の基地問題を担当する官房長官菅義偉とも事前に意見を交わしていた。海洋進出を巡って緊張関係にある中国の駐日大使程永華が八月一〇日、幹事長就任祝いに訪れた。しかも前日に外相岸田文雄が程永華に抗議したばかりのタイミングでの表敬だった。

いち早く首相の総裁任期延長論を提起したのも二階だ。変幻自在、臨機応変の言動に安倍周辺から不満とともに警戒感が広がった。ところが二階はその後も何度も安倍の窮地を救い、憲政史上最長の政権を支えた。例えば官房長官の菅と国対委員長を交えての三者会談をほぼ毎週一度に定例化したのも二階だった。この場には必ず幹事長代理に起用した林幹雄が同席した。国対委員長は竹下亘から森山裕に引き継がれた。とりわけ二〇一七年に森山が就任してからの四者協議は政権を支える新たな司令塔の役割を果たすことになった。二〇二〇年に安倍が退陣した際、この四者協議が菅義偉を首相に押し上げる原動力になった。

さらに二階は連立のパートナーである公明党との関係強化に着手した。通称「二幹二国」と呼ばれる自公の幹事長と国対委員長による会合の定例化だった。国会開会中には必ず週に一度はホテルオークラで開かれることになった。この席にも林が同席した。

徐々に「官邸・党・国会」を繋ぐ四者協議と「二幹二国」が政権内の新たな権力維持装置として機能していくことになる。さらに党内基盤が弱かった菅が二階とのパイプを通じて政府内でも副総理兼財務相の麻生太郎と比肩する実力者としての地歩を固めることになった。

二階の幹事長就任による党内力学の変化は意外なところにも起きた。長老ベテランに再び政治を動かす重要なプレイヤーとしての立場を与えたことだ。一人は宏池会(岸田派)の名誉会長で元幹事長の古賀誠だ。古賀は菅と元幹事長の梶山静六を介して深い関係があり、二階とは自民党の運輸族としての長い交流があった。その古賀は積極的に安倍を支持しているわけではなかったが、「岸田はまだ早い」との思いが強かった。その反映で安倍の任期延長については肯定的だった。

「まだ安倍さんを代えるだけのエネルギーが自民党にはない」

元参議院議員の青木幹雄もその一人だった。東京・平河町の砂防会館の事務所には毎週水曜日に必ず顔を見せた。水曜日に合わせた面会の申し込みは引きも切らなかった。この参院選後の人事で青木側近の吉田博美が参院の自民党幹事長に就任し、事務所を共有する竹下亘は自民党の国会対策委員長に就任した。

青木は二〇〇〇年の小渕恵三の死去以来権力の中枢から遠ざかっている平成研究会の復権に強い思いを抱き、参院選前から派閥会長の額賀福志郎には会長交代を勧告していた。青木は衆参の国会運営と額賀派を通じて再び影響力を行使し始めた。安倍と距離を置く元首相福田康夫とも緊密な関係を維持していた。

八月一〇日、二階は就任の挨拶のため事務所に青木を訪ねた。青木は単刀直入に強く釘を刺した。

「総裁任期延長はそう簡単にやってはならんですわ。選挙に勝つとか、大きなことがあれば自然に声が出てきますわね」

二階にとってこうした長老グループは現職でないだけにかえって味方につけておく必要があった。政権内にも二階に不快感を抱くベテランも多かったからだ。その筆頭格が副総理兼財務相の麻生太郎だろう。現に麻生は五月下旬に衆参同日選の是非をめぐって安倍に「同日選断行」を強く主張した。これに真正面から異を唱え、同日選回避に持ち込んだのが菅。その菅を側面支援したのが二階だった。二階は安倍から幹事長就任を要請された際、安倍にこんな問い掛けをしていた。

「何かこれだけは注意していた方がいいというものがありますか」

安倍の答えは明解だった。

「麻生さんへの心配りを忘れないようにして下さい」

一瀉千里に決まった総裁任期延長

自民党幹事長の二階俊博幹事長は自ら口火を切った党総裁任期延長に再び言及した。八月二三日の記者会見だった。

「適当な時期を見計らって協議する」

自民党農林部会長の小泉進次郎が異論を唱えた。

「なぜ今なのか、率直に言って分からない。急いで議論をするべきことなのか」

それでも二階は持論を繰り返した。

「今のところ、安倍首相の後は安倍首相だという声が大きい」

幹事長が繰り返し発言すれば、流れが生まれる。二階発言の影響は大きかった。「党・政治制度改革実行本部」(本部長・副総裁高村正彦)の幹部による非公式協議を九月二〇日にも始めることになった。一〇月からは全体会合を開き、二〇一七年の党大会での党則改正を視野に、年内にも結論を出す方針が決まった。

取りまとめの責任者は政調会長に就任した茂木敏充。この協議では、連続三期九年への延長を軸に、「連続三選禁止」の規定撤廃による任期の無期限化、「二期六年」の維持などが議題になる方向となった。本部のメンバーも早々に決まった。

本部長　高村正彦（無派閥）▽本部長代理　茂木敏充（額賀派）▽顧問　野田毅（石原派）▽幹事　林幹雄（二階派）、鴨下一郎（石破派）、塩谷立（細田派）、今津寛（額賀派）、梶山弘志（無派閥）、上川陽子（岸田派）、鈴木馨祐（麻生派）、高橋比奈子（山東派）＝以上衆院、山谷えり子（細田派）、石井準一（額賀派）、高階恵美子（細田派）、森屋宏（岸田派）、舞立昇治（石破派）＝以上参院

当事者の安倍は議論に距離を置く姿勢を見せた。

「自民党総裁の立場にある私が言及しない方がいい。私自身の総裁としての任期は、まだ二年もある。しっかり任期を全うし、結果を出すことが私の責任だ。余計なことを考えるべきではない」

安倍個人と切り離して「制度論を議論する」のが建前だったが、安倍が延長を否定しないことにむしろ重要な意味があった。安倍の言外の思いを忖度する空気が既に自民党全体を覆っていた。延長に否定的だった野田聖子も理解を示す側に転じた。

「何期までと定める必要はないのではないか。無制限だろうと連続三期だろうと党の議論で決まればいい」

一瀉千里とはこのことを言うのだろう。九月二〇日、実行本部初の役員会を党本部で開き、党則で「連続二期六年まで」と制限している総裁任期に関し「三期九年」への延長か、多選制限の撤廃を軸

に検討する方針を確認した。つまりいずれにしても安倍の任期が拡大する方向となったことを意味した。この時点で実質的に安倍が背負っていた「残り任期二年」の制約は消えたと言ってよかった。

この結果、安倍の悲願でもあった二〇二〇年の東京五輪への首相としての出席や北方領土をめぐる日ロ交渉、さらに新たに加わった天皇陛下の退位に伴う平成の時代から次の時代への移行の橋渡し役を担うこと、これらの実現可能性が強まった。

前幹事長谷垣禎一の不慮の事故による退任の結果とはいえ、二階の幹事長就任は安倍の政権運営に大きな化学変化をもたらすことになった。また小池百合子の東京都知事就任により安倍にとって新たな政治的脅威が生まれたという点でも、二〇一六年という年は安倍長期政権の中で生じた大きな断層が表に出てきたタイミングでもあった。

2　巨大与党に立ち向かう野党民進党

民進党代表に蓮舫

安倍の総裁任期の延長が議論の俎上に上った頃と重なるように九月九日、自民党の元幹事長加藤紘一が肺炎のため死去した。七七歳だった。党内リベラル派として一九九四年に成立した自民党、旧社会党、新党さきがけによる連立政権を支えた。一時は小泉純一郎、山崎拓との三人で「ＹＫＫ」と称された共闘関係を築き、首相の座に最も近い政治家と言われた。しかし、首相森喜朗の退陣を迫った「加藤の乱」で挫折、影響力を失った。

二〇一四年の夏、加藤は「加藤の乱」で敵味方に分かれた日本遺族会の重鎮でもある古賀誠とともに太平洋戦争の悲劇の舞台となったインパールを訪ねる旅に出た。しかし、ミャンマー入りしたところで体調を崩し、その後帰国して都内の病院で療養を続けていた。加藤は首相の小泉が繰り返した靖国神社参拝に異を唱え続け、ついには右翼団体の幹部に山形県鶴岡市の実家と事務所が放火されたこともあった。それでも生涯にわたって信念を曲げることはなかった。弔辞を読んだのは盟友の山崎拓だった。

「君は『憲法九条が日本の平和を守っているんだ』と断言した。日本政界の最強、最高のリベラルがこの世を去った」

一方、野党民進党も結党後初めての代表選を実施、再スタートを切った。代表の岡田克也は自らの発言通り「どうすれば国民から耳を傾けてもらえるか、私自身にこだわらず誰がふさわしいか考えた」と出馬を見送った。告示は九月二日。代表代行の蓮舫、元外相の前原誠司、国対副委員長の玉木雄一郎が立候補した。一五日の投開票に向け、三つ巴の戦いが始まった。新代表の任期は二〇一九年九月末まで。この時点で衆院議員の残り任期は二年強。安倍の解散権行使に備える衆院選への体制づくりでもあった。

二〇人の推薦人名簿は党内状況を反映した。蓮舫は前首相の野田佳彦、元環境相の細野豪志らリベラル系から保守系までの顔触れが揃った。前原は旧民主党代表を務めた小沢一郎に近い保守系議員が中心。玉木は旧維新の党のグループや若手が目立った。

蓮舫優位の展開で進む中、投票日直前になって蓮舫に台湾籍が残っていることが判明した。

「父の台湾、母の日本と二つのルーツを持っているという程度の認識だった。浅はかだった」

蓮舫は一三日、国会内で記者団に反省の弁を語った。党内の一部に代表選のやり直しを執行部に求める動きが表面化したが、幹事長枝野幸男は「今は選挙期間中だ」と述べて要求を退けた。投票では台湾籍問題の影響は限定的だった。ポイント総数八四九ポイントを争った結果は蓮舫の大勝に終わった。

蓮舫　　　五〇三ポイント
前原誠司　　二三〇ポイント
玉木雄一郎　一一六ポイント

「向かうべきは巨大与党だ。与党と対峙する」と新代表に選出された蓮舫は決意を表明した。安倍も蓮舫の挑戦を受けて立つ考えを強調した。

「何度も参院予算委員会で議論してきたが、今度は党首同士として正々堂々の議論をしたい」

蓮舫が党運営の要である幹事長に起用したのは蓮舫の政治の師というべき前首相の野田佳彦だった。

「政権から転落したとき私が首相で代表だった。落選して(国会に)戻れない多くの人たちのためにも、自分の政治人生に落としまえをつけるつもりで、火中の栗を拾う決断をした」

代表代行には安住淳、江田憲司、細野豪志。政調会長に大串博志、選対委員長に馬淵澄夫、国対委員長に山井和則の起用がそれぞれ固まった。

代表選直後に共同通信社が実施した全国電話世論調査によると、新代表の蓮舫に「期待する」との回答は五六・九％で、「期待しない」の三八・四％をかなり上回った。蓮舫に対する期待は高かった。事実上、この日から次の「衆院解散政局」が始まったと言ってよかった。

安倍が政権に返り咲いてからほぼ四年。どんなに強固な組織でも金属疲労が生じる時期でもあった。ましてや権力の攻防と背中合わせの政治の世界ではわずかな亀裂が政権崩壊の危機に直結しかねない。さらに具体的な成果が問われる時期にも差し掛かっていた。たしかに安倍はＴＰＰ交渉の妥結や集団的自衛権の行使容認や安保法制の整備など自ら目指した課題については一定の結果を出していたが、その結果に至る過程で日本社会の分断という「負の副産物」も生んでいた。

外交面でも中国、韓国との近隣外交の停滞が続き、安倍が白らの使命と位置づけた北朝鮮による拉致問題の解決に関しても結果を出せずにいた。ロシアとの北方領土をめぐる日ロ交渉も、大統領のプーチンとの首脳会談を重ねながらもプーチンの老獪さの前にズルズルと〝時間稼ぎ〟に引きずりこまれていった。そして天皇陛下の突然の退位をめぐるお気持ちの表明に始まった一連の代替わりの課題も加わり、首相安倍晋三は大きな試練に直面することになった。

確かに、その後の四年間に安倍は平成から令和への時代の旗渡しなどの仕事を成し遂げた。と同時に、大阪の森友学園をめぐる国有地売却問題など、安倍個人のスキャンダルが次々と表面化した。そして新型コロナウイルスという感染症の蔓延が政権の体力を奪い、二〇二〇年九月、総裁三期目途中で自らの手で政権の幕を引くことになった。この間に安倍が強い思い入れを持っていた東京五輪は一年間延期され安倍の首相としての開会式出席は幻に終わる。二〇一六年夏の自民党幹事長谷垣禎一の途中退場と東京都知事小池百合子の誕生は絶頂期を迎えた安倍の陰りの始まりでもあった。

（第五巻に続く）

資料編

【天皇陛下ビデオメッセージ全文】

戦後七〇年という大きな節目を過ぎ、二年後には、平成三〇年を迎えます。

私も八〇を越え、体力の面などから様々な制約を覚えることもあり、ここ数年、天皇としての自らの歩みを振り返るとともに、この先の自分の在り方や務めにつき、思いを致すようになりました。

本日は、社会の高齢化が進む中、天皇もまた高齢となった場合、どのような在り方が望ましいか、天皇という立場上、現行の皇室制度に具体的に触れることは控えながら、私が個人として、これまでに考えて来たことを話したいと思います。

即位以来、私は国事行為を行うと共に、日本国憲法下で象徴と位置づけられた天皇の望ましい在り方を、日々模索しつつ過ごして来ました。伝統の継承者として、これを守り続ける責任に深く思いを致し、更に日々新たになる日本と世界の中にあって、日本の皇室が、いかに伝統を現代に生かし、いきいきとして社会に内在し、人々の期待に応えていくかを考えつつ、今日に至っています。

そのような中、何年か前のことになりますが、二度の外科手術を受け、加えて高齢による体力の低下を覚えるようになった頃から、これから先、従来のように重い務めを果たすことが困難になった場合、どのように身を処していくことが、国にとり、国民にとり、また、私のあとを歩む皇族にとり良いことであるかにつき、考えるようになりました。既に八〇を越え、幸いに健康であるとは申せ、次第に進む身体の衰えを考慮する時、これまでのように、全身全霊をもって象徴の務めを果たしていくことが、難しくなるのではないかと案じています。

私が天皇の位についてから、ほぼ二八年、この間《かん》私は、我が国における多くの喜びの時、また悲しみの時を、人々と共に過ごして来ました。私はこれまで天皇の務めとして、何よりもまず国民の安寧と幸せを祈ることを大切に考えて来ましたが、同時に事にあたっては、時として人々の傍らに立ち、その声に耳を傾け、思いに寄り添うことも大切なことと考えて来ました。天皇が象徴であると共に、国民統合の象徴としての役割を果たすためには、天皇が国民に、天皇という象徴の立場への理解を求めると共に、天皇もまた、自らのありように深く心し、国民に対する理解を深め、常に国民と共にある自覚を自らの内に育てる必要を感じて来ました。こうした意味において、日本の各地、とりわけ遠隔の地や島々への旅も、私は天皇の象徴的行為として、大切なものと感じて来ました。皇太子の時代も含め、これまで私が皇后と共に行《おこな》って来たほぼ全国に及ぶ旅は、国内のどこにおいても、その地域を愛し、その共同体を地道に支える市井《しせい》の人々のあることを私に認識させ、私がこの認識をもって、天皇として大切な、国民を思い、国民のために祈るという務めを、人々への深い信頼と敬愛をもってなし得たことは、幸せなことでした。

天皇の高齢化に伴う対処の仕方が、国事行為や、その象徴としての行為を限りなく縮小していくことには、無理があろうと思われます。また、天皇が未成年であったり、重病などによりその機能を果たし得なくなった場合には、天皇の行為を代行する摂政を置くことも考えられます。しかし、この場合も、天皇が十分にその立場に求められる務めを果たせぬまま、生涯の終わりに至るまで天皇であり続けることに変わりはありません。

天皇が健康を損ない、深刻な状態に立ち至った場合、これまでにも見られたように、社会が停滞し、国民の暮らしにも様々な影響が及ぶことが懸念されます。更にこれまでの皇室のしきたりとして、天皇の終焉に当たっては、重い殯《もがり》の行事が連日ほぼ二カ月にわたって続き、その後喪儀《そうぎ》に関連する行事が、一年間続きます。その様々な行事と、新時代に関わる諸行事が同時に進行することから、行事に関わる人々、とりわけ残される家族は、非常に厳しい状況下に置かれざるを得ません。こうした事態を避けることは出来ないものだろうかとの思いが、胸に去来することもあります。

始めにも述べましたように、憲法の下《もと》、天皇は国政に関する権能を有しません。そうした中で、このたび我が国の長い天皇の歴史を改めて振り返りつつ、これからも皇室がどのような時にも国民と共にあり、相たずさえてこの国の未来を築いていけるよう、そして象徴天皇の務めが常に途切れることなく、安定的に続いていくことをひとえに念じ、ここに私の気持ちをお話しいたしました。
国民の理解を得られることを、切に願っています。

（二〇一六年八月八日）

【オバマ大統領・広島スピーチ】

七一年前、雲一つない明るい朝、空から死が落ちてきて、世界は変わった。閃光《せんこう》と炎の壁は都市を破壊し、人類が自らを破壊するすべを手に入れたことを実証した。

なぜわれわれはこの地、広島に来るのか。それほど遠くない過去に解き放たれた恐ろしい力について考えるためだ。一〇万人を超える日本の男性、女性、子どもたち、多くの朝鮮半島出身者、そして捕虜となっていた十数人の米国人を含む犠牲者を追悼するためだ。

彼らの魂はわれわれに語りかける。彼らはわれわれに対し、自分の今ある姿と、これからなるであろう姿を見極めるため、心の内に目を向けるよう訴えかける。

広島を際立たせているのは、戦争という事実ではない。（歴史的）遺物は、暴力による争いは最初の人類とともに現れたということをわれわれに教えてくれる。初期の人類は、石片から刃物を作り、木からやりを作る方法を取得し、これらの道具を、狩りだけでなく同じ人類に対しても使うようになった。

いずれの大陸も文明の歴史は戦争であふれている。穀物不足や黄金への渇望に駆り立てられたこともあれば、民族主義者の熱意や宗教上の熱情にせき立てられたこともあった。帝国は盛衰し、民族は支配下に置かれたり解放されたりしてきたが、節目節目で苦しんできたのは罪のない人々だった。犠牲者は数え切れないほどで、彼らの名前は時とともに忘れ去られてきた。

広島と長崎で残酷な終焉《しゅうえん》を迎えた世界大戦は、最も豊かで強い国家の間で起きた。彼らの文明は偉大な都市と素晴らしい芸術をもたらしていた。思想家は正義と調和、真実という理念を前進させていた。しかし、戦争は、初期の部族間で争いを引き起こしてきたのと同じ支配・征服の基本的本能によって生まれてきた。新たな抑制を伴わない新たな能力が、昔からの(支配・征服の)パターンを増幅させた。

数年の間で約六〇〇〇万人が死んでしまった。われわれと変わることのない男性、女性、子どもが撃たれたり、打ちのめされたり、行進をさせられたり、爆弾を落とされたり、投獄されたり、飢えたり、毒ガスを使われたりし、死んだ。

世界各地には、勇気や勇敢な行動を伝える記念碑や、言うに堪えない卑劣な行為を反映する墓や空っぽの収容所など、この戦争を記録する場所が多く存在する。

しかし、この空に上がったきのこ雲のイメージが、われわれに人類の根本的な矛盾を想起させた。われわれを人類たらしめる能力、思想、想像、言語、道具づくりや、自然界と人類を区別する能力、自然を意志に屈させる能力、これらのものが比類ない破壊の能力をわれわれにもたらした。

物質的な進歩や、社会の革新がこの真実からわれわれの目をくらませることがどれほど多いことか。気高い名目のため暴力を正当化することはどれほど容易か。

偉大な全ての宗教は愛や平和、公正な道を約束している。一方で、どの宗教もその名の下に殺人が許されると主張するような信者を抱えることは避けられない。

国家は、犠牲と協力の下に人々を結び付けるストーリーを語りながら発展してきた。さまざまな偉業を生んだが、このストーリーが相違を持つ人々を抑圧し、人間性を奪うことにも使われてきた。科学はわれわれに海を越えて意思疎通することを可能にし、雲の上を飛び、病気を治し、宇宙を理解することを可能にした。こうした発見が、より効率的な殺人機械へと変わり得る。

現代の戦争はこの真実をわれわれに教える。広島はこの真実を教える。技術の進歩は、人間社会が同様に進歩しなければ、われわれを破滅に追い込む可能性がある。原子の分裂につながる科学の革命は、道徳的な革命も求めている。

だからこそ、われわれはこの場所に来た。われわれはこの都市の中心に立ち、爆弾が落ちた瞬間を自ら想起し、目の前の光景に困惑する子どもの恐怖を自ら感じる。

われわれは静かな叫びを聞く。われわれはあの恐ろしい戦争やその前の戦争、その後に起きた戦争で殺された全ての罪なき人々に思いをはせる。

単なる言葉でその苦しみを表すことはできない。しかしわれわれは歴史を直視し、そのような苦しみを繰り返さないために何をしなければならないかを問う共通の責任がある。

いつか証言する被爆者たちの声は聞けなくなる。それでも一九四五年八月六日の朝の記憶を風化させてはならない。その記憶はわれわれが安心感に浸ることを許さない。われわれの道義的な想像力の糧となり、われわれに変化をもたらしてくれる。

あの運命の日からわれわれは希望をもたらす選択もしてきた。米国と日本は同盟関係を築くだけでなく、戦争を通じて得られるものよりもずっと多くのものを国民にもたらす友情を築いた。

欧州の国々は戦場に代わり交易や民主主義による結び付きを築いた。抑圧された人々や国々は自由を勝ち取った。国際社会は戦争を回避し、核兵器の存在を規制、縮小し、完全に廃絶するための機関を創設し協定を結んだ。

それでも、世界中で見られる国家間の侵略行為、テロや腐敗、残虐行為や抑圧は、われわれのなすべきことには終わりがないことを示している。人類の悪行を働く能力を撲滅することはできないかもしれないので、国々やわれわれが築いた同盟が自らを守る手段を持たなければならない。

私の国のように核を保有している国々は、恐怖の論理から逃れ、核兵器なき世界を追求する勇気を持たなければならない。私が生きているうちにこの目標は達成できないかもしれないが、たゆまぬ努力が大惨事の可能性を小さくする。

われわれはこうした貯蔵核兵器の廃棄に導く針路を描くことができる。われわれは核兵器が新たな国に拡散することを防ぎ、狂信者に死の物質が渡らないよう守ることができる。しかし、それだけでは十分ではない。なぜなら、われわれは今日、世界中で、粗雑な銃や「たる爆弾」でさえ恐るべき規模の暴力をもたらすことができることを、目の当たりにしているからだ。

われわれは戦争そのものについての考えを改めなければならない。外交によって紛争を防ぎ、始まってしまった紛争を終える努力をするために。増大していくわれわれの相互依存関係を、暴力的な競争でなく、平和的な協力の理由として理解するために。破壊する能力によってではなく、築くものによってわれわれの国家を定義するために。そして何よりも、われわれは一つの人類として、お互いの関係をもう一度想像しなければならない。このことがまた、われわれ人類を比類のないものにするのだ。

われわれは過去の過ちを繰り返すよう遺伝子によって縛られているわけではない。われわれは学ぶことができる。われわれは選択することができる。われわれは子どもたちに異なる話をすることができ、それは共通の人間性を描き出すことであり、戦争を今より起きにくくすること、残酷さを受け入れることを今よりも難しくすることである。

われわれはこれらの話を被爆者の中に見ることができる。ある女性は、飛行機を飛ばし原爆を投下した操縦士を許した。本当に憎むべきなのは戦争そのものであると気付いたからだ。ある男性は、ここで死亡した米国人の家族を探し出した。その家族の失ったものは、自分自身が失ったものと同じだと気付いたからだ。

私の国は単純な言葉で始まった。すなわち、人類は全て、創造主によって平等につくられ、生きること、自由、そして幸福を追求することを含む、奪うことのできない権利を与えられている。

理想を実現することは、自分たちの国境の内においてさえ、自国の市民の間においてさえ、決して簡単ではない。しかし(理想に)忠実であることは、努力する価値がある。追求すべき理想であり、大陸と海をまたぐ理想だ。全ての人のかけがえのない価値、全ての命が貴重であるという主張、われわれは人類という一つの家族の仲間であるという根源的で必要な考え。われわれはこれら全てを伝えなければならない。

だからこそ、われわれは広島に来たのだ。われわれが愛する人々のことを考えられるように。子どもたちの朝一番の笑顔のことを考えられるように。台所のテーブル越しに、妻や夫と優しく触れ合うことを考えられるように。父や母が心地よく抱き締めてくれることを考えられるように。

われわれがこうしたことを考えるとき七一年前にもここで同じように貴重な時間があったことを思い起こすことができる。亡くなった人々はわれわれと同じだ。

普通の人々はこれを理解すると私は思う。彼らは、戦争はこりごりだと考えている。彼らは、科学は生活をより良くすることに集中するべきで、生活を台無しにすることに集中してはならないと考えるだろう。

各国の選択が、あるいは指導者たちの選択がこの素朴な知恵を反映すれば、広島の教訓は生かされる。

世界はここで永遠に変わってしまったが、今日、この都市の子どもたちは平和の中で日々を生きていくだろう。なんと貴重なことだろうか。そのことは守る価値があり、そして全ての子どもたちに広げる価値がある。

それは私たちが選ぶことのできる未来だ。その未来では、広島と長崎は核戦争の夜明けとしてではなく、道徳的な目覚めの始まりとして知られるだろう。

（共同通信＝二〇一六年五月二七日）

【安倍晋三首相・広島所感】

昨年、戦後七〇年の節目に当たり、私は米国を訪問し、米国の上下両院の合同会議で日本の首相としてスピーチを行った。あの戦争によって多くの米国の若者たちの夢が失われ、未来が失われた。その苛烈な歴史に改めて思いを致し、先の戦争で倒れた米国の全ての人々の魂に常しえの哀悼をささげた。この七〇年間、和解のために力を尽くしてくれた日米両国、全ての人々に感謝と尊敬の念を表した。熾烈《しれつ》に戦い合った敵は七〇年の時を経て、心の紐帯《ちゅうたい》を結ぶ友となり、深い信頼と友情によって結ばれる同盟国となった。そうして生まれた日米同盟は世界に希望を生み出す同盟でなければならない。私はスピーチで、そう訴えた。

あれから一年。今度はオバマ大統領が米国のリーダーとして初めて被爆地・広島を訪問してくれた。米国の大統領が被爆の実相に触れ、核兵器のない世界への決意を新たにする。核なき世界を信じてやまない世界中の人々に大きな希望を与えてくれた。広島の人々のみならず、全ての日本国民が待ち望んだこの歴史的な訪問を心から歓迎したい。

日米両国の和解、そして信頼と友情の歴史に新たなページを刻むオバマ氏の決断と勇気に対して心から皆さまと共に敬意を表したい。

先ほど、私とオバマ氏は先の大戦で、そして原爆投下によって犠牲となった全ての人々に対し哀悼の誠をささげた。七一年前、広島、長崎ではたった一発の原子爆弾によって何の罪もないたくさんの市井の人々、子どもたちが無残にも犠牲となった。一人一人にそれぞれの人生があり、夢があり、愛する家族があった。この当然の事実をかみしめるとき、ただただ断腸の念を禁じ得ない。

今なお被爆によって大変な苦痛を受けている方々もいる。七一年前、この地で想像を絶するような悲惨な経験をした方々の思い。それは筆舌に尽くし難い。さまざまな思いが去来したであろう、その胸の中にあって、ただ、このことだけは間違いない。世界中のどこであろうとも再びこのような悲惨な経験を決して繰り返させてはならない。この痛切な思いをしっかりと受け継いでいくことが、今を生きる私たちの責任だ。核兵器のない世界を必ず実現する。その道のりが、いかに長く、いかに困難なものであろうとも、絶え間なく努力を積み重ねていくことが、今を生きる私たちの責任だ。

あの忘れ得ぬ日に生まれた子どもたちが恒久平和を願ってともした、あのともしびに誓って、世界の平和と繁栄に力を尽くす。それが今を生きる私たちの責任だ。必ずやその責任を果たしていく。日本と米国が力を合わせて世界の人々に希望を生み出すともしびとなる。この地に立ち、オバマ氏と共に改めて固く決意している。そのことが広島、長崎で原子爆弾の犠牲となったあまたのみ霊の思いに応える唯一の道であると、私はそう確信している。

（共同通信＝二〇一六年五月二七日）

後藤謙次

1949年生まれ．1973年早稲田大学法学部卒業．同年共同通信社入社．自民党クラブキャップ，首相官邸クラブキャップ，政治部長，論説副委員長，編集局長，TBS『ニュース23』キャスター，テレビ朝日『報道ステーション』コメンテーター等を歴任．現在はフリーの政治ジャーナリストとして活躍．共同通信客員論説委員．白鷗大学名誉教授．著書に『日本の政治はどう動いているのか』(共同通信社)，『ドキュメント 平成政治史 1〜3』(岩波書店)，『10代に語る平成史』(岩波ジュニア新書)などがある．

ドキュメント 平成政治史 4
安倍「一強」の完成　(全5巻)

2023年6月29日　第1刷発行

著 者　後藤謙次《ごとうけんじ》

発行者　坂本政謙

発行所　株式会社 岩波書店
〒101-8002 東京都千代田区一ツ橋 2-5-5
電話案内 03-5210-4000
https://www.iwanami.co.jp/

印刷・三陽社　カバー・半七印刷　製本・牧製本

ISBN 978-4-00-028179-9　Printed in Japan

ドキュメント 平成政治史（既刊） 後藤謙次

1 崩壊する55年体制
—竹下内閣から橋本内閣まで
四六判四三四頁
定価二五三〇円

2 小泉劇場の時代
—小渕内閣・森内閣・小泉内閣まで
四六判四四六頁
定価二五三〇円

3 幻滅の政権交代
—第一次安倍内閣から民主党政権を経て、第二次安倍内閣まで
四六判六〇〇頁
定価三〇八〇円

【続巻】

5 安倍「超長期政権」の終焉

10代に語る平成史 後藤謙次
岩波ジュニア新書
定価 九九〇円

戦後政治史 第四版 石川真澄 山口二郎
岩波新書
定価一一五四円

法の番人として生きる
大森政輔 元内閣法制局長官回顧録 牧原出編
四六判三五六頁
定価三〇八〇円

岩波書店刊

定価は消費税10％込です
2023年6月現在